三綱五倫

朋友有信(붕우유신) 벗과 벗은 믿음이 있어야 한다

長幼有序(장유유서) 어른과 어린이는 차례가 있어야 하고

夫婦有別(부부유별) 남편과 아내는 분별이 있어야 하며

父子有親(부자유친) 아버지와 아들은 친함이 있어야 하며

君臣有義(군신유의) 임금과 신하는 의가 있어야 하고

夫爲婦綱(부위부강) 아내는 남편을 섬기는 근본이다

君爲臣綱(군위신강) 신하는 임금을 섬기는 근본이고

父爲子綱(부위자강) 아들은 아버지를 섬기는 근본이고

朱子十悔

不接賓客去後悔(부접빈객거후회) 손님을 접대하지 않으면 간 뒤에 뉘우친다

醉中妄言醒後悔(취중망언성후회) 술 취할 때 망언된 말은 술 깬뒤에 뉘우친다

色不謹愼病後悔(색불근신병후회) 색을 삼가치 않으면 병든 후에 뉘우친다

不治垣墻盜後悔(불치원장도후회) 담장을 고치지 않으면 도적 맞는 후에 뉘우친다

春不耕種秋後悔(춘불경종추후회) 봄에 종자를 갈지 않으면 가을에 뉘우친다

富不儉用貧後悔(부불검용빈후회) 편할 때 아껴쓰지 않으면 가난한 후에 뉘우친다

安不思難敗後悔(안불사난패후회) 편할때 어려움을 생각 하지 않으면 실패한 뒤에 뉘우친다

少不勤學老後悔(소불근학노후회) 젊을때 부지런히 배우지 않으면 늙어서 뉘우친다

不親家族疎後悔(불친가족소후회) 가족에게 친절치 않으면 멀어진 뒤에 뉘우친다

不孝父母死後悔(불효부모사후회) 부모에게 효도하지 않으면 죽은 뒤에 뉘우친다

◆가장 빨리, 쉽게 배울 수 있도록 꾸민

교육인적자원부 선정 한문교육용 기초한자

1800 漢字 속달법

삼성서관

● 머리말

 우리민족에게는 세계적 자랑인 한글이 있지만 한글이 만들어지기 이전이나 이후에도 우리 조상들은 오랜 세월 동안 한자 문화권에서 생활하였고 대부분 우리 국어처럼 사용되어 왔기 때문에 지금도 완전히 한자를 폐지할 수 없을만큼 한자문화의 영향은 큰것 입니다.
 신문, 잡지 그리고 고급서적이나 정부 각기관이나 사회 각계 각층에서 한자를 병용하고 있는 실정이므로 한자를 배우지 않을 수 없읍니다.
 그러나 한자는 글자수효가 너무나 많고 복잡하여 배우기가 매우 까다롭고 어렵다는 것이 공통된 의견입니다.
정말로 한자는 배우기가 어렵고 까다로울까? 그러면 쉽게 배울수 있는 방법은 없을까? 분명 재미있고 쉽게 배울 수 있는 방법이 있읍니다.
이한자 속달법 책이 그문제를 해결해 드립니다.
 본서는 가, 나, 다순으로 배열하여 여러자를 단번에 배울 수 있도록 하였고 글자마다 뜻 풀이를 하여 놓았으므로 한번 암기하면 잊어버리지 않도록 하였고 2,000 여자를 기본으로 10,000 여단어를 풀이하여 일상용어로서 한자를 익히게 하였고 또한 일본어가 제2외국어로서 대입예시에 출제된다는 점을 감안하여 일본 당용한자에 중점을 두어 그 독음과 훈을 밝히고 한자의 이해를 돕기 위해 그에 해당하는 영어도 병기 하였읍니다. 부록으로 획순 일람과 혼동하기 쉬운 한자, 음은 같으나 뜻이 다른 한자, 고사성어 풀이 등 많은 부록을 실어 두었읍니다.
 이 1800한자 속달법이 한자를 배우는 모든 초보자 및 학생들에게 많은 도움이 되리라 믿어 마지않읍니다.

편자 드림

● 차 례

가 — 길	....	5～32
나 — 니	....	32～35
다 — 등	....	35～43
라 — 립	....	43～53
마 — 밀	....	53～63
바 — 빙	....	63～77
사 — 십	....	77～103
아 — 입	....	103～133
자 — 징	....	133～159
차 — 칭	....	159～175
타 — 특	....	175～179
파 — 핍	....	179～186
하 — 희	....	186～205

* 필순의 일반적인 원칙과 응용 206
* 모양이 비슷한 한자 208
* 두가지 이상 음을 가진 한자 210
* 음은 같으나 뜻이 다른 한자 212
* 고사성어 풀이 213
* 총획 색인 215

永字八法

　한자를 습득함에는 그 기본이되는 점획을 공부하고 이를짜서 글자를 만드는 결구를 하여야한다. 한자는 여러가지 점획이 있는데 永자는 기본이 되는 점을 다 가추고 있어 서예의 기본이 됨으로 영자팔법(永字八法)이라고 한다.

1 측(側)은 모든 「점」의 기본이며, 가로 높이지 않는다.
2 늑(靭)은 가로 긋기이며 수평을 꺼린다.
3 노(努)는 내려긋기이며 곧바로 내려 힘을 준다
4 적(趯)은 갈고리이고 송곳같은 세력을 요한다
5 책(策)은 치침이며 우러러 거주면서 살며시든다
6 약(掠)은 빼침으로서 왼쪽을 가볍게 훌겨준다
7 탁(啄)은 짧은 빼침으로 높이 들어 빨리 빼친다
8 책(磔)은 파임이고, 고요히 대어 천천히 옮긴다

가

家 〔집 가〕
① 건물 ② 주거, 살림
house・カ(いえ)

宀宀宁宇家家家

家家(가가) 집집마다.
家計(가계) 한 집안의 생계.
家具(가구) 집안 살림살이에 쓰는 기구.
家内(가내) 집의 안.
家禮(가례) 한 집안의 예법.

佳 〔아름다울 가〕
① 아름다움 ② 좋음
beautiful・カ(よい)

亻仁什佳佳

佳景(가경) 아름다운 경치.
佳境(가경) 재미 있는 곳.
佳約(가약) 가인과 만날 언약.
佳人(가인) 미인.
佳節(가절) 좋은 명절.

街 〔거리 가〕
① 네거리 ② 큰 거리
street・ガイ(まち)

彳彳+佳佳街

街談(가담) 세상의 풍문.
街道(가도) 도시를 통하는 큰 길.
街頭(가두) 길거리.
街路燈(가로등) 길가에 켜는 등.
街路樹(가로수) 길가 좌우에 심은 나무.

歌 〔노래 가〕 음악에 맞추어 노래를 부름
song・カ(うた)

可可哥歌歌

歌曲(가곡) 노래의 가락.
歌舞(가무) 노래와 춤.
歌詞(가사) 노래의 내용이 되는 글.
歌手(가수) 노래부르는 것을 업으로 삼는 사람.
歌謠(가요) 노래

可 〔옳을 가〕 좋음
right・カ(よい)

一丆丆可可

可恐(가공) 두려워 할 만함.
可觀(가관) 볼 만함.
可能(가능) 될 수 있음.
可當(가당) 합당함.
可望(가망) 가능성이 있는 희망.

加 〔더할 가〕
① 보탬 ② 늘임
add・カ(くわえる)

フ力加加加

加減(가감) 더함과 덜함.
加擔(가담) 같은 편이 되어 힘을 도움.
加算(가산) 얹어서 계산함.
加勢(가세) 조력함. 원조함.
加一層(가일층) 더한층.

價  〔값 가〕
① 금 ② 물건 값
value・カ(あたい)

亻價價價價

價格(가격) 값.
價額(가액) 값.
價錢(가전) 값.
價値(가치) ① 값. 자격. ② 자격. 품위.

架  〔건너지를 가〕 가설함
〔시렁 가〕
shelf・カ(たな)

カ加加架架

架橋(가교) 다리를 놓음. 교량을 가설함.
架設(가설) 건너지르는 공사를 함.
架槽(가조) 나무로 만든 홈통.

假  〔빌 가〕 차용함, 빌려줌
〔거짓 가〕
false・カ(かり)

亻仨伊佧假

假建物(가건물) 임시로 지은 건물.
假面(가면) 나무, 흙, 종이 따위로 만든 얼굴. 탈.
假名(가명) 남의 이름을 모칭함. 이름을 꾸밈.
假想(가상) 가정적으로 생각함.
假裝(가장) 변장함.

暇 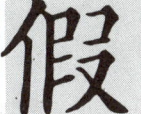 〔겨를 가〕 틈
〔한가할 가〕 한적함
leisure・カ(いとま)

日日日叚暇

暇景(가경) 가일.
暇隙(가극) 겨를. 틈. 여가.
暇餘(가여) 틈. 겨를. 여가.
暇日(가일) 틈이 있는 날. 한가한 날.
暇逸(가일) 한가히 놂.

訶	[꾸짖을 가] [꾸지람 가] blame・カ(しかる) 言言言訶訶 訶讚(가기) 가져(訶詆). 訶辱(가욕) 꾸짖어 욕보임. 訶詆(가저) 꾸짖고 흉봄. 訶止(가지) 꾸짖어 못하게 함. 訶詰(가힐) 꾸짖음.		[각 각] ① 제가끔 ② 따로따로 each・カク(おのおの) ノクタ各各 各各(각각) 따로따로. 各個(각개) 낱낱. 하나하나. 各國(각국) 여러 나라. 각 나라. 各其(각기) 각각. 저마다. 各道(각도) 각각의 도.	각
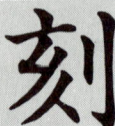	[새길 각] [시각 각] ① 조각함 ② 새김 carve・コク(きざむ) 亠歩亥刻刻 刻苦(각고) 대단히 애를 씀. 刻骨(각골) 마음 속에 깊이 새기어짐. 刻刀(각도) 새김칼. 刻印(각인) 도장을 새김. 刻限(각한) 정한 시각. 정각.		覺	[깨달을 각] ① 알아 차림 ② 느끼어 앎「る」 conscious・カク(おぼえ 与 閉 閉 覺 覺 覺非(각비) 잘못을 깨달음. 覺醒(각성) 잠이 깸. 전비를 깨달아 정신을 차림. 覺悟(각오) 깨달아 앎. 또 깨달아 알게 함. 覺寤(각오) 잠에서 깸.	
閣	[궐 각] 궁전 imperial palace・ カク(たかどの) 丨門門閣閣 閣僚(각료) 내각의 장관 자리에 있는 관료. 閣免(각면) 잘못을 용서하고 묻지 아니함. 閣臣(각신) 국무대신. 閣議(각의) 내각의 회의. 閣下(각하) 고위 고관의 존칭.		却	[물러날 각] [물리칠 각] 퇴함「る」 reject・キャク(しりぞけ 一 土 去 却 却 却棄(각기) 물리쳐 버림. 却立(각립) 뒤로 물러나서 섬. 却步(각보) 뒤로 물러감. 퇴각함. 却縮(각축) 물러나 위축함. 却退(각퇴) 물러남.	
角	[뿔 각] 동물의 뿔 [모 각・귀 각] 모진데 horn・カク(つの) ク 角 角 角 角角(각각) 꿩이 우는 소리. 角巾(각건) 처사나 은자가 쓰는 두건. 角弓(각궁) 쇠뿔 양뿔 따위로 꾸민 활. 角冠(각관) 도사가 쓰는 관. 角度(각도) 각의 크기.		脚	[다리 각] ① 하지 ② 물건의 하부 leg;base・キャク(あし) 月月 肚 肭 脚 脚氣(각기) 다리가 마비되어 저리고 부어 걷기가 곤란한 병. 脚力(각력) 다리의 힘. 脚爐(각로) 몸을 덥게 하는 화로. 脚註(각주) 본문 밑에 붙인 주해.	
間	[사이 간] ① 중간. ② 가운데 among・カン(あいだ) ㄏ 門 門 門 間 間隔(간격) 물건과 물건의 거리. 사이. 間食(간식) ① 군음식. ② 샛밥. 間言(간언) 남을 이간시키는 말. 間日(간일) 하루 거름. 격일. 間或(간혹) 이따금. 드물게. 어쩌다.		干	[방패 간] [막을 간] 방어함 shield・カン(ほす) 一 二 干 干戈(간과) 방패와 창. 干城(간성) 방패와 성. 干拓(간척) 바다 따위를 막고 물을 빼어 육지로 만드는 일. 干戚(간척) 방패와 도끼.	

看 〔지킬 간〕 감시함
〔볼 간〕 자세히 봄
watch・カン(みる)
二 手 禾 看 看
看看(간간) 주의하여 보는 모양.
看過(간과) 그냥 보기만 하고 내버려 둠.
看病(간병) 환자를 간호함.
看守(간수) 보살피고 지킴.
看護(간호) 병상자를 살피어 돌봄.

刑 〔새길 간〕 조각, 판
〔책펴낼 간〕「きざむ」
carve・カン(けずる);
一 二 干 刊 刊
刊改(간개) 판목을 고쳐 새김.
刊行(간행) 출판물을 인쇄하여 발행함.
刊行本(간행본) 간행한 책.
刊誤(간오) 잘못 된 글자 같은 것을 깎아 바로 잡음. 교정함.

肝 〔간 간〕 간장
liver・カン(きも)
月 月 肝 肝 肝
肝腎(간신) 간장과 신장.
肝油(간유) 어류의 간에서 짜낸 기름.
肝腸(간장) 간과 창자.
肝肺(간폐) 간과 폐.

幹 〔줄기 간〕
〔근본 간〕
trunk・カン(みき)
古 直 卓 幹 幹
幹莖(간경) 식물의 줄기
幹部(간부) 단체의 수뇌부. 또 그 임원.
幹事(간사) 일을 맡아서 처리함.
幹枝(간지) 줄기와 가지.
幹翮(간핵) 큰 뼈대. 전하여 근본.

簡 〔간단할 간〕 간단함
letter・カン
竹 節 節 簡 簡
簡潔(간결) 간단하고 요령이 있음.
簡短(간단) 간단.
簡單(간단) 간략하고 단출함.
簡略(간략) 복잡하지 아니함.
簡明(간명) 간단하고 명료함.

懇 〔간절할 간〕 성의를 다
하여 sincerity・
コン(ねんごろ)
豸 豸 貇 貇 懇
懇談(간담) 정답게 이야기함.
懇望(간망) 간절히 바람.
懇切(간절) 지성스럽고 절실함.
懇請(간청) 간절히 청함.
懇親(간친) 격의없이 친함.

姦 〔간사할 간〕 사악함
crafty・カン(みだら)
乂 女 女 姦 姦
姦計(간계) 간사한 꾀.
姦巧(간교) 간사하고 교활함.
姦邪(간사) 마음이 간교하고 사곡함.
姦臣(간신) 간사한 신하.
姦惡(간악) 간사하고 악독함.

渴 〔목마를 갈〕 갈증이 남
thirsty・カツ(かわく)
氵 沪 渇 渇 渴
渴求(갈구) 대단히 애써 구함.
渴念(갈념) 갈망.
渴望(갈망) 몹시 바람. 간절히 바람.
渴悶(갈민) 목이 말라 피로와 함.
渴病(갈병) 목이 마른 병. 당뇨병을 이름.

甘 〔달 감〕 ① 감미가 있음 ② 맛이 좋음
sweet・カン(あまい)
一 十 廿 甘 甘
甘苦(감고) 단맛과 쓴맛.
甘果(감과) 맛이 단 과일.
甘橘(감귤) 밀감. 귤.
甘露(감로) 단 이슬.
甘味(감미) 단 맛. 좋은 맛.

減 〔덜릴 감〕 수량이 적어짐
〔빼기 감〕 감산
decrease・ゲン(へる)
氵 沪 沪 減 減
減價(감가) 값을 내림.
減等(감등) 등급을 낮춤. 감형.
減免(감면) 감하여 면제함. 감함.
減俸(감봉) 봉급을 줄임.
減少(감소) 줄어 적어짐.

感 〔감동할 감〕 깊이 느끼어 마음이 움직임 feel・カン(かんずる)
丿厂咸感感
感覺(감각) ①느껴 깨달음. ②느낌. 깨달음.
感激(감격) 감동하여 분발함.
感動(감동) 깊이 느끼어 마음이 흥분함.
感淚(감루) 감격하여 나오는 눈물.
感想(감상) 느끼어 생각함. 또 느낀바.

敢 〔굳셀 감〕 용맹스러움 〔감히 감〕 venture・カン(あえて)
丅王耳耳敢
敢斷(감단) 과감히 결단함. 과단성이 있음.
敢然(감연) 과감한 모양. 단호.
敢勇(감용) 과감하고 용맹함.
敢戰(감전) 죽음을 결단하고 싸움.
敢行(감행) 과감하게 행함.

監 〔살필 감〕 ① 살펴봄 ② 독찰함 oversee・カン(かんがみる)
ト厂臣臣監
監禁(감금) 자유를 구속하여 가둠.
監督(감독) 보살피어 단속함.
監理(감리) 감독하고 관리함.
監犯(감범) 죄수.
監視(감시) 주의하여 살펴 봄.

鑑 〔볼 감〕 ① 살펴봄 〔거울 감〕 ② 고찰함 mirror・カン(かがみ)
金釘鑑鑑鑑
鑑念(감념) 거울 삼아 생각함.
鑑寐(감매) 낮잠. 가수.
鑑別(감별) 감정하여 분별하여 냄.
鑑賞(감상) 예술 작품을 음미함.
鑑識(감식) 감정하여 식별함.

甲 〔첫째 갑〕 ① 제일 위 〔갑옷 갑〕 ② 최상 armour・コウ(きのえ)
丨冂日日甲
甲鎧(갑개) 갑옷.
甲科(갑과) 과거의 최고의 과목.
甲觀(갑관) 일류의 저택. 훌륭한 저택.
甲富(갑부) 첫째 가는 부자.
甲革(갑혁) 가죽으로 만든 갑옷.

強 〔강할 강〕 ① 기력이 강함 ② 세력이 강함 strong・キョウ(つよい)
弓弘弣強強
強健(강건) 체질이 튼튼하고 건전함.
強勸(강권) 억지로 권함.
強大(강대) 세고 큼.
強力(강력) 센 힘.
強迫(강박) 으름. 위협. 협박.

江 〔물이름 강〕 river・コウ(え)
冫冫江江
江介(강개) 양자강 부근의 땅.
江南(강남) 양자강의 남쪽 지역.
江邊(강변) 강가.
江村(강촌) 강가의 마을.
江海(강해) 강과 바다.

講 〔강의 강〕 〔풀이할 강〕 설명함 expound・コウ
言訁講講講
講壇(강단) 강의나 설교하는 단.
講讀(강독) 글을 설명하여 읽음.
講論(강론) 학술을 강의하고 토론함.
講師(강사) 학교의 촉탁으로 강의하는 교사.
講演(강연) 강의 또는 연설을 함.

剛 〔굳셀 강〕 ① 지조가 굳음 〔억셀 강〕 ② 힘이 셈 firm・コウ(つよい)
冂冊岡剛剛
剛介(강개) 강직하여 절개를 굳게 지킴.
剛健(강건) 셈. 굳셈.
剛勁(강경) 굳세고 큼. 웅경.
剛斷(강단) 과단성 있게 결단함.
剛猛(강맹) 굳세고 사나움.

降 〔내릴 강〕 〔항복할 항〕 descend・コウ(おりる)
阝阝阝降降
降旗(강기) 기를 내림.
降臨(강림) 신이 하늘에서 내려 옴.
降福(강복) 하늘이 행복을 내려 줌.
降霜(강상) 서리가 내림.
降服(항복) 적에게 굴복함.

鋼 [강철 강] 강도를 높게 한 쇠 steel・コウ(はがね) 鋼玉(강옥) 대리석, 화강석 등의 속에 든 광석. 경도가 큰 보석임. 鋼鐵(강철) 철 중에 가장 내열과 인성이 강한 것. 각종 기계, 차량, 함선 등의 재료로 씀.	**綱** [벼리 강] [다스릴 강] 통치함 コウ(つな) 綱貫(강관) 조리. 綱理(강리) 나라를 다스림. 통치함. 綱目(강목) 강령과 조목. 綱要(강요) 가장 중요한 요점. 綱維(강유) 벼리. 나라의 법도.
康 [편안할 강] 몸 또는 마음이 편안함 healthy・コウ(やすい) 康健(강건) 몸이 튼튼함. 康寧(강령) 건강하고 편안함. 康樂(강락) 편안히 즐거워 함. 康保(강보) 편안케 하여 보전함. 康侯(강후) 나라를 평안하게 다스리는 제후.	**改**  [고칠 개] improve・ カイ(あらためる) 改過(개과) 잘못을 고침. 改良(개량) 나쁜 점을 고치어 좋게 함. 개선. 改名(개명) 이름을 고침. 改定(개정) 고치어 다시 정함. 改革(개혁) 새롭게 뜯어 고침.
皆 [다 개] 모두 all・カイ(みな) 皆勤(개근) 일정한 기한 동안 하루도 빠지지 않고 출근함. 皆都(개도) 모두. 죄다. 皆是(개시) 모두. 죄다.	**個**  [낱 개] piece・コ 個個(개개) 낱낱. 하나 하나. 個別(개별) 하나 하나. 낱낱이 나눔. 個性(개성) 개인이나 개체의 타고 난 특성. 個體(개체) 낱낱의 물체.
開 [열 개] open・カイ(ひらく) 開講(개강) 강의를 시작함. 開校(개교) 학교에서 공부를 시작함. 開闢(개벽) 천지가 생긴 맨 처음. 開始(개시) 시작으로 함. 開業(개업) 사업을 시작함.	**介**  [낄 개] [절개 개] cut in・カイ(はさまる) 介居(개거) 사이에 끼어 있음. 介潔(개결) 성질이 단단하고 깨끗함. 介石(개석) 돌보나 단단하다는 뜻으로 절개를 굳게 지킴을 이름. 介入(개입) 끼어 들어감.
蓋  [덮을 개] 덮어 씌움 [뚜껑 개] cover・ガイ(おおう) 蓋冪(개멱) 뚜껑. 덮개. 蓋世(개세) 기개가 세상을 뒤덮음. 蓋瓦(개와) 기와. 蓋藏(개장) 창고의 문단속.	**概**  [대개 개]・대 강 generally・ ガイ(おおむね) 概見(개견) 대충 봄. 概略(개략) 대략. 概論(개론) 개요의 논설. 概説(개설) 대개의 설명. 概言(개언) 대략을 들어 말함.

慨 [분개할 개] [탄식할 개] lament・ガイ(なげく) 忄 忄 忄 慨 慨 慨慨慨 慨憤(개분) 의분을 느껴 개탄함. 慨息(개식) 분개하여 탄식함. 慨然(개연) 분개하는 모양. 慨歎(개탄) 개연히 탄식함. 분개하여 한숨 쉼.	客 [손 객] 내방한 사람 [나그네 객] 여행자 guest・キャク 宀 宀 宀 宁 安 客 客 客苦(객고) 객지에서의 고생. 客禮(객례) 손을 대하는 예의. 客路(객로) 여행하는 길. 여로. 客室(객실) 손님을 접대하는 방. 客人(객인) ① 손님. ② 객적은 사람.
更 [다시 갱] 재차 [고칠 경] 변개함 change・コウ(あらためる) 一 冂 ㄷ 更 更 更生(갱생) 죽을 지경에서 다시 살아남. 更蘇(갱소) 다시 소생함. 更新(갱신) 다시 새로와짐. 更新(경신) 고치어 새롭게 함. 更定(경정) 개정함.	坑 [구덩이 갱] hole・コウ(あな) 土 扩 坑 坑内(갱내) 광산의 구덩이의 안. 坑道(갱도) 광산의 갱내에 통한 길. 坑夫(갱부) 광산에서 채굴 작업에 종사하는 사람. 坑殺(갱살) 구덩이에 파묻어 죽임.
去 [갈 거] 떠나감 [과거 거] 지난 세월 leave・キョ, コ(さる) 一 十 土 去 去 去年(거년) 지난 해. 작년. 去來(거래) 감과 옴. 왕래. 去路(거로) 가는 길. 去事(거사) 지나간 일. 去日(거일) 지나간 날.	巨 [클 거] 거대함 [많을 거] great・キョ(おおきい) 一 厂 巨 巨 巨 巨觀(거관) 볼만한 큰 구경거리. 巨金(거금) 큰 돈. 많은 돈. 巨富(거부) 재산이 썩 많은 사람. 巨額(거액) 많은 액수의 돈. 巨人(거인) 몸이 큰 사람. 위인.
居 [살 거] 거주함 dwell・キョ(いる) 一 尸 尸 居 居 居家(거가) 자기 집에 있음. 居民(거민) 그 땅에 거주하는 인민. 居所(거소) 있는 곳. 거처. 居室(거실) 거처하는 방. 居住(거주) 일정한 곳에 머물러 삶.	車 [수레 거] [수레 차] cart・シャ(くるま) 一 冂 冂 百 亘 車 車駕(차가) 임금의 수레. 車輛(차량) 차량. 또 수레의 수. 車裂(차렬) 차열. 車輪(차륜) 수레 바퀴. 車費(차비) 차를 타는 비용.
拒 [막을 거] 거절함 [방어 거] 막는 일 resist・キョ(こばむ) 扌 扩 扚 拒 拒 拒却(거각) 거절. 拒否(거부) 거절. 拒守(거수) 막아 지킴. 拒逆(거역) 명령을 어김. 拒絕(거절) 물리쳐 떼어 버림.	據 [의거할 거] 증거로 삼음 [よる] depend upon・キョ, コ 扌 扩 捛 據 據 據古(거고) 고사에 의거함. 據守(거수) 응거하여 지킴. 據實(거실) 사실에 의거함. 據依(거의) 의지함. 의거.

10 / 객 갱 거

擧

[행동 거·일으킬 거]
① 행함 ② 몸을 일으킴
lift・キョ(あげる)
ア 扂 與 舉 擧

擧動(거동) 행동거지.
擧事(거사) 큰 일을 일으킴.
擧義(거의) 의병을 일으킴.
擧措(거조) 행동거지.
擧止(거지) 행동거지.

距

[떨어질 거] 떨어져 있음
[막을 거·어길 거]
distant・キョ(いだたる)
ㅁ ㅍ 距 距 距

距擊(거격) 방어하며 침.
距離(거리) 서로 떨어진 사이.
距戰(거전) 방어하며 싸움.
距絶(거절) 거부하여 끊음.

建

[세울 건] ① 물건을 꼿꼿이 세움 ② 일으킴
build・ケン(たてる)
ㅋ 글 聿 建 建

建國(건국) 나라를 세움.
建都(건도) 수도를 이룩함.
建立(건립) 이룩하여 세움.
建設(건설) 새로 만들어 세움.
建造(건조) 건축물을 세움.

件

[구분할 건] 구별함
[사건 건]
article・ケン(くだん)
イ 亻 仁 仁 件

件件(건건) 이 일 저 일. 모든 일.
件名(건명) ① 일이나 사건의 이름. ② 서류의 제목.
件數(건수) 사물의 가짓 수.
事件(사건) 주목을 끌만한 일.

乾

[말릴 건] 마르게 함
heaven・
ケン, カン(かわく)
十 吉 卓 乾 乾

乾固(건고) 말라서 굳어짐.
乾穀(건곡) 말린 곡식.
乾木(건목) 마른 나무. 마른 재목.
乾蔘(건삼) 말린 인삼.
乾濕(건습) 건조함과 습함.

健

[굳셀 건] 꿋꿋함
[튼튼할 건] 건강함
strong・ケン(すこやか)
イ 亻 亻 伊 健

健康(건강) 몸이 병이 없고 튼튼함.
健强(건강) 몸이 튼튼하고 힘이 셈.
健實(건실) 건전하고 착실함.
健壯(건장) 씩씩하고 굳셈.
健全(건전) 몸이 튼튼하고 병이 없음.

傑

[준걸 걸] 뛰어난 사람
[뛰어날 걸]
heroic・ケン(すぐれる)
イ 亻 傑 傑 傑

傑句(걸구) 썩 잘 지은 글귀.
傑立(걸립) 뛰어나게 우뚝 솟음.
傑人(걸인) 뛰어난 인물.
傑作(걸작) 썩 잘 지은 글이나 작품.
傑出(걸출) 썩 뛰어남.

儉

[검소할 검] 검약함
ケン(つづまやか)
イ 亻 伶 儉 儉

儉勤(검근) 검소하고 부지런함.
儉薄(검박) 검소하고 넉넉하지 못함.
儉素(검소) 검약하고 절박함. 수수함.
儉約(검약) 절약하여 낭비하지 아니함.
儉節(검절) 검소하고 절약함.

劍

[칼 검]
sword・ケン(つるぎ)
人 命 僉 劍 劍

劍光(검광) 칼날의 빛. 검영(劍影).
劍舞(검무) 칼을 들고 추는 춤. 칼춤.
劍首(검수) 검두(劍頭).
劍術(검술) 칼 쓰는 법.
劍花(검화) 칼이 서로 부딪칠 때 나는 불꽃.

檢

[조사할 검]
ケン(しるし)
木 朾 柃 檢 檢

檢事(검사) ① 일을 취조함. ② 죄인을 기소하는 사법 행정관.
檢索(검색) 검사하여 찾음.
檢閱(검열) 검사하여 봄.
檢診(검진) 검사하기 위하여 하는 진찰.

게

揭 [들 게] 높이 듦.
[걸 게] 게시함.
扌 扌 扌 扌 揭 揭
form・カク
揭竿(게간) 장대를 세움.
揭開(게개) 봉(封)한 것을 뜯음.
揭榜(게방) 간판을 내어 걺.
揭示(게시) 여러 사람에게 알리기 위하여 써서 붙이거나 내 걸어 두고 보게함.

憩 [쉴 게] 휴식함
rest・ケイ(いこう)
千 刮 刮 憩 憩
憩泊(게박) 쉬며 머무름.
憩息(게식) 쉼. 휴식.
憩止(게지) 쉼. 휴식.
憩歇(게헐) 쉼. 휴식.
憩休(게휴) 쉼. 휴게.

격

格 [법 격] 법식, 표준
[겨룰 격] 대적함.
form・カク
木 朾 朾 格 格
格式(격식) 규칙.
格外(격외) 규정 밖. 파격.
格戰(격전) 격투.
格條(격조) 규칙. 규정.
格鬪(격투) 서로 치고 받고 하는 싸움.

擊 [칠 격] 공격함
[죽일 격] 쳐죽임
strike・ゲキ(うつ)
車 軎 軗 擊 擊
擊鼓(격고) 북을 침.
擊滅(격멸) 쳐서 멸함.
擊刺(격자) 찔러 죽임. 죽임.
擊退(격퇴) 적군을 쳐서 물리침.
擊破(격파) 쳐서 깨뜨림.

激 [과격할 격]
[격려할 격] 분기 시킴
violent・ゲキ(はげしい)
氵 氵 泙 潀 激
激怒(격노) 몹시 노함. 대단히 성냄.
激動(격동) 급격하게 움직임.
激勵(격려) 격동하여 힘씀.
激烈(격렬) 지극히 맹렬함.
激鬪(격투) 격렬하게 싸움.

견

犬 [개 견]
dog・ケン(いぬ)
一 ナ 犬
犬馬(견마) 개와 말. 전하여 짐승.
犬馬之心(견마지심) 신하가 군주에게 충성을 다하고자 하는 마음.
犬羊(견양) 개와 양. 천한 사람 또는 악한 사람의 비유.

見 [볼 견] 눈으로 봄
[견해 견] 터득한 바
see・ケン(みる)
丨 冂 目 貝 見
見機(견기) 낌새를 알아 챔.
見聞(견문) 보고 들음. 지식.
見習(견습) 옆에서 보고 익힘.
見識(견식) 견문과 지식.
見地(견지) 자기가 보는 입장.

堅 [굳을 견] ① 단단함
② 의지가 굳음
hard・ケン(かたい)

堅强(견강) 굳고 강함.
堅固(견고) 굳음. 튼튼함.
堅實(견실) 튼튼하고 충실함.
堅忍(견인) 굳게 참고 견딤.
堅持(견지) 굳게 지님.

肩 [어깨 견]
[견딜 견]
shoulder・ケン(かた)
冖 户 戶 肩 肩
肩胛骨(견갑골) 어깨 양쪽에 있는 삼각형의 뼈.
肩骨(견골) 어깨 뼈.
肩臂(견비) 어깨와 팔.
肩臂痛(견비통) 어깨와 팔이 저리고 아픈 신경통.

絹 [명주 견] 견직물
silk・ケン(きぬ)
幺 糸 糽 絹 絹
絹綿(견면) 명주와 솜.
絹帛(견백) 명주. 견포.
絹本(견본) 명주에 쓰거나 그린 서화.
絹素(견소) 흰 명주. 서화에 쓰임.
絹布(견포) 명주.

遣

[보낼 견] ① 부처줌 dispatch・ケン(つかわす)

中 虫 봄 潰 遣

遣歸(견귀) 돌려 보냄.
遣悶(견민) 소일. 심심파적.
遣憤(견분) 분노를 품.
遣外(견외) 사람을 외국에 사신보냄.

決

[결정할 결] 결단함 decide・ケツ(きめる)

氵氵沪決決

決價(결가) 값을 결정함.
決斷(결단) 단호히 정함.
決答(결답) 확답.
決死(결사) 죽기를 각오함.
決意(결의) 결심.

結

[맺을 결] join・ケツ(むすぶ)

幺 糸 紅 結 結

結果(결과) 성과. 원인의 결말.
結局(결국) 끝판. 끝을 맺음.
結團(결단) 단체를 결성함.
結論(결론) 설명하는 말이나 글의 끝맺는 부분.
結末(결말) 일의 끝.

潔

[깨끗할 결] ① 더럽지 아니함 ② 청렴함 pure・ケツ(いさぎよい)

氵 汢 浐 潔 潔

潔婦(결부) 절개를 지키는 부인.
潔士(결사) 청렴한 선비.
潔誠(결성) 청렴하고 성실함.
潔淸(결청) 깨끗함.
潔行(결행) 결백한 행위.

缺

[모자랄 결] 부족함
[나오지 않을 결] 빠짐
deficient・ケツ(かく)

午 缶 缶 缺 缺

缺格(결격) 필요한 자격이 결여함.
缺勤(결근) 출근하지 않음.
缺席(결석) 참석하지 아니함.
缺損(결손) 축나거나 손해가 남.
缺乏(결핍) 모자람. 부족함.

兼

[겸할 겸] ① 합침 ② 동등하게 함.
connect・ケン(かねる)

八 乌 当 兼 兼

兼官(겸관) 두가지 관직을 겸함.
兼備(겸비) 아울러 가짐. 아울러 갖춤.
兼用(겸용) 두 이상의 사물을 함께 씀.
兼容(겸용) 도량이 넓음.
兼學(겸학) 여러 학문을 겸하여 배움.

謙

[겸손할 겸] humble・ケン(へりくだる)

言 言 誹 謙 謙

謙卑(겸비) 자기의 몸을 겸손하여 낮춤.
謙巽(겸손) 겸손.
謙遜(겸손) 남 앞에서 제 몸을 낮춤.
謙約(겸약) 겸손하고 절약함.
謙讓(겸양) 겸손하고 사양함.

京

[서울 경] 수도 capital・キョウ(みやこ)

亠 古 亨 京 京

京郊(경교) 서울의 교외.
京圻(경기) 경기.
京童(경동) 서울의 아이들.
京室(경실) 왕실.
京調(경조) 서울의 풍속과 습관.

景

[빛 경] 햇빛
[경치 경] 풍경
view・ケイ(はしき)

日 早 롬 톩 景

景刻(경각) 시간. 시각. 광음.
景觀(경관) 경치.
景曜(경요) 햇빛. 해.
景趣(경취) 경치.
景致(경치) 산천수륙의 아름다운 현상.

經

[날 경・지날 경] 지남
[다스릴 경] 통치함
ケイ(たて)

幺 糸 紀 經 經

經過(경과) 때가 지나감.
經歷(경력) 세월이 지나감. 또 세월을 지냄.
經邦(경방) 나라를 다스림.
經營(경영) 방침을 세워 사업을 함.
經制(경제) 나라를 다스리는 규제.

輕 〔가벼울 경〕 ① 가벼움 ② 대단하지 않음
light・ケイ(かるい)
車軒輕輕輕
輕勘(경감) 죄인을 가볍게 처분함.
輕遽(경거) 경솔.
輕蔑(경멸) 업신여김.
輕傷(경상) 조금 다침.
輕率(경솔) 행동이 진중하지 아니함.

庚 〔천간 경〕
コウ(かのえ)
广庐庐庚庚
庚庚(경경) ① 드러 누운 모양. ② 잘 여물어 단단한 모양. ③ 새 우는 소리.
庚伏(경복) 삼복을 이름. 하지 후의 세째 경일에 시작하기 때문임.

耕 〔갈 경〕
plough・コウ(たがやす)
丰耒耒耕耕
耕夫(경부) 농부.
耕鋤(경서) 논밭을 갈고 김을 맴.
耕耘(경운) 논밭을 갈고 김을 맴.
耕作(경작) 땅을 갈아 농사를 지음.
耕蠶(경잠) 농업과 양잠.

敬  〔공경 경〕 존경
respect・ケイ(うやまう)
艹芍苟苟敬
敬虔(경건) 공경하는 마음으로 깊이 삼감.
敬老(경로) 노인을 공경함.
敬拜(경배) 공경하여 절함.
敬愛(경애) 공경하고 사랑함.
敬歎(경탄) 존경하고 탄복함.

驚 〔놀랄 경〕
frighten・キョウ(おどろく)
苟敬警驚驚
驚悸(경계) 놀라 가슴이 뜀.
驚懼(경구) 경포.
驚悼(경도) 놀라고 슬퍼함.
驚異(경이) 놀라 이상히 여김.
驚歎(경탄) 놀라며 꺼림.

慶  〔경사 경〕 축하할 일
happy event・ケイ(よろこぶ)
广庐庐慶慶
慶禮(경례) 경사의 예식.
慶事(경사) 경축할 만한 일.
慶宴(경연) 경사스러운 잔치.
慶筵(경연) 경사스러운 잔치를 벌인 자리.
慶祝(경축) 경사를 축하함.

 〔다툴 경〕 경쟁함
compete・ケイ(きそう)
立音竞竞競
競驅(경구) 앞을 다투어 말을 몲.
競技(경기) 기술이 낫고 못함을 다툼.
競馬(경마) 말을 달리는 내기.
競爭(경쟁) 서로 겨루어 다툼.
競走(경주) 달음질로 승부를 다툼.

竟  〔마침내 경〕 〔끝 경〕 종말
untimately・キョウ
立音音竟竟
竟內(경내) 지경 안. 경내.
竟夕(경석) 철야하여. 밤새도록.
竟夜(경야) 밤새도록.
竟場(경역) 경계.

鏡 〔거울 경〕
mirror・キョウ(かがみ)
金鈩鋅鏡鏡
鏡鑑(경감) 거울. 본보기.
鏡考(경고) 거울삼아 생각함.
鏡面(경면) 거울이 비치는 면.
鏡水(경수) 거울과 같이 맑고 잔잔한 물.
鏡淸(경청) 거울과 같이 맑고 깨끗함.

境 〔지경 경〕 경계, 경우
boundary・キョウ(さかい)
土垃境境境
境界(경계) 일이나 물건이 어떤 표준 밑에서 서로 맞닿은 자리.
境內(경내) 지경 안.
境涯(경애) 경계. 경우.
境遇(경우) 부닥친 형편이나 사정.

〔잠깐 경〕 잠시
recently・ケイ(ころ)
匕 比 坭 垍 頃
頃刻(경각) 잠시. 잠깐 동안.
頃聞(경문) 근자에 들으니.
頃歲(경세) 이마적. 근래.
頃焉(경언) 잠시.
頃之(경지) 잠시 후에.

〔기울어질 경〕
incline・ケイ(かたむく)
亻 化 伵 倾 傾
傾度(경도) 경사의 돗수.
傾倒(경도) 기울어져 넘어짐.
傾落(경락) 기울어져 떨어짐.
傾斜(경사) 기울어짐.
傾聽(경청) 귀를 기울여 주의하여 들음.

〔단단할 경〕
〔강할 경〕
hard・コウ(かたい)
石 石 硬 硬 硬
硬堅(경견) 단단함. 굳음.
硬骨(경골) 단단한 뼈.
硬度(경도) 물체의 단단함과 무른 정도.
硬性(경성) 단단한 성질.
硬音(경음) 된소리.

〔경계할 경〕 ① 주의
함 ② 경계함 warm・
ケイ(いましめる)
苟 敬 敬 警 警
警戒(경계) 타일러 주의 시킴.
警告(경고) 경계하여 이름. 주의시킴.
警報(경보) 경계하라고 주의시키는 급보.
警鐘(경종) 비상시에 일을 알리는 종.
警護(경호) 경계하며 호위함.

〔벼슬 경〕
〔경 경〕
sir・キョウ(きみ)
夕 夘 郥 卿 卿
卿卿(경경) 당신. 아내가 남편을 부르는 말.
卿相(경상) 재상. 대신.
卿雲(경운) 상서로운 구름.
卿尹(경윤) 재상.
卿宰(경재) 경상.

〔지름길 경〕 ① 질러
가는 길 ② 직경
short・ケイ(こみち)
彳 彳 徑 徑 徑
徑路(경로) 소로. 지름길.
徑先(경선) 경솔하게 앞질러 함.
徑前(경전) 곧장 앞으로 치달림.
徑寸(경촌) 직경 한 치.
徑行(경행) 곧장 감. 직행.

계

〔천간 계〕
〔경도 계〕 월경
キ(みずのと)
ヌ 癶 癶 癶 癸
癸水(계수) 월경.
癸辛雜識(계신잡지) 유문일사를 수록한 책. 송 나라 주밀의 찬. 전집 일권. 후집 일권. 속집 이권. 별집 이권.

〔철 계〕
〔어릴 계〕 나이가 적음
young・キ(すえ)
二 千 禾 季 季
季刊(계간) 일년에 네 철 정도로 잡지를 간행함.
季冬(계동) 겨울의 끝달. 음력 십이월.
季父(계부) 아버지의 막내 아우. 막내 삼촌.
季子(계자) 끝의 아들. 막내 아들.
季節(계절) 철.

〔실 계〕 가는 실, 실사
〔핏줄 계〕 혈통
connect・ケイ
一 ズ 玄 系 系
系譜(계보) 조상 때부터 내려 오는 혈통과 내력을 적은 책.
系孫(계손) 먼 자손. 원손. 혈손.
系列(계열) 계통의 서열.
系族(계족) 혈족.

〔맬 계〕 ① 연결함
② 묶음, 결박함
relation・ケイ(かかる)
亻 伄 侼 係 係
係虜(계로) 포로.
係累(계루) 얽어 맴. 결박함. 또 얽매임.
係員(계원) 한 계에 속하는 인원
係長(계장) 관청이나 회사의 한 계의 책임자.

[셀 계] 수를 셈
[꾀할 계] 계획을 세움
device・ケイ(はかる)
一 亠 言 言 計

計巧(계교) 빈틈 없이 생각하여 낸 꾀.
計略(계략) 꾀. 모략.
計量(계량) 분량을 헤아림.
計算(계산) 수량을 헤아림.
計畵(계획) 계략. 꾀하여 미리 작정함.

[지경 계] 토지의 경계
[한계 계] 한정
boundary・カイ(さかい)
口 田 팓 界

界説(계설) 정의.
界約(계약) 국경을 정하여 준수하는 조약.
界域(계역) 경계.
界紙(계지) 인찰지. 괘지.
界限(계한) 구획. 한계.

[시내 계]

brook・ケイ
氵 氵 溪 溪 溪

溪澗(계간) 산골짜기에 흐르는 물. 시내.
溪谷(계곡) 산골짜기.
溪嶺(계령) 산골짜기와 산봉우리.
溪邊(계변) 시냇 가.
溪聲(계성) 시냇 물 소리.

[닭 계] 가금의 하나
cock ; hen・
ケイ(にわとり)
奚 奚 奚 鶏 鶏

鷄姦(계간) 비역. 남색.
鷄犬(계견) 닭과 개.
鷄膏(계고) 닭고기를 삶아서 만든 고음.
鷄卵(계란) 달걀.
鷄鳴(계명) 닭의 울음.

[경계할 계] ① 주의
함, 타이름 ② 방비함
warm・カイ(いましめる)
一 开 戒 戒 戒

戒告(계고) 경계하여 고함.
戒法(계법) 계율의 법칙.
戒備(계비) 경계. 경비.
戒嚴(계엄) 경계를 엄중히 함.
戒律(계율) 계와 율.

[기계 계] 기계, 형구,
병기 등 implements・
カイ(かせ)
木 杧 杧 械 械

械梏(계곡) 형틀.
械器(계기) 그릇. 도구.
械用(계용) 그릇. 기구. 기물.
械杻(계축) 형틀.
機械(기계) 도구로 사용키 위해 만든 물건.

[이을 계] ① 이어 나
감 ② 계통을 이음
connect・ケイ(つぐ)
幺 糸 絲 繼 繼

繼代(계대) 대를 이음.
繼夫(계부) 다시 시집가서 맞은 남편.
繼續(계속) 끊이지 아니하고 잇대어 나아감.
繼承(계승) 뒤를 이어 받음.
繼統(계통) 임금의 계통을 이음.

[서약 계・계약 계]
약속
hond・ケイ(ちぎる)
三 圭刀 刧 契

契券(계권) 계약서.
契約(계약) 약속.
契約書(계약서) 계약한 서류.
契印(계인) 두 장의 지면에 걸친 날인.
契兄(계형) 형제의 의를 맺은 형. 의형.

[계수나무 계]

cinnamon・ケイ(かつら)
十 木 柱 桂 桂

桂輪(계륜) 계월.
桂魄(계백) 계월.
桂月(계월) 달의 이칭.
桂枝(계지) 계수나무의 잔 가지.
桂皮(계피) 계수나무의 껍질.

[열 계] 문종류를 엶
[여쭐 계] 사룀, 아룀
enlighten・ケイ(ひらく)
厂 戶 所 啓 啓

啓發(계발) 식견을 열어 줌.
啓白(계백) 사룀. 말씀 드림.
啓報(계보) 아룀. 여쭘.
啓示(계시) 열어 보임. 숨김없이 보임.
啓閉(계폐) 열고 닫음. 개폐.

階　〔섬돌·층계 계〕 계단
stairs · カイ（きざはし）

階級(계급) 등급. 층계.
階段(계단) 층계.
階承(계승) 순차로 이어 받음.
階除(계제) 층계. 계단.
階次(계차) 계급의 차례.

古　〔예 고〕 예전
old · コ（ふるい）

古家(고가) 지은 지가 오래된 집.
古歌(고가) 옛날 노래.
古宮(고궁) 옛 궁궐.
古今(고금) 예와 이제.
古木(고목) 오래 묵은 나무.

故　〔일 고〕 사건, 사항
　　〔예 고〕 옛날
accident · コ（ゆえ）

故國(고국) 건국한 지 오래된 나라.
故都(고도) 옛날의 도읍.
故心(고심) 옛부터 품은 생각.
故障(고장) 사고로 말미암은 탈.
故鄕(고향) 자기가 나서 자란 곳.

考　〔상고할 고〕 생각함
　　〔시험 고〕 고사
think · コウ（かんがえる）
十 土 耂 耂 考
考慮(고려) 생각하여 헤아림.
考試(고시) 학력 등의 시험.
考案(고안) ① 고안. ② 안을 연구하여 냄.
考訂(고정) 책의 오류를 정정함.
考中(고중) 시험에 합격함.

固　〔굳을 고〕 ① 견고함
　　② 수비가 엄함
firm · コ（かたい）
冂 冋 周 周 固
固拒(고거) 단단히 막음.
固守(고수) 굳게 지킴.
固意(고의) 굳은 뜻.
固定(고정) 한 곳에 꼭 박혀 있음.
固執(고집) 굳게 지님. 굳게 지킴.

苦　〔괴로와할 고〕 근심, 걱정함
bitter · ク（くるしむ）
丶 十 艹 苦 苦
苦境(고경) 괴로운 지경.
苦難(고난) 괴로움과 어려움.
苦樂(고락) 괴로움과 즐거움.
苦悶(고민) 괴로와 하고 번민함.
苦使(고사) 혹사함.

庫　〔곳집 고〕 창고
warehouse · コ（くら）
亠 广 庐 庫 庫
庫樓(고루) 무기를 넣어 두는 창고의 망루.
庫門(고문) 치문(雉門) 밖에 있는 왕궁(王宮)의 문(門).
庫藏(고장) 곳간. 창고(倉庫).
庫錢(고전) 정부의 창고에 넣어둔 돈.

姑　〔시어미 고〕
mother in law ·
コ（しゆうとめ）
く 女 女 姑 姑
姑母(고모) 아버지의 누이.
姑母夫(고모부) 고모의 남편. 고부. 고서.
姑婦(고부) 시어머니와 며느리.
姑息(고식) 우선 당장 평안한 것만을 취함.
姑從(고종) 고종사촌.

高　〔높을 고〕
존귀함, 높음, 뛰어남
high · コウ（たかい）

高架(고가) 높이 건너 걸침.
高歌(고가) 큰 소리로 노래함.
高價(고가) 비싼 값. 또 값이 비쌈.
高見(고견) 뛰어난 생각. 투철한 의견.
高貴(고귀) 지위가 높고 귀함.

告　〔고할 고〕 아룀, 알림
이야기함
tell · コク（つげる）
ノ 十 生 告 告
告老(고로) 연로한 것을 이유로 치사하기를 청함.
告發(고발) 범죄 사실을 제삼자가 관에 아룀.
告白(고백) 사실대로 말함.
告別(고별) 작별을 고함.

稿

[볏짚 고]
straw・コウ(わら)

千 禾 秆 稿 稿

稿本(고본) 초고.
稿人(고인) 짚으로 만든 인형.
稿葬(고장) 예의를 갖추지 아니한 간략한 장사.

顧

[돌아볼 고] 회상, 반성 look after・コ(かえりみる)

戶 戽 顧 顧 顧

顧客(고객) 단골 손님.
顧見(고견) ① 뒤를 돌아봄. ② 고호.
顧念(고념) 돌아보아 생각함.
顧託(고탁) 후사의 부탁.
顧懷(고회) 마음에 끌려 생각함.

孤

[홀로 고] 단독
[외로울 고]
lonely・コ(みなしご)

了 孑 孤 孤 孤

孤客(고객) 외로운 나그네.
孤高(고고) 혼자만 유달리 고상(高尙)함.
孤軍(고군) 후원(後援)이 없는 외로운 군대.
孤島(고도) 바다 가운데 외롭게 있는 작은 섬.
孤寂(고적) 외롭고 쓸쓸함.

鼓

[북 고]
[칠 고]
drum・コ(だいこ)

士 吉 壴 鼓 鼓

鼓角(고각) 군중에서 쓰는 북과 뿔피리.
鼓動(고동) ① 북이 울리는 소리. ② 심장의 혈액순환으로 인하여 가슴에 울리는 소리. 동계.
鼓膜(고막) 귀청.

枯

[마를 고] ① 초목이 마름 ② 뼈만 남음
withered・コ(かれる)

十 木 村 枯 枯

枯渴(고갈) 물이 바짝 마름.
枯死(고사) 말라 죽음.
枯松(고송) 마른 소나무.
枯壤(고양) 메마른 땅.
枯旱(고한) 초목이 말라 탈 지경의 대단한 가뭄.

曲

[굽을 곡] 굽음, 휨
[가락 곡] 곡조
キョク(まげる)

口 曰 由 曲

曲節(곡절) 곡조.
曲調(곡조) 가사, 음악의 가락.
曲直(곡직) ① 이치의 옳고 그름. ② 굽음과 곧음.
曲筆(곡필) 고의로 사실을 날조하여 씀.

곡

谷

[골 곡]
valley・コク(たに)

八 乂 父 谷 谷

谷閣(곡각) 골짜기에 놓은 다리.
谷水(곡수) 골짜기에 흐르는 물.
谷泉(곡천) 골짜기에서 나는 샘.
谷風(곡풍) 동풍.

哭

[울 곡]
[곡할 곡]
weep・コク(なく)

ロ 吅 吅 哭 哭

哭臨(곡림) 장사 때 여러 사람이 슬피 욺.
哭聲(곡성) 슬피 우는 소리.
哭泣(곡읍) 소리를 내어 슬프게 욺.
哭歎(곡탄) 통곡하며 탄식함.
哭痛(곡통) 통곡.

穀

[곡식 곡] 곡류
corn・コク

声 幸 柔 穀 穀

穀價(곡가) 곡식의 값.
穀氣(곡기) 오곡의 인체에 영양이 되는 성분.
穀糧(곡량) 양곡.
穀類(곡류) ① 곡식. ② 곡식의 종류.
穀物(곡물) 곡식.

困

[곤할 곤] 고생함
distress・コン(こまる)

冂 困 困 困 困

困境(곤경) 곤란한 경우. 어려운 지경.
困難(곤란) ① 어려움. 쉽지 아니함. ② 가난하여 고생함. ③ 괴로움.
困迫(곤박) 일이 어렵고 절박함.
困辱(곤욕) 심한 모욕.

곤

18 / 고 곡 곤

골

〔땅 곤〕
earth・コン(つち)
十 扌 圠 坤 坤
坤元(곤원) 대지. 땅의 덕.
坤位(곤위) 여자의 신주. 여자의 무덤.
坤殿(곤전) 왕비.
坤軸(곤축) 땅의 중심. 지축.
坤后(곤후) 곤령.

〔뼈 골〕
bone・コツ(ほね)
冂 冎 丹 丹 骨
骨幹(골간) 골격.
骨格(골격) ① 뼈대. ② 고등 동물의 체격을 형성하고 지탱하게 하며 근육을 부착하게 하는 뼈.
骨氣(골기) 골상.

공

工
〔장인 공〕
〔공업 공〕 (み)
artisan・コウ,ク(たく)
一 丅 工
工課(공과) 공부하는 과정.
工業(공업) 원료나 조제품에 인공을 가하여 쓸만한 물건을 제조하는 생산업.
工役(공역) 토목공사.
工藝(공예) 물건을 만드는 재주. 제작의 기술.

功
〔공 공〕 공적
merits・コウ(いさお)
一 丁 工 功
功貴(공귀) 값이 비쌈. 고가.
功德(공덕) ① 공적과 은덕. ② 현재 또는 미래를 유익하게 하는 선행. 선근.
功名(공명) 공적과 명예.

〔하늘 공〕
〔빌 공〕 아무것도 없음.
empty・クウ(そら)
宀 宀 宁 空 空
空間(공간) ① 빈 자리. ② 천지의 사이. ③ 사방, 상하, 장단, 원근 등이 생기는 근본 개념. 시간의 대.
空白(공백) 종이에 글씨나 그림이 없는 자리.
空費(공비) 쓸 데 없는 비용.

〔함께 공〕
together・キョウ(とも)
一 艹 共 共 共
共謀(공모) 두 사람 이상이 같이 어떠한 일을 꾀함. 통모.
共生(공생) ① 공동의 운명 아래 같이 삶. ② 동물이나 식물이 상호간에 영양을 보충하는 생활 현상.

公
〔공변될 공〕
공평 무사함.
public・コウ(おおやけ)
丿 八 公 公
公告(공고) 세상 사람에게 널리 알림.
公共(공공) ① 사회의 여러 사람과 같이 함. ② 공중. 일반 사회.
公道(공도) ① 공평한 도리. 당연한 이치. ② 공중이 통행하는 길. 공로.

〔성 공〕〔구멍 공〕
〔빌 공〕 공허함.
hole・コウ(あな)
了 孑 孔
孔德(공덕) 공허하여 무엇이나 받아들이는 덕.
孔道(공도) ① 큰 길. 대로. ② 공자가 가르친 도. 유도.
孔孟(공맹) 공자와 맹자.
孔門(공문) 공자의 문하.

供
〔이바지할 공〕 줌. 올
〔받들 공〕 림. 받침.
offer・キョウ(そなえる)
イ 亻 併 供 供
供給(공급) ① 물건을 바쳐 쓰도록 함. ② 수요에 응하여 물품을 제공함.
供米(공미) 신불 앞에 올리는 쌀.
供養(공양) ① 부모를 봉양함. ② 웃어른에게 음식물을 드림.

〔공손할 공〕
キョウ(うやうやしい)
十 艹 共 恭 恭
恭儉(공검) 공순하고 검소함.
恭謙(공겸) 공순하고 겸손함.
恭遜(공손) 공경하고 겸손.
恭讓(공양) 공경하고 겸양함.
恭容(공용) 삼가는 얼굴.

攻 [칠 공] 공격함.「구함.
[닦을 공] 학문을 연
attack・コウ(せめる)
丁丁工玓攻攻

攻擊(공격) ① 나아가 적을 침. ② 엄하게 논박함. 몹시 꾸짖음.
攻究(공구) 사리를 연구함.
攻略(공략) 공탈.
攻取(공취) 공격하여 빼앗음.

恐 [두려워할 공] 위구. 염려.
fear・キョウ(おそれる)
丁丁巩恐恐

恐喝(공갈) 으름. 위협함.
恐懼(공률) 두려워하여 떪.
恐水病(공수병) 미친 개에게 물리어 그 병독이 감염된 병.
恐怖(공포) 무서움. 두려움.

貢 [공물 공]
[바칠 공]
tribute・コウ(みつぎ)
丁干干育育貢

貢納(공납) 공물(貢物)을 상납(上納)함.
貢物(공물) 백성이 나라에 바치는 물건.
貢米(공미) 공물(貢物)로 바치는 쌀.
貢試(공시) 공사(貢士)를 시험함.
貢獻(공헌) 사회를 위하여 이바지함.

戈 [창 과]
spear・カ(ほこ)
一七 戈戈

戈矛(과모) 창. 모는 가지가 없는 창.
戈兵(과병) 무기.
戈鋒(과봉) 창 끝.
戈盾(과순) 창과 방패.
戈戚(과척) 창과 도끼.

果 [실과 과] 나무 열매.
[과단성있을 과]
fruit・カ(くだもの)
冂田甲甲果

果敢(과감) 과단성이 있게 일을 함. 용감하게 실행함.
果斷(과단) 용기있게 결단함.
果物(과물) 과실.
果實(과실) 먹을 수 있는 나무의 열매.

瓜 [오이 과]
cucumber・カ,ケ(うり)
丿厂厂瓜瓜

瓜葛(과갈) 오이와 칡. 그 덩굴은 서로 엉클어져 벋으므로 인척 관계를 이름.
瓜葛之誼(과갈지의) 인척의 정.
瓜期(과기) 벼슬의 임기가 찬 때.
瓜年(과년) 벼슬의 임기가 다한 해.

課 [살필 과] 조사함.
[시험할 과]
tax・カ
言言評評課

課工(과공) 일과로 하는 공부.
課試(과시) 어떤 일을 맡겨 시험해 봄.
課業(과업) 맡긴 업무.
課程(과정) ① 할당한 일의 분량. ② 물품에 과한 세금.

科 [조목 과] 사물의 분류
[품등 과] 「한 명목.
subject・カ(しな)
二千禾禾科

科試(과시) 과거.
科場(과장) 과거를 보는 장소.
科第(과제) 과거에서 성적을 매겨 등수를 정함.
科行(과행) 과거를 보러 가는 일.

過 [지날 과]
한도를 넘음.
excess・カ(すぎる)
冎冎冎過過

過客(과객) 지나가는 손. 나그네.
過去(과거) ① 이미 지나간 때. 현재의 이전. ② 지나감. ③ 전세.
過多(과다) 너무 많음.
過誤(과오) 잘못. 과실. 실책.

誇 [자랑할 과] 자만함
boast・コ(ほこる)
二言言誇誇

誇功(과공) 공로를 자랑함.
誇大(과대) 과장하여 말함.
誇示(과시) 자랑하여 보임.
誇張(과장) 실제보다 더하게 떠벌림.
誇稱(과칭) 과장하여 일컬음.

과

20 / 공 과

곽

관

寡 [적을 과] 수효가 적거나 세력이 미약함. little・カ(すくない) 宀宀宣寡寡 寡見(과견) 본 바가 적음. 견문이 좁음. 寡頭(과두) 몇 사람이 안되는 우두머리. 寡默(과묵) 침착하고 말이 적음. 寡婦(과부) 홀어미. 寡少(과소) 적음.	郭 [발재 곽] [둘레 곽] 「わ」 outer wall・カク(くる) 亠 亠 享 郭 郭 郭公(곽공) ① 뻐꾸기의 이칭(異稱). ② 허수아비. 郭田(곽전) 성곽(城郭) 밖의 땅. 郭索(곽삭) ① 게가 가는 모양. ② 마음이 안정하지 아니한 모양.
 [벼슬 관] official・カン(つかさ) 宀宀宁官官 官紀(관기) 관부의 규율. 官奴(관노) 관아의 사내 종. 官吏(관리) 벼슬 다니는 사람. 벼슬아치. 官名(관명) 벼슬의 이름. 官職(관직) 관리의 적무.	 [볼 관] look・カン(みる) 䒑 萑 勸 觀 觀 觀客(관객) 구경꾼. 觀覽(관람) 구경함. 觀賞(관상) 보고 즐기거나 칭찬함. 觀照(관조) 마음을 가라 앉히고 충분히 생각하여 밝히 앎.
 [문빗장 관] [관계할 관] bolt・カン(かんぬき) 厂門門關關 關鍵(관건) ① 문의 빗장과 열쇠. ② 사물의 중요한 곳. 關係(관계) 서로 관련이 있음. 關聯(관련) 관련(關連). 關心(관심) 마음에 거리낌. 근심이 됨.	 [대 관] pipe・カン(くだ) 𥫗 竺 笞 管 管 管家(관가) 한 집안을 관리하는 사람. 가령(家令). 管說(관설) 식견이 좁은 언설. 管響(관향) 피리 소리. 관음. 管絃(관현) 관악기와 현악기.
 [객사 관] 임시로 머무르는 집. (숙사. 여관) mansion・カン(やかた) 亽 食 飣 館 館 館宇(관우) 객사. 館人(관인) 객사를 지키고 빈객을 접대하는 사람. 館職(관직) 관각와 관직.	 [꿸 관] 뚫음. [익숙할 관] pierce・カン(つらぬく) 毌 毌 毌 貫 貫 貫屬(관속) 관적의 소속지. 貫首(관수) 우두머리. 貫習(관습) 관습(慣習). 貫魚(관어) 황후(皇后)의 이칭(異稱). 貫籍(관적) 본적(本籍).
慣 [익숙할 관] 버릇. 관계. 「る」 accustomed・カン(なれ) 忄 忄 忄 忄 慣 慣 慣例(관례) 습관이 된 전례. 慣習(관습) ① 익숙함. ② 버릇. 慣用(관용) 습관이 되어 사용함. 慣用語(관용어) 문법에 맞지는 않으나 다년간 관용이 되어 널리 쓰는 말.	冠 [갓 관] 머리에 쓰는 물건. crown・カ(かんむり) 冖 冖 冠 冠 冠 冠帶(관대) 갓과 띠. 冠童(관동) 어른과 아이. 冠禮(관례) 사내아이가 스무살이 되었을 때 처음으로 갓을 쓰고 어른이 되는 예식.

寬 〔너그러울 관〕	光 〔빛 광〕
관대함. generous・カン(ひろい) 宀宀宵宵寬	light・コウ(ひかり) 丨丷业光光
寬大(관대) 마음이 너그럽고 큼. 寬待(관대) 두터이 대접함. 寬雅(관아) 마음이 너그럽고 고상함. 寬容(관용) ① 마음이 넓어 남의 말을 잘 들음. ② 너그럽게 덮어 줌.	光景(광경) ① 빛. 광휘. ② 경치. 상황. 光名(광명) 빛나는 명예. 미명. 光明(광명) ① 빛. ② 밝고 환함. 또 밝음. 光榮(광영) 영광. 영예. 光彩(광채) 찬란한 빛.

광

鑛 〔쇳돌 광〕	廣 〔넓을 광〕
광석. コウ(あらがね) 釒釘鉒鏞鑛	broad・コウ(ひろい) 亠广产庿廣
鑛脈(광맥) 광물의 맥. 쇳 줄. 鑛物(광물) 암석, 토양 중에 함유된 천연의 무기물. 鑛夫(광부) 광물을 파내는 인부. 鑛山(광산) 광물을 파내는 산.	廣大(광대) 넓고 큼. 廣途(광도) 넓은 길. 광도(廣途). 廣演(광연) 널리 폄. 널리 퍼지게 함. 廣遠(광원) 넓고 멂. 廣義(광의) 범위를 넓게 잡음의 뜻.

괘	掛 〔걸 괘〕	塊 〔흙덩이 괴〕	괴
	걸쳐 놓음. hang・カイ(かける) 扌扌挂掛掛	덩어리진 흙. lump・カイ(かたまり) 土圠塊塊塊	
	掛冠(괘관) 벼슬을 내 놓음. 사직함. 掛念(괘념) 마음에 두고 잊지 아니함. 掛書(괘서) 익명의 게시문. 掛鐘(괘종) 걸어두고 보는 시계. 掛軸(괘축) 걸어 놓는 서화축.	塊根(괴근) 덩이로 된 뿌리. 塊金(괴금) 금덩이. 塊石(괴석) 돌멩이. 塊然(괴연) 혼자 있는 모양. 塊炭(괴탄) 덩이로 된 석탄.	

怪 〔의심할 괴〕	愧 〔부끄러워할 괴〕
queer・カイ(あやしい) 忄忄怍怪怪	bashful・キ(はじる) 忄恓悓愧愧
怪聞(괴문) 이상한 소문. 怪物(괴물) 괴이한 물건. 도깨비. 요괴. 怪變(괴변) 괴상한 변고. 怪事(괴사) 괴상한 일. 怪說(괴설) 기피한 설.	愧服(괴복) 부끄러워하여 복종함. 부끄럽게 생각해서 굴복함. 愧死(괴사) ① 대단히 부끄러워하여 죽음. ② 세상에 얼굴을 들고 다닐 수 없으리만큼 대단히 부끄러워함.

壞 〔무너질 괴〕 헒. 파괴.	交 〔사귈 교〕 교유함.	교
ruin・カイ(こわす) 土圹壞壞壞	associate・コウ(まじわる) 亠亠亣亣交	
壞損(괴손) 무너뜨려 헒. 壞壓(괴압) 눌러 무너뜨림. 壞裂(괴열) 허물어지고 갈라짐. 壞頹(괴퇴) 퇴락함. 壞敗(괴패) 무너짐. 파괴됨.	交結(교결) 서로 맺어 사귐. 交代(교대) 갈마듦. 교체. 交尾(교미) 흘레. 자미. 交拜(교배) 혼인 때 신랑과 신부가 서로 절함. 交友(교우) ① 벗. 친구. ② 벗을 사귐.	

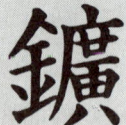

 〔학교 교〕
School・コウ
校理(교리) 책을 조사 정리함.
校門(교문) 학교의 문.
校服(교복) 학교의 제복.
校試(교시) 시험. 고시.
校友(교우) 동창생인 벗.

 〔다리 교〕 교량.
bridge・キョウ(はし)
橋脚(교각) 교체를 받치는 기둥.
橋梁(교량) 다리.
橋邊(교변) 다릿가.
橋言(교언) 이치에 어그러진 말.
橋梓(교재) 부자의 존비.

 〔가르침 교〕 ① 학문. 도덕. ② 교육. 훈계.
teach・キョウ(おしえる)
教科(교과) 가르치는 과목.
教導(교도) 가르치고 지도함.
教練(교련) ① 가르치어 단련시킴. ② 군사를 훈련함.
教師(교사) 학문・기예를 가르치는 사람.

 〔들 교〕 도회의 부근을 이름.
suburbs・コウ(はずれ)
郊關(교관) 교외에 있는 관문.
郊壇(교단) 교사(郊祀)를 지내는 터.
郊勞(교로) 교외까지 마중나가서 위로함.
郊送(교송) 교외까지 배웅함.
郊外(교외) 들 밖. 시가 밖.

 〔비교할 교〕
「る)
compare・コウ(くらべ)
較明(교명) 명료함.
較炳(교병) 뚜렷하고 분명함.
較然(교연) 분명한 모양.
較著(교저) 뚜렷이 드러남.

 〔공교할 교〕
솜씨가 있음.
skilful・コウ(たくみ)
巧技(교기) 교묘한 솜씨.
巧妙(교묘) 썩 잘되고 묘함.
巧敏(교민) 교묘하고 민첩함.
巧態(교태) 아리따운 태도.
巧幸(교행) 교묘하게 비위를 맞추어 굄을 받음.

 〔바로잡을 교〕
reform・キョウ(ためる)
矯命(교명) 명령이 아닌 것을 명령이라고 거짓말함. 군명이라고 사칭함.
矯復(교복) 고쳐 회복함.
矯殺(교살) 군명이라고 칭탁하고 죽임.
矯正(교정) 바로 잡음.

 〔아홉 구〕
nine・キュウ,ク(ここのつ)
九乾(구건) 구천.
九經(구경) 아홉가지 경서.
九功(구공) 아홉가지 공적.
九拜(구배) 아홉가지 절.
九暑(구서) 여름의 구십일간의 더위.

 〔입 구〕
mouth・コウ(くち)
口蓋(구개) 입천장.
口訣(구결) ① 입으로 전하는 비결. ② 우리나라에서 한문의 한 구절 끝에 다는 토.
口語(구어) 말. 언어.

〔구할 구〕 찾음. 바람.
seek after・キュウ(もとめる)
求乞(구걸) 남에게 돈・곡식을 거저 달라고 청함.
求道(구도) 바른 도를 찾음.
求職(구직) 직업을 구함.
求婚(구혼) 혼처를 구함.

救 [구원할 구] 구조함. [막을 구] 방어함. save・キュウ(すくう) 十寸求求救 救國(구국) 나라를 환란에서 건짐. 救急(구급) 위급한 것을 구원함. 救難(구난) 어려운 지경에서 건져 줌. 救命(구명) 목숨을 건져줌. 救出(구출) 구하여 냄.	究 [궁구할 구] 연구함. [헤아릴 구] 「る」 inquire・キュウ(きわめ) 宀宀究究究 究理(구리) 사물의 이치를 궁구함. 究明(구명) 궁구하여 밝힘. 究問(구문) ① 충분히 알 때까지 캐어 물어 봄. ② 충분히 조사함. 究通(구통) 궁함과 통함. 궁달.
區 [지경 구] [나눌 구] [거처 구] 주소. partition・ク(しきる) 匚匚叵區區 區別(구별) 분류함. 유별함. 區分(구분) 구별하여 나눔. 區域(구역) 갈라 놓은 경계. 區處(구처) ① 구분하여 처리함. ② 거처. 區劃(구획) 구획.	俱 [함께 구] 모두. together・ク(ともに) 亻亻仴但俱 俱發(구발) 함께 발생함. 俱存(구존) 부모가 다 살아 계심.
久 [오랠 구] long time・キュウ(ひさしい) ノク久 久敬(구경) 오래 사귈수록 더욱 존경함. 久耐(구내) 오래 견딤. 오래 변하지 아니함. 久勞(구로) 오래 힘씀. 오래 수고함. 久習(구습) ① 오래 익힘. ② 오래된 관습. 久安(구안) 오래 편안함. 영구히 태평함.	具 [갖출 구] 구비함. equip・グ(そなえる) 冂目且具具 具格(구격) 격식을 갖춤. 具文(구문) 형식만 갖춘 문면. 具備(구비) 빠짐없이 모두 갖춤. 具象(구상) 구체. 具色(구색) 여러 가지 물건을 골고루 갖춤.
句 [구절 구] [굽을 구] 굴곡함. phrase・ク ノクク句句 句讀點(구두점) 구두법을 따라 찍는 점. 句留(구류) 구금함. 구류(拘留). 句法(구법) 시문의 구를 짓는 법. 句引(구인) ① 잡아 당김. ② 꾀어냄. 句節(구절) 한 토막의 말이나 글.	舊 [예 구] 옛말. [오랠 구] old・キュウ(ふるい) 艹艹舊舊舊 舊家(구가) 예전부터 내려오는 내력있는 집안. 舊故(구고) 구지. 舊基(구기) 예전 집터. 舊面(구면) 전부터 아는 사람. 舊法(구법) 예전 법률.
球 [옥 구] 아름다운 옥 round gem・キュウ(たま) 千王돠돠球 球棍(구곤) 야구 방망이. 배트. 球燈(구등) 모양이 둥글게 생긴 등잔. 球狀(구상) 공과 같이 둥근 형상. 球形(구형) 구상. 球戲(구희) 구기.	構 [맺을 구] 결성함. [얽을 구] 「る」 implicate・コウ(かまえ) 木栉構構構 構亂(구란) 반란을 일으킴. 構兵(구병) 출병하여 전쟁을 함. 構想(구상) ① 구성한 사상. ② 사상을 얽어 놓음. ③ 예술 작품을 창작하기 위하여 그 내용, 형식 등을 생각.

驅 〔몰 구〕
drive・ク(かる)

馬 馬 馴 驅 驅

驅步(구보) 달음질로 걸음.
驅使(구사) 사람을 몰아쳐 부림.
驅除(구제) 없애 버림.
驅從(구종) 관원을 모시고 다니는 하인.
驅逐(구축) 쫓아 버림. 쫓아 내침.

鷗 〔갈매기 구〕
sea-gull・オウ(かもめ)

匚 區 鷗 鷗 鷗

鷗鷺(구로) 갈매기와 백로.
鷗盟(구맹) 속세에서 초연한 풍류의 사귐.
鷗洲(구주) 갈매기가 있는 사주.
鷗波(구파) 갈매기가 물속에서 놀며 유유자적함.

苟 〔구차할 구〕
poor・コウ

艹 艹 苟 苟 苟

苟簡(구간) 일을 간단히 해치워 일시를 미봉함.
苟安(구안) 일시적인 편안.
苟且(구차) ① 일시를 미봉함. ② 가난함.
苟活(구활) 눈앞의 안일을 탐내 구차하게 삶.

拘 〔잡을 구〕 체포함.
restrain・コウ(かかわる)

扌 扌 拘 拘 拘

拘拘(구구) ① 굽은 모양. ② 구애하는 모양.
拘禁(구금) 신체에 구속을 가하여 일정한 곳에 가두어 둠.
拘士(구사) 변통성이 없는 사람.
拘束(구속) ① 잡아 묶음. ② 자유를 속박함.

狗 〔개 구〕
dog・コウ(いぬ)

狗苟(구구) 개와 같이 경솔히 행동함.
狗盜(구도) 개의 흉내를 내어 몰래 들어가 훔치는 도둑.
狗肉(구육) 개고기.
狗皮(구피) 개 가죽.

丘 〔언덕 구〕
구릉.
hill・キュウ(おか)

ノ 亻 乍 乍 丘

丘岡(구강) 언덕.
丘陵(구릉) 언덕.
丘里之言(구리지언) 시골 사람의 말.
丘民(구민) ① 많은 백성. ② 시골 사람.
丘山(구산) 언덕과 산.

懼 〔두려워할 구〕
공포. 걱정. 경계함.
awe・ク(おそれる)

忄 忄 懼 懼 懼

懼憫(구만) 두려워하고 고민함.
懼然(구연) 두려워하는 모양.
懼震(구진) 두려워하여 떪.
懼惕(구척) 두려워하여 삼감.

龜 〔나라이름 구〕
〔거북 귀〕
turtle・キ(かめ)

龜山(구산) 산동성(山東省) 사수현(泗水縣) 동북쪽에 있는 산이름.
龜鑑(귀감) 사물의 거울. 법도(法度).
龜甲(귀갑) 거북의 등껍데기.
龜文(귀문) 거북의 등딱지 무늬.

國 〔나라 국〕
nation・コク(くに)

冂 冋 冏 國 國

國家(국가) ① 나라. ② 나라와 집.
國境(국경) 나라의 경계.
國軍(국군) ① 국가의 군대. ② 자기 나라의 군대.
國權(국권) 나라의 권력. 곧 주권과 통치권.

菊 〔국화 국〕
chrysanthemum・キク

艹 艿 芍 菊 菊

菊花(국화) 엉거시과에 속하는 관상용의 다년초.
菊花酒(국화주) 국화꽃을 넣어 빚은 술. 음력 구월 구일에 마시면 불길한 것을 떨어 버린다함.

〔판 **국**〕

キョク(つぼね)

`ㄱ ㄕ ㅌ 局 局`

局見(국견) 좁은 소견.
局內(국내) 무덤의 경계 안.
局量(국량) 재간과 도량.
局面(국면) 승패를 다투는 바둑, 장기, 고누 등의 판의 형세.

〔임금 **군**〕

king・クン(きみ)

`ㄱ ㅋ 尹 君 君`

君國(군국) 임금과 나라.
君臨(군림) 임금이 되어 나라를 다스림.
君命(군명) 임금의 명령.
君王(군왕) 임금. 군주.
君子(군자) 심성이 어질고 덕행이 높은 사람.

〔고을 **군**〕

グン(こおり)

`ㄱ ㅋ 尹 君 郡 郡`

郡守(군수) 한 군의 우두머리. 곧 군의 태수.
郡王(군왕) 친왕의 다음 가는 지위.
郡齋(군재) 군청.

〔군사 **군**〕

military・ ゴン(つわもの)

`一 宀 冖 冒 宣 軍`

軍警(군경) ① 전쟁에 대한 경계. ② 군대와 경찰.
軍功(군공) 전쟁에서 이긴 공로.
軍紀(군기) 군대의 기율.
軍旗(군기) 전쟁에 쓰는 기.

〔무리 **군**〕

flock・グン(むれ)

`尹 君 君¨ 君¨ 群`

群黨(군당) 무리. 떼.
群盜(군도) 많은 도적의 떼.
群民(군민) 많은 백성.
群臣(군신) 많은 신하.
群雄(군웅) 많은 영웅.

〔움 **굴**〕 움집
〔굴 **굴**〕

tunnel・クツ

`宀 宀 穴 窟 窟`

窟居(굴거) 굴에 삶.
窟室(굴실) 토굴이나 석굴에 들인 방.
窟穴(굴혈) ① 굴. ② 도둑・악인 등의 근거지.

〔활 **궁**〕

bow・キュウ(ゆみ)

`一 ㄱ 弓`

弓馬(궁마) 활과 말.
弓房(궁방) 활을 만드는 곳.
弓師(궁사) 활을 만드는 사람.
弓術(궁술) 활을 쏘는 기술.
弓矢(궁시) 활과 화살. 무기. 전쟁.

〔집 **궁**〕

palace・キュウ(みや)

`宀 宀 宁 宮 宮`

宮闕(궁궐) 대궐의 문.
宮內(궁내) 궁 안.
宮女(궁녀) 궁중의 여자 관리.
宮奴(궁노) 궁가에서 부리는 아이.
宮童(궁동) 궁중에서 부리는 아이.

〔궁구할 **궁**〕

exhausted・ キュウ(きわまる)

`宀 穴 穴 窮 窮`

窮境(궁경) 궁지.
窮計(궁계) 궁여지책.
窮苦(궁고) 곤궁하여 고생함.
窮究(궁구) 깊이 연구.
窮相(궁상) 곤궁하게 생긴 얼굴.

〔두루마리 **권**〕
〔책 **권**〕

volume・カン(まく)

`⺍ ⺷ ⺸ 巻 卷`

卷頭(권두) 책 또는 두루마리 같은 것의 첫머리.
卷尾(권미) 책 또는 두루마리 같은 것의 제일 뒤.
卷數(권수) 책의 수효.

權 〔저울추 권〕 〔권세 권〕 ケン 十 才 栌 槯 權 權貴 (권귀) 권세 있고 지위가 높음. 權能 (권능) 권리를 주장하면서 행사할 수 있는 능력. 權利 (권리) ① 권세와 이익. ② 세력을 떨침.	勸 〔권할 권〕 advice・カン(すすめる) 苗 芦 萑 勸 勸 勸戒 (권계) 착한 일은 하라고 권하고 나쁜 일은 하지 못하도록 타이름. 勸農 (권농) 농사를 권장함. 勸誘 (권유) 권하여 하도록 함. 勸奬 (권장) 권하여 힘쓰게 함.
券 〔게으를 권〕 태만함 bond・ケン(てがた)  券契 (권계) 어음. 증서. 券面 (권면) 증권의 겉면. 券書 (권서) 증서. 券約 (권약) 약속. 券帖 (권첩) 어음.	拳 〔주먹 권〕 fist・ケン(こぶし)  拳曲 (권곡) 주먹처럼 굽음. 구부러짐. 拳書 (권서) 붓을 쓰지 않고 주먹으로 먹을 찍어 글씨를 쓰는 일. 拳勇 (권용) 완력과 용기. 拳銃 (권총) 외손으로 들고 쏘는 짧고 작은 총.
厥 〔숙일 궐〕 ケツ(その) 厂 严 屏 厥 厥 厥角 (궐각) 고개를 숙여 절을 함.	貴 〔귀할 귀〕 지위가 높음 noble・キ(とうとい) 中 半 卢 書 貴 貴家 (귀가) ① 지위가 높은 사람의 집. ② 남의 집의 존칭. 貴女 (귀녀) ① 지위가 높은 집에 태어난 여자. ② 부녀에 대한 존칭. 貴賤 (귀천) 부귀와 빈천.
歸 〔돌아갈 귀〕 return・キ(かえる) 𠂆 𠂉 𠂤 𠂤 歸 歸家 (귀가) 집으로 돌아감. 歸結 (귀결) 끝을 맺음. 또 그 결과. 歸國 (귀국) 제 나라로 돌아감. 歸路 (귀로) 돌아가는 길. 歸思 (귀사) 고향으로 돌아가고 싶은 마음.	鬼 〔귀신 귀〕 キ(おに)  鬼氣 (귀기) 소름이 끼치는 분위기. 鬼道 (귀도) 귀신이 다니는 길. 鬼面 (귀면) 귀신의 얼굴. 도깨비의 탈. 鬼物 (귀물) 도깨비. 鬼方 (귀방) 먼 지방.
叫 〔부르짖을 규〕 shout・キュウ(さけぶ) 丨 冂 口 叶 叫 叫叫 (규규) 멀리 들리는 소리의 형용. 叫然 (규연) 부르짖는 모양. 叫吟 (규음) 큰 소리로 욺. 叫呼 (규호) 외침. 큰 소리로 부름. 叫號 (규호) 외침. 부르짖음.	規 〔법 규〕 법칙 〔경계할 규〕 rule・キ(のり) 二 夫 却 矧 規 規格 (규격) 규정한 격식. 일정한 표준. 規式 (규식) 규칙과 법식. 規約 (규약) 약정한 규칙. 規定 (규정) 규칙을 정함. 規則 (규칙) 규정한 법칙.

閨 〔협문 규〕
ケイ(ねや)
1. ｢ ｨ 門 閆 閨

閨房(규방) 안방. 침실.
閨範(규범) 여자가 지켜야 할 도덕.
閨愛(규애) 딸.
閨中(규중) 부녀가 거처하는 방 안.

均 〔평평할 균〕 편편함
even・キン
一 二 钧 均 均

均當(균당) 고루 배당함.
均等(균등) 고르고 가지런하여 차별이 없음.
均分(균분) 고르게 나눔.
均一(균일) 한결같이 고름.
均衡(균형) 어느 편에 치우쳐 기울지 않고 고름

菌 〔버섯 균〕
mushroom・キン(きのこ)
艹 艻 苆 菌 菌

菌桂(균계) 계수나무 비슷한 향목.
菌毒(균독) 균류의 독.
菌類(균류) 버섯, 곰팡이붙이의 총칭.
菌傘(균산) 버섯, 윗머리의 넓게 우산을 편 것 같은 부분.

極 〔다할 극〕 없어짐
〔마칠 극〕 멈춤「て)
utmost・キョク(きわめ
木 朽 柯 極 極

極諫(극간) 힘껏 간함. 극력 간함.
極貴(극귀) 극히 귀함.
極難(극난) 몹시 어려움.
極甚(극심) 아주 심함.
極惡(극악) 극히 악함.

克 〔능할 극〕
〔이길 극〕
overcome・コク(かつ)
一 十 古 古 克

克勵(극려) 사욕을 누르고 부지런히 힘씀.
克服(극복) 이기어 극복시킴.
克復(극복) 원상으로 복귀함.
克讓(극양) 자기의 마음을 둘러 남에게 겸양함.
克治(극치) 사욕을 이겨내어 사념을 다스림.

劇 〔심할 극〕 격심함, 대단함
violent・ゲキ(はげしい)
亠 广 虏 豦 劇

劇難(극난) 격렬히 논란함.
劇團(극단) 연극하는 단체.
劇藥(극약) 성질이 극렬한 약.
劇寒(극한) 대단한 추위. 기한.
劇戲(극희) 광대가 하는 연극.

近 〔가까울 근〕
near to・キン(ちかい)
厂 斤 斤 近 近

近刊(근간) 최근의 출판. 또 곧 나올 책.
近景(근경) 가까이 보이는 경치.
近洞(근동) 가까운 동네.
近來(근래) 요사이. 이마적.
近方(근방) 가까운 곳.

勤 〔부지런할 근〕 일을 꾸준히 함, 직책을 다함
diligent・キン(つとめる)
艹 苩 菫 勤 勤

勤介(근개) 근면하고 강직함.
勤儉(근검) 부지런하고 알뜰함.
勤苦(근고) 애를 써가며 부지런히 일함.
勤勉(근면) 부지런히 힘씀.
勤務(근무) 일에 종사(從事)함.

根 〔뿌리 근〕
〔근본 근〕 사물의 본원
root・コン(ね)
木 杧 根 根 根

根幹(근간) ① 뿌리와 줄기. ② 근본.
根據(근거) ① 사물의 토대. ② 이론, 의견 등의 그 근본이 되는 의거.
根源(근원) 나무뿌리와 물이 흘러 나오는 곳. 근본.

謹 〔삼갈 근〕 사물에 주의함
respectful・ギン(つつしむ)
言 訁 詿 謯 謹

謹密(근밀) 신중하고 치밀함.
謹封(근봉) 삼가 봉한다는 뜻으로, 편지나 물품의 걸봉에 쓰는 말.
謹上(근상) 삼가 올림. 편지 끝에 쓰는 말.
謹正(근정) 신중하고 정직함.

금

斤 〔근 근〕 중량의 단위
キン
ノ ㄣ 斤
斤斤(근근) ① 명찰하는 모양. ② 삼가는 모양.
斤斗(근두) 재주넘기. 공중제비.
斤兩(근량) 무게. 중량.
斤量(근량) ① 무게. 중량. ② 저울로 무게를 닮.

僅 〔겨우 근〕 근근히
barely・キン(わずか)
仁 仁 伴 伴 僅
僅僅(근근) 겨우.
僅僅得生(근근득생) 간신히 살아감.
僅少(근소) 아주 적음.

金 〔쇠 금〕
〔금 금〕
gold・キン(かね)

金甲(금갑) 황금으로 만든, 또는 황금 빛의 갑옷.
金蘭(금란) 붕우간의 극친한 관계의 비유.
金門(금문) 금마문.
金髮(금발) 노란 머리카락.

今 〔이제 금〕
now・キン, コン(いま)
ノ 入 𠆢 今
今古(금고) 지금과 예. 금석.
今年(금년) 올해. 당년. 금자.
今明間(금명간) 오늘 내일 사이.
今方(금방) 이제 곧. 바로 이제.
今番(금번) 이번.

禁 〔금할 금〕
〔대궐 금〕
forbid・キン
十 木 林 埜 禁
禁戒(금계) 금지하고 경계함.
禁錮(금고) 벼슬 길을 막음.
禁慾(금욕) 육체상의 욕망을 금함.
禁葬(금장) 매장을 금함.
禁殿(금전) 궁전.

錦 〔비단 금〕
silk・キン(にしき)

錦旗(금기) 비단의 천으로 만든 기.
錦帳(금장) 비단의 장막. 비단의 모기장.
錦殿(금전) 화려한 궁전.
錦袍(금포) 비단의 도포.
錦還(금환) 금의환향.

禽 〔짐승 금〕
〔사로잡힐 금〕
birds・キン(とり)

禽獸(금수) 날짐승과 길짐승.
禽語(금어) 새의 우는 소리.
禽鳥(금조) 날짐승. 새.
禽珍(금진) 잡아 모조리 죽임.
禽獲(금획) 생포함.

琴 〔거문고 금〕
キン(こと)
丁 王 珏 琹 琴
琴曲(금곡) 거문고의 곡.
琴書(금서) 거문고와 책.
琴線(금선) ① 거문고 줄. ② 감동하기 쉬운 마음. 깊게 감동하여 공명하는 마음.

급

及 〔미칠 급〕
reach・キュウ(および)

及落(급락) 급제와 낙제.
及門(급문) 문하에 참여한다는 뜻으로 문인, 곧 제자가 됨을 이름.
及第(급제) 시험에 합격됨.
及追(급추) 뒤쫓아가 미침.

給 〔줄 급〕
give ; provide・
キュウ(たまう)

給供(급공) 급료를 줌.
給料(급료) 노력에 대한 보수.
給米(급미) 쌀을 줌. 또 그 쌀.
給費(급비) 비용을 대줌.
給水(급수) 물을 공급함.

 急 〔급할 급〕 ① 절박함 ② 위급함 hurried・キュウ(いそぐ) ク ク 刍 急 急 急激(급격) 급하고 격렬함. 急救(급구) 급히 구제함. 急務(급무) 급한 일. 急迫(급박) 급히 닥침. 절박함. 急死(급사) 별안간 죽음.	 級 〔등급 급〕 class・キュウ(しな) 幺 糸 紀 級 級 級數(급수) 일정한 법칙에 의하여 증감하는 수를 차례로 배열한 수. 級差(급차) 등급.
 肯 〔즐길 긍〕 수긍함 affirm・コウ 丨 丬 止 肯 肯 肯諾(긍낙) 승낙함. 肯首(긍수) 수긍함. 肯定(긍정) ① 좋다고 승인함. ② 사물의 일 정한 관계를 승인함. 肯從(긍종) 즐기어 좇음.	 己 〔몸 기〕 자기몸, 자아 self・キ, コ(おのれ) フ コ 己 己所不欲勿施於人(기소불욕물시어인) 자기가 싫어하는 것은 다른 사람도 역시 싫어하는 것이니 이것을 남에게 시키면 안된다는 말.
記 〔기억할 기〕 〔적을 기〕 record・(しるす) 亠 言 言 記 記 記念(기념) 기억하여 잊지 아니함. 記錄(기록) 적음. 또 그 서류. 記名(기명) ① 이름을 기억함. ② 이름을 적음. 記事(기사) 사실을 기록함. 또 그 글. 記載(기재) 적어 실음.	起 〔일어설 기〕 발생 rise・キ(おきる) 土 キ 走 起 起 起稿(기고) 원고를 쓰기 시작함. 起工(기공) 역사를 시작함. 起立(기립) 일어섬. 起伏(기복) 일어났다 누었다 함. 起因(기인) 일이 일어나는 원인.
其 〔그 기〕 그것의 it・キ(その) 一 甘 甘 其 其 其間(기간) 그 사이. 其餘(기여) 그 나머지. 其前(기전) 그 전. 其中(기중) 그 속. 그 가운데. 其他(기타) 그 밖. 그것 외에 또 다른 것.	期 〔때 기〕 시기 expect・キ, コ 甘 其 其 期 期 期間(기간) 미리 정한 일정한 시간. 期內(기내) 기한내. 期待(기대) 희망을 가지고 기다림. 期約(기약) 때를 작정하여 약조함. 期限(기한) 미리 정한 시기.
 基 〔터 기〕 토대, 터전 base・キ(もとい) 甘 其 其 基 基 基盤(기반) 기초가 되는 지반. 基本(기본) 사물의 근본. 基數(기수) 하나에서 열까지의 수. 基源(기원) 근원. 基準(기준) 기본이 되는 표준.	氣 〔기운 기〕 〔공기 기〕 air・キ(いき) 二 气 気 氣 氣 氣格(기격) 품격. 기품. 氣骨(기골) 기혈과 골격. 氣量(기량) 도량. 국량. 氣力(기력) 심신의 작용. 원기. 근기. 氣流(기류) 대기의 유동.

[재주 기] 예능, 능력

skill・ギ(わざ)

一 亅 扌 扌 扌 抃 技

技巧(기교) ① 교묘한 손재주. ② 문예, 미술 등의 표현이나 제작에 대한 솜씨.
技能(기능) 기술상의 재능.
技師(기사) 관청 또는 회사에서 전문의 기술에 관한 일을 맡아보는 사람.

[몇 기]

somewhat・キ(いく)

幺 丝 丝 幾 幾

幾年(기년) 몇 해.
幾多(기다) 수두룩함.
幾億(기억) 몇 억. 대단히 많아 이루 셀 수 없는 수효를 이름.
幾日(기일) 며칠. 몇 날.

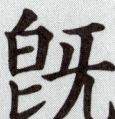

[이미 기] 벌써

already・キ(すでに)

⺕ ⺕ 卽 卽 旣

旣決(기결) 이미 된 결정.
旣望(기망) 음력 십육일.
旣設(기설) 이미 차리어 놓음.
旣往(기왕) 이전.
旣定(기정) 이미 결정됨.

[실마리 기]

キ(のり)

幺 糸 糸 紀 紀

紀識(기지) 기록함.
紀行(기행) 여행 중에 보고 듣고 느낀 것을 적은 기사.
紀號(기호) ① 명칭. 표제. ② 연호. ③ 부호.

[미워할 기] 증오함

avoid・キ(いむ)

一 ㄱ 己 己 忌

忌克(기극) 타인의 재능을 시기하여 그보다 나으려고 다툼.
忌歲(기세) 불길한 해. 일을 하는데 삼가고 조심하여야 할 때.
忌祭(기제) 죽은 날에 지내는 제사.

[기 기]

flag・キ(はた)

一 方 扩 扩 旗

旗脚(기각) 깃발.
旗頭(기두) 기를 드는 사람.
旗手(기수) 기를 드는 사람.
旗章(기장) 기의 표지.
旗標(기표) 기장.

[속일 기]

cheat・キ(あざむく)

一 甘 其 其 欺

欺君(기군) 임금을 속임.
欺弄(기롱) 속여 놀림.
欺罔(기망) 속임.
欺心(기심) 자기의 양심을 속임.
欺情(기정) 속 마음을 드러내지 않음.

[틀 기]

machine・キ(はた)

ホ 杉 機 機 機

機管(기관) 중요한 임무.
機關(기관) ① 장치. ② 어떤 에너르기를 기계력으로 변화시키는 장치.
機構(기구) 얽어 잡은 구조.
機密(기밀) 중요하고 비밀한 일.

[그릇 기]

중히 여김

vessel・キ(うつわ)

吅 吅 哭 哭 器

器官(기관) 생물체의 생활 작용을 하는 부분.
器具(기구) 그릇. 세간.
器量(기량) 기국.
器皿(기명) 그릇.
器物(기물) 기명.

[기이할 기] 괴이함, 괴상함

一 大 太 츳 奇

奇謀(기모) 기묘한 꾀. 남이 생각도 못한 꾀.
奇聞(기문) 진기한 이야기.
奇術(기술) 기묘한 술법.
奇蹟(기적) 사람의 생각과 힘으로는 할 수 없는 기이한 일.

[말탈 기]
stride・キ
丆 馬 馬 駸 騎

騎馬(기마) 말을 탐. 또 그 탄 사람.
騎兵(기병) 말 탄 군사.
騎士(기사) 기병.
騎將(기장) 기병을 지휘하는 장수.
騎卒(기졸) 기병.

寄
[붙여있을 기] 머물음
[부칠 기] 보냄, 전함
lodge・キ(よる)
宀 宀 宋 寄 寄

寄客(기객) 남의 집에 붙이어 얻어 먹고 사는 사람. 식객.
寄居(기거) ① 타향에서 임시로 삶. ② 남의 집에 몸을 의지함.
寄託(기탁) 의탁함. 의뢰함.

[어찌 기]
how・キ(あに)
丅 屮 豈 豈

豈敢(기감) 어찌. 감히.
豈不(기불) 어찌……않으랴.

棄
[버릴 기] 내버림, 돌보지 아니함, 잊어버림
abandon・キ(すごる)
厺 杢 査 棄 棄

棄却(기각) 버림. 내버림.
棄權(기권) 권리를 버리고 행사하지 아니함.
棄如土(기여토) 흙을 버리듯이 내버리고 돌보지 아니함.
棄置(기치) 버리어 둠.

祈
[빌 기]
기도함
pray・キ(いのる)

祈穀(기곡) 풍년이 되기를 빎.
祈求(기구) 빌어 구함. 간절히 바람.
祈念(기념) 열심히 빎.
祈禱(기도) 신불에게 복리를 빎. 또 그 의식.
祈願(기원) 신불에게 빎.

企
[발돋음할 기]
plan・キ(くわだてる)
亻 个 수 企 企

企待(기대) 발돋음하여 기다림.
企圖(기도) 일을 꾸며내려고 꾀함.
企望(기망) 발돋음하고 바라봄.
企業(기업) ① 사업을 계획함. ② 영리를 목적으로 하는 사업.

[경기 기]
요 요 音 畿 畿

畿內(기내) 서울을 중심으로 하여 사방 오백 리(五百里) 이내의 땅.
畿輦(기련) 서울. 경사(京師).
畿服(기복) 기내(畿內).

飢
[주릴 기]
굶주림
starve・キ(うえる)
亻 今 食 飣 飢

飢渴(기갈) 배고프고 목마름. 굶주림.
飢困(기곤) 굶주려 고생함.
飢饉(기근) 흉년으로 인하여 곡식이 부족하여 먹지 못하고 굶주림.
飢餓(기아) 굶주림.

[굳을 긴] 견고함
[급할 긴]
urgent・キン
厂 臣 臤 緊 緊

緊談(긴담) 긴한 이야기.
緊密(긴밀) ① 견고하고 빈틈이 없음. ② 엄밀하고 빈틈이 없음.
緊迫(긴박) 몹시 급박함.
緊張(긴장) 팽팽하게 함.

吉
[길할 길] 상서로움
lucky・キチ(よい)
一 十 士 吉 吉

吉慶(길경) 경사스러운 일.
吉夢(길몽) 상서로운 꿈.
吉報(길보) 좋은 기별.
吉運(길운) 좋은 운수.
吉日(길일) 길한 날. 좋은 날.

나	**那** 〔어찌 나〕 어찌하여 ナ(なんぞ) フ ヨ 月 那 那 那間(나간) 언제. 那邊(나변) 어느 곳. 那事(나사) 무슨 일. 那時(나시) 언제. 어느 때. 那中(나중) 그곳. 그 속.	**諾** 〔대답할 낙〕 대답 〔승낙할 낙〕 승인함 respond・ダク 言 許 許 諾 諾 諾諾(낙낙) 남의 말을 잘 좇는 모양. 諾否(낙부) 승낙함과 하지 아니함. 諾唯(낙유) 옳다고 함. 그렇다고 함. 諾責(낙책) 승낙한 책임.	낙
난	**暖** 〔따뜻할 난〕 온난함 〔따뜻이할 난〕 warm・ダン(あたたかい) 日 日 昨 暖 暖 暖國(난국) 따뜻한 나라. 暖氣(난기) 따뜻한 기운. 暖爐(난로) ① 화로. ② 스토우브. 暖流(난류) 온도가 높은 해류. 暖房(난방) 뜨뜻하게 하여 놓은 방.	**難** 〔어려울 난〕 쉽지 않음 〔근심할 난〕 「い」 difficult・ナン(むずかし 苗 莫 勤 難 難 難堪(난감) 견디기 어려움. 難關(난관) 통과하기 어려운 문, 또는 관문. 難局(난국) 어려운 판국. 難産(난산) 해산이 순조롭지 못하여 고생함.	난
남	**南** 〔남녘 남〕 남쪽, 남방 south・ナン(みなみ) 十 内 内 南 南 南國(남국) 남쪽 나라. 南極(남극) ① 남극성. ② 남쪽 끝. ③ 지축 의 남쪽 끝. 南道(남도) 경기도 이남의 도. 南北(남북) 남쪽과 북쪽.	**男** 〔사내 남〕 남자 man・ダン(おとこ) ロ 田 田 男 男 男系(남계) 남자쪽의 혈통. 男女(남녀) 남자와 여자. 男女老少(남녀노소) 남자와 여자와 늙은이와 젊은이. 모든 사람.	남
납	 **納** 〔들일 납〕 〔바칠 납〕 receive・ノウ(おさめる) 納貢(납공) 공물을 바침. 納款(납관) ① 귀순하여 성의껏 섬김. ② 적 과 내통함. 納付(납부) 납입. 納稅(납세) 세금을 바침.	**娘** 〔계집 낭〕 소녀 〔어미 랑〕 girl・ベョウ(むすめ) 女 女 女 娘 娘 娘家(낭가) 어머니의 친정. 외가. 娘娘(낭낭) 황후 또는 천녀. 娘子(낭자) ① 소녀. ② 어머니. ③ 아내. ④ 궁녀. 娘子軍(낭자군) 여자로 조직한 군대.	낭
내	**内** 〔안 내〕 ① 안 ② 방 ③ 집, 집안 inside・ナイ(うち) 冂 内 内 内間(내간) 부녀가 거처하는 곳. 内科(내과) 내장의 기관에 생기는 병을 다스 리는 의술. 内官(내관) 내시. 환관. 内國(내국) 나라 안. 국내.	**乃** 〔이에 내〕 이리하여 〔접때 내〕 이전에(はち) namely・ダイ,ナイ(すな ノ ア 乃 乃今(내금) 지금. 이마적. 乃昔(내석) 접때. 이전에. 乃往(내왕) 이전. 기왕. 乃者(내자) 접때. 이전. 乃祖(내조) 너의 선조. 그대의 선조.	

奈 〔어찌 내〕 why・ナ(なんぞ) 一 ナ 本 夺 奈 奈落(내락) 지옥. 奈何(내하) ① 어떤가. ② 어찌하여.	**耐** 〔견딜 내〕 ① 배겨 냄 ② 유지함 patient・タイ(たえる) 丆 而 而 耐 耐 耐久(내구) 오래 견딤. 耐久力(내구력) 오래 견디는 힘. 耐忍(내인) 참음. 인내함. 耐震(내진) 지진에 견딤. 耐寒(내한) 추위를 견딤.
女 〔계집 녀〕 여자 female・ジョ(おんな) く 女 女 女傑(여걸) 여자 호걸. 女權(여권) 여자의 사회상, 정치상, 법률상의 권리. 女妓(여기) 기생. 기녀. 女性(여성) ① 여자. ② 여자의 성질.	**年** 〔해 년〕 십이개월, 시대 〔나이 년〕 연령 year・ネン(とし) 노 느 느 年 年 年甲(연갑) 나이가 서로 비슷한 사람. 年高(연고) 나이가 많음. 年久(연구) 해가 오래 됨. 年内(연내) 그 해 안. 年代(연대) ① 경과한 햇수. ② 연수와 시대.
念 〔생각 념〕 사려 〔생각할 념〕 think・ネン(おもう) ノ 人 今 念 念 念念(염념) 항상 생각함. 자꾸 생각함. 念頭(염두) ① 생각의 시작. ② 마음. 생각. 念慮(염려) ① 생각함. ② 걱정함. 念願(염원) 내심 생각하고 바라는 바. 소원.	**寧** 〔편안할 녕〕 무사함 〔편안히 할 녕〕 편안함 peaceful・ネイ 宀 宓 寍 寧 寧 寧居(영거) 편안히 있음. 편안히 삶. 寧樂(영락) 편안하여 즐거움. 안락함. 寧息(영식) 편안히 쉼. 안심하고 쉼. 寧日(영일) 편안한 날. 평화스러운 날.
努 〔힘쓸 노〕 부지런히 일함, 힘을 들임 endeavor・ド(つとめる) 女 女 奴 努 努 努力(노력) 애씀. 힘을 들임. 努目(노목) 성내어 눈을 부릅뜸.	**怒** 〔성낼 노〕 ① 화냄 ② 분기함 angry・ド(いかる) 女 女 奴 怒 怒 怒氣(노기) 성이 난 얼굴 빛. 怒濤(노도) 성난 파도. 세찬 파도. 怒發大發(노발대발) 몹시 성을 냄. 怒色(노색) 성낸 빛.
奴 〔종 노〕 ① 남자종 ② 여자종 slave・ド(やっこ) く 女 女 奴 奴 奴虜(노로) 사로 잡혀 종이 된 자. 奴僕(노복) 사내 종. 奴婢(노비) 남자 종과 여자 종. 奴顔(노안) 하인의 굽실거리는 얼굴. 奴隸(노예) 종.	**農** 〔농사 농〕 농업 〔농부 농〕 agriculture・ノウ 卌 曲 芦 農 農 農稼(농가) 땅을 갈고 곡물을 심는 일. 農耕(농경) 농사를 짓는 일. 農工(농공) 농업과 공업. 農具(농구) 농사에 쓰는 기구. 農軍(농군) 농민.

〔짙을 **농**〕 ① 색이 진함 ② 음식이 진하고 맛이 있음　thick・ノウ(こい)
氵氵沪沪濃濃濃

濃度(농도) 용액의 농담의 정도.
濃味(농미) 음식의 기름기가 많아 진한 맛.
濃液(농액) 진한 액체.
濃煙(농연) 짙은 연기. 검은 연기.
濃厚(농후) ① 짙음. ② 진함.

〔머릿골 **뇌**〕
〔머리 **뇌**〕
brain・ノウ
月 肦 胼 腦 腦

腦筋(뇌근) 뇌신경.
腦力(뇌력) 정신을 써서 생각하는 힘.
腦裏(뇌리) 뇌 안. 곧 마음 속.
腦溢血(뇌일혈) 뇌 속에서 혈관이 터지어 피가 딴 데로 도는 병.

〔괴로와 할 **뇌**〕 고민함
〔괴롭힐 **뇌**〕 괴롭게 함
vexed・ノウ(なやむ)
忄 忄 悩 悩 悩

惱苦(뇌고) 고뇌.
惱亂(뇌란) 고민하여 어지러움. 또 고민하게 함.
惱殺(뇌살) 심히 고민함. 또 심히 고민하게 함.

〔재능 **능**〕 일하는 재주
〔능할 **능**〕 능히 함
ability・ノウ
厶 台 台 能 能

能幹(능간) 재간.
能力(능력) 일을 해낼 수 있는 힘.
能辯(능변) 말을 잘 함. 또 그 사람.
能書(능서) 글씨를 잘 씀. 또 그사람.
能通(능통) 사물에 잘 통달함.

〔진흙 **니**〕 이토, 진흙 비슷한 것
mud・デイ(どろ)
氵 氵 沪 沪 泥

泥塗(이도) ① 진창 길. ② 천하고 쓸모없는 것.
泥淪(이륜) 진창에 빠짐.
泥水(이수) 흙탕물.
泥中(이중) 진흙 속. 진창 가운데.

〔많을 **다**〕
many・タ(おおい)
ノ ク 夕 多 多

多難(다난) 어려운 일이 많음.
多能(다능) 재능이 많음.
多大(다대) 많음. 적지 아니함.
多讀(다독) 많이 읽음.
多量(다량) 많은 분량.

〔차 **다**〕 ① 차의 재료 ② 차를 넣은 음료
tea plant・チャ
艹 艹 艾 苯 茶

茶果(다과) 차와 과일.
茶菓(다과) 차와 과자.
茶器(다기) 차를 마시는 그릇.
茶房(다방) 차를 파는 집.
茶室(다실) 차를 끓이는 방.

〔홑 **단**〕
단지 하나
single・タン(ひとえ)
吅 吅 單 單 單

單價(단가) 단위의 가격.
單刀(단도) 한 자루의 칼.
單文(단문) 간단한 문장.
單番(단번) 단 한번. 한 차례.
單身(단신) 홀몸. 홑몸.

〔다만 **단**〕 ① 단지, 그 것만 ② 그것만 일부러
only・タン(ただし)
亻 仴 但 但 但

但書(단서) 본문 밖에. 단(但)자를 붙여 어떤 조건이나 예외의 뜻을 나타내는 글.
但只(단지) 다만. 겨우. 오직. 한갓.

〔짧을 **단**〕 ① 키가 작음 ② 짧음 ③ 짧은 시간
short・タン(みじかい)
二 矢 矩 短 短

短期(단기) 짧은 기한.
短髮(단발) 짧은 머리털.
短縮(단축) 짧게 줄어짐. 또 짧게 줄임.
短篇(단편) ① 짧은 시문. ② 단편 소설의 약칭.

端	[바를 단] 굽지 않음 [바로 잡을 단] タン(はし) 亠立 䇘 端 端 端敏(단민) 단아하고 민첩함. 端言(단언) 바른 말. 또 바른 말을 함. 端貞(단정) 마음이 바르고 지조가 굳음. 端整(단정) 단아하고 말쑥함. 端華(단화) 단정하고 아리따움.	旦	[아침 단] 해 돋을 무렵 [밝을 단] 밤이 샘 morning・タン(あした) 一 冂 日 日 旦 旦旦(단단) ① 매일 아침. ② 매일. ③ 환한 모양. 명백한 모양. 旦明(단명) 새벽. 해뜰 녘. 旦暮(단모) 아침 저녁. 旦昔(단석) 아침과 저녁.
檀	[박달나무 단] ダン(まゆみ) 十 朽 栌 檀 檀 檀口(단구) 붉은 입술. 檀國(단국) 단군이 개국하였다는 나라 이름, 배달나라. 檀君(단군) 우리 나라의 시조로 조선을 개국 하였다 함. 이름은 왕검.	壇	[단 단] ① 높게 베풀어 놓은 자리, 장소, 범위 altar・ダン 土 圹 圹 壇 壇 壇曼(단만) 넉넉하고 넓은 모양. 또 편편하고 넓은 모양. 壇位(단위) 흙을 쌓아 올려 만든 단. 壇場(단장) ① 제사 지내기 위하여 흙을 한 계단 높이 쌓아 올린 단. 제단.
段	[조각 단] 단편 [갈림 단] 구분 ダン 丆 丨 𠂆 段 段 段階(단계) ① 층계. ② 등급. 순서. 段丘(단구) 물에 쓸려 간 흙, 모래가 강과 바다에 지층을 이루어서 쌓인 토지. 段落(단락) ① 문장의 큰 부분. ② 일이 다 된 끝. 결말.	斷	[끊을 단] 절단함 [결단할 단] 결단력 cut off・ダン(たつ) 𢆶 𢆶 斷 斷 斷 斷決(단결) 재단하여 결정함. 斷交(단교) 교제를 끊음. 斷橋(단교) ① 끊어진 다리 ② 다리를 끊어 적이 건너오지 못하게 함. 斷落(단락) 한 문장 중에서 크게 끊은 곳.
丹	[주사 단] [붉을 단] 적색 red・タン(あか) 几 冂 丹 丹樓(단루) 붉은 칠을 한 누각. 丹若(단약) 석류의 별칭. 丹英(단영) 붉은 꽃. 丹牆(단장) 붉은 칠을 한 담.	團	[모일 단] 한 곳으로 옴 [모을 단] 한데 합침 mass・ダン 冂 同 團 團 團 團結(단결) 여러 사람이 서로 결합함. 團樂(단락) 친밀하게 한 곳에서 즐김. 團長(단장) 단체의 우두머리. 團體(단체) 공동의 목적을 달성하기 위하여 결합한 집단.
達	[통할 달] 깨달음 [달할 달] 목적을 이룸 タツ 土 幸 幸 達 達 達見(달견) 사리에 밝은 식견. 뛰어난 식견. 達官(달관) 높은 벼슬. 현달한 관직. 達練(달련) 사물에 통달하여 익숙함. 達成(달성) 목적을 이룸. 達通(달통) 사리에 정통함.	談	[이야기 담] [이야기 할 담] converse・ダン 言 言 談 談 談 談論(담론) 이야기 함. 서로 언론함. 談說(담설) 이야기함. 또 이야기. 설화. 談笑(담소) 웃으면서 이야기함. 談判(담판) 쌍방이 서로 의논하여 판결함. 談話(담화) 이야기.

담

〔묽을 담〕
〔담박할 담〕 욕심이 없
insipid・タン（あわい）
氵 氵 氵 淡 淡 淡
淡交（담교） 담박한 교제.
淡淡（담담） 욕심이 없고 마음이 깨끗한 모양.
담박한 모양.
淡泊（담박） 욕심이 없고 깨끗함. 집착이 없음.
淡雅（담아） 담박하고 우아함.

〔깊을 담〕
물이 괸 깊은 곳
タン（ふち）
氵 氵 潭 潭 潭
潭根（담근） 땅 속 깊이 들어간 뿌리.
潭潭（담담） 물이 깊은 모양.
潭奧（담오） 학문이 깊음.
潭湫（담추） 깊은 못.

〔맡을 담〕 부담, 인수함
〔짐 담〕 부담한 일
bear・タン（になう）
扌 扩 护 护 擔
擔當（담당） 일을 맡아 함.
擔保（담보） ① 맡아서 보증함. ② 채권을 보전하기 위하여 제공된 보증.
擔夫（담부） 물건을 메어서 옮기는 사람.
擔任（담임） 책임을 지고、일을 함.

답

〔대답할 답〕
〔갚을 답〕
answer・トウ（てえる）
⺮ ⺮ 笁 答 答
答答（답답） 대(竹)의 소리.
答禮（답례） 남에게 받은 예를 갚는 예.
答問（답문） 물음에 대답함.
答辯（답변） 물음에 대답하여 하는 변명.
答謝（답사） 답례의 말을 함.

〔논 답〕
亅 水 杏 沓 畓
畓畓（답답） ① 말이 많고 유창한 모양. ② 빨리 걷는 모양.
畓雜（답잡） 혼잡함.
畓潮（답조） 썰물과 밀물이 서로 합침.
畓至（답지） 몰려옴. 번번히 옴.

〔밟을 답〕
① 밟고 누름 ② 보행
tread・トウ（ふむ）
𧾷 𧾷 跙 跭 踏
踏歌（답가） 발로 땅을 구르며 장단을 맞추어 노래함.
踏步（답보） 땅을 구르며 걷는 걸음.
踏査（답사） 산이나 들 또는 전답 등을 실지로 조사함.

당

〔집 당〕 주거
〔당당할 당〕 의젓함
hall・ドウ
亅 ⺌ 台 堂 堂
堂堂（당당） ① 형세가 성대한 모양. ② 정돈이 잘 된 모양.
堂房（당방） 집과 방.
堂叔（당숙） 아버지의 종형제.

〔당할 당〕 ① 당해 냄,
감당 ② 일을 만남
suitable・トウ（あたる）
⺌ ⺌ 凸 當 當
當代（당대） 그 시대.
當到（당도） 어떤 곳이나 일에 닿아서 이름.
當年（당년） 그 해. 그 때.
當面（당면） ① 얼굴을 댐. 또 그 얼굴에 닿음.
② 얼굴을 대함.

〔당나라 당〕
トウ
广 广 庐 唐 唐
唐弓（당궁） 세지도 않고 약하지도 않은 꼭 알맞은 활.
唐根（당근） 홍당무.
唐書（당서） 중국에서 박아낸 책.
唐詩（당시） 당나라 때의 시.

〔엿 당〕 맛이 썩 단음
식의 한 가지
sugar・トウ（さとう）
⺍ 米 粁 糖 糖
糖酪（당락） 단 젖.
糖分（당분） 설탕의 성분.
糖霜（당상） 백설탕.
糖乳（당유） 연유.
糖漿（당장） 백설탕을 증류수에 섞어 만든 음료.

〔무리 당〕 뜻을 같이 하는 자의 단체
party・トウ
" 尙 當 堂 黨

黨魁(당괴) 당수.
黨論(당론) ① 바른 의논. 정론. ② 그 당파의 주장하는 의논.
黨首(당수) 한 당의 우두머리.
黨爭(당쟁) 당파의 싸움.

〔큰 대〕
big・
タイ, ダイ(おおきい)
一 ナ 大

大家(대가) ① 큰 집. ② 부잣집.
大江(대강) 큰 강.
大擧(대거) ① 많은 사람을 움직여 거사함. ② 크게 서둘러 일을 함.
大國(대국) 큰 나라.

대

代
〔대신할 대〕 대신함
〔대대로 대〕 「る)
interchange・ダイ(かわ
ノ 亻 仁 代 代

代代(대대) 거듭된 세대. 여러 대.
代勞(대로) 남을 대신하는 수고.
代理(대리) 남을 대신하여 일을 처리함.
代書(대서) 남을 대신하여 글씨를 씀. 또 그 글씨. 대필.

待
〔기다릴 대〕
〔대접할 대〕 대우함
wait・タイ(まつ)
彳 彳 彳 待 待

待機(대기) 기회가 오기를 기다림.
待令(대령) 명령을 기다림.
待命(대명) 명령이 내리는 것을 기다림.
待遇(대우) 접대함. 취급함.
待接(대접) 대우.

對
〔마주볼 대〕
〔대답할 대〕
reply・タイ(こたえる)
" 业 丵 對 對

對客(대객) 손을 마주 대함.
對決(대결) 법정에서 원고와 피고를 대질시켜 신문함.
對答(대답) 묻는 말에 응함.
對立(대립) 서로 대하여 섬.

〔띠 대〕 허리에 띠는 것
〔데릴 대〕 데리고 다님
belt・タイ(おび)
一 卅 卅 帶 帶

帶刀(대도) 칼을 참. 또 그 칼.
帶同(대동) 함께 데리고 감.
帶率(대솔) 거느림. 영솔.
帶圍(대위) 띠의 둘레.
帶杖(대장) 병기를 몸에 지님.

臺
〔대 대〕 흙을 쌓아서 사방을 볼 수 있게 만든 곳
high ground・ダイ
士 声 亭 喜 臺

臺閣(대각) 돈대와 누각.
臺觀(대관) 망루.
帶軍(대군) 육조시대의 관군의 일컬음.
臺府(대부) 마을. 관부.

貸
〔빌릴 대〕
〔용서할 대〕
lend タイ(かす)
亻 代 代 伐 貸

貸假(대가) 빌려 줌.
貸減(대감) 관대히 하여 죄를 경하게 함.
貸給(대급) 빌려 줌.
貸與(대여) 빌려 줌.
貸宥(대유) 용서함.

〔대 대〕 편제된 군대, 여러사람이 열을 지은 떼
band・タイ
了 阝 阡 隊 隊

隊列(대렬) 대열.
隊商(대상) 단체를 짜고 사막을 왕래하는 상인.
隊列(대열) 대를 지어 늘어선 행렬.
隊長(대장) 군대의 장.

德
〔덕 덕〕 덕을 갖춘 사람
〔베풀 덕〕
virtue・トク
彳 彳 德 德 德

德量(덕량) 너그럽고 어진 도량.
德望(덕망) 덕행이 있는 명망.
德分(덕분) 좋은 일을 남에게 베풀어 주는 일.
德聲(덕성) 유덕하다는 평판.
德業(덕업) 덕행과 사업.

덕

도

〔칼 도〕 도검
knife・トウ(かたな)
フ刀

刀劍(도검) 칼.
刀工(도공) 칼을 만드는 장색.
刀銘(도명) 칼에 새긴 명.
刀刃(도인) 칼날.
刀痕(도흔) 칼에 다친 흠.

〔이를 도〕 ① 닿음, 도달함 ② 미침
reach・トウ(いたる)
二至至到到

到達(도달) 이름. 다다름.
到頭(도두) 도저(到底).
到來(도래) 이름. 옴.
到泊(도박) 도착하여 정박함.
到配(도배) 귀양가는 사람이 배소에 도착함.

〔길 도〕 ① 통행하는 곳 ② 준수하여야 할 덕
road・ドウ(みち)
䒑首道道

道家(도가) 도교의 교의를 닦는 학파.
道德(도덕) 사람이 행하여야 할 바른 길.
道交(도교) 도의로써 사귐.
道路(도로) 사람이 통행하는 길.
道義(도의) 사람이 이행하여야 할 바른 길.

〔법도 도〕 법칙
〔정도 도〕 알맞은 한도
law・ド(のり)
广产庐度度

度量(도량) 길이를 재는 기구. 용적을 재는 기구. 자와 되.
度數(도수) 얼마의 빈수.
度外(도외) 법도 밖.
度越(도월) 남보다 뛰어남.

〔섬 도〕
island・トウ(しま)
亻广鳥島島

島國(도국) 섬나라.
島民(도민) 섬에서 사는 백성.
島配(도배) 죄인을 섬으로 귀양 보냄.
島嶼(도서) 섬의 총칭.
島夷(도이) 섬나라의 오랑캐.

〔걸어다닐 도〕 보행함
〔일군 도〕 인부
crowd・ト(いたずら)
彳彳彳徒徒

徒步(도보) ① 걸어 감. 보행. ② 걸어 다니는 사람.
徒涉(도섭) 걸어서 물을 건넘.
徒役(도역) ① 부역. 또 부역에 징발된 사람.
徒行(도행) 걸어서 감. 보행.

〔도읍 도〕 서울
city・ト(みやこ)
土耂者都都

都輦(도련) 서울.
都府(도부) 도회.
都鄙(도비) 도회와 촌락. 서울과 시골.
都城(도성) 서울. 도읍.
都邑(도읍) 도회.

〔그림 도〕
picture・ト, ズ(はかる)
冂罒罔圖圖

圖工(도공) 화공.
圖寫(도사) 그려 옮김. 묘사함.
圖像(도상) 그림에 그린 초상. 화상.
圖式(도식) 그림의 형식.
圖畵(도화) 그림. 또 그림을 그림.

〔넘어질 도〕
〔거꾸로 될 도〕「れる」
knock down・トウ(たお)
亻仁仵侄倒

倒傾(도경) 쓰러져 기울어짐. 또 쓰러뜨려 기울게 함.
倒壞(도피) 무너짐. 또 무너뜨림.
倒流(도류) 거슬러 흐름. 역류.
倒死(도사) 넘어져 죽음.

〔돋울 도〕 ① 싸움을 걸거나 화를 나게 함
provoke・チョウ(いどむ)
扌扌扐挑挑

挑達(도달) 제멋대로 뛰는 모양.
挑動(도동) 피어 사람의 마음을 흥분시킴.
挑發(도발) 부추김. 충동함.
挑戰(도전) 싸움을 검.
挑出(도출) 시비를 일으키거나 싸움을 벌임.

桃

[복숭아 나무 도]

peach・トウ(もも)

木 村 材 机 桃

桃源(도원) ① 선경. 별천지. 도연명의 도화원기에서 나온 말. ② 천태산의 이칭.
桃仁(도인) 복숭아 씨.
桃花(도화) 복숭아 꽃.

跳

[뛸 도] 도약함

jump・チョウ

マ 引 跙 跳 跳

跳奔(도분) 달아남.
跳躍(도약) 뛰어 오름.
跳然(도연) 뛰는 모양.
跳盪(도탕) 접전하기 전에 먼저 적진에 쳐들어가 승리함.

逃

[달아날 도] 도망함
[피할 도] 회피함

escape・トウ(にげる)

丿 ノ 刂 兆 逃

逃嫁(도가) 남편을 버리고 딴 데로 시집감.
逃亡(도망) 달아남. 쫓겨 감.
逃奔(도분) 달아남.
逃隱(도은) 달아나 숨음.
逃走(도주) 달아남.

渡

[건널 도] ① 물을 건너감 ② 지나감, 통과함

cross over・ト(わたる)

氵 氿 泞 渡 渡

渡船(도선) 나룻 배.
渡子(도자) 뱃사공.
渡津(도진) ① 나루. ② 나루를 건넘.
渡航(도항) 배로 물을 건넘.
渡海(도해) 배로 바다를 건넘.

陶

[질그릇 도]
[만들 도] 제조, 양성함
トウ

阝 阡 陶 陶 陶

陶器(도기) 질그릇. 오지 그릇.
陶鍊(도련) 단련함. 정제함.
陶染(도염) 질그릇을 만들고 옷에 물을 들임.
陶瓦(도와) 질그릇.
陶土(도토) 질그릇을 만들 원료로 쓰는 점토.

途

[길 도] 도로

road・ト(みち)

人 今 余 余 途

途上(도상) 길 위. 노상.
途中(도중) ① 길을 걷고 있는 때. 길. 길 가운데. ② 일의 중간. 중도.
途轍(도철) 조리. 도리.

稻

[벼 도]

rice plant・トウ(いね)

禾 秆 秤 稻 稻

稻粱(도량) ① 벼와 메조. 모두 가장 좋은 곡식임. ② 생계.
稻芒(도망) 벼 까끄라기.
稻雲(도운) 넓은 논에 심은 벼를 구름에 비유하여 이른 말.

導

[이끌 도] 인도함, 가르침, 다스림

guide・ドウ(みちびく)

䒑 芇 首 道 導

導師(도사) ① 불도를 설명하여 중생을 바른 길로 인도하는 중.
導言(도언) 책의 머리말. 서문.
導誘(도유) 꾀어서 이끔. 유도.
導訓(도훈) 지도하여 가르침.

盜

[훔칠 도] 도둑질함
[도둑질 도] 훔치는 일

thief・トウ(ぬすむ)

冫 氿 次 盜 盜

盜夸(도과) 훔쳐 자랑함.
盜難(도난) 도둑을 맞는 재난.
盜犯(도범) 절도 또는 강도의 범죄.
盜癖(도피) 걸핏하면 남의 물건을 훔치려 드는 버릇.

讀

[읽을 독] 해독함
[읽기 독] 읽는 일

read・トク(よむ)

言 評 讀 讀 讀

讀本(독본) 글을 배우기 위하여 읽는 책.
讀書(독서) 글을 읽음. 책을 읽음.
讀習(독습) 읽고 익힘.
讀者(독자) 서적, 신문, 잡지 등 출판물을 읽는 사람.

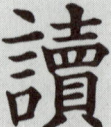

독

獨 〔홀로 독〕 ① 독신 ② 힘을 빌지 않고 혼자서
alone・ドク(ひとり)
亻 犭 犷 猸 獨 獨
獨斷(독단) 남과 의논하지 않고 자기 혼자의 의견대로 결단함.
獨立國(독립국) 다른 나라의 간섭을 받지 아니하고 자주적으로 완전히 통치권을 행사하는 나라.

督 〔살필 독〕 〔감독할・재촉할 독〕
supeivise・トク
丨 卡 未 叔 督 督
督檢(독검) 독려하고 검찰함.
督勸(독권) 독려하고 권면함.
督勵(독려) 감독하고 장려함.
督訓(독훈) 감독하며 가르침.
督促(독촉) 재촉함.

毒 〔독 독〕 건강을 해침 〔해칠 독〕 해롭게 함
poison・ドク
十 丰 主 吉 毒 毒
毒感(독감) 아주 독한 감기.
毒氣(독기) 독이 있는 기운. 해독이 되는 성분.
毒蛇(독사) 독아가 있어서 물때에 독액을 분비하는 뱀.
毒藥(독약) 독이 있는 약.

篤 〔도타울 독〕 열심임 〔두터이 할 독〕
generous・トク(あつい)
竹 竺 笁 笁 篤 篤
篤敬(독경) 독실하고 신중함.
篤論(독론) 물샐 틈 없는 치밀한 의론.
篤信(독신) 깊이 믿음. 굳게 믿음.
篤實(독실) 성실함.
篤學(독학) 독실하게 공부함.

돈

豚 〔돼지 돈〕
pig・トン(ぶた)
月 厂 肟 豚 豚
豚犬(돈견) ① 돼지와 개. ② 어리석은 자식. 곧 자기 자식을 낮추어 하는 말.
豚兒(돈아) 돼지처럼 어리석은 자식.
豚皮(돈피) 돼지 가죽.
豚行(돈행) 발뒤꿈치를 질질 끌고 감.

敦 〔도타울 돈〕
generous・トン(あつい)
吉 享 享 敦 敦
敦篤(돈독) 인정이 두터움.
敦睦(돈목) 인정이 두텁고 화목함.
敦崇(돈숭) 깊이 존숭함.
敦實(돈실) 돈후하고 충실함.
敦厚(돈후) 인정이 많음.

돌

突 〔부딪칠 돌〕 다닥침
collide・トツ(つく)
宀 宊 空 突 突
突擊(돌격) 돌진하여 공격함.
突過(돌과) 돌진하여 지나감.
突然(돌연) 갑작스럽게. 뜻밖에.
突破(돌파) 뚫고 나아감.
突風(돌풍) 갑자기 일어나는 바람.

동

同 〔한가지 동〕 같음 〔같이할 동〕 함께 함
same・ドウ(おなじ)
丨 冂 冋 同 同
同感(동감) 느낌이 같음.
同甲(동갑) 나이가 같음. 같은 나이.
同居(동거) 한 집안에서 같이 삶.
同期(동기) ① 같은 시기. ② 동기 동창.
同僚(동료) 같은 직장에 지위가 비슷한 사람.

洞 〔깊을 동〕 〔동네 동〕
cave・ドウ(ほら)
丶 氵 沏 洞 洞
洞口(동구) 동네로 들어가는 어귀.
洞窟(동굴) 굴. 깊고 넓은 굴.
洞里(동리) 마을. 동네.
洞穴(동혈) 동굴.
洞戶(동호) ① 연이은 집. ② 굴의 입구.

童 〔아이 동〕 십오세 전후의 남녀
child・ドウ(わらわ)
亠 立 咅 音 童 童
童男(동남) 사내아이.
童女(동녀) 계집아이.
童心(동심) 아이의 마음. 어린 마음.
童謠(동요) 아이들이 부르는 노래.
童話(동화) 아이들이 읽는 글.

〔겨울 동〕
〔겨울 지낼 동〕
winter・トウ(ふゆ)
丶ク夂冬冬

冬期(동기) 겨울동안의 시기.
冬服(동복) 겨울 옷. 겨우살이.
冬月(동월) ① 동절. ② 겨울밤의 달.
冬節(동절) 겨울 절기. 겨울철.
冬至(동지) 이십사절후의 하나.

〔동녘 동〕 동방
east・トウ(ひがし)
一冂百申東東

東家(동가) ① 동쪽 이웃의 집. ② 고용인이 주인을 이르는 말.
東郊(동교) ① 봄의 들. ② 동쪽의 교외의 땅.
東北(동북) ① 동쪽과 북쪽. ② 동북간.
東海(동해) 동쪽에 있는 바다.

〔움직일 동〕 움직임
〔동물 동〕
move・ドウ(うごく)
千重重重動動

動機(동기) 일의 발동의 계기. 행동의 직접 원인.
動力(동력) 물체를 움직이는 힘. 기계를 움직이는 힘.
動作(동작) 사람의 평상의 행동. 몸가짐.

〔얼 동〕 얼음이 얾
〔얼음 동〕
freeze・トウ(こおる)
冫冫冫冲凍凍

凍氷(동빙) 얼음이 얾.
凍死(동사) 얼어서 죽음.
凍傷(동상) 추위에 얼어서 피부가 상함.
凍雨(동우) 겨울비.

桐
〔오동나무 동〕
paulownia・ドウ(きり)
十木 杧 枳 桐

桐油(동유) 유동의 씨에서 짜낸 건성의 기름.
桐油紙(동유지) 동유를 짜서 결은 종이.
桐人(동인) 인형.
桐子(동자) 아이. 동자.

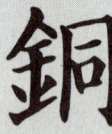
〔구리 동〕 금속의 한 가지
ドウ(あかがね)
ㅗ 亽 金 釕 銅

銅金(동금) 구리.
銅色(동색) 구릿빛.
銅錢(동전) 구리로 만든 돈.
銅牌(동패) 구리로 만든 패. 또는 상패.

두

斗
〔말 두〕 용량의 단위
〔별 이름 두〕
measure・ト(ます)
丶ㆍ 二 斗 斗

斗斛(두곡) ① 한 말과 한섬. ② 용량.
斗極(두극) 북두성의 별칭.
斗量(두량) 말로 곡식을 됨.
斗米(두미) ① 한 말의 쌀. ② 얼마 안되는 녹미.

〔콩 두〕
bean・ドウ(まめ)
一 厂 戸 戸 豆 豆

豆莢(두기) 콩을 털고 남은 줄기와 가지.
豆類(두류) 콩, 팥, 녹두 등의 총칭.
豆腐(두미) 콩죽.
豆豉(두시) 메주. 된장.

둔

頭
〔머리 두〕
head・トウ(あたま)
ㄷ 豆 頭 頭 頭

頭角(두각) ① 머리 끝. ② 처음. 단서.
頭巾(두건) 머리에 쓰는 베로 만든 물건.
頭髮(두발) 머리털.
頭緖(두서) 일의 단서.
頭痛(두통) 머리가 아픔. 또 그 병.

鈍
〔무딜 둔〕 끝이 무딤
〔무디어질 둔〕
dull・ドン(にぶい)
亽 金 釗 釕 鈍

鈍角(둔각) 직각보다 큰 각.
鈍根(둔근) 둔한 재주.
鈍器(둔기) ① 무딘 연장. ② 둔재.
鈍才(둔재) 둔한 재주. 또 그 사람.
鈍濁(둔탁) 성질이 둔하고 흐리터분함.

득

得 〔얻을 득〕 손에 넣음
get・トク(える)
彳 律 得 得 得

得功(득공) 공을 이룸.
得君(득군) 임금의 신임을 얻음. 임금과 의기가 투합함.
得男(득남) 아들을 낳음. 생남.
得利(득리) 이익을 얻음.

登 〔오를 등〕 높은데 오름
〔올릴 등〕 장부에 실림
climb・トウ(のぼる)
癶 癶 癶 咨 登

登高(등고) 높은 곳에 올라감.
登科(등과) 과거에 급제함.
登錄(등록) 대장에 올림.
登山(등산) 산에 오름.
登用(등용) 인재를 끌어 올려 씀.

라

羅 〔비단 라〕 얇은 비단
〔늘어설 라〕
ラ(あみ)
罒 罗 羿 羅 羅

羅綺(나기) 곱고 아름다운 비단.
羅緞(나단) 무명실과 주란사로 섞어 만든 비단.
羅羅(나라) 또렷또렷한 모양. 깨끗한 모양.
羅列(나열) 죽 늘어섬. 죽 벌이어 놓음.

樂 〔즐길 락〕 기뻐함
〔즐거울 락〕
ガク(たのしい)
白 組 幽 樂 樂

樂康(낙강) 즐겁고 편안함.
樂境(낙경) 즐거운 장소.
樂觀(낙관) ① 즐겁게 봄. ② 일을 쉽게 봄.
樂事(낙사) 즐거운 일.
樂園(낙원) 살기 좋은 즐거운 장소.

絡 〔두를 락〕 둘러 쌈
〔묶을 락〕 속박함, 잡맴
connect・ラク
幺 糸 紂 終 絡

絡頭(낙두) ① 말의 머리에 걸어 고삐에 매는 장식 끈. ② 머리 띠.
絡絡(낙락) 죽 이은 모양.
絡束(낙속) 묶음.
絡緯(낙위) 배짱이. 여치.

등

〔등급 등〕 구별한 등수
〔같을 등〕 똑 같음
grade・トウ(ひとしい)
ﾉ 竺 笁 等 等

等角(등각) 서로 같은 각.
等級(등급) 고하, 우열 등의 차례.
等分(등분) 똑같이 나눔. 또 그 분량.
等一(등일) 피차 서로 같음.
等差(등차) 등급의 차별, 차등.

〔등 등〕
〔촛불 등〕
lamp・トウ(ともしび)
炉 炉 炉 烃 燈

燈光(등광) 등불 빛.
燈臺(등대) 해안이나 섬에서 밤에 불을 켜놓아 뱃길의 목표나 위험한 곳을 알리는 등대.
燈火(등화) 등불. 등산불. 촛불.

락

落 〔떨어질 락〕
〔떨어뜨릴 락〕
fall・ラク(おちる)
一 艹 莎 落 落

落膽(낙담) ① 대단히 놀라서 간이 떨어질 지경임. ② 바라던 것이 아니 되어 마음이 상함.
落雷(낙뢰) 벼락을 침.
落花(낙화) 떨어지는 꽃.

〔물이름 락〕
〔서울이름 락〕
ラク
氵 氵 汐 汐 洛

洛東江(낙동강) 경상남북도를 흘러 남해로 들어가는 강.
洛洛(낙락) 물이 흘러 내려가는 모양.
洛師(낙사) 낙양. 사(師)는 경사 곧 서울이라는 뜻

란

卵 〔알 란〕 ① 새의 알 ② 물고기의 알
egg・ラン(たまご)
乙 白 卯 卵 卵

卵白(난백) 달걀의 흰자위.
卵巢(난소) 난자를 만들어 내는 타원형의 여자의 생식 기관.
卵子(난자) 난소안에서 정자와 합하여 생식작용을 하는 개체.

亂

〔어지러울 란〕
〔어지럽힐 란〕
ラン（みだれる）

亂擊(난격) 서로 뒤섞이어 침.
亂曲(난곡) 가락에 맞지 않는 노래.
亂局(난국) 어지러운 판국.
亂國(난국) 어지러운 판국.
亂動(난동) 문란한 행동.

欄

〔난간 란〕
rail・ラン（てすり）

欄角(난각) 굽은 난간의 모서리.
欄干(난간) 누각이나 충계나 다리의 가장자리를 막은 물건.
欄內(난내) 서적 등의 가장자리에 있는 줄 안.
欄外(난외) 난간 밖.

蘭

〔난초 란〕
orchid・ラン

蘭膏(난고) 좋은 향기가 나는 기름.
蘭交(난교) 뜻이 맞는 친구간의 두터운 교분.
蘭燈(난등) 아름다운 등. 초롱.
蘭房(난방) ① 깨끗하고 좋은 향기가 나는 방. ② 미인의 침실.

爛

〔문드러질 란〕
〔고울 란〕 선명한 모양
bright・ラン

爛漫(난만) ① 물건이 충만하여 넘치는 모양. ② 광채가 발산하는 모양.
爛發(난발) 꽃이 한창 만발함.
爛腐(난부) 썩어 문드러짐.
爛死(난사) 화상을 입어 죽음.

覽

〔볼 람〕 ① 두루 봄 ② 생각하여 봄, 살펴봄
inspect・ラン（みる）

覽古(남고) 고적을 찾아보고 그 당시의 일을 회상함.
覽觀(남관) 관람하고 봄.
覽究(남구) 보고 연구함. 보고 구명함.
覽讀(남독) 죽 훑어 읽음.

藍

〔남빛 람〕 진한 푸른 「빛
〔누더기 람〕
indigo・ラン（あい）

藍褸(남루) 누더기.
藍面(남면) 파란 얼굴.
藍碧(남벽) 짙은 푸른 빛.
藍綬(남수) 남빛의 인끈.
藍輿(남여) 남빛의 가마.

濫

〔함부로 람〕 마구
overflow・ラン（みだり）

濫讀(남독) 함부로 읽음.
濫發(남발) 함부로 발행함.
濫伐(남벌) 나무를 함부로 벰.
濫費(남비) 함부로 소비함. 낭비.
濫用(남용) 함부로 씀.

浪

〔물결 랑〕 파도
〔함부로 랑〕 마구
wave・ロウ（なみ）

浪費(낭비) 재물을 함부로 씀.
浪說(낭설) 터무니 없는 소문.
浪語(낭어) 함부로 지껄이는 말.
浪海(낭해) 물결이 이는 바다.
浪職(낭직) 직무를 태만히 함.

郎

〔사내 랑〕
〔낭군 랑〕

郎君(낭군) ① 젊은 남자의 존칭. ② 아내가 남편을 부르는 존칭.
郎當(낭당) 피로한 모양. 고달픈 모양.
郎子(낭자) 남의 아들의 존칭.

廊

〔곁채 랑〕 옆의 딴채
〔행랑 랑〕 복도
corridor・ロウ

廊屬(낭속) 하례배의 총칭.
廊腰(낭요) 낭하의 구부러진 곳.
廊底(낭저) 대문간에 붙어 있는 방. 행랑방.
廊下(낭하) 방과 방 사이 또는 집과 집 사이의 좁고 긴 통로. 복도.

〔누일 련〕 표백함.
〔익힐 련〕 연습함.
drill・レン(ねる)
糸 紵 紵 紳 練
練究(연구) 정성을 들여 연구함.
練磨(연마) 연마함.
練武(연무) 무예를 익힘.
練絲(연사) 누인 실. 표백한 실.
練習(연습) 자꾸 되풀이하여 배움. 익힘.

〔불린쇠 련〕
〔익을 련〕 익숙함.
refine・レン(ねる)
金 鉅 鉅 鋉 鍊
鍊句(연구) 머리를 싸내어 좋은 어구를 생각함.
鍊達(연달) 숙련하고 통달함.
鍊磨(연마) 깊이 연구함. 학문을 정성들여 닦음.

〔어여삐 여길 련〕
〔불쌍히 여길 련〕
pity・レン(あわれむ)
忄 忄 忰 悌 憐
憐悼(연도) 가련하게 여겨 슬퍼함.
憐愛(연애) 불쌍히 여겨 사랑함.
憐情(연정) 가련하게 여기는 마음.
憐察(연찰) 불쌍히 여겨 살핌.
憐恤(연휼) 불쌍히 여겨 구휼함.

〔연할 련〕 잇닿음. 연결함.
〔る〕
associate・レン(つらなる)
耳 聊 聊 聯 聯
聯絡(연락) ① 서로 관련을 맺음. ② 이어 냄.
聯聯(연련) 끊어지지 않고 이어 댄 모양.
聯邦(연방) 수개국이 연합하여 이룬 나라.
聯鎖(연쇄) ① 서로 연한 사슬. ② 서로 연이어 맺음.

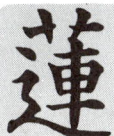
〔연 련〕
lotus・レン(はす)
艹 芍 莒 蓮 蓮
蓮根(연근) 연의 뿌리.
蓮塘(연당) 연을 심은 못. 연못. 또 연못을 둘러싼 둑.
蓮房(연방) 연밥이 들어 있는 송이.
蓮步(연보) 미인의 고운 걸음걸이.

〔그리워할 련〕 사모함.
〔그리움 련〕
love・レン(こい)
言 纟 结 戀 戀
戀戀(연련) 사모하여서 잊지 못하는 모양.
戀慕(연모) ① 사랑하여 그리워함. ② 공경하여 사모함.
戀愛(연애) 남녀의 애틋한 사랑.
戀情(연정) 이성을 그리워하며 사모하는 마음.

〔벌열 렬〕 석차
〔줄 〕 늘어선 줄.
レッ(つらなる)
一 ア ダ 列 列
列強(열강) 여러 강한 나라들.
列擧(열거) 여러 가지를 들어 말함.
列國(열국) ① 여러 나라. ② 인접한 나라.
列列(열렬) 늘어선 모양.
列立(열립) 죽 늘어섬.

〔세찰 렬〕 화세가 강함.
〔사나울 렬〕
fierce・レッ(はげしい)
一 ア ダ 列 烈
烈氣(열기) 맹렬한 기.
烈烈(열렬) 용감한 모양.
烈暑(열서) 혹렬한 더위. 혹서.
烈風(열풍) 사나운 바람. 세차게 부는 바람.
烈寒(열한) 매서운 추위. 혹렬한 추위. 혹한.

〔찢을 렬〕
〔찢어질 렬〕
tear・レッ(さく)
歹 列 烈 裂 裂
裂開(열개) 찢기어 벌어짐. 또 찢어 벌림.
裂壞(열괴) 갈라져 무너짐.
裂眥(열자) 찢어진 눈초리.
裂繒(열증) 비단을 찢음.
裂敝(열폐) 찢어지고 해어짐.

〔못할 렬〕 재능, 기예 등이 남보다 못함.
inferior・レッ(おとる)
丿 小 少 劣 劣
劣相(열상) 못생긴 얼굴.
劣勢(열세) 세력이 열등함.
劣惡(열악) 품질이 나쁨.
劣弱(열약) 약하고 열등함.
劣才(열재) 열등한 재주. 둔재.

廉 〔청렴할 렴〕〔살필 렴〕 レン(いさぎよい) 广产序庐廉廉 廉儉(염검) 청렴하고 검소함. 廉白(염백) 청렴하고 결백함. 廉約(염약) 청렴하고 검소함. 廉直(염직) 청렴하고 정직함. 廉探(염탐) 몰래 사정을 조사함.	令 〔하여금 령〕 시킴. 하여금. 하게함. order・レイ(いいつけ) ノ人人今令 令甲(영갑) 법령의 제일장. 令格(영격) 규칙. 令息(영식) 남의 아들의 존칭. 令愛(영애) 남의 딸의 존칭. 令尊(영존) 남의 아버지의 존칭.
領 〔거느릴 령〕 통솔함. command・リョウ(えり) ハ今今領領領 領率(영솔) 부하를 거느림. 領有(영유) 점령하여 소유함. 領地(영지) 소유하는 토지. 領土(영토) 한 나라의 주권을 행사 할 수 있는 지역.	嶺 〔재 령〕 산정의 고개.〔산봉우리 령〕 ridge・レイ(みね) 山岺岺嶺 嶺上(영상) 고개 위. 산봉우리 嶺西(영서) 강원도 대관령 서쪽의 땅. 嶺雲(영운) 산봉우리 위에 떠 있는 구름. 嶺岑(영잠) 산봉우리. 嶺嶂(영장) 산봉우리.
 〔비올 령〕 비가 내림.〔떨어질 령〕 drop・レイ 丆丏雨雯零 零露(영로) 방울지어 떨어지는 이슬. 零淚(영루) 떨어지는 눈물. 零碎(영쇄) ① 떨어져 부수어짐. ② 자질구레함. ③ 나머지. 零雨(영우) 가랑비. 보슬비.	靈 〔신령 령〕 신명〔영혼 령〕 spirit・レイ 雨霝霝靈靈 靈駕(영가) 영혼. 靈感(영감) 신불의 영묘한 감응. 靈鑑(영감) ① 뛰어난 감식. ② 신불이 봄. 靈夢(영몽) 신령한 꿈. 靈物(영물) 신령한 물건.
 〔법식 례〕 규정.〔전례 례〕 example・レイ(れい) 亻仍仍例例 例格(예격) 전례로 해 온 격식. 例規(예규) 예법. 例年(예년) 매년. 例示(예시) 예를 들어서 보임. 例外(예외) 규정이나 정례에 어긋나는 일.	禮 〔예 례〕 etiquette・レイ 礻禮禮禮禮 禮器(예기) 제사 또는 손을 접대하는 데 쓰는 기명. 禮度(예도) 예의. 禮法(예법) 예의를 차리는 법. 행위의 전칙. 법치로 정한 예.
 〔길 로〕 road・ロ,ル 𠃊 𠃋 趵 路 路 路岐(노기) 갈림길. 기로. 路毒(노독) 길을 걸어서 심신이 피곤하여 앓는 병. 路傍(노방) 길가. 길옆. 路資(노자) 길갈 때에 드는 돈. 여비.	露 〔이슬 로〕〔나타날 로〕 dew・ロ(つゆ) 雨雨霽霹露 露氣(노기) 이슬 기운. 露雨(노우) 이슬과 비. 은택의 비유. 露店(노점) 한 데에 내는 가게. 露珠(노주) 이슬 방울. 露出(노출) 겉으로 드러남.

老 〔늙을 로〕 나이를 많이 먹음 old・ロウ(おいる) 一 土 耂 耂 老 老健(노건) ① 노인이 기력이 좋음. ② 문장 같은 것이 노련하고 기운참. 老境(노경) 늘바탕. 老姑(노고) 할멈. 老公(노공) 나이 먹은 귀인의 존칭.	**爐** 〔화로 로〕불을 사르거나 또는 담는 그릇 fireplace・ロ(いろり) 火 炉 炉 爐 爐 爐頭(노두) 화롯가. 노변. 爐煙(노연) 향로의 연기. 爐炭(노탄) 화로의 숯불. 爐香(노향) 향로에 피운 향. 爐灰(노회) 화로의 재.
勞 〔수고할 로〕 힘들임. 애씀. toil・ロウ 火 炏 炏 券 勞 勞困(노곤) 고단함. 아주 피곤함. 勞力(노력) 힘을 들여 일함. 힘을 씀. 勞勞(노로) 대단히 애쓰는 모양. 勞役(노역) 힘 드는 일. 고역. 勞賃(노임) 품삯. 노동 임금.	**綠** 〔초록빛 록〕 청색과 황색의 간색. green・リョク(みどり) 纟 糸 糽 綠 綠 綠潭(녹담) 푸른 늪. 綠豆(녹두) 팥의 변종, 열매가 잘고 빛이 푸름. 綠羅(녹라) 푸른 고운 명주. 綠林(녹림) 푸른 숲. 綠葉(녹엽) 푸른 잎.
祿 〔녹 록〕 관리의 봉급. salary・ロク(ふち) 禾 衤 衤 祿 祿 祿米(녹미) 녹으로 주는 쌀. 祿俸(녹봉) 관원의 봉급. 祿賜(녹사) 녹과 하사물. 祿位(녹위) 녹과 지위. 祿爵(녹작) 녹위.	**錄** 〔적을 록〕기재함. 기록한것. record・ロク(しるす) 釒 金 釤 鈩 錄 錄問(녹문) 죄상을 기록하여 물음. 錄事(녹사) 사건을 기록하는 관직. 곧 서기. 錄寫(녹사) 베낌. 기록함. 錄藏(녹장) 기록하여 보관함. 錄牒(녹첩) 설명을 기록한 문부.
鹿 〔사슴 록〕 deer・ロク(しか) 广 户 声 鹿 鹿 鹿角(녹각) 수사슴의 뿔. 鹿巾(녹건) 사슴의 가죽으로 만든 두건. 鹿骨(녹골) 사슴의 뼈. 鹿獵(녹렵) 사슴 사냥. 鹿苑(녹원) 사슴을 기르는 동산.	**論** 〔논할 론〕 사물의 이치를 말함. discuss・ロン 言 訃 訡 論 論 論篤(논독) 언론이 독실함. 論文(논문) ① 의견을 논술한 글. ② 연구 결과를 발표한 글. 論述(논술) 의견을 진술함. 論評(논평) 진술하여 비평함.
弄 〔희롱할 롱〕장난감으로 함. 「そぶ) play with・ロウ(もてあ 一 丅 王 弄 弄 弄奸(농간) 남을 속이려는 간사한 짓. 弄巧(농교) 잔 꾀를 씀. 弄具(농구) 장난감. 완구. 弄蕩(농탕) 음탕하게 놂. 弄戲(농희) 장난. 희롱.	**雷** 〔천둥 뢰〕 thunder・ライ(かみなり) 千 雨 雫 雷 雷 雷車(뇌거) 천둥. 雷聲(뇌성) 천둥 소리. 雷聲霹靂(뇌성벽력) 천둥 소리와 벼락. 雷雨(뇌우) 천둥이 나고 비가 옴. 雷電(뇌전) 천둥과 번개.

頼 〔의뢰할 뢰〕
밑고 의지함.
trust to・ライ(たのむ)
一 束 軟 頼 頼

頼疵(뇌비) 의뢰.

〔셀 료〕 수를 셈.
〔헤아릴 료〕 추측함.
estimate・リョウ(はかる)
〉 〕 米 米 料

料簡(요간) 헤아려 뽑음. 가려 냄.
料得(요득) 추측함.
料量(요량) ① 앞 일에 대하여 잘 생각함.
② 양기로 됨. 되질함.
料民(요민) 인구를 셈.

료

〔깨달을 료〕 명확히 앎
〔마침내 료〕
complete・リョウ(おわる)
フ 了

了覺(요각) 깨달음. 요해.
了勘(요감) 끝을 막음. 결정함.
了諾(요낙) 승낙함. 들어줌.
了得(요득) 요해.
了了(요료) 똑똑한 모양. 약은 모양.

〔고칠 료〕 병을 고침
cure;heal・リョウ(いやす)
广 疒 疒 痄 療

療飢(요기) 음식을 먹어 시장기를 면함.
療方(요방) 요법.
療法(요법) 병을 치료하는 방법.
療養(요양) 병을 조섭함.
療治(요치) 병을 고침. 요병. 치료.

롱
龍 〔용 룡〕
dragon・リュウ
育 背 背 龍 龍

龍駕(용가) 임금의 수레.
龍歌鳳笙(용가봉생) 맑은 노래와 아름다운 풍
류를 이름.
龍車(용거) 천자가 타는 수레.
龍袞(용곤) 용을 수놓은 천자의 옷.

屢 〔여러 루〕 자주.
flequently・ル(しばしば)
尸 屈 屈 屢 屢

屢年(누년) 여러 해.
屢屢(누누) 여러 번.
屢代(누대) 여러 대.
屢日(누일) 여러 날.
屢次(누차) 여러 번.

루

樓 〔다락 루〕 다락집.
uppe storey・ロウ(たかどの)
木 柩 桓 楼 樓

樓閣(누각) 다락집.
樓居(누거) 다락집에 삶.
樓車(누거) 망루가 있는 수레.
樓上(누상) ① 누각의 위. ② 망루의 위.

〔포갤 루〕
add・ルイ
口 田 田 累 累

累年(누년) 여러 해. 연년.
累累(누누) 첩첩이 쌓인 모양. 중첩한 모양.
累卵(누란) 쌓아 올린 달걀.
累積(누적) 포개어 쌓음. 또 포개져 쌓임.
累次(누차) 여러 번. 여러 차례.

〔눈물 루〕
tears・ルイ(なみだ)
氵 沪 沪 淚 淚

淚水(누수) 눈물.
淚眼(누안) 눈물이 괸 눈.
淚汗(누한) 눈물과 땀.
淚痕(누흔) 눈물의 흔적.

漏 〔샐 루〕
비밀이 탄로됨.
leak・ロウ(もる)
氵 沪 沪 漏 漏

漏決(누결) 물이 새어 둑이 무너짐.
漏落(누락) 적바림에서 빠짐.
漏說(누설) 비밀을 누설함.
漏籍(누적) 호적이나 병적, 학적 따위에서 빠
짐.

류

留 〔머무를 류〕 정지함.
stay・リュウ(とどもる)
ㄊ 切 妇 留 留
留臺(유대) 머물러 도성을 지킴.
留宿(유숙) 남의 집에 머물러 묵음.
留意(유의) 마음에 둠.
留置(유치) ① 맡아 둠. 보관하여 둠. ② 일정한 곳에 잡아 가둠.

柳 〔버드나무 류〕
willow・リュウ(やなぎ)
木 杪 枊 柳 柳
柳眉(유미) 버들잎 모양의 아름다운 눈썹. 곧 미인의 눈썹의 형용.
柳絲(유사) 버드나무 가지.
柳色(유색) 버들의 푸른 빛.
柳陰(유음) 버드나무의 그늘.

流 〔흐를 류〕
flow・リュウ(ながれる)
氵 汁 汻 流 流
流年(유년) ① 흐르는 세월. ② 한 사람의 일년 간의 운명.
流失(유실) 떠내려가서 없어짐.
流言(유언) 근거가 없는 소문.
流入(유입) 흘러 들어옴.

類 〔무리 류〕 동종.
〔나눌 류〕
class・ルイ(たぐい)
米 籿 籵 類 類
類例(유례) 같은 사례. 비슷한 전례.
類別(유별) 종류에 따라 구별함.
類本(유본) ① 유사한 책. ② 같은 종류의 책.
類似(유사) 서로 비슷함.
類聚(유취) 같은 부류의 사물을 모음.

륙

六 〔여섯 육〕
six・ロク(むつ)
亠 亠 六 六

六郞(육랑) 여섯째 아들.
六宗(육종) 여섯가지의 존숭하는 대상. 곧 천지사방.
六畜(육축) 여섯가지의 가축. 곧 소, 말, 양, 닭, 개, 돼지.

陸 〔뭍 륙〕
물에 덮이지 아니한 땅.
land・リウ
阝 阝 阹 陕 陸
陸軍(육군) 육상의 전투 및 방어를 맡은 군대.
陸路(육로) 육지의 길.
陸戰(육전) 육지에서 싸우는 전쟁.
陸地(육지) 뭍.
陸海(육해) 뭍과 바다. 또 물산이 풍성한 땅.

륜

倫 〔인륜 륜〕
〔차례 륜〕
morals・リン
亻 仫 伶 伶 倫

倫紀(윤기) 사람이 지켜야 할 길. 인륜 인도.
倫理(윤리) ① 인륜의 원리. 인간사회에서 지켜야 할 도리. 도덕의 모범이 되는 원리.
倫序(윤서) 차례. 순서.

輪 〔바퀴 륜〕
wheel・リン(わ)
亘 車 輪 輪 輪
輪感(윤감) 돌림감기.
輪郭(윤곽) 주위의 선. 외곽.
輪番(윤번) 차례로 번을 듦.
輪作(윤작) ① 순번으로 일 또는 경작을 함. ② 일정한 토지에 수종의 작물

률

律 〔법 률〕 법령. 규칙
law・リツ(のり)
彳 彴 徍 律 律

律科(율과) 형법. 과율. 형율.
律度(율도) 법. 법도.
律動(율동) 규율이 바른 운동. 주기적인 운동.
律法(율법) 법. 규칙.
律書(율서) 법률에 관한 서적.

率 〔율 률〕 수등의 비례.
〔제한 률〕 한도
lead・ソツ(ひきいる)
亠 玄 泫 泫 率
率身(율신) 자기가 자신을 잘 단속함.

栗 [밤나무 률]
chestnut・リン(くり)
一 西 平 平 栗

栗房(율방) 밤송이.
栗鼠(율서) 다람쥐.
栗園(율원) 밤나무가 많이 난 동산.
栗刺(율자) 밤송이의 가시.

隆 [성할 륭]
성대함.
リュウ(たかい)
阝 阾 陊 隆 隆

隆起(융기) 평면보다 높아 불룩함.
隆盛(융성) 성함. 번창함.
隆崇(융숭) 매우 높음.
隆永(융영) 융성하고 장구함.
隆顯(융현) 지위가 높고 명성이 세상에 나타남.

陵 [언덕 릉] 큰 언덕.
[업신여길 릉] 모멸함.
hill・リョウ(みささぎ)
阝 阾 陊 陵 陵

陵谷(능곡) 언덕과 골짜기.
陵丘(능구) 언덕.
陵蔑(능멸) 업신여김.
陵辱(능욕) 업신여기어 욕을 보임.

里 [마을 리]
village・リ(さと)
丨 日 甲 里 里

里落(이락) 촌락.
里門(이문) 이(里)의 어구에 세운 문.
里俗(이속) 마을의 풍속.
里長(이장) 마을의 우두머리.
里程(이정) 길의 이수.

理 [이치 리] 사리.
regulate・リ(おさめる)
一 王 玾 理 理

理非(이비) 옳은 일과 그른 일. 시비.
理性(이성) ① 본성을 다스림. ② 사람이 본디 타고난 지능.
理由(이유) 까닭. 사유.
理解(이해) 사리를 분별하여 앎.

李 [오얏나무 리]
[다스릴 리]
plum・リ(すもも)
一 十 木 李 李

李杜(이두) 이백과 두보.
李花(이화) 오얏 꽃.

利 [이로울 리] 유익함.
[이롭게 할 리]
benefit・リ
二 千 禾 利 利

利劍(이검) 날카로운 칼. 잘 드는 칼.
利得(이득) 이익의 소득.
利潤(이윤) 이익.
利率(이율) 본전에 대한 변리의 비율.
利子(이자) 변리. 길미.

梨 [배나무 리]
pear・リ(なし)
千 禾 利 쳋 梨

梨雪(이설) 배꽃. 흰 눈에 견주어 말한 것임.
梨園(이원) 배나무를 심은 동산.
梨花(이화) 배나무꽃. 배꽃.

履 [신 리]
[밟을 리]
shoes・リ(くつ)
二 尸 屄 屉 履

履氷(이빙) 얇은 얼음을 밟는다는 뜻으로 극히 위험함의 비유.
履聲(이성) 신발 소리.
履新(이신) 신년.
履行(이행) ① 실제로 행함. ② 품행.

離 [떠날 리]
leave・リ(はなれる)
肖 离 菕 離 離

離歌(이가) 이별할 때 부르는 노래.
離間(이간) 두 사람 사이를 서로 떨어지게 만듦.
離別(이별) 서로 따로 떨어짐.
離脫(이탈) 떨어져 벗어남. 관계를 끊음.

리

〔안 리〕 의복의 안쪽.

reverse・リ(うら)
亠𠃜审重裏裏
裏甲(이갑) 옷 안에 갑옷을 입음.
裏面(이면) ① 속・안. 거죽에 나타나지 아니한 내부. ② 사물의 겉에 나타나지 아니한 비밀로 된 부분.
裏海(이해) 내해.

〔벼슬아치 리〕

officer・リ(つかさ)
一𠃍曰吏吏
吏務(이무) 관리의 직무.
吏民(이민) 지방의 아전과 백성.
吏屬(이속) 아전들.
吏卒(이졸) 낮은 벼슬아치. 서리.
吏職(이직) 관리의 직무. 벼슬아치의 사무.

〔이웃 린〕

リン(となり)
阝阩阾隣隣
隣家(인가) 이웃 집.
隣境(인경) 이웃. 인근. 또 이웃 나라.
隣近(인근) 이웃. 또 이웃함.
隣睦(인목) 이웃과 화목하게 지냄.
隣接(인접) 이웃함.

림

〔수풀 림〕

forest・リン(はやし)
十木朴材林
林木(임목) 숲의 나무.
林薄(임박) ① 수풀. ② 초목이 무성한 야외.
林野(임야) 나무가 무성한 들.
林業(임업) 산림을 경영하는 사업.
林園(임원) 숲이 무성한 동산.

립

〔임할 림〕 높은 곳에서 낮은 곳을 대함.
リン(のぞむ)
厂𦣞臣臨臨
臨監(임감) 현장에 가서 감독함.
臨檢(임검) 현장에 가서 검사함.
臨機(임기) 시기에 임함.
臨迫(임박) 시기가 닥쳐옴.
臨席(임석) 자리에 임함.

〔설 립〕
〔세울 립〕
stand・リツ(たつ)
丶亠﹅立立
立談(입담) 서서 하는 이야기.
立國(입국) 나라를 세움.
立法(입법) 법률 또는 법규를 제정함.
立身(입신) 세상에 나아가 출세함.
立志(입지) 뜻을 세움.

마

〔삿갓 립〕

リュウ(かさ)
竹笠笠笠笠
笠帽(입모) 갓 위에 덮어 쓰는 우구(雨具).
笠房(입방) 갓방.
笠纓(입영) 갓끈.
笠子(입자) 삿갓.
笠檐(입첨) 갓양태.

〔말 마〕

horse・バ(うま)
厂丆丐馬馬
馬首(마수) 말머리.
馬賊(마적) 말을 탄 도적의 떼.
馬丁(마정) ① 말을 끄는 사람. ② 말구종.
馬車(마차) 말에게 끌리는 수레.
馬皮(마피) 말 가죽.

〔삼 마〕

hemp・マ(あさ)
亠广床府麻
麻勃(마발) 삼꽃.
麻衣(마의) ① 삼베옷. ② 삼베 의상.
麻布(마포) 베.

〔갈 마〕

polish・マ(みがく)
亠广麻磨磨
磨鏡(마경) 쇠붙이로 만든 거울을 갊.
磨光(마광) 갈아 윤을 냄.
磨研(마연) 갊. 연마함.
磨滅(마멸) 닳아 없어짐.
磨擦(마찰) 서로 닿아서 비빔.

莫	〔없을 **막**〕 バク 一 艹 苎 苩 莫	幕	〔장막 **막**〕 휘장. 천막. curtain・バク, マク (まく) 艹 苎 莫 幕 幕
	莫强(막강) 아주 강함. 莫大(막대) 더 할 수 없이 많음. 아주 큼. 莫論(막론) 의론할 것이 없음. 莫上莫下(막상막하) 우열의 차가 없음. 莫重(막중) ① 아주 귀중함. ② 썩 무거움.		幕吏(막리) 막부(幕府)의 벼슬아치. 장군(將軍)의 부하(部下). 幕府(막부) 장군이 집무하는 곳. 幕庭(막정) 장막을 친 뜰. 幕下(막하) 대장(大將)의 휘하.
	〔사막 **막**〕 desert・バク 氵 冫 沙 漠 漠	萬	〔일만 **만**〕 ten thousand・マン 艹 苎 莒 萬 萬
	漠漠(막막) ① 아주 넓어 끝이 없는 모양. ② 퍼 늘어 놓은 모양. 漠然(막연) ① 아득하여 분명(分明)하지 않은 모양. 몽롱(朦朧)하여 똑똑하지 않은 모양. ② 쓸쓸한 모양.		萬劫(만겁) 한없이 긴 시간. 영겁. 萬古(만고) ① 태고(太古). ② 한없는 세월. 萬能(만능) 모든 사물에 능통함. 萬狀(만상) 온갖 형상. 萬千(만천) 수가 대단히 많음.
滿	〔찰 **만**〕 full・マン(みちる) 氵 洪 满 滿 滿	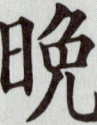	〔늦을 **만**〕 때가 늦음. 〔해질 **만**〕 해가 저묾. late・バン(おそい) 日 旷 昤 睌 晚
	滿期(만기) 기한이 참. 일정한 기간. 滿喫(만끽) ① 충분히 먹음. 충분히 마심. ② 욕망을 마음껏 충족시킴. 滿了(만료) 다 끝남. 완료. 滿朔(만삭) 달이 참.		晚熟(만숙) 늦게 익음. 晚潮(만조) 저녁 때에 밀려 들어왔다가 나가는 바닷물. 晚鐘(만종) 저녁에 치는 종소리. 晚餐(만찬) 저녁 식사.
	〔거만할 **만**〕 haughty・マン(あなどる) 忄 忄 悍 慢 慢	漫	〔질펀할 **만**〕 넓고 평평한 모양. ・マン(そぞろ) 氵 氵 浔 浸 漫
	慢性(만성) 오래 두고 낫지 아니하는 병의 성질. 慢心(만심) 자신을 지나치게 보고 자랑하며 남을 업신여기는 마음. 慢言(만언) ① 거만한 말. ② 함부로 하는 말.		漫步(만보) 한가히 거니는 걸음. 산책. 漫然(만연) 이렇다 할 특별한 이유 없이.
蠻	〔오랑캐 **만**〕 savage・バン 言 結 絲 蠻 蠻		〔물굽이 **만**〕 물이 육지에 들어온 곳 bay・ワン(いりえ) 氵 氵 渊 灣 灣
	蠻方(만방) 오랑캐의 나라. 蠻勇(만용) 사리를 분간하지 않고 함부로 날뛰는 용기. 蠻行(만행) 야만스러운 행실. 蠻觸(만촉) 조그마한 일로 싸움의 비유.		灣磯(만기) 만(灣). 灣然(만연) 물이 활처럼 굽은 모양. 灣入(만입) 바닷물이나 강물 같은 것이 활처럼 물으로 휘어 들어감.

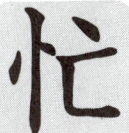
〔끝 말〕
end・マツ(すえ)
一 二 ナ 才 末

末年(말년) ① 일생의 말기. 늘그막.
末路(말로) ① 행로의 종점. ② 사람의 살아
　　　　　가는 끝장. 말년(末年).
末伏(말복) 삼복(三伏) 중의 마지막 복.
末日(말일) 그 달의 마지막 날. 그믐날.

〔잃을 망〕 없어짐.
〔죽을 망〕
ruin・ボウ(ほろびる)
亠 亡

亡國(망국) 망(亡)한 나라.
亡匿(망닉) 달아나 숨음.
亡靈(망령) 죽은 사람의 영혼.
亡命(망명) 명적(名籍)을 이탈(離脫)하고
　　　　　달아남.

〔바쁠 망〕 다망함.
busy・ボウ(いそがしい)
丨 忄 忙 忙

忙裏偸閑(망리투한) 바쁜 중에도 잠시의 틈을
　　　　　　　　　타서 즐기어 놂.
忙忙(망망) 대단히 바쁜 모양.
忙事(망사) 바쁜 일.
忙月(망월) 일년 중에 바쁜 달. 입춘.

〔잊을 망〕 기억하지
　　　　　못함.
forget・ボウ(わすれる)
丶 亠 亡 忘 忘

忘却(망각) 잊어버림.
忘年會(망년회) 연말에 행하는 친목회.
忘失(망실) 잊어버림.
忘吾(망오) 나를 잊는다는 뜻으로 깊이 사색
　　　　　에 잠김을 이름.

〔바라볼 망〕
hope・ボウ(のぞむ)
亡 切 胡 朢 望

望拜(망배) 멀리 바라보고 절함.
望見(망견) 멀리 바라봄.
望九(망구) 아흔 살을 바라다보는 나이. 곧
　　　　　여든 한 살.
望鄕(망향) 고향을 바라보고 그리워 함.

〔아득할 망〕 한량없이
　　　　　　넓은 모양.
vast・ボウ
一 艹 艹 茫 茫

茫漠(망막) 넓고 먼 모양. 아득한 모양.
茫茫(망망) 넓고 멀어 아득한 모양.
茫洋(망양) 한량 없이 넓은 모양.
茫然(망연) 넓고 멀어 아득한 모양.
茫然自失(망연자실) 정신을 잃어 어리둥절함.

〔허망할 망〕 거짓되고
　　　　　　망령됨.
absurd・ボウ(みだり)
亠 亡 亡 妄 妄

妄靈(망령) 노망(老妄)하여 언행(言行)이 상
　　　　　규(常規)에 벗어남.
妄發(망발) 망령된 말을 함.
妄想(망상) 망령된 생각. 허황한 공상(空想).
妄說(망설) 허무맹랑한 말.

〔망극할 망〕
モウ(ない)
冂 門 罔 罔 罔

罔極(망극) 어버이의 은혜가 한이 없음.
罔極之恩(망극지은) 한 없는 은혜. 부모의 은
罔民(망민) 백성을 속임.
罔然(망연) 멍한 모양. 상심한 모양.

〔매양 매〕 늘. 항상
every・マン
丿 匕 每 每 每

每年(매년) 해마다.
每度(매도) 번번이. 매회(每回).
每番(매번) 번번이.
每事(매사) 일마다. 여러 가지의 일.
每月(매월) 매달. 달마다.

〔살 매〕 금전을 주고
　　　　 물건을 구함.
buy・バイ(かう)
罒 罒 罒 買 買

買賣(매매) 사는 일과 파는 일. 사고 팖.
買收(매수) ① 물건을 사들임. ② 남의 마음
　　　　　을 사서 자기 편으로 삼음.
買食(매식) 음식을 사서 먹음.
買占(매점) 물건을 휩쓸어 사 둠.

賣 〔팔 매〕 값을 받고 물건을 내줌.
sell・バイ(うる)
士 声 高 賣 賣
賣却(매각) 팔아버림.
賣券(매권) 매도증서(賣渡證書).
賣渡(매도) 물건을 팔아 넘김.
賣買(매매) 물건을 파는 일과 사는 일.
賣店(매점) 물건 파는 가게.

妹 〔누이 매〕 손아래 누이
younger sister・マイ(いもうと)
乀 女 妒 奸 妹
妹家(매가) 시집 간 누이가 사는 집.
妹夫(매부) 누이의 남편.
妹氏(매씨) 남의 누이의 존칭.
妹弟(매제) 손아래 누이의 남편.
妹兄(매형) 손위 누이의 남편.

埋 〔묻을 매〕 파묻음.
〔묻힐 매〕
bury・マイ(うめる)
土 圹 坦 坢 埋
埋沒(매몰) 파묻음. 또 파묻힘.
埋伏(매복) ① 몰래 숨음. 또 몰래 숨김.
② 복병(伏兵)을 둠.
埋葬(매장) 시체를 땅 속에 묻어 장사(葬事)를 지냄.

梅 〔매화나무 매〕
plum・バイ(うめ)
十 木 杧 梅 梅
梅毒(매독) 화류병(花柳病)의 한 가지.
梅信(매신) 매화꽃이 피기 시작하였다는 소식.
梅實(매실) 매화나무의 열매.
梅雨(매우) 매실이 익을 무렵에 오는 긴 장마.
梅花(매화) 매화나무의 꽃.

〔중매 매〕
〔매개 매〕
・バイ(なかだち)
乀 女 妒 媒 媒
媒介(매개) 중간에서 관계를 맺어 주는 일.
媒媼(매구) 매파(媒婆).
媒婦(매부) 중매장이 여자.
媒妁(매작) 혼인(婚姻)을 중매(仲媒)함. 또 그 사람. 중매장이.

麥 〔보리 맥〕 맥류의 총칭.
barley・バク(むぎ)
双 夾 夾 麥 麥
麥稈(맥간) 밀짚이나 보릿짚의 줄기.
麥藁(맥고) 밀짚.
麥氣(맥기) 보리밭 위를 불어 오는 바람의 향기.
麥奴(맥노) 깜부기.

맥

脈 〔물끄러미 볼 맥〕 서로 말없이 보는 모양.
pulse・ミャク
月 肌 肵 胼 脈
脈脈(맥맥) 서로 물끄러미 보는 모양.

盟 〔맹세 맹〕
〔맹세할 맹〕
oath・メイ(ちかう)
口 日 明 明 盟
盟契(맹계) 맹세. 맹약.
盟邦(맹방) 동맹을 맺은 나라.
盟書(맹서) 맹약을 한 서면.
盟誓(맹세) 굳은 약속. 또 그 약속을 함.

맹

孟 〔우두머리 맹〕
〔성 맹〕
first・モウ
了 子 子 孟 孟
孟秋(맹추) 첫가을. 가을의 첫째 달. 음력 칠월.
孟夏(맹하) 첫여름. 여름의 첫째 달.
孟浩然(맹호연) 성당(盛唐)의 시인(詩人).
孟侯(맹후) 한 주(州)의 제후(諸侯) 중의 우두머리.

〔날랠 맹〕 용감함.
fierce・モウ(たけし)
犭 犭 犴 猛 猛
猛犬(맹견) 사나운 개.
猛決(맹결) 사납고 결단성이 있음.
猛烈(맹렬) 기세가 사납고 세참.
猛惡(맹악) 사납고 악함.
猛勇(맹용) 용맹함.

맹

〔먼눈 맹〕
〔장님 맹〕
blind・モウ(めくら)
亠亡盲盲盲

盲瞽(맹고) 소경. 맹인(盲人).
盲聾(맹롱) 소경과 귀머거리.
盲啞(맹아) 장님과 벙어리.
盲人(맹인) 소경. 장님. 판수.
盲從(맹종) 덮어놓고 남이 시키는 대로 함.

〔힘쓸 면〕 근면함.
〔권면할 면〕
ベン(つとめる)
マ夕免免勉

勉強(면강) 힘씀. 힘써 함.
勉勸(면권) 권유함.
勉力(면력) 힘씀. 힘써 함.
勉學(면학) 공부를 힘써 함.
勉行(면행) 힘써 행함.

〔잘 면〕 수면을 취함.
sleep・ミン(ねむる)
目目眠眠眠

眠牀(면상) 침대(寢臺). 와상(臥牀).
眠睡(면수) 잠. 수면.
眠食(면식) ① 잠자는 일과 먹는 일. ② 사람의 일상(日常)의 기거(起居). ③ 수면과 식사.

멸

〔멸망할 멸〕
〔멸할 멸〕 없애 버림.
ruin・メツ(ほろびる)
氵派滅滅滅

滅却(멸각) 멸전(滅絶).
滅國(멸국) 망한 나라. 망국(亡國).
滅裂(멸렬) 산산조각이 남.
滅亡(멸망) 망하여 없어짐.
滅種(멸종) 씨가 없어짐.

〔목숨 명〕 생명.
〔분부 명〕
life・メイ(いのち)
人△合命命

命途(명도) 운명(運命).
命令(명령) 웃사람이 아랫사람에게 내리는 분부.
命分(명분) 운명(運命). 운수(運數).
命題(명제) 판단(判斷)의 결과를 표시함.

면

〔벗어날 면〕 피함
〔면할 면〕 면제함.
avoid・メン(まぬかれる)
ク ケ 五 五 免

免減(면감) 아주 면하거나 가볍게 해줌.
免稅(면세) 조세를 면제함.
免役(면역) 병역 또는 부역의 의무를 면제함.
免除(면제) 책임이나 의무를 면함.
免罪(면죄) 죄를 면함.

〔낯 면〕 얼굴.
〔면 면〕 겉.
face・メン(かお)
一厂丙面面

面談(면담) 서로 만나서 이야기 함.
面駁(면박) 대면하여 논박함.
面上(면상) 얼굴 바닥. 얼굴 위.
面前(면전) 대면(對面)한 앞. 그 사람 앞.
面會(면회) 만남. 대면함. 면접.

〔솜 면〕 목화의 솜.
cotton・メン(わた)
糸 紵 綿 綿 綿

綿絲(면사) ① 솜과 실. ② 무명실.
綿羊(면양) 양의 일종. 털이 길고 뿔이 없으며 그 털은 모직물의 원료로 함.
綿花(면화) 목화(木花)나무에서 딴 씨가 들어 있는 솜. 목화(木花).

명

〔이름날 명〕 유명함.
〔이름 명〕 사물의 칭호
name・メイ(な)
ノクタ名名

名劍(명검) 이름난 칼.
名妓(명기) 이름난 기생(妓生).
名門(명문) 유명한 가문(家門).
名作(명작) 뛰어난 작품.
名畵(명화) 유명한 그림.

〔밝을 명〕 환히 비침
bright・メイ, ミョウ
(あかるい)
Π 日 日月 明 明

明鏡(명경) ① 맑은 거울. ② 명백히 함.
明朗(명랑) 맑고도 밝음.
明瞭(명료) 분명(分明)함. 똑똑함.
明白(명백) 아주 분명(分明)함.
明月(명월) 밝은 달.

	[울 명] 새가 소리를 [울릴 명] 냄. chirp・メイ(なく) 口 叩 鸣 鳴 鳴		[새길 명] 마음속에 깊 이 기억함. engrave・メイ(しるす) 牟 金 鈔 銘 銘
	鳴琴(명금) ① 거문고. ② 거문고를 탐. 鳴絲(명사) 거문고. 鳴鐘(명종) 종소리. 鳴號(명호) 울부짖음. 규호(叫號). 鳴吼(명후) 새와 짐승이 욺.		銘戒(명계) 깊이 마음에 새겨 두고 경계함. 銘戴(명대) 마음에 깊이 느끼어 받듦. 銘誄(명뢰) 죽은 사람의 공덕을 적은 글. 銘心(명심) 마음에 새겨 둠. 간명. 銘意(명의) 명심(銘心).
	[어두울 명] 밝지 아 [저승 명] 니함. dark・メイ(くらい) 冖 冝 冝 冥		[어미 모] 모친. mother・ボ(はは) 乚 口 口 日 母
	冥冥(명명) 어두운 모양. 冥福(명복) 죽은 뒤에 저승에서 받는 행복. 冥想(명상) 고요한 가운데 눈을 감고 깊이 사 물을 생각함. 冥闇(명암) 어둠. 암흑.		母系(모계) 어머니 쪽의 계통. 母國(모국) 외국에 있어서 자기의 본국을 가 리키는 말. 母女(모녀) 어머니와 딸. 母性(모성) 여자가 어머니로서 갖는 특성.
毛	[털 모] hair・モウ(け) 一 三 毛		[저물 모] 해가짐. [늦을 모] 나이 먹음. evening・ボ(くれる) 艹 苜 莫 幕 暮
	毛角(모각) 조류(鳥類)의 머리 위의 털이 뿔 모양을 이룬 것. 毛髮(모발) ① 머리카락. ② 근소. 毛絲(모사) 털실. 毛衣(모의) 모피(毛皮)로 만든 옷. 갖옷.		暮景(모경) ① 저녁 때의 경치. ② 모경(暮境). 暮年(모년) 늘바탕. 만년(晚年). 暮色(모색) 저물어가는 어스레한 빛. 暮潮(모조) 저녁 때 밀려오는 조수. 暮鐘(모종) 저녁 때 치는 종.
某	[아무 모] 성명을 알 수 없는 사람. ボウ(それがし) 一 廿 甘 苴 某		[꾀할 모] 계획함. 책략을 세움. plot・ボウ(はかる) 言 言 計 謀 謀
	某國(모국) 어떤 나라. 某年(모년) 어떤 해. 아무 해. 某氏(모씨) 아무개. 아무 양반. 某日(모일) 어떤 날. 아무 날. 某處(모처) 어떤 곳. 아무 곳.		謀免(모면) 면(免)하려고 꾀함. 謀士(모사) 온갖 꾀를 잘 내는 사람. 謀議(모의) 일을 계획하여 서로 의논함. 謀陷(모함) 꾀를 써서 남을 못된 구렁에 빠지 게 함.
模	[법 모] 법식. 규범. [본 모] 본보기. pattern・モ, ボ(のり) 十 杧 档 模 模		[뽑을 모] 모집함. [부를 모] 불러 모음. enlist・ボ(つのる) 艹 苜 莫 募 募
	模倣(모방) 본받음. 본뜸. 흉내를 냄. 模範(모범) 배워서 본받을 만함. 또 그 사물. 본보기. 模樣(모양) 꼴. 형상(形狀). 상태(狀態). 模造品(모조품) 모방(模倣)하여 만든 물품.		募徙(모사) 무리를 뽑아 모아 딴 곳으로 옮김. 募選(모선) 모집하여 선발(選拔)함. 募集(모집) 널리 뽑아서 모음. 募債(모채) 널리 공채(公債) 또는 사채(社債) 등을 조건을 붙여 모음.

慕 〔사모할 모〕 그리워함. longing・ボ(したう) ⺾ 苜 莫 慕 慕	矛 〔창 모〕 병기의 한 가지. spear・ム(ほこ) 
慕念(모념) 사모하는 생각. 慕倣(모방) 본떠서 함. 본받음. 慕愛(모애) 사모하고 사랑함. 慕悅(모열) 사모하며 기뻐함. 慕化(모화) 사모하여 감화(感化)됨.	矛戟(모극) ① 창. ② 병기 矛櫓(모로) 창과 방패. 노(櫓)는 큰 방패. 矛槊(모삭) 창(槍). 矛盾(모순) ① 창과 방패. ② 앞뒤가 서로 어긋나 맞지 않음.
貌 〔모양 모〕 자태. 모습. 「ち」 appearance・ボウ(かた) 	木 〔나무 목〕 tree・ボク(き) 一 十 木
貌敬(모경) 겉으로만의 공경. 貌狀(모상) 모습. 꼴. 貌樣(모양) 꼴. 모습. 상태. 貌言(모언) 겉치레하는 말. 貌形(모형) 모습. 형상.	木刻(목각) 나무 쪽에 서화(書畫)를 새김. 木劍(목검) 나무로 만든 검(劍). 木棺(목관) 나무로 만든 관(棺). 木橋(목교) 나무로 놓은 다리. 나무다리. 木器(목기) 나무로 만든 그릇.
沐 〔머리감을 목〕 윤택하게 하는 뜻으로 쓰임. wash・モク, ボク 	目 〔눈 목〕 eye・モク 丨 冂 冂 月 目
沐梛(목곽) 결이 고운 졸널. 沐浴(목욕) ① 머리를 감고 몸을 씻음. 沐恩(목은) 은혜를 입음. 沐日(목일) 벼슬아치가 집에 가서 목욕하는 날. 곧 휴일(休日).	目擊(목격) 눈으로 직접 봄. 目禮(목례) 눈짓으로 인사함. 目錄(목록) 물건의 이름을 열기(列記)한 것. 目的(목적) 일을 이루려 하는 목표. 도달하려고 하는 표적.
牧 〔목장 목〕 짐승을 방사하는 곳. pasture・ボク(まき) 	睦 〔화목할 목〕 친목함. 화목하게 지냄. 「い」 friendly・ボク(むつまじ) 冂 目 盱 眭 睦
牧歌(목가) 목축(牧畜)하는 사람이 부르는 노래. 牧童(목동) 마소를 치는 아이. 牧民(목민) 백성(百姓)을 다스림. 牧場(목장) 말・소・양 등을 놓아 기르는 곳.	睦崇(목숭) 화목하게 모임. 睦友(목우) 형제가 화목함. 睦族(목족) 동족(同族)끼리 화목하게 지냄. 또 화목한 친족. 睦親(목친) 화목하고 친근함. 또 근친(近親).
沒 〔다할 몰〕 다 없어짐. 〔빼앗을 몰〕 몰수함. set;die・ボツ(しずむ) 氵 氿 汐 没 沒	夢 〔꿈 몽〕 dream・ム(ゆめ) 
沒頭(몰두) 일에 열중함. 沒落(몰락) ① 영락(零落)함. ② 멸망함. 沒死(몰사) 죽어 사죄(謝罪)함. 沒殺(몰살) 죄다 죽임. 沒數(몰수) 깡그리. 죄다. 온통. 전부(全部).	夢裡(몽리) 몽중(夢中). 꿈결. 夢寐(몽매) 잠을 자며 꿈을 꿈. 또 그 동안. 夢想(몽상) ① 꿈에도 생각함. 늘 잊지 않고 생각함. ② 꿈 속에 생각함. 夢遊(몽유) 꿈에 놂. 꿈을 꿈.

묘

〔입을 몽〕 은혜를 입음.
〔어릴 몽〕 어린이.
　　　young・モウ(こうむる)
艹芒芒蒙蒙
蒙利(몽리) 이익을 봄.
蒙昧(몽매) 어리석고 어두움.
蒙死(몽사) 죽음을 무릅씀.
蒙恩(몽은) 은혜를 입음.
蒙學(몽학) 어린애의 공부.

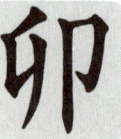
〔네째 지지 묘〕
십이지중의 네째.
　　　ボウ(う)
⺊㇄㇆卯卯
卯時(묘시) 오전(午前) 다섯부터 일곱가지의 사이.
卯正(묘정) 오전 여섯시.
卯酒(묘주) 묘시 곧 아침 여섯시경에 마시는 술. 곧 해장술.

〔묘할 묘〕 신묘함.
　　exquisite・ミョウ(たえ)
ㄑ女女女妙妙
妙技(묘기) 교묘한 손재주. 교묘한 기술.
妙略(묘략) 교묘한 계략.
妙麗(묘려) 아름답고 화려함.
妙悟(묘오) 묘하게 깨달음.
妙策(묘책) 교묘한 계책.

〔무덤 묘〕 뫼.
　　grave・ボ(はか)
艹艹苔莫墓
墓碣(묘갈) 산소(山所) 앞에 세우는 둥근 비.
墓門(묘문) 산소(山所)의 경내로 들어가는 문.
墓碑(묘비) 산소(山所) 앞에 세우는 비석.
墓祭(묘제) 산소에서 지내는 제사.
墓地(묘지) 무덤이 있는 땅의 구역.

〔모 묘〕 곡초 등의 싹.
　　sprout・ビョウ(なえ)
一艹艹芒苗
苗稼(묘가) 벼의 모.
苗木(묘목) 어린 나무.
苗床(묘상) 못자리.
苗板(묘판) 못자리.
苗圃(묘포) 묘목을 기르는 밭.

〔사당 묘〕
　　shrine・ビョウ(たまや)
广庎庿廟廟
廟堂(묘당) 사당(祠堂). 종묘(宗廟).
廟略(묘략) 조정에서 의결한 계책.
廟食(묘식) 죽어서 종묘나 사당에서 제사를 받음.
廟策(묘책) 묘략(廟略).

무

〔다섯째 천간 무〕
　　　ボウ(つちのえ)
丿厂戊戊戊
戊夜(무야) 오야(五夜)의 하나. 오전 세시부터 다섯시까지임. 오경(五更).

〔우거질 무〕 무성함.
〔빼어날 무〕
　　flourishing・モ(しげる)
一艹茂茂茂
茂林(무림) 나무가 무성한 수풀.
茂士(무사) 재주가 뛰어난 선비.
茂盛(무성) 나무가 잘 자람. 초목이 번성함.
茂樹(무수) 무성한 나무.
茂迹(무적) 뛰어난 공적.

〔굳셀 무〕 강건함.
　　　・ブ(たけしい)
一⺁下正武武
武幹(무간) 무예의 재간.
武器(무기) 전쟁에 쓰이는 기구.
武力(무력) 군대의 힘. 군사상의 힘.
武士(무사) 군사. 군인.
武術(무술) 무도. 무기(武技).

〔힘쓸 무〕 힘써 함.
〔일 무〕 힘써 하는 일.
　　endeavour・ム(つとめる)
矛矛矛敄務
務勤(무근) 힘씀.
務望(무망) 힘써 바람.

무

無 〔없을 무〕
nothing・ム, ブ(ない)
ノ ニ 無 無 無

- 無力(무력) 힘이 없음.
- 無禮(무례) 예의(禮儀)가 없음. 예의를 모름.
- 無謀(무모) 꾀가 없음. 분별이 없음.
- 無視(무시) 업신여김. 안중에 두지 아니 함.
- 無用(무용) 쓸데가 없음.

舞 〔춤 무〕 무용
dance・ブ(まう)
ー 無 舞 舞 舞

- 舞曲(무곡) 춤의 곡조(曲調).
- 舞筵(무연) 춤을 추는 자리.
- 舞容(무용) 춤추는 모습.
- 舞踊(무용) 춤.
- 舞姬(무희) 춤을 추는 여자.

貿 〔장사할 무〕 교역함.
trade・ボウ
ー 切 矨 留 貿

- 貿亂(무란) 번갈아 어지러워짐.
- 貿貿(무무) 눈이 어두운 모양.
- 貿市(무시) 서로 물품을 교환하여 장사함.
- 貿易(무역) ① 팔고 사고 함. 교역함. ② 외국과 장사 거래를 함.

霧 〔안개 무〕

fog・ム(きり)
雨 雰 霧 霧 霧

- 霧氣(무기) 안개.
- 霧裏(무리) 안개 속.
- 霧杳(무묘) 안개가 끼어 앞을 볼 수 없음.
- 霧集(무집) 안개처럼 많이 모임.
- 霧鬟(무환) 윤이 나는 아름다운 머리.

묵

墨 〔먹 묵〕 글씨를 쓰는 먹
ink・ボク(すみ)
日 甲 里 黒 墨

- 墨墨(묵묵) ① 어두운 모양. 캄캄한 모양. ② 묵묵히 아무 말이 없는 모양.
- 墨削(묵삭) 먹으로 글씨를 지워버림.
- 墨海(묵해) 벼루(硯)의 별칭(別稱).
- 墨畵(묵화) 먹으로만 그린 그림.

默 〔잠잠할 묵〕 말이 없음.
silent・モク(だまる)
口 甲 里 默 默

- 默念(묵념) ① 묵묵히 생각함. ② 묵도.
- 默禱(묵도) 마음 속으로 빎.
- 默禮(묵례) 말 없이 머리를 숙여 절함.
- 默言(묵언) 말하지 아니 함.
- 默認(묵인) 암묵(暗默) 중에 용인함.

문

文 〔글월 문〕
literature・ブン, モン(ふみ)
丶 亠 ナ 文

- 文句(문구) 글귀.
- 文答(문답) 글로써 회답함.
- 文盲(문맹) 무식하여 글자를 읽지 못함.
- 文明(문명) 문덕(文德)이 갖추어져 빛남.
- 文化(문화) 학문이 진보하여 세상이 개화함.

聞 〔들을 문〕
hear・ブン(きく)
ー 門 門 聞 聞

- 聞見(문견) 듣고 본 것. 곧 지식.
- 聞達(문달) 명성이 높고 현달(顯達)함. 입신출세함.
- 聞望(문망) 명예와 인망. 명망.
- 聞人(문인) 이름이 널리 알려진 사람.

問 〔물을 문〕 질문함
〔찾을 문〕
ask・モン(とう)
ー 門 門 門 問

- 問答(문답) 물음과 대답.
- 問病(문병) 앓는 사람을 찾아 보고 위문.
- 問喪(문상) 사람의 죽음에 대하여 위로함.
- 問安(문안) 웃어른에게 안부(安否)를 여쭘.
- 問候(문후) 웃어른의 안부를 물음.

門 〔문 문〕
gate・モン(かど)
ー 門 門 門 門

- 門閥(문벌) 가문의 대대로 내려오는 지위.
- 門業(문업) 집안에 대대로 내려오는 직업.
- 門牌(문패) 문에 다는 주소 성명을 적은 패.
- 門限(문한) 문지방
- 門候(문후) 문지기.

汶 〔물이름 문〕
defile・ブン(けがれ)
氵氵氵汶汶
汶汶(문문) 부끄러운 모양. 수치스러운 모양.
汶上(문상) 문수(汶水)가.

 〔없을 물〕
not;don't・ブツ, モチ
(なかれ)
勹 勿
勿禁(물금) 관아(官衙)에서 금(禁)한 것을 특별히 허가하여 줌.
勿勿(물물) 바쁜 모양. 창황(倉皇)한 모양.
勿須(물수) …할 필요가 없음.
勿照之明(물조지명) 자연히 비치는 광명.

物 〔만물 물〕
〔물건 물〕
matter・ブツ(もの)
ノ 十 牛 物 物
物件(물건) 물품(物品).
物慾(물욕) 물건을 탐내는 마음.
物資(물자) 여러·가지의 물건을 만드는 바탕.
物體(물체) 물건의 형체(形體).
物品(물품) 쓸 가치가 있는 물건.

 〔쌀 미〕
rice・ベイ, マイ(こめ)
ソ ニ 半 米 米
米穀(미곡) ① 쌀. ② 쌀과 잡곡.
米櫃(미궤) 쌀뒤주.
米糧(미량) 쌀 양식.
米麥(미맥) 쌀과 보리.
米飯(미반) 쌀밥.

 〔아닐 미〕
〔미래 미〕 장래
not yet・ミ(いまだ)
一 二 キ 才 未
未納(미납) 아직 바치지 아니하거나 못함.
未達(미달) 어떤 한도에 이르지 못함.
未來(미래) 아직 오지 않은 때. 장래(將來).
未備(미비) 아직 다 갖추지 못함.
未婚(미혼) 아직 혼인을 하지 아니 함.

味 〔맛 미〕 ① 음식의 맛
② 뜻. 의의
taste・ミ(あじ)
口 叮 吁 味 味
味覺(미각) 혀의 미신경(味神經)이 달고, 시고, 짜고, 맵고, 쓴 맛을 느껴 아는 감각.
味神經(미신경) 혓바닥에 분포되어 있는 미각(味覺)을 맡은 신경.

美 〔아름다울 미〕
beautiful・ビ(うつくし
「い」)
⺷ ⺷ 羊 美 美
美女(미녀) 얼굴이 예쁜 여자.
美德(미덕) 아름다운 덕행.
美顏(미안) 아름다운 얼굴.
美貌(미모) 아름답고 고운 얼굴 모양.
美風(미풍) 아름다운 풍속.

尾 〔꼬리 미〕
tail・ビ(お)
フ コ 尸 尾 尾
尾擊(미격) 추격(追擊).
尾騎(미기) 뒤를 쫓아 오는 기병.
尾蔘(미삼) 인삼(人蔘)의 가는 뿌리.
尾扇(미선) 부채의 일종.
尾行(미행) 몰래 뒤를 따라감.

 〔헤맬 미〕 길을 잃어 헤맴.
bewitch・メイ(まよう)
⺍ 半 米 迷 迷
迷宮(미궁) 사건이 복잡하여 갈피를 잡을 수 없음의 비유.
迷路(미로) 방향을 잡을 수 없는 길.
迷想(미상) 미혹(迷惑)한 생각.
迷信(미신) 이치에 어긋난 망령된 믿음.

眉 〔눈썹 미〕
straight・チョク(なお
す)
フ ヲ 尸 尸 眉
眉目秀麗(미목수려) 얼굴이 뛰어나게 아름다움.
眉壽(미수) 눈썹이 세고 길어지도록 오래 사는 일. 장수(長壽).
眉睫(미첩) ① 눈썹과 속눈썹. ② 지극히 가까운 거리.

미

微 〔작을 미〕
〔정묘할 미〕
ビ(ぜんまい)
彳 彴 彶 微 微
微妙(미묘) 정미(精微)하고 현묘함.
微力(미력) 작은 힘. 하찮은 수고.
微笑(미소) 소리 없이 빙긋이 웃음.
微弱(미약) 아무 힘이 없이 잔약함.
微風(미풍) 살살 부는 바람.

民 〔백성 민〕 뭇사람.
인류.
people・ミン(たみ)

民權(민권) 하늘이 인민에게 내린 자유・독립 등의 권리.
民法(민법) 백성이 지켜야 할 법.
民俗(민속) 백성의 풍속.
民謠(민요) 민간에 널리 퍼진 유행가.

憫 〔불쌍히 여길 민〕
〔근심할 민〕 우려함
pity・ビン(あわれむ)
忄 忄 憪 憪 憫
憫悼(민도) 가엾게 여겨 슬퍼함.
憫惘(민망) 딱하여 걱정스러움.
憫惜(민소) 가엾게 여겨 냉소함.
憫察(민찰) 가련하게 여겨 살핌.
憫恤(민휼) 불쌍하게 여겨 구휼(救恤)함.

敏 〔민첩할 민〕
행동이 재빠름.
active・ビン(さとい)

敏感(민감) 감각이 예민함.
敏識(민식) 민첩하고 식견이 있음.
敏悟(민오) 총명함.
敏捷(민첩) 재빠름.
敏黠(민할) 교활함.

밀

密 〔빽빽할 밀〕 밀집함.
〔은밀할 밀〕 심오함.
secret・ミツ(ひそか)
宀 宓 宓 密 密
密告(밀고) 남몰래 고(告)함.
密集(밀집) 빽빽이 모임.
密著(밀착) ① 빈틈없이 단단히 붙음. ② 여러 개(個)가 다닥다닥 붙음.
密會(밀회) 비밀(秘密)히 만남.

蜜 〔꿀 밀〕
honey・ミツ(みつ)
宀 宓 宓 蜜 蜜
蜜蜂(밀봉) 꿀벌. 참벌.
蜜水(밀수) 꿀물.
蜜汁(밀즙) 꿀.
蜜丸(밀환) 약(藥)가루를 꿀에 반죽하여 만든 환.

박

朴 〔나무껍질 박〕
〔순박할 박〕
simple・ボク
十 才 木 札 朴
朴魯(박로) 순박하고 어리석음.
朴茂(박무) 순박하고 뛰어남.
朴實(박실) 순박하고 진찰함.
朴野(박야) 질박하고 촌스러움.
朴忠(박충) 순박하고 충실함.

迫 〔닥칠 박〕
〔궁할 박〕 곤궁.
urgency・ハク(せまる)

迫擊(박격) 덤비어 몰아침.
迫急(박급) 절박함.
迫頭(박두) 가까이 닥쳐옴. 임박함.
迫力(박력) 일을 밀고 나가는 힘.
迫害(박해) 핍박(逼迫)하여 해롭게 굶.

泊 〔배댈 박〕
〔머무를 박〕 정지함.
anchor・ハク
氵 氵 汩 泊 泊
泊栢(박백) 잔물결.
泊船(박선) 배를 댐. 돛을 내림.
泊如(박여) 마음이 조용하고 욕심이 없는 모양.
泊然(박연) 박여(泊如).
泊懷(박회) 담박(淡泊)한 마음.

拍 〔칠 박〕 두드림.
〔박자 박〕
ハク(うつ)
一 十 扌 扚 拍 拍
拍髀(박비) 넓적다리를 두드림. 기뻐서 날뛰는 모양.
拍手(박수) 손뼉을 침.
拍手喝采(박수갈채) 손뼉을 치며 칭찬함.
拍掌(박장) 손바닥을 침.

반

博 [너를 박] [넓을 박]
extensive・ハク, バク
博博博博博
博達(박달) 널리 사물에 통달함. 박통(博通).
博文(박문) 학문을 널리 닦음.
博愛(박애) 모든 사람을 평등하게 사랑함.
博通(박통) 널리 사물에 통함.
博學(박학) 널리 배움. 학문이 썩 넓음.

薄 [숲 박] [박하게 할 박]
thin・ハク(うすい)
薄薄薄薄薄
薄待(박대) 푸대접함.
薄德(박덕) 덕행이 적음.
薄命(박명) 기박(奇薄)한 운명.
薄弱(박약) 굳세지 못함.
薄行(박행) 경박한 행위.

反 [돌이킬 반] 복귀. [뒤집을 반] 반대로 함.
rebel・ハン(かえる)
一 厂 反
反擊(반격) 쳐 들어오는 적군을 도리어 침.
反對(반대) 사물이 아주 상반(相反)됨.
反駁(반박) 남의 의견을 반대하여 논박(論駁)함.
反復(반복) 한 일을 되풀이 함.

飯 [밥 반] [먹을 반]
ハン(めし)
飠 飠 食 飯 飯
飯器(반기) 밥그릇.
飯匙(반시) 밥숟가락. 밥주걱.
飯店(반점) 음식점. 요리점.
飯酒(반주) 밥을 먹을 때에 곁들이어 마시는 술.

盤 [소반 반・쟁반 반]
tray・バン
丹 盤 舟 般 盤
盤樂(반락) 놀며 즐김.
盤舞(반무) 빙 돌며 춤을 춤.
盤石(반석) 넓고 편편한 큰 돌.
盤盂(반우) 소반과 사발.
盤佚(반일) 편안히 즐김.

半 [반 반]
half・ハン(なかば)
、丶 亠 半
半個(반개) 한 개의 절반.
半朔(반삭) 반 달.
半熟(반숙) 음식이나 과실 같은 것이 반쯤 익음.
半圓(반원) 원(圓)의 절반.

班 [나눌 반] 분배함.
separate・ハン
丁 王 刲 玨 班
班白(반백) 머리털의 흑백(黑白)이 서로 반씩 섞임.
班示(반시) 나누어 보임.
班列(반열) 신분・계급의 차례.
班爵(반작) 반차(班次).

叛 [배반할 반]
rebel・ハン(そむく)
ユ 半 扌 扌 叛
叛旗(반기) 반란을 일으킨 표시로 드는 기.
叛亂(반란) 배반(背叛)하여 일으키는 난리.
叛心(반심) 배반(背叛)하려고 하는 마음.
叛逆(반역) 임금을 배반하여 군사를 일으킴.
叛賊(반적) 반란을 일으킨 사람. 반역한 사람.

般 [옮길 반] 운반함.
remove・ハン
丹 舟 舟 舟 般
般樂(반락) 잘 놀면서 즐김.
般礴(반박) 두 다리를 쭉 뻗고 앉음.
般般(반반) 얼룩얼룩한 모양.
般師(반사) 군사를 이끌고 돌아옴.
般旋(반선) 빙 돎.

返 [돌아올 반] 복귀함. 갔다가 옴.
return・ヘン(かえす)
一 厂 反 反 返
返納(반납) 도로 돌려 받침.
返償(반상) 상환(償還)함.
返送(반송) 반환(返還).
返信(반신) 편지의 답장 또는 전보의 회답.
返還(반환) 돌려 보냄.

방

伴 [짝 반] 상대. 동반자 [의지할 반] companion・ハン　バン イ 亻 伀 伴 伴 伴侶(반려) 짝이 되는 동무. 伴生(반생) 수반(隨伴)하여 발생함. 伴送(반송) 다른 물건에 붙여서 함께 보냄. 伴行(반행) 길을 같이 감. 동행(同行).	發 [쏠 발] [나타날 발] 공표 spout・ハツ ァ 癶 癶 癸 發 發 發覺(발각) 비행(非行)・비밀(秘密) 같은 것이 드러남. 發見(발견) 남이 미처 보지 못한 것을 먼저 찾아 냄. 發達(발달) ① 자람. 생장함. ② 진보함.	발
拔 [뺄 발] 뽑음. pull out・バツ(あく) 扌 扌 扑 扐 扒 拔 拔 拔去(발거) 빼어 버림. 뽑아 버림. 拔群(발군) 여럿 중에서 훨씬 뛰어남. 拔俗(발속) 보통 사람보다 뛰어 남. 拔萃(발췌) 여럿 속에서 훨씬 뛰어 남. 拔擢(발탁) 사람을 뽑아 올려 씀.	髮 [머리 발] 머리털. hair・ハツ(ひげ) 镸 髟 髪 髪 髮 髮禿(발독) 머리가 빠져 벗어짐. 髮末(발말) 머리털의 끝. 髮膚(발부) 머리털과 살. 髮衝冠(발충관) 머리가 곤두 서서 관을 찔러 올림. 대단히 성냄을 이름.	
方 [방위 방] 방향. [길 방] 방법. square・ホウ(かた) 亠 方 方 方角(방각) 동서남북의 향방(向方). 方式(방식) 일정한 형식(形式). 方案(방안) 방법(方法)의 고안(考案). 方針(방침) ① 앞으로 나아갈 일정한 방향(方向)과 계획(計畫). ② 나침판.	房 [곁방 방] room・ボウ(へや) 厂 戶 戶 房 房 房內(방내) 방(房) 안. 방중(房中). 房闥(방달) 방과 문병(門屛). 房事(방사) 남녀(男女)가 교합(交合)하는 일. 房牖(방유) 방(房)의 창. 房戶(방호) 방의 문. 방문. 또 방(房).	
防 [둑 방] [막을 방] protect・ボウ(ふせぐ) 阝阝阝防防 防腐(방부) 썩지 못하게 함. 防水(방수) 물을 막음. 방천(防川). 防衛(방위) 방어(防禦)하여 호위함. 防止(방지) 막아서 그치게 함. 防寒(방한) 추위를 막음.	放 [내칠 방] 추방함. [멋대로 할] release・ホウ(はなす) 亠 方 扩 放 放 放浪(방랑) 정처 없이 떠돌아 다님. 放免(방면) 용서하여 놓아 줌. 放牧(방목) 소・말・양(羊) 따위를 놓아 기름. 放心(방심) ① 마음을 다잡지 아니하고 풀어 놓아 버림. ② 잃어버린 양심.	
訪 [물을 방] 상의함. [찾을 방] 심방함. visit・ホウ(おとずれる) 言 言 訐 訪 訪 訪客(방객) 찾아오는 손. 방문객(訪問客). 訪古(방고) 고적(古蹟)을 찾아 다님. 訪求(방구) 사람을 찾아 구(求)함. 訪問(방문) 남을 찾아 봄. 심방함. 訪議(방의) 상의함. 의논함.	芳 [향내날 방] 향기를 발산함. flowery・ホウ(かおす) 一 艹 艹 芳 芳 芳氣(방기) 향기. 芳年(방년) 꽃다운 젊은 여자의 나이. 芳艶(방염) 향내 나고 아리따움. 芳草(방초) 꽃다운 풀. 향기가 좋은 풀. 芳魂(방혼) 꽃의 정령(精靈).	

傍

[곁 **방**] 접근한 장소.
beside・ボウ（かたわら）
亻 彳 伫 侉 傍 傍

傍視(방시) 곁을 봄.
傍人(방인) 곁에 있는 사람. 옆사람.
傍點(방점) 보는 사람의 주의를 일으키기 위하여 글귀의 오른 편이나 위에 찍는 점(點).

倣

[본뜰 **방**] 모방함.
imitate・ホウ（ならう）
亻 仁 仿 仿 倣

倣效(방효) 방효(倣倣).
倣倣(방방) 모방함.

妨

[거리낄 **방**]
[헤살 놓을 **방**]「る」
hinder・ボウ（さまたげ）
女 女 妒 妨 妨

妨礙(방애) 방해(妨害).
妨沮(방저) 헤살 놓음.
妨止(방지) 막아 정지 시킴. 헤살 놓아 못하게 함.

邦

[나라 **방**]
nation・ホウ（くに）
一 三 丰 邦 邦

邦交(방교) 나라와 나라와의 교제.
邦國(방국) 나라. 국가(國家).
邦俗(방속) 나라의 풍속. 국풍(國風).
邦語(방어) 자기 나라의 말. 그 나라의 말.
邦域(방역) 나라의 경계. 국경(國境).

배

拜

[절 **배**] 배례
bow・ハイ（おがむ）
三 手 手 手 拜

拜禮(배례) 절을 하는 예(禮).
拜伏(배복) 엎드려 절함.
拜上(배상) 절하고 올림. 삼가 올림.
拜謁(배알) 절하고 뵘. 높은 어른에게 뵘.
拜候(배후) 문안(問安)함.

配

[짝지을 **배**] 짝을 이룸
[나눌 **배**] 분배함
ハイ（くばる）
一 兀 酉 酉 配

配給(배급) 별러서 공급함. 적당히 나누어 줌.
配達(배달) 돌아 다니며 물건을 돌라줌.
配付(배부) 나누어 줌.
配偶(배우) 짝이 되는 아내나 남편.
配合(배합) ① 짝. ② 알맞게 섞어 합침.

杯

[잔 **배**] 술잔
cup・ハイ（さかずき）
十 木 杆 杯 杯

杯捲(배권) 나무를 휘어 만든 술잔.
杯盤狼藉(배반낭자) 술잔과 그릇이 산란해있음.
杯酒(배주) 술잔에 따른 술. 술.
杯中物(배중물) 술잔에 따른 술.
杯池(배지) 잔과 같이 썩 작은 못.

培

[북돋을 **배**]
[언덕 **부**] 봉분. 양성.
nourish・バイ（つちかう）
土 圵 圵 圵 培

培養(배양) ① 초목을 북돋우어 기름. ② 사물을 발달시킴.
培壅(배옹) 북돋움. 키움. 배양.
培塿(부루) 작은 언덕.
培堆(부퇴) ① 조금 높은 언덕. ② 높이 쌓음.

倍

[곱 **배**] 갑절
double・バイ
亻 仁 俨 佮 倍

倍加(배가) 갑절을 더함.
倍俸(배봉) 봉급을 이배(二倍)로 함.
倍數(배수) 갑절이 되는 수.
倍勝(배승) 갑절이나 나음.
倍增(배증) 갑절로 늚.

俳

[광대 **배**] 배우
[익살 **배**]
actor・ハイ（わざおぎ）
亻 仆 俳 俳 俳

俳優(배우) 연극을 하는 사람. 광대.
俳謔(배학) 농담. 희학(戲謔).
俳個(배회) 목적 없이 이리저리 거닒.

排 〔밀칠 배〕 밀어 젖힘
〔물리칠 배〕 배척함
reject・ハイ(ひらく)
扌 扌 扌 排 排
排擊(배격) ① 물리치어 침. ② 힐난(詰難).
排佛(배불) 불교를 배척함.
排除(배제) 물리쳐 덜어버림.
排斥(배척) ① 물리치어 내침.
排出(배출) ① 밀어 내보냄. ② 배설.

輩 〔무리 배〕 동등한 사람.
fellow・ハイ(ともがら)
丨 彐 非 輩 輩
輩流(배류) 배행(輩行).
輩出(배출) 인재가 쏟아져 나옴.
輩行(배행) ① 선배(先輩)・후배(後輩)의 순서. ② 같은 또래의 친구. 동배(同輩). ③ 행렬(行列).

背 〔등 배〕
〔등질 배〕 배반함
back・ハイ(せ)
丨 ㅗ 北 背 背
背景(배경) ① 무대 뒤쪽 벽에 꾸민 경치. ② 주위의 상태.
背囊(배낭) 물건을 넣어서 등에 짊어지는 주머니.
背叛(배반) 등지고 돌아 섬.

白 〔흰빛 백〕 백색
white・ハク(しろい)
丿 亻 白 白 白
白骨(백골) 살이 다 썩어 희어진 뼈.
白痰(백담) 묽고 흰 가래.
白玉(백옥) 희고 깨끗한 옥.
白象(백상) 빛이 흰 코끼리.
白雪(백설) 흰 눈.

백

百 〔일백 백〕
hundred・ヒャク
一 丆 百 百 百
百姦(백간) 갖은 간악한 일.
百科(백과) 각종의 학과.
百年偕老(백년해로) 의좋은 부부가 함께 늙음.
百味(백미) 온갖 음식.
百花(백화) 갖가지 꽃. 모든 꽃.

伯 〔맏 백〕 맏형
elder・ハク(おさ)
亻 亻 伯 伯 伯
伯娘(백낭) 맏딸.
伯父(백부) 큰아버지.
伯叔(백숙) ① 형과 아우. 형제. ② 백부와 숙부.
伯氏(백씨) 맏형(兄).

柏 〔나무이름 백〕
ハク(かしわ)
十 朩 柏 柏 柏
柏葉酒(백엽주) 사기(邪氣)를 쫓기 위하여 설에 마시는 측백나무 잎을 넣어 빚은 술.
柏舟之操(백주지조) 미망인(未亡人)의 망부(亡夫)에 대한 절개.

番 〔번 번〕 순서. 순번
number・バン
ㅛ 꼬 乑 釆 番
番代(번대) 번갈음. 교대함.
番番(번번) 여러 번 다. 번번이.
番地(번지) 외국. 이역(異域). 번호를 매겨서 나눈 땅.
番號(번호) 차례(次例)를 나타내는 호수.

번

煩 〔번민할 번〕 번뇌함
〔번거로울 번〕
troublesome・ハン(わ
丶 火 灯 炯 煩
煩惱(번뇌) 욕정 때문에 심신(心神)이 시달림을 받아서 괴로움.
煩累(번루) 번거로운 일. 귀찮은 일.
煩悶(번민) 마음이 몹시 답답하여 피로워 함.
煩雜(번잡) 번거롭고 복잡함.

繁 〔많을 번〕
〔번거로울 번〕
prosper・ハン
亡 方 每 繁 繁
繁複(번복) 너무 많아 중복(重複)함.
繁盛(번성) 번화(繁華)하고 창성함.
繁昌(번창) ① 초목이 무성함. 번성(繁盛). ② 번영하고 창성(昌盛)함.
繁刑(번형) 까다롭고 엄한 형벌.

배 백 번 / 67

翻 〔날 번〕 〔나부낄 번〕 fly・ホン(ひるがえる) 翻翻翻翻翻 翻流(번류) 아래로 흐르던 물이 거슬러 흐름. 翻翔(번상) 낢. 翻焉(번언) 나는 모양. 翻譯(번역) 한 나라의 말이나 글을 딴 나라의 말이나 글로 옮김.	**罰** 〔벌 벌〕 형벌 〔벌줄 벌〕 punishment・バツ 罰罰罰罰罰 罰殛(벌극) 벌을 줌. 罰俸(벌봉) 벌로써 봉급을 감봉(減俸) 하거나 몰수하는 일. 罰責(벌책) 꾸짖어 벌(罰)함. 罰則(벌칙) 처벌하는 규칙.
伐 〔칠 벌〕 죄있는 자를 침. attack・バツ(うつ) 伐伐伐伐伐 伐斷(벌단) 쳐 끊음. 베어 끊음. 伐木(벌목) 선 나무를 베어냄. 伐採(벌채) 나무를 베고 섶을 깎음. 伐草(벌초) 산소(山所)의 잡초(雜草)를 베어서 깨끗이 함.	**凡** 〔대강 범〕 개요. 대략. 〔범상할 범〕 보통임. common・ボン(およそ) 凡凡凡 凡格(범격) 보통의 품격. 상격(常格). 凡常(범상) 평범하여 이상할 것이 없음. 凡眼(범안) 범상한 사람의 안목과 식견. 속안. 凡人(범인) 평범한 사람. 범부(凡夫). 凡才(범재) 평범한 재주. 또 그 사람.
犯 〔범할 범〕 저촉함. 〔침범할 범〕 해침. offend・ハン(おかす) 犯犯犯犯犯 犯法(범법) 법에 어그러지는 짓을 함. 犯忤(범오) 범하여 거스름. 犯人(범인) 죄(罪)를 범(犯)한 사람 犯罪(범죄) 죄(罪)를 저질러서 범(犯)함. 犯行(범행) 범죄의 행위.	**範** 〔법 범〕 법식. 본보기. law・ハン(のり) 範範範範範 範軌(범궤) 법식(法式). 규칙. 範例(범례) 본보기. 範式(범식) 법식(法式). 본보기. 範圍(범위) 일정한 한계 않에 넣음. 範疇(범주) 분류(分類).
 **汎** 〔뜰 범〕 〔넓을 범〕 float・ハン(ひろい) 汎汎汎汎汎 汎論(범론) ① 널리 논함. ② 대체에 관한 이론. 통론. 汎說(범설) 종합적으로 설명함. 또 그 설명. 汎愛(범애) 차별이 없이 널리 사랑함. 汎游(범유) ① 뱃놀이를 함. ② 범선.	**法** 〔법 법〕 형벌. 예의. law・ホウ(のり) 法法法法法 法官(법관) 재판관. 사법관. 法規(법규) 법률상의 규정. 법. 法令(법령) 법률과 명령의 총칭. 法典(법전) 법. 법률. 법령. 또 그 책 法則(법칙) 법. 제령(制令).
壁 〔벽 벽〕 바람 벽 wall・ヘキ(かべ) 壁壁壁壁壁 壁書(벽서) 벽에 붙이거나 쓰는 글. 壁岸(벽안) 낭떠러지. 壁欌(벽장) 벽에 만들어 물건을 넣는 곳. 壁紙(벽지) 벽을 도배하는 종이. 壁畵(벽화) 벽에 그린 그림.	**碧** 〔옥돌 벽〕 〔푸를 벽〕 blue・ヘキ(あおい) 碧碧碧碧碧 碧溪(벽계) 물이 푸른 시내. 碧潭(벽담) 물이 깊어 푸릇푸릇한 소(沼). 碧桃(벽도) 복숭아나무의 일종. 碧海(벽해) 푸른 바다. 창해(蒼海). 碧波(벽파) 푸른 물결. 창파(蒼波).

辯 〔말 잘할 변〕 dispute・ベン 立辛計辯辯	**辨** 〔나눌 변〕구별함. 〔분별할 변〕판별함. ・ベン(わきまえる) 立辛剃剃辨
辯口(변구) 잘하는 말. 辯論(변론) ① 변명하여 논함. ② 말을 잘함. 辯士(변사) ① 말 솜씨가 좋은 사람. ② 연설 또는 강연을 하는 사람. 辯舌(변설) 잘하는 말. 또 말 솜씨.	辨論(변론) 시비를 분별하여 따짐. 辨償(변상) 물어 줌. 치러 줌. 辨說(변설) 시비를 분별하여 설명함. 辨察(변찰) 시비를 살펴 분명히 함. 辨解(변해) 말로 자세히 밝힘.
邊 〔가 변〕가장자리. 변두리. edge・ヘン(ほとり) 自鼻鼻臱邊	**變** 〔변할 변〕변화함. 〔고칠 변〕변개함. change・ヘン(かわる) 言結織變變
邊境(변경) 나라의 경계가 되는 변두리의 땅. 邊功(변공) 변방에서 세운 공로. 邊防(변방) 변경(邊境)의 방비. 邊沙(변사) 물가의 모래 땅. 邊邑(변읍) 벽촌(僻村).	變貌(변모) 모습이 바뀜. 變色(변색) ① 안색이 변함. ② 빛깔이 변함. 變心(변심) 마음이 변함. 變遷(변천) 바뀌고 변함. 變化(변화) 변하여 다르게 됨.
別 〔다를 별〕같지 아니함. 〔나눌 별〕분할. parting・ベツ(わかれる) 口尸另別別	**丙** 〔세째 천간 병〕 ・ヘイ(ひのえ) 一一一丙丙
別格(별격) 보통과 다른 특별한 격식. 別館(별관) 본관 밖에 따로 설치한 집. 別納(별납) 따로 바침. 別堂(별당) 본채의 옆 또는 뒤에 따로 떨어져 있는 집.	丙科(병과) 시험 성적의 세째 등급. 丙舍(병사) ① 궁중의 제삼 등의 사(舍). ② 묘막(墓幕). 丙夜(병야) 밤을 갑・을・병・정・무의 오야(五夜)로 나눈 것 중의 세째 시각.
病 〔병 병〕질환. disease・ビョウ(やまい) 亠广疒病病	**兵** 〔군사 병〕군인. soldier・ヘイ(つわもの) ノ厂斤丘兵
病苦(병고) 병의 괴로움. 病骨(병골) 병구. 病軀(병구) 병든 몸. 病菌(병균) 병을 퍼뜨리는 미균. 病室(병실) 환자가 있는 방.	兵器(병기) 전쟁에 쓰는 기계. 무기. 兵力(병력) 군대의 힘. 兵士(병사) 군사(軍士). 兵舍(병사) 병정이 들어 있는 집. 兵衛(병위) 호위병(護衛兵).
竝 〔나란히 설 병〕 가지런히 섬. parallel・ヘイ(ならぶ) 立立竝竝	**屏** 〔울 병〕담. 〔물리칠 병〕내쫓음. ・ヘイ 尸尸屛屏屛
竝力(병력) 힘을 한데 아우름. 힘을 합침. 竝列(병렬) 나란히 늘어섬. 竝立(병립) ① 나란히 섬. ② 함께 성취함. 竝進(병진) 함께 나란히 나아감. 竝行(병행) 나란히 감.	屛去(병거) 물리쳐서 버림. 屛障(병장) ① 방어. ② 안팎을 가려 막는 물건. 곧 담, 장지, 병풍. 屛蔽(병폐) ① 막아 가림. ② 담, 장원.

보

保
[보전할 보]
[도울 보] 보좌.
keep・ホ(たもつ)
イ 仁 仔 仔 保

保健(보건) 건강을 보전함.
保管(보관) 물건을 보호하고 관리함.
保命(보명) 목숨을 보전함.
保姆(보모) 어린아이를 돌보는 부인.
保存(보존) 잘 지니어 보전함.

步
[걸음 보] 발걸음.
[걸을 보] 보행.
walk・ホ, ブ(あるく)
卜 止 牛 歩 歩

步道(보도) 사람이 걸어 다니는 길.
步兵(보병) 도보로 전투하는 병정.
步走(보주) 도보로 달림. 아무것도 타지 않고 달림.
步行(보행) 걸어감.

報
[갚을 보]
[알릴 보] 「る」
reward・ホウ(むくい)
土 幸 幸 幸 報

報告(보고) 알리어 바침.
報答(보답) ① 대답. ② 남의 은혜를 갚음.
報道(보도) 알려줌. 알림.
報復(보복) ① 은혜 또는 원수를 갚음. ② 대답함.

普
[넓을 보]
두루 넓음. 「し」
universal・フ(あまね)
䒑 䒑 普 普 普

普告(보고) 널리 알림. 포고(布告).
普及(보급) 널리 퍼짐. 또 널리 퍼뜨림.
普恩(보은) 두루 은혜를 베풂. 또 두루 베푸는 은혜.
普通(보통) 통상(通常).

補
[기울 보]
[보탤 보] 보충함.
repair・ホ(おぎなう)
衤 衤 衤 衤 衤 補

補強(보강) 빈약한 일이나 물건을 기워 더튼튼하게 함.
補償(보상) 남의 손해를. 채워 줌.
補佐(보좌) 자기보다 신분(身分)이 높은 사람을 도와 줌.

輔
[광대뼈 보] 협골
[도울 보] 보좌함
help・ホ(たすける)
車 斬 斬 輔 輔

輔佐(보좌) 도움.
輔弼(보필) ① 임금이 정사를 하는 것을 보좌함. ② 재상. 대신.
輔行(보행) 남을 도와서 행함. 또 그 사람.
輔護(보호) 보좌하고 보호함.

寶
[보배 보] 보물.
[보배로 여길 보]
treasure・ホウ(たから)
宀 宀 宀 寶 寶

寶鑑(보감) ① 귀한 거울. 보물의 거울. ② 모범이 될 만한 사물.
寶劍(보검) 보배로운 칼. 귀중한 칼.
寶物(보물) 보배로운 물건.
寶貨(보화) 귀중한 재화. 보물.

譜
[적을 보]
순서. 계통을 따라 열거함.
genealogy・フ
訁 訃 訯 譜 譜

譜系(보계) 보첩(譜牒).
譜曲(보곡) 악보(樂譜)에 적힌 곡조.
譜紀(보기) 가계(家系)의 기록.
譜第(보제) ① 보첩(譜牒). ② 친척. 혈속.
譜牒(보첩) 계보, 족보.

복

福
[복 복]
행복.
blessing・フク
礻 礻 祀 祠 福

福德(복덕) 복력이 많고 덕기가 두터움.
福祿(복록) ① 복(福)과 녹(祿). ② 행복.
福利(복리) 행복과 이익.
福音(복음) ① 기쁜 소식. ② 축복을 받을 수 있다는 예수의 가르침을 이름.

複
[겹옷 복] 안을 댄 옷.
[겹칠 복]
double・フク
衤 衤 衤 複 複

複道(복도) 상하 이중으로 된 길.
複寫(복사) 베낀 것을 또 베끼는 일.
複式(복식) ① 복잡한 방식. ② 복식 부기.
複雜(복잡) 사람의 갈피가 뒤섞여서 어수선함.
複合(복합) 둘 이상이 합쳐 하나가 됨.

伏

〔엎드릴 복〕
〔숨을 복〕
フク(ふせる)

亻 亻 伏 伏 伏

伏乞(복걸) 엎드려 빎.
伏匿(복닉) 숨음. 또 숨김.
伏望(복망) 엎드려 바람. 웃어른의 처분을 바람.
伏炎(복염) 삼복(三伏) 동안의 더위.

復

〔회복할 복〕
〔다시 부〕 재차.
repeat・フク(かえる)

彳 彳 復 復 復

復舊(복구) 그전 모양으로 돌아감.
復歸(복귀) ① 먼저 있던 곳으로 되돌아감.
② 다시 전 지위로 돌아감.
復元(복원) 원래대로 회복됨.
復興(부흥) 다시 일으킴. 또 다시 일어남.

服

〔옷 복〕 의복.
〔직책 복〕 맡은 직무.
clothes・フク

月 月 肝 服 服

服務(복무) 직무에 힘씀.
服用(복용) ① 약을 먹음. ② 옷을 입음.
服人(복인) 기년(朞年) 이하의 복을 입는 사람.
服從(복종) 남의 명령 또는 의사에 따름.
服裝(복장) 옷차림.

腹

〔배 복〕
belly・フク(はら)

月 肝 腹 腹 腹

腹腔(복강) 배의 얼안.
腹鳴(복명) 배탈이 나서 뱃속이 꾸르륵거리는 현상.
腹部(복부) 배의 부분.
腹案(복안) 마음속으로 품고 있는 생각.

#

〔점 복〕
divine・ボク(うらなう)

卜 卜

卜日(복일) 좋은 날을 점쳐서 가림.
卜師(복사) 점(占) 치는 사람.
卜相(복상) 복서(卜筮)와 관상(觀相).
卜占(복점) 점(占).
卜債(복채) 점을 쳐 준 값으로 주는 돈.

本

〔밑 본〕
〔근원 본〕 시작. 원시
origin・ホン(もと)

一 十 才 木 本

本家(본가) ① 본 집. ② 친정(親庭).
本來(본래) 사물이 전하여 내려 온 그 처음.
本名(본명) 본이름.
本是(본시) 본디. 본래부터.
本籍(본적) 본관(本貫)의 호적.

본

奉

〔받들 봉〕
offer serve・ホウ(たてまつる)

三 尹 夫 泰 奉

奉讀(봉독) 웃어른의 글을 삼가 읽음.
奉祀(봉사) 조상의 제사를 받듦.
奉養(봉양) 부모, 조부모를 받들어 모심.
奉獻(봉헌) 바침, 헌상(獻上)함.
奉祝(봉축) 공경하는 마음으로 축하함.

逢

〔만날 봉〕 만남.
〔맞을 봉〕 영합함.
meet・ホウ(あう)

夕 夆 夆 逢 逢

逢年(봉년) 풍년을 만남.
逢時(봉시) 때를 만남.
逢迎(봉영) 사람을 마중하여 접대함.
逢變(봉변) ① 뜻밖에 변을 당함. ② 남에게 욕을 봄.

봉

#

〔산봉우리 봉〕
peak・ホウ(みね)

山 岁 岁 峯 峯

峯頭(봉두) 산꼭대기.
峯巒(봉만) 뽀족뽀족한 산봉우리.
峯勢(봉세) 봉우리의 형세. 봉우리의 모양.
峯崖(봉애) 산비탈.
峯雲(봉운) 산봉우리에 낀 구름.

#

〔산봉우리 봉〕
峯과 동자
peak・ホウ(みね)

山 岐 峰 峰 峰

[벌 봉]
곤충의 총칭.
beer·ホウ(はち)
虫 虻 蚣 蜂 蜂

蜂起(봉기) 벌떼같이 일어남. 반란 등이 일어남을 형용함.
蜂蜜(봉밀) 벌꿀. 꿀.
蜂巢(봉소) 벌집.
蜂出(봉출) 벌처럼 떼지어 우 나옴.

[봉할 봉]
단단히 붙임.
seal up·ホウ, フウ
士 圭 圭 封 封

封蠟(봉랍) 편지, 포장물, 병 따위를 봉하여 붙이는 데 쓰는 수지.
封墳(봉분) 무덤 위에 흙을 쌓아 높게 만듦.
封鎖(봉쇄) ① 봉하여 닫음. ② 병력으로 상대국의 해상교통을 막음.

[봉새 봉]
봉황의 암컷.
ホウ
几 凡 凤 鳳 鳳

鳳德(봉덕) 성인 군자의 덕.
鳳門(봉문) 대궐의 문.
鳳兒(봉아) 뛰어난 아이. 대단히 영리한 아이
鳳簪(봉잠) 봉황의 모양을 새긴 비녀.
鳳藻(봉조) 아름다운 문장(文章).

[지아비 부] 남편.
[사내 부]
man·フ(おっと)
二 キ 夫

夫君(부군) 남편의 존칭.
夫婦(부부) 남편과 아내.
夫役(부역) 공사를 위하여 인민에게 과하는 노역.
夫妻(부처) 부부.

부

[아비 부] 아버지.
father·フ(ちち)
丶 ノ 父

父系(부계) 아버지의 계통.
父君(부군) 자기 부친의 경칭(敬稱).
父黨(부당) 아버지의 친구.
父母(부모) 아버지와 어머니.
父親(부친) 아버지.

[넉넉할 부] ① 재산이 많음 ② 많이 있음
rich·フ(とむ)
宀 宀 宫 富 富

富家(부가) 부자집.
富强(부강) 나라가 부유하고 강함. 재물이 많고 군사가 강함.
富國(부국) 부유한 나라.
富者(부자) 재산이 많은 사람.

[도울 부] 조력함.
assist·フ(たすける)
扌 扌 扌 扶 扶

扶老(부로) 노인의 지팡이.
扶植(부식) ① 심음. 지반을 굳게 함. ② 도와서 세움.
扶養(부양) 도와 기름. 자활(自活)할 힘이 없는 사람을 생활하게 함.

[지어미 부]
① 유부녀 ② 아내
woman·フ(よめ)
女 女 婦 婦 婦

婦女(부녀) 여자. 여인. 여성.
婦女子(부녀자) ① 여자. ② 여자와 아이.
婦黨(부당) 아내 쪽의 본종.
婦德(부덕) 사덕의 하나. 부녀가 닦아야 할 덕행.

[거느릴 부]
① 통솔함 ② 지배함
ブ
亠 咅 咅 部 部

部隊(부대) 전대의 한 부분의 군대.
部落(부락) ① 동네. 마을. ② 한 민족이 모여 사는 곳.
部類(부류) 부분을 따라 가른 종류.
部分(부분) 전체 속의 한 쪽.

[아닐 부] 아님, 의문사
[막힐 비]
deny·ヒ(いな)
一 ア 不 否 否

否運(비운) 비색(否塞)한 운수(運數)
否德(비덕) 부덕(不德). 박덕(薄德).
否定(부정) 그렇지 않다고 인정함.
否認(부인) 인정하지 아니함.
否決(부결) 의안(議案)의 불성립을 의결함.

〔뜰 부〕 ① 물 위에 뜸
② 공중에 뜸
float・フ(うかぶ)
氵 氵 浮 浮 浮

浮橋(부교) 배와 배를 잇대어 잡아매고 널빤지를 그 위에 깐 다리. 배다리.
浮氣(부기) 아지랭이.
浮動(부동) 떠서 움직임.
浮浪人(부랑인) 이리저리 떠돌아다니는 사람.

〔줄 부〕 남에게 넘겨 줌
〔부탁할 부〕
give・フ(つける)
ノ イ 仁 付 付

付壁(부벽) 벽에 붙이는 글씨 또는 그림.
付送(부송) 물건을 부쳐서 보냄.
付與(부여) 줌.
付屬(부속) 부촉.
付託(부탁) 의뢰함. 당부함.

〔부신 부〕 부절, 도장
〔증거 부〕
charm・フ
⺮ ⺮ 竺 符 符

符同(부동) 부합(符合).
符命(부명) 하늘이 제왕이 될 사람에게 주는 표.
符合(부합) 부신(符信)이 서로 꼭 들어 맞는 것 같이 틀림없이 들어 맞음.

〔곳집 부〕
〔마을 부〕
フ
广 庁 庐 府 府

府庫(부고) 궁정(宮廷)의 문서・재보(財寶)를 넣어 두는 곳.
府君(부군) ① 존장의 존칭. ② 자기의 망부 및 조상의 존칭.
府城(부성) 도읍.

〔붙을 부〕 달라 붙음
〔붙일 부〕
add to・フ(つく)
阝 阝 阝 附 附

附加(부가) 덧붙임. 보탬.
附加稅(부가세) 지방세(地方稅)의 한가지.
附近(부근) 가까운 곳. 언저리. 가까이 감.
附記(부기) 본문에서 뜻이 다하지 아니한 때 거기에 붙이어 적음.

〔썩을 부〕 부패함
〔썩힐 부〕 썩게 함
rotten・フ(くさる)
广 庐 府 腐 腐

腐蝕(부식) ① 썩어서 벌레가 먹음. ② 썩어서 개먹어 들어감.
腐心(부심) 속을 썩임. 고심.
腐儒(부유) 활용의 재능이 없는 썩은 학자.
腐敗(부패) ① 썩어서 못쓰게 됨. ② 타락함.

〔질 부〕 ① 등에 짐
② 책임을 짐
bear・フ(おう)
ノ ク 夕 負 負

負擔(부담) ① 짐을 등에 지고 어깨에 멤. 또 그 짐. ② 책임 짐.
負袋(부대) 포대.
負戴(부대) 짐을 지고 임.
負債(부채) 남에게 진 빚.

〔버금 부〕
다음, 둘째
second・フク(そう)
亠 咅 畐 副 副

副官(부관) 장관(長官) 밑에서 군사상의 서무를 맡는 무관(武官).
副本(부본) 원본(原本)의 버금으로 비치하여 두는 원본과 꼭 같은 서류.
副賞(부상) 상장 이외에 덧붙여 주는 상품.

〔장부 부〕 치부책
book-keeping・ボ
⺮ 氵 簿 簿 簿

簿記(부기) ① 장부에 써 넣음. ② 회계 장부의 기재 방법.
簿記學(부기학) 부기를 연구하는 학문(學問).
簿錄(부록) 문서에 기록함.
簿帳(부장) 치부책. 장부.

〔살갗 부〕
〔겉 껍질 부〕
skin・フ(はだ)
广 庐 膚 膚 膚

膚肌(부기) 피부.
膚敏(부민) 사람이 뛰어나고 재주가 있음.
膚受(부수) 속뜻은 모르고 겉만 이어 받아 전함.
膚淺(부천) 천박함.
膚學(부학) 천박한 학문.

賦

〔구실 부〕 조세

taxes・フ

賦課(부과) 과세(課稅)함. 또 그 쌀이나 금전.
賦納(부납) 받음. 받아 들임.
賦稅(부세) 부조(賦租).
賦與(부여) 나누어 줌. 빌려 줌.
賦役(부역) 세금과 부역(夫役).

赴

〔다다를 부〕 감, 향함
〔알릴 부〕 부고함

get to・フ(おもむく)

赴告(부고) 부고(訃告)와 같음.
赴救(부구) 가서 구함. 구원하러 감.
赴援(부원) 구원하러 감. 원조하러 감.
赴任(부임) 임소(任所)에 감.
赴討(부토) 치러 감. 토벌하러 감.

北

〔북녘 북〕

north・ホク(きた)

北端(북단) 북쪽 끝.
北伐(북벌) 북쪽 나라를 침.
北進(북진) 북쪽으로 나아감.
北風(북풍) ① 추운 바람. ② 북쪽에서 불어 오는 바람. 삭풍(朔風)

分

〔나눌 분〕 분할함

divide・ブン(わける)

分類(분류) 종류를 따라 나눔.
分別(분별) ① 가름. ② 나눔. ③ 구별. 분별
分業(분업) 일을 나누어서 함.
分爭(분쟁) 갈라져서 다툼.
分割(분할) 쪼개어 나눔.

紛

〔어지러울 분〕 흩어져 어지러움 confused・フン(まぎれる)

紛亂(분란) ① 분잡(紛雜)하고 소요스러움. ② 말썽. 갈등.
紛失(분실) 분잡 통에 잃어버림.
紛爭(분쟁) 말썽을 일으켜 시끄럽게 다툼.
紛華(분화) ① 번화함. ② 대단히 화려함.

粉

〔가루 분〕 곡식의 분말

powder・フン(こな)

粉潰(분궤) 잘게 부서져서 흩어짐.
粉末(분말) 가루.
粉碎(분쇄) 가루가 되도록 부스러뜨림.
粉筆(분필) ① 분호. ② 칠판에 글씨를 쓰는 물건. 백묵.

奔

〔달릴 분〕 빨리 감

ホン(はしる)

奔騰(분등) ① 뛰어 오름. ② 물건 값이 갑자기 올라감.
奔忙(분망) 매우 부산하여 바쁨.
奔放(분방) 기세 좋게 달림. 또 세차게 흐름.

墳

〔무덤 분〕

grave・フン(はか)

墳起(분기) 흙이 부풀어 올라옴.
墳墓(분묘) 무덤. 구묘(丘墓).
墳墓之地(분묘지지) 조상 대대의 무덤이 있는 땅. 태어난 고향.
墳上(분상) 무덤의 봉곳한 부분.

憤

〔결낼 분〕 ① 분노함 ② 발분함 indignant・フン(いきどおる)

憤慨(분개) 격분하여 개탄함.
憤激(분격) 매우 분하여 격분함.
憤怒(분노) 분하여 성냄.
憤然(분연) 분개하는 모양.
憤痛(분통) 몹시 분하여 마음이 쓰리고 아픔.

奮

〔떨칠 분〕 ① 세게 흔듦 ② 분발함

rouse・フン(ふるう)

奮激(분격) 분발시켜 일으킴. 또 분발하여 일어남.
奮起(분기) 분발하여 일어남.
奮怒(분노) 성냄.
奮發(분발) 마음과 힘을 돋우어 일으킴.

부

不
〔아닌가 부〕
〔아니 불〕 아님
not・フ, ブ(せず)
一 ア 不 不

不德(부덕) ① 도덕에 어그러짐. ② 덕이 없음.
不足(부족) ① 모자람. ② 넉넉하지 못함.
不潔(불결) 깨끗하지 못함. 더러움.
不誠實(불성실) 성실하지 못함.
不平(불평) 공평하지 아니함.

弗
〔아닐 불〕 보다 뜻이
〔달러 불〕 강함
not・フツ(あらず)
一 フ ユ 弗 弗

弗弗(불불) ① 크게 일어나는 모양. 또 빠른 모양. ② 찬성하지 않는 모양.
弗詢之謀(불순지모) 여러 사람과 상의하지 않고 독단적으로 정한 모책.
弗乎(불호) 아님. 부인하는 말.

붕

朋
〔벗 붕〕 ① 친구 ② 동문 수학하는 사람
friend・ホウ(とも)
) 刀 月 朋 朋

朋故(붕고) 벗. 친구.
朋僚(붕료) 동료.
朋輩(붕배) 신분, 연령 등이 비슷한 벗.
朋友(붕우) ① 친구. 벗. ② 동문 수학하는 벗.

비

比
〔견줄 비〕 비교함
compare・ヒ(くらべる)
上 比

比較(비교) 견줌.
比等(비등) 서로 비슷함.
比類(비류) ① 겨눔. 비슷함. ② 비슷한 종류.
比率(비율) 비교하여 셈. 서로 비교함.

悲
〔슬퍼할 비〕 ① 상심함 ② 가련하게 여김
sad・ヒ(かなしい)
ヲ 扌 非 悲 悲

悲報(비보) 슬픈 소식. 슬픈 기별.
悲哀(비애) 슬픔과 설움.
悲壯(비장) 슬픔 속에 오히려 씩씩한 기운이 있음.
悲歎(비탄) 슬퍼하며 탄식함.

불

佛
〔부처 불〕
Buddha・ブツ(ほとけ)
亻 伫 佛 佛

佛閣(불각) 절. 사원.
佛經(불경) ① 불교의 경전. 불서. ② 불상과 경전.
佛堂(불당) 부처를 모신 대청. 불전.
佛道(불도) 불교.

拂
〔털 불〕
brush away・
フツ(はらう)
扌 扣 扫 拂 拂

拂去(불거) 털어 버림. 소제함.
拂旦(불단) 밤이 밝을 무렵. 어둑 새벽.
拂拭(불식) ① 깨끗이 털고 훔침. ② 임금의 은총을 받음.
拂衣(불의) 옷소매를 떨침. 분기하는 모양.

崩
〔무너질 붕〕 ① 무너짐 ② 멸망함 「る」
collapse・ホウ(くずれる)
山 片 肯 崩 崩

崩壞(붕괴) 무너짐. 허물어짐.
崩潰(붕궤) 무너짐. 허물어짐.
崩湍(붕단) 요란스럽게 물결치는 여울.
崩落(붕락) 허물어져 떨어짐.
崩墜(붕추) 허물어져 떨어짐.

非
〔아닐 비〕 그렇지 않음
〔그를 비〕 옳지 아니함
not・ヒ(あらず)
) 扌 킈 非 非

非公式(비공식) 공식이 아님.
非難(비난) 남의 결점을 쳐서 말함.
非凡(비범) 평범하지 아니함.
非常(비상) 보통이 아님. 심상하지 아니함.
非行(비행) 그른 행실. 좋지 못한 행동.

飛
〔날 비〕 공중에 떠서 김
〔높을 비〕
fly・ヒ(とぶ)
飞 飞 飛 飛 飛

飛閣(비각) ① 높은 전각(殿閣). ② 이층으로 된 잔교.
飛流(비류) 폭포.
飛行機(비행기) 발동기를 장치하여 공중을 나는 기계.

불 붕 비 / 75

鼻

[코 비]

nose・ヒ(はな)

自 鳥 畠 臯 鼻

鼻腔(비강) 코안. 콧속.
鼻笑(비소) 코웃음.
鼻音(비음) 콧소리.
鼻血(비혈) 코피.

備

[갖출 비] ① 골고루 가지고 있음 ② 준비함

prepare・ヒ(そなえる)

伊 伊 俌 俌 備

備禦(비어) 미리 준비하여 막음.
備有(비유) 부족 없이 갖추어 있음.
備藏(비장) 갖추어 간직하여 둠.
備置(비치) 갖추어서 둠.
備品(비품) 비치하여 두는 물품.

批

[비평할 비]

criticize・ヒ(うつ)

批難(비난) 결점이나 과실을 힐책(詰責)함.
批答(비답) 신하의 상주에 대하여 군주가 결재, 허가 하는 일. 또 그 글.
批判(비판) 비평(批評)하여 판단함.

卑

[낮을 비] ① 높지 아니함 ② 지위가 낮음

mean・ヒ(ひくい)

卑怯(비겁) 하는 짓이 비루하고 겁이 많음.
卑俗(비속) 낮고 속됨.
卑語(비어) 천한 말. 하등 사회(下等社會)의 상스러운 말.
卑劣(비열) 비굴하고 용렬함.

婢

[계집종 비]

maid servant・
ヒ(はしため)

女 奵 妒 婢 婢

婢僕(비복) 계집 종과 사내 종.
婢夫(비부) 계집 종의 남편.
婢子(비자) ① 계집 종. ② 계집 종이 낳은 아들. ③ 첩(妾). ④ 부인이 자기를 낮추어 일컫는 말.

碑

[비석 비] 후세에 전하고자 하는 돌, 비석

monument・ヒ

石 砕 碑 碑 碑

碑閣(비각) 안에 비(碑)를 세워 놓은 집.
碑面(비면) 비석의 글을 새긴 앞면.
碑銘(비명) 비석에 새기는 명(銘).
碑文(비문) 비석에 새기는 글. 또 그 문체.
碑石(비석) 비(碑).

妃

[왕비 비]
[짝 배]

queen・ヒ(きさき)

女 女 妃 妃 妃

妃耦(배우) 배우자. 배우(配偶).
妃嬪(비빈) 여관(女官). 황후(皇后)의 다음이 비(妃)이고 비의 다음이 빈(嬪)임.
妃妾(비첩) 첩(妾). 측실(側室).

肥

[살질 비] 살이 풍만함

plump・ヒ(こえる)

月 肌 肥 肥 肥

肥強(비강) ① 살지고 힘셈. ② 재력(財力)이 이 많고 병력(兵力)이 강함.
肥大(비대) 살지고 몸집이 큼.
肥滿(비만) 살짐.
肥沃(비옥) 땅이 걸고 기름짐.

費

[쓸 비] ① 금품을 써서 없앰 ② 사용함

spend・ヒ(ついやす)

費句(비구) 쓸데 없는 문구.
費耗(비모) 써 없앰. 또 비용.
費散(비산) 함부로 써 버림.
費消(비소) 써 없앰. 소비함.
費用(비용) 드는 돈. 쓰는 돈.

祕

[숨길 비] 비밀히 함
[신비할 비]

conceal・ヒ(ひめる)

示 礻 祕 祕 祕

祕計(비계) 비밀한 꾀.
祕錄(비록) 비밀한 기록.
祕密(비밀) 남에게 알리지 않고 몰래 하는 일.
祕學(비학) 신비한 학문.
祕畫(비화) 비장한 그림.

빈	貧 [가난할 빈] 빈곤, 가난한 사람 poor・ヒン(まずしい) 今分分貧貧 貧家(빈가) 가난한 집. 貧困(빈곤) 가난하여 고생함. 貧窮(빈궁) 빈곤. 貧民(빈민) 가난한 백성. 貧富(빈부) 가난한 것과 넉넉한 것.		賓 [손 빈] 귀빈 guest・ヒン(まろうど) 宀宀宁宿賓 賓客(빈객) 손. 손님. 賓白(빈백) 대사(臺辭). 賓筵(빈연) 손님을 청한 자리. 賓游(빈유) 빈객과 고우. 손과 벗. 賓次(빈차) 손님을 초대하는 곳.
	 頻 [급할 빈] 위급함 [자주 빈] 잇달아「に」 frequently・ヒン(しきり) 止步频頻 頻發(빈발) 자주 생겨남. 頻煩(빈번) ① 자주 여러번. ② 자꾸 귀찮게함. 頻繁(빈번) 바쁨. 잦음. 頻數(빈수) 잦음. 빈번함.		嬪 [아내 빈] [궁녀 빈] ヒン(ひめ) 女妒妒嬪嬪 嬪宮(빈궁) 왕세자(王世子)의 아내. 세자빈(世子嬪). 嬪侍(빈시) 시중드는 궁녀. 嬪娥(빈아) 아름다운 궁녀. 嬪妾(빈첩) 천자(天子)의 첩.
빙	氷 [얼음 빙] [얼 빙] 물이 얾 ice・ヒョウ(こおり) 、氵冫沙氷 氷冷(빙랭) 몹시 추움. 대단한 추위. 氷雪(빙설) 얼음과 눈. 氷水(빙수) 얼음 물. 氷柱(빙주) 고드름. 氷滑(빙활) 얼음 지치기. 스케이팅.		聘 [찾을 빙] 방문하여 안부를 물음 invite・ハイ 耳耵耹聘聘 聘母(빙모) 아내의 친정(親庭) 어머니. 장모(丈母). 聘問(빙문) 방문(訪問). 聘物(빙물) 남에게 주는 예물. 聘幣(빙폐) 폐백(幣帛).
사	四 [넉 사] four・シ(よつ) 丨冂匹四四 四街(사가) 네거리. 四面楚歌(사면초가) 사방(四方)이 모두 적(敵)에게 둘러 싸였거나 또는 고립무원(孤立無援)의 경우. 四肢(사지) 팔과 다리. 수족.		巳 [여섯째 지지 사] snake・シ(み) フコ巳 巳時(사시) 오전(午前) 아홉 시부터 열 한 시까지의 시각(時刻). 巳進申退(사진신퇴) 벼슬아치가 사시(巳時)에 사진(仕進)하여 신시(申時)에 사퇴(仕退)함.
	士 [선비 사] [무사 사] 무인, 무부 scholar・シ(さむらい) 一十士 士夫家(사부가) 문벌이 높은 집. 士習(사습) 선비의 풍습. 士伍(사오) ① 병사의 대오(隊伍). ② 낮은 지위. 士風(사풍) 선비의 기풍(氣風). 또는 풍기.		仕 [벼슬 사] 벼슬살이 serve・ シ, ジ(つかえる) ノイ仁什仕 仕官(사관) 사환(仕宦). 仕途(사도) 벼슬 길. 관도(官途). 仕退(사퇴) 관원(官員)이 직소(職所)에서 파(罷)하여 나옴. 仕宦(사환) 벼슬을 함.

〔마을 사〕
〔절 사〕
temple・シ, ジ(てら)
十土キ寺寺

寺署(사서) 마을. 관아(官衙).
寺院(사원) 절.
寺址(사지) 절 터.
寺刹(사찰) 절.
寺塔(사탑) 절의 탑.

〔사관 사〕 왕의 언행을 기록, 문서를 맡은 관직
history・シ(ふびと)
ノ口口史史

史家(사가) 역사를 연구하는 사람. 역사가.
史劇(사극) 역사상의 사실로 꾸민 연극.
史籍(사적) 역사책. 사기(史記).
史學(사학) 역사를 연구하는 학문.
史話(사화) 역사에 관한 이야기.

使
〔부릴 사〕
일을 시킴
employ・シ(つかう)
イ仁戸使使

使令(사령) 부리어 일을 시킴.
使命(사명) 자기에게 부과된 직무.
使用(사용) ① 물건을 씀. ② 사람을 부림.
使者(사자) ① 사명을 띤 사람. ② 심부름을 하는 사람.

師
〔스승 사〕 선생
teacher・シ(をさ)
ノ厂片師師

師家(사가) 스승의 집. 또 스승.
師門(사문) 스승의 문하(門下).
師範(사범) 모범이 될 만한 사람.
師事(사사) 스승으로 섬김.
師弟(사제) 스승과 제자(弟子).

死
〔죽을 사〕 ① 생명이 없어짐 ② 망함
die・シ(しぬ)
一死歹夕死

死去(사거) 사망.
死力(사력) 죽을 힘. 결사적으로 쓰는 힘.
死亡(사망) 사람이 죽음.
死滅(사멸) 죽어 없어짐.
死刑(사형) 죄인의 목숨을 끊는 형벌.

〔집 사〕
① 가옥 ② 거처
house・シャ
ハ쇼全舍舍

舍監(사감) 학교 기타 기숙사의 사생(舍生)을 감독하는 사람.
舍廊(사랑) 바깥 주인이 거처하는 곳.
舍利(사리) ① 부처나 고승(高僧)의 유골(遺骨). ② 시체를 화장하고 남은 뼈

射
〔쏠 사〕
shoot・シャ(いる)
身身射射射

射干(사간) 과녁을 쏨.
射殺(사살) 쏘아 죽임.
射手(사수) 활 또는 총을 쏘는 사람.
射御(사어) 활쏘기와 말타기.
射的(사적) 과녁.

〔끊을 사〕 거절함
〔사례할 사〕
thank・シャ
言訃訃謝謝

謝過(사과) 잘못에 대하여 용서를 빔.
謝禮(사례) 고마운 뜻을 나타내는 말. 또 사의를 표하여 보내는 물품.
謝意(사의) ① 사례하는 뜻. 고마와 하는 마음. ② 사죄하는 뜻.

〔맡을 사〕 관리함, 담당
〔벼슬 사〕 관직
preside・シ(つかさどる)
フコヨ司司

司令官(사령관) 군대·함대의 지위를 맡은 장관.
司牧(사목) ① 군주(君主). ② 지방관.
司直(사직) 공명정직(公明正直)을 맡았다는 뜻으로서, 재판관을 이름.

〔고할 사〕 알림
〔말 사〕 언어 또는 문장
words・シ(ことば)
言訂訂詞詞

詞客(사객) 시문을 짓는 사람.
詞林(사림) 시문 또는 문필의 모임.
詞彩(사채) 시문(詩文).
詞致(사치) 말의 운치(韻致).
詞兄(사형) 시문을 같이 짓는 벗에 대한 경칭.

事	[일 사] 사건 business・ジ(こと) 一 亓 亘 写 事 事件(사건) ① 일. 일거리. ② 뜻밖에 일어난 일. 事故(사고) 뜻밖의 변고(變故). 事由(사유) 일의 까닭. 사정. 事態(사태) 일의 상태.	思	[생각할 사] 사유함, 유의함, 사모함 think・シ(おもう) 口 田 思 思 思 思念(사념) 생각함. 思慕(사모) ① 그리워함. ② 우러러 받들고 마음으로 따름. 思想(사상) ① 생각. ② 판단과 추리를 거쳐서 생긴 의식 내용.
私	[사 사] 사사로움, 자기에게 관계됨 private・シ(わたくし) 二 千 禾 私 私 私交(사교) 개인으로서의 교제. 私服(사복) 관리(官吏)의 평복(平服). 私費(사비) 사사로이 들이는 비용. 개인의 비용. 私財(사재) 사유의 재산. 자기 재산.	絲	[실 사] 명주실 thread・シ(いと) 幺 糸 絲 絲 絲 絲路(사로) 좁은 길. 세로(細路). 絲縷(사루) 실. 絲履(사리) 명주실로 만든 신. 絲事(사사) 길쌈. 바느질의 일.
蛇	[뱀 사] snake・ジャ(いび) 虫 虫 虵 蛇 蛇 蛇毒(사독) 뱀의 몸 속에 있는 독(毒). 蛇蟬(사선) 물뱀. 蛇心(사심) 간악하고 질투가 심한 마음. 蛇心佛口(사심불구) 속은 음험하고 겉으로는 친절한 체함.	捨	[버릴 사] ① 내버림 ② 잊음「る」 throw away・シャ(すて) 扌 拃 拴 捨 捨 捨命不捨財(사명불사재) 재물을 위하여서는 목숨도 아끼지 아니함. 捨身(사신) 보은(報恩) 또는 수행(修行)을 위하여 자기의 생명 또는 속루(俗累)를 끊고 삼보(三寶)를 섬기는 일.
邪	[간사할 사] 바르지 못함, 정직하지 못함 ジャ(よこしま) 工 于 牙 邪 邪 邪見(사견) 올바르지 아니한 견해. 邪曲(사곡) 마음이 바르지 아니함. 邪辭(사사) 간사한 말. 邪惡(사악) 간사하고 악독함. 또 그 사람. 邪侈(사치) 간사하고 사치함.	賜	[줄 사] ① 하사함 ② 허여함, 들어줌 bestow・シ(たまわる) 貝 貯 貯 賜 賜 賜暇(사가) 휴가를 내림. 말미를 줌. 賜給(사급) 물건을 하사함. 賜藥(사약) 임금이 독약을 내림. 賜饌(사찬) 임금이 음식을 내림.
斜	[비낄 사] 비스듬 함 [기울 사] 해·달이 짐 inclined・シャ(ます) 스 수 余 斜 斜 斜傾(사경) 비스듬히 기움. 경사짐. 斜路(사로) ① 비탈길. ② 비스듬하게 난 길. 斜視(사시) ① 곁눈질함. ② 사팔눈. 사안. 斜月(사월) 지는 달. 기울어진 달. 斜日(사일) 지는 해. 석양(夕陽).	詐	[속일 사] 교묘한 꾀를 써서 기만함 deceive・サ(いつわる) 言 訂 詐 許 詐 詐巧(사교) 교묘하게 속임. 詐欺(사기) ① 속임. 거짓말을 함. ② 남을 꾀로 속여 해침. 詐善(사선) 위선(僞善). 詐取(사취) 속여 가짐.

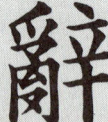
[땅 귀신 사] 토지의 주신
[단체 사]
society・シャ(やしろ)

社家(사가) 여러 호(戶)가 모인 가옥.
社團(사단) 이인(二人)이상이 모여 같은 목적으로 설립(設立)한 단체(團體).
社祠(사사) 토지의 주신(主神) 또 그를 모신 사당(祠堂).

[모래 사] 돌의 부스러기
sand・サ(すな)
氵 氵 氵 沙 沙

沙工(사공) 뱃사공.
沙丘(사구) 모래로 이룬 언덕.
沙金(사금) 모래흙 속에 섞인 금.
沙漠(사막) 모래만 깔리고 초목(草木)이 나지 않는 넓은 들.

[말씀 사] 언어
[사퇴할 사]
speech・ジ(ことば)
𠬝 𠬝 𠬝 辝 辭

辭說(사설) 말. 이야기.
辭讓(사양) 받을 것을 겸손하여 안 받거나 자리를 남에게 내어줌.
辭緣(사연) 편지나 말의 내용.
辭表(사표) 사직할 뜻을 적어 제출하는 문서.

[베낄 사] 베껴 씀
[본뜰 사] 모방함
sketch・シャ(うつす)
宀 宀 宜 寫 寫

寫本(사본) 문서나 책을 베껴 부본(副本)을 만듬.
寫生(사생) 실물・실경을 그대로 그림.
寫實(사실) 실제로 있는 그대로를 그려냄.
寫眞(사진) 실제의 모양을 그대로 그려 냄.

[같을 사] 상사함, 그럴듯함
resemble・シ, ジ(にる)
亻 化 似 似 似

似類(사류) 서로 비슷함. 유사.
似墓(사모) 본떠 그 모양대로 쓰거나 그림.
似續(사속) ① 뒤를 이음. 상속함. ② 자손.
似而非(사이비) 겉만은 같되 실속은 같지 않음.

[조사할 사]
seek out・サ(しらべる)
十 木 杏 杳 査

査問(사문) 조사(調査)하여 물어 봄.
査受(사수) 조사하여 받음.
査正(사정) 조사하여 그릇된 것을 바로 잡음.
査定(사정) 조사하여 결정함.
査照(사조) 사실(査實)하기 위하여 조회함.

[찍을 사] 찍어 쪼갬
this・シ(このい)
一 卄 其 斯 斯

斯盧(사로) 서라벌(徐羅伐)과 같음.
斯文(사문) 이 학문. 이 도(道). 유학(儒學).
斯民(사민) 이 백성.
斯世(사세) 이 세상.
斯須(사수) 잠깐 동안. 수유.

[제사 지낼 사]
シ(まつる)
礻 衤 衤 祀 祀

祀事(사사) 제사에 관한 사항.
祀典(사전) 제사의 의식(儀式). 제전(祭典).

삭

[깎을 삭] 깎아냄, 삭제, 제거함
cut・サク(けずる)
⺌ 肖 肖 削 削

削減(삭감) 깎아서 줌임. 줄임. 또 깎이어 줌.
削髮(삭발) ① 머리털을 깎음. ② 중이 됨. 출가(出家)함.
削除(삭제) 깎아 버림. 지워 버림.
削奪官職(삭탈관직) 삭직(削職).

[초하루 삭]
음력의 매월 첫날
サク(ついたち)
⺌ 굼 끚 朔 朔

朔漢(삭막) 북방의 사막.
朔方(삭방) 북(北)쪽. 북방.
朔日(삭일) 음력 매 달의 초하루.
朔風(삭풍) 북쪽에서 부는 바람. 북풍.
朔晦(삭회) 초하루와 그믐.

산

山 〔메 산〕산
mountain・サン(やま)
丨 山 山
山家(산가) 산 속에 있는 집.
山脚(산각) 산기슭.
山景(산경) 산(山)의 경치.
山脈(산맥) 산줄기.

算 〔셈할 산〕
수효, 수를 셈
count・サン(かぞえる)
竹 笞 笪 筲 算
算法(산법) 계산의 방법.
算數(산수) ① 수학(數學). ② 보통 교육에서 가르치는 초등 수학.
算術(산술) ① 계산의 방법. ② 보통 교육에서 가르치는 초등 수학.

酸 〔초 산〕 신, 조미료
〔괴로울 산〕
acid・サン
丆 酉 酽 酽 酸
酸類(산류) 산성(酸性)이 있는 화합물의 총칭.
酸味(산미) 신 맛.
酸化(산화) 어떠한 물질의 산소와의 화합.
酸楚(산초) 고초(苦楚).

産 〔낳을 산〕
① 해산 ② 생산함
product・サン(うむ)
立 产 产 斉 産
産母(산모) 아기를 낳은 어머니.
産物(산물) 그 지방에서 생산되는 물건.
産室(산실) 해산하는 방(房).
産業(산업) ① 살아가기 위하여 하는 일. 생업(生業). ② 생산의 사업(事業).

散 〔헤어질 산〕 흩어짐
〔한산할 산〕 한가함
disperse・サン(ちる)
艹 昔 昔 昔 散
散紊(산문) 문란함.
散髮(산발) 머리를 풀어 헤침. 풀어 헤친 머리.
散步(산보) 한가히 거님.
散策(산책) 한가히 거님.

傘 〔우산・일산 산〕
umbrella・サン

傘下(산하) 우산의 밑이라는 뜻으로, 보호를 받는 그 세력의 밑.
雨傘(우산) 우비의 한 가지.
日傘(일산) ① 귀인이 받던 의장(儀仗)의 하나. ② 햇볕을 가리기 위한 큰 양산.

살

殺 〔죽일 살〕. 살해함
kill・サツ(ころす)

殺菌(살균) 병균을 죽임.
殺母蛇(살모사) 독사(毒蛇)의 일종.
殺伐(살벌) ① 살해(殺害). ② 거칠고 무시무시한 짓.
殺害(살해) 사람을 죽임.

삼

三 〔석 삼〕
셋
three・サン(みっつ)
一 二 三
三傑(삼걸) 세 사람의 뛰어난 인물.
三拜(삼배) 세 번 절함.
三變(삼변) 세 가지 변화.
三生(삼생) 사람이 태어나는 과거・현재・미래의 세상.

森 〔수풀 삼〕
forest・ソン(もり)
十 木 杢 森 森
森羅(삼라) 나무가 무성하게 늘어섬.
森林(삼림) 나무가 많이 난 곳. 숲.
森嚴(삼엄) 정제하고 엄숙함. 장엄함.
森然(삼연) ① 나무가 빽빽이 들어서 무성(茂盛)한 모양. ② 죽 늘어선 모양.

삽

插 〔꽂을 삽〕
꼭 끼워 있게 함
insert・ソウ(さす)

插畫(삽화) 설명을 똑똑히 하기 위하여 서적・잡지・신문 등에 끼워 넣는 그림.
插話(삽화) 문장・담화 가운데에 끼워 넣은, 본 줄거리와는 직접 관련이 없는 이야기. 에피소우드.

상

上 [웃 상]
높은데, 존귀
above・ジョウ(うえ)
丨 卜 上

- 上監(상감) 임금의 존칭(尊稱).
- 上級(상급) 윗 등급. 높은 등급.
- 上升(상승) 위로 올라감. 떠오름.
- 上醫(상의) 뛰어난 의원. 명의(名醫).
- 上位(상위) 높은 자리. 높은 지위.

尚 [숭상할 상]
높이 여김
still・ショウ(なお)
⺌ ⺍ 肖 尚 尚

- 尚古(상고) 옛적의 문물(文物)을 숭상(崇尚)함.
- 尚武(상무) 무용(武勇)을 숭상함.
- 尚文(상문) 문필(文筆)을 숭상함.
- 尚賢(상현) 어진 사람을 존경함.

常 [항상 상] ① 항구, 불변, 영구 ② 보통의 상태
usually・ジョウ(つね)
⺌ 凨 肖 常 常

- 常客(상객) 늘 오는 손.
- 常談(상담) 늘 쓰는 평범한 말.
- 常禮(상례) 일정한 예의. 또 일상의 예절.
- 常識(상식) 보통 사람이 가지고 있는 이해력과 지식.

賞 [칭찬할 상] 아름답거나 좋은 것을 가림
reward・ショウ
⺌ 凨 肖 賞 賞

- 賞金(상금) 상으로 주는 돈.
- 賞祿(상록) 상으로 주는 녹(祿).
- 賞罰(상벌) 상과 벌. 또 상줌과 벌줌.
- 賞牌(상패) 상으로 주는 패(牌).
- 賞品(상품) 상으로 주는 물품.

商 [헤아릴 상] 생각하여 분간함
trade・ショウ(あきない)
亠 立 产 产 商

- 商家(상가) 장사하는 집.
- 商業(상업) 장사.
- 商人(상인) 장수.
- 商店(상점) 가게.
- 商品(상품) 팔고 사는 물건.

相 [서로 상] 같이
mutual・ショウ・ソウ(あい)
十 木 机 机 相

- 相隔(상격) 서로 떨어져 있음.
- 相見(상견) 서로 봄. 만남.
- 相等(상등) 서로 비슷함.
- 相反(상반) 서로 반대(反對)가 됨.
- 相逢(상봉) 서로 만남.

霜 [서리 상] 이슬이언것 [흴・백발 상]
frost・ソウ(しも)
干 雨 雫 霜 霜

- 霜氣(상기) 찬 기운. 또 서리와 같은 엄숙한 기분.
- 霜羅(상라) 서리와 같이 흰 고운 깁.
- 霜露(상로) 서리와 이슬.
- 霜雪(상설) 서리와 눈. 마음이 결백하고 엄함.

想 [생각할 상]
바람, 사모함
imagine・ソウ(おもう)
十 机 相 想 想

- 想見(상견) 생각하여 봄. 그리워함.
- 想起(상기) 지난 일을 생각하여 냄.
- 想到(상도) 생각이 미침.
- 想像(상상) 마음속으로 그리며 미루어 생각함.
- 想察(상찰) 상상.

傷 [다칠 상] 몸을 상함
ショウ(きずつく)
亻 伫 伫 傷 傷

- 傷憫(상민) 불쌍하게 여김.
- 傷心(상심) 마음이 상함. 애태움.
- 傷處(상처) 다친 곳. 부상한 곳.
- 傷痛(상통) 마음이 몹시 상함. 매우 슬퍼함.
- 傷害(상해) 남을 다쳐서 해롭게 함.

喪 [복입을 상]
상제 노릇을 함
lose・ソウ(うしなう)
十 茜 歯 喪 喪

- 喪家(상가) ① 초상(初喪)난 집. ② 상제의 집.
- 喪服(상복) 상중(喪中)에 입는 옷.
- 喪失(상실) 잃어버림.
- 喪心(상심) 본심(本心)을 잃음. 마음이 미혹함.

〔모양 상〕꼴, 정형
〔문서 장〕
condition・ショウ
丨丬爿爿狀狀
狀態(상태) 모양. 형편.
狀況(상황) 일이 되어가는 형편이나 모양.
狀聞(장문) 장계(狀啓)를 올리어 주달(奏達)함.
狀詞(장사) 소장(訴狀).

〔아랫도리 옷 상〕
skirt・ショウ(もすそ)
丷 尚 堂 堂 裳
裳裳(상상) 성(盛)한 모양. 훌륭한 모양. 아름다운 모양.
裳繡(상수) 아랫도리 옷에 수를 놓음.
裳衣(상의) 아랫도리 옷과 웃도리 옷. 치마와 저고리.

〔맛볼 상〕
taste・ショウ(なめる)
丷 尚 常 嘗 嘗
嘗糞之徒(상분지도) 의리・염치가 없이 다만 아첨만 할 줄 아는 무리.
嘗試(상시) 시험(試驗)하여 봄.
嘗新(상신) 임금이 그 해의 신곡(新穀)을 처음으로 맛봄.

〔뽕나무 상〕
mulberry-tree・
ソウ(くわ)
又 圣 叒 桒 桑
桑稼(상가) 양잠(養蠶)과 농사.
桑麻(상마) 뽕나무와 삼. 양잠(養蠶)과 방적(紡績).
桑田(상전) 뽕나무 밭.
桑海(상해) 상전벽해(桑田碧海).

〔꼴 상〕모양, 모습
figure・ゾウ(かたち)
亻 伫 俊 像 像
像法(상법) (佛敎) ① 정법(正法)의 후천년 동안에 행하여지는 불법(佛法). 곧 부처가 설교한 법은 있으나 신앙이 형식화하여 불상이나 사탑(寺塔)등의 건축을 주로 하는 불교.

〔코끼리 상〕
〔모양 상〕
elephant・ショウ(ぞう)
⺈ 召 争 象 象
象簡(상간) 상아(象牙)로 만든 홀(笏).
象膽(상담) 코끼리의 쓸개.
象牙(상아) 코끼리의 어금니.
象外(상외) 형상 밖이라는 뜻으로 마음이 형상 밖에 초연(超然)함을 이름.

詳
〔자세할 상〕세밀함
〔거짓 양〕「しい」
in detail・ショウ(くわ)
二 言 言 詳 詳
詳計(상계) 세밀히 계책을 세움.
詳密(상밀) ① 성질아 치밀함. ② 상세함.
詳細(상세) 자세함.
詳料(상료) 세밀히 고려함.
詳醉(양취) 취한 체함.

〔복 상〕행복, 복록
auspicious・ショウ
丶 禾 衤 祥 祥
祥夢(상몽) 좋을 조짐이 있을 꿈. 길몽.
祥鳳(상봉) 길조(吉兆)로 나타나는 봉새.
祥運(상운) 상서로운 운수.
祥兆(상조) 상서로운 조짐. 길조(吉兆). 상서(祥瑞).

床
〔평상 상〕나무로 만든 걸상을 겸한 침상
ショウ(とこ、やか)
亠 广 广 庄 床
床几(상궤) ① 침상(寢狀)과 안석(案席). ② 접을 수 있는 일종의 걸상.
床頭(상두) 마룻가. 침대 근처.
床褥(상욕) 평상(平狀)과 이부자리.
床子(상자) 걸상. 의자.

〔갚을 상〕① 상환함, 돌려줌 ② 보답함 「う」
reward・ショウ(つぐな)
亻 伫 俨 償 償
償復(상복) 갚아줌. 물어줌.
償願(상원) 평소의 소원을 이룸.
償罪(상죄) 형벌(刑罰)을 면하고자 벌금을 냄.
償責(상책) 빚을 갚음.
償還(상환) 갚아줌. 물어줌.

〔쌍 **쌍**〕
둘씩 짝을 이룸
pair・ソウ(そろい)

雙童(쌍동) 한 태에서 나온 두 아이. 쌍동이.
雙眉(쌍미) 두 눈썹.
雙方(쌍방) 두 편. 두 쪽.
雙墳(쌍분) 합장하지 아니하고 나란히 매장한 부부의 무덤.

〔변방 **새**〕변경
〔막을 **색**〕
block・ソク(ふさぐ)

塞圍(새위) 새요. 변방에 있는 보루.
塞淵(색연) 생각이 깊고 성실함.
塞壅(색옹) 막음. 또 막힘.
塞責(색책) 책임을 다함.

〔빛 **색**〕색채
〔색 **색**〕여색
colour・ショク(いろ)

色盲(색맹) 색각(色覺)에 이상이 생겨 색의 구별이 되지 않는 상태.
色相(색상) 육안으로 볼 수 있는 만물의 형상.
色色(색색) 여러 가지. 가지 각색.
色情(색정) 색을 좋아하는 정욕(情慾). 춘정.

〔노 **삭**〕바, 노끈
〔찾을 **색**〕〔헤어질 **삭**〕
rope・サク

索居(삭거) 헤어져 삶. 쓸쓸히 삶.
索莫(삭막) 쓸쓸한 모양. 적막한 모양.
索然(삭연) ① 눈물을 흘리는 모양. ② 헤어지는 모양.
索引(색인) 찾아 냄.

〔날 **생**〕출생함
live・セイ(いきる)

生家(생가) 자기가 출생한 집.
生計(생계) 생활을 유지(維持)하는 방법.
生氣(생기) ① 싱싱하고 활발한 기운. ② 만물을 발육 생장케 하는 힘.
生死(생사) 삶과 죽음.

〔서녘 **서**〕
서쪽, 해가 지는 방위
west・セイ(にし)

西歐(서구) ① 구라파 서부의 여러 나라. ② 서양.
西南風(서남풍) 서남에서 불어 오는 바람.
西洋(서양) 구라파주와 남북 아메리카주.
西海(서해) 서쪽에 있는 바다.

〔담 **서**〕
〔차례 **서**〕순서
order・ショ(ついで)

序端(서단) 집의 동서의 담의 끝.
序論(서론) 본론의 머리말이 되는 논설(論說).
序文(서문) 책의 첫머리에 편찬의 유래와 내용 등을 간단히 적은 글. 머리말.
序次(서차) 순서를 매김. 순서를 정함.

〔글 **서**〕
① 문장, 기록 ② 책
write・ショ(かく)

書架(서가) 책을 얹어 두는 시렁.
書簡(서간) 편지.
書堂(서당) ① 서재(書齋). ② 글방.
書齋(서재) 책을 쌓아 두고 글을 읽고 쓰고 하는 방. 서실(書室).

〔더울 **서**〕열이 많음
hot・ショ(あつい)

暑喝(서갈) 더위 먹음.
暑伏(서복) 여름의 대단히 더운 때. 삼복 때.
暑熱(서열) 더움. 또 더위.
暑炎(서염) 대단한 더위.
暑節(서절) 더운 시절. 삼복 때.

〔차례 **서**〕순차, 등급
〔펼 **서**〕
state・ジョ(のべる)

叙論(서론) ① 순서를 따라 논함. ② 권두(卷頭)의 의론(議論).
叙事(서사) 사실을 서술(叙述)함.
叙說(서설) 차례를 따라 설명함.
叙述(서술) 차례를 따라 말함.

徐 〔천천할 서〕
① 느림 ② 느리게
slow・ジョ(おもむろ)
彳 彴 徔 徐 徐

徐緩(서완) ① 느림. 또 느리게 함. ② 편히 쉬게 함.
徐羅伐(서라벌) 신라의 처음 이름.
徐來(서래) 조용히 옴. 천천히 옴.
徐徐(서서) 거동이 찬찬한 모양.

舒 〔펼 서〕
〔조용할 서〕
unfold・ショ(のべる)
𠆢 夵 舍 舍 舒

舒舒(서서) ① 느릿느릿한 모양. ② 마음이 조용한 모양.
舒緩(서완) 느린 모양. 천천히 하는 모양.
舒情(서정) 자기의 성서를 그려냄.
舒懷(서회) 생각을 베풀어 말함.

署 〔임명할 서〕
sign・ショ
罒 罒 罘 署 署

署記(서기) 성명을 기입함.
署理(서리) 공석된 직무를 대리함. 또 그사람.
署名(서명) 성명을 기입함.
署長(서장) 관서의 우두머리.
署置(서치) 관직에 각각 배치함.

緒 〔실마리 서〕
실의 첫머리
ショ(いとぐち)
糸 紶 絉 緒 緒

緒論(서론) 본론(本論)에 들어가기 전에 그 준비로서 서술하는 논설.
緒言(서언) 머리말. 서문.
緒業(서업) 시작한 일. 사업.
緒風(서풍) 남은 바람. 여풍(餘風).

庶 〔많을 서〕
〔서자 서〕 첩의 자식
multitude・ショ
广 庐 庐 庐 庶

庶官(서관) 여러 벼슬아치. 백관(百官).
庶黎(서려) 백성. 서민(庶民).
庶母(서모) 아버지의 첩(妾).
庶子(서자) 첩의 몸에서 난 아들.
庶長(서장) 서출(庶出)의 장자.

恕 〔어질 서〕
〔용서할 서〕 「보아줌」 관대히
pardon・ジョ(ゆるす)
夕 女 如 恕 恕

恕宥(서유) 정상을 살펴 용서함.
恕直(서직) 동정심이 깊고 정직함.
容恕(용서) ① 죄를 면해줌. ② 꾸짖지 않음.

夕 〔저녁 석〕 해질 녘
evening・セキ(ゆうべ)
ノ ク 夕

夕刊(석간) 저녁에 나오는 신문.
夕陽(석양) 저녁나절의 해. 사양(斜陽).
夕日(석일) 석양(夕陽).
夕照(석조) 저녁 때에 비치는 햇빛. 또 저녁놀.

石 〔돌 석〕
stone・セキ(いし)
一 ナ 丆 石 石

石刻(석각) 돌에 새김. 또 그 새긴 글이나 그림.
石工(석공) 석수(石手).
石窟(석굴) 바위에 뚫린 굴. 암굴.
石器(석기) 돌로 만든 기구(器具).

昔 〔옛 석〕 옛날
ancient・セキ(むかし)
一 卄 共 芒 昔

昔年(석년) 왕년(往年).
昔談(석담) 옛날 이야기.
昔彦(석언) 옛날의 현사(賢士).
昔人(석인) 옛날 사람.
昔日(석일) ① 옛적. ② 어제 또는 사오일 전.

惜 〔아낄 석〕 소중히 여김
〔아까와 할 석〕
grudge・セキ, シャク
忄 忄 忄 惜 惜

惜吝(석린) 아낌. 인색함.
惜悶(석민) 애석히 여겨 슬퍼함.
惜別(석별) 이별을 섭섭히 여김.
惜景(석경) 석음(惜陰).
惜陰(석음) 광음(光陰)을 아낌.

席 〔자리 석〕 까는 자리
seat・セキ(むしろ)
一广庐席席
席卷(석권) 자리를 마는 것과 같이 힘들이지 않고 모조리 빼앗음.
席面(석면) 연회(宴會) 따위의 자리.
席門(석문) 돗자리로 만든 문. 가난한 집을 형용하는 말.

析 〔가를 석〕
① 해부함 ② 분석함
devide・セキ(さく)
十木析析析
析肝(석간) 간을 가름. 뱃속을 보임. 진심(眞心)을 토로함.
析別(석별) 이별(離別).
析出(석출) 분석(分析)하여 냄.

釋 〔풀 석〕 설명함
release・シャク(とく)
亠釆釋釋釋
釋迦(석가) ① 인도의 한 종족의 이름. ② 석가모니(釋迦牟尼)의 준말.
釋明(석명) ① 풀어 밝힘. ② 오해를 산 자기의 언론에 대하여 변명을 함.

碩 〔클 석〕
작지 아니함
great;large・セキ
石矴碩碩碩
碩德(석덕) 높은 덕. 또 덕이 높은 사람.
碩士(석사) 덕이 높은 선비. 지조가 높고 학문이 연박(淵博)한 선비.
碩師(석사) 뛰어난 스승. 큰 학자. 대학자.
碩學(석학) 큰 학자. 대학자.

錫 〔주석 석〕 금속의 하나
〔줄 석〕 하사함
tin・シャク(すず)
金釦釦錫錫
錫鑛(석광) 주석을 파내는 광산.
錫賚(석뢰) 하사한 물품.
錫類(석류) 효자의 덕행이 퍼져 남에게 미침. 효자가 속속 나옴.
錫響(석향) 석장(錫杖)을 짚는 소리.

先 〔먼저 선〕 최초로, 첫째로
〔앞설 선〕
first・セン(さき)
  선
ノ스生先先
先見(선견) 장래를 미리 암. 앞을 내다 봄.
先見之明(선견지명) 앞을 내다보는 밝은 지혜.
先驅者(선구자) 행렬(行列)의 맨 앞에 나가는 사람. 앞잡이.
先導(선도) 앞에 서서 인도(引導)함.

仙 〔신선 선〕
장생불사 하는 사람
fairy・セン
ノイ仙仙仙
仙敎(선교) 신선(神仙)이 되고자 하여 닦는 도(道). 황제(黃帝)・노자(老子)
仙女(선녀) 여자 신선. 선경(仙境)에 있는 여자(女子).
仙鶴(선학) 학(鶴). 두루미.

線 〔실 선〕
line・セン
糸紵線線線
線脚(선각) 꿰맨 바늘 자국.
線路(선로) ① 좁은 길. ② 기차. 전차 등이 다니는 길. 철로(鐵路).
線縷(선루) 실.
線鞋(선혜) 끈이 달린 가죽신.

鮮 〔고울 선〕・선명함
fresh・セン(あざやか)
刍叀魚鮮鮮
鮮麗(선려) 대단히 고움.
鮮明(선명) 산뜻하고 분명함.
鮮毛(선모) 고운 털. 아름다운 모피(毛皮)
鮮白(선백) 곱고 흼.
鮮血(선혈) 신선(新鮮)한 피. 선지피.

善 〔착할 선〕
good・ゼン(よい)
丷䒑养善善
善導(선도) 잘 인도(引導)함.
善良(선량) 착하고 어짊. 또 그 사람.
善手(선수) 솜씨가 월등한 사람.
善惡(선악) ① 착함과 악(惡)함. ② 선인과 악인.

船 〔배 **선**〕 선박 ship・セン(ふね) 丿 ガ 甪 舟 船 船頭(선두) 배의 앞 머리. 이물. 船路(선로) 뱃길. 船舶(선박) 배. 船員(선원) 선장(船長)과 승무원의 총칭. 船長(선장) 선원(船員)의 장(長).	 〔가릴 **선**〕 여럿 가운데서 뽑음 elect・セン(えらぶ) 巳 巽 巽 選 選 選擧(선거) 여러 사람 가운데에서 뽑아 추천함. 選拔(선발) 가려 뽑음. 選任(선임) 뽑아서 직무를 맡김. 選擇(선택) 골라서 뽑음.
宣 〔베풀 **선**〕 널리 은덕을 입힘 proclaim・セン(のべる) 宀 宀 宁 宣 宣 宣明(선명) 분명하게 선언함. 宣揚(선양) 널리 떨치게 함. 정식으로 표명함. 宣布(선포) 널리 펴 알림. 宣旨(선지) 칙지(勅旨). 宣哲(선철) 도리(導理)에 밝고 현명함.	**旋** 〔돌릴 **선**〕① 돌게함 ② 방향을 돌림 revolve・セン(めぐる) 亠 方 扩 旋 旋 旋曲(선곡) 돌아 굽음. 旋舞(선무) 돌며 춤을 춤. 旋止(선지) 돌아옴. 旋渦(선와) 소용돌이침. 또 소용돌이. 旋回(선회) 돎. 또 돌림.
 〔봉선 **선**〕 ゼン(ゆずる) 干 禾 祁 禪 禪 禪家(선가) ① 참선(參禪)하는 중. ② 참선하는 집. 禪導(선도) 참선(參禪)하는 도. 禪室(선실) 좌선하는 방. 禪學(선학) 선종(禪宗)의 학문.	**雪** 〔눈 **설**〕 snow・セツ(ゆき) 厂 币 雨 雪 雪 雪景(설경) 눈이 온 경치. 雪肌(설기) 희고 고운 살결. 雪毛(설모) 눈같이 흰 털. 雪夜(설야) 눈이 오는 밤. 雪片(설편) 눈 송이.
舌 〔혀 **설**〕 tongue・ゼン(した) 二 千 千 舌 舌 舌戰(설전) 말다툼. 논전(論戰). 舌尖(설첨) 혀끝. 舌盒(설합) 의장(衣欌)・찬장(饌欌)・책상・경대(鏡臺) 등에 있는 뺐다 끼었다 하는 뚜껑이 없는 상자. 서랍.	**説** 〔말씀 **설**〕 언론, 의견 〔기뻐할 **열**〕 speak・セツ(とく) ⺀ 言 訜 訝 説 説明(설명) 해설하여 밝힘. 또 그 말. 説伏(설복) 설파(説破)하여 복종시킴. 説話(설화) 이야기. 説樂(열락) 기뻐하고 즐거워함. 説懷(열회) 기뻐하고 따름.
 〔베풀 **설**〕 늘어 놓음, 진열함「る) establish・セツ(もうけ ⺀ 言 訳 訳 設 設計(설계) 계획을 세움. 또 그 계획. 設立(설립) 베풀어 세움. 設問(설문) 문제나 물음을 냄. 또 그 문제나 물음. 設備(설비) 베풀어 갖춤. 또 그 갖춘 것.	**攝** 〔당길 **섭**〕 끌어 당김 〔겸할 **섭**〕 hold up・セツ(とる) 十 扌 捫 攝 攝 攝理(섭리) ① 대리하여 다스림. ② 신(神)이 이 세상의 모든 일을 다스리는 일. 攝位(섭위) 임시로 지위에 앉음. 어떤 직위의 대리를 함. 攝取(섭취) 양분(養分)을 빨아 들임.

涉 [건널 섭]
cross・ショウ(わたる)
氵 氵 氵 沙 沙 涉

涉世(섭세) 세사(世事)를 경력함. 세상 일을 많이 겪음.
涉水(섭수) 물을 건넘.
涉于春氷(섭우춘빙) 봄철의 얼음을 건넘. 매우 위험함의 비유.

姓 [성 성] 성씨
surname・セイ

姓系(성계) 성씨(姓氏)와 가계.
姓名(성명) 성(姓)과 이름.
姓氏(성씨) 성(姓)과 씨(氏).
姓字(성자) ① 성(姓)과 자(字). ② 성명.
姓族(성족) 성이 같은 일가.

性 [성품 성]
사람이 타고난 성질
nature・セイ(さが)
丶丶忄忄忄性

性格(성격) 각 사람이 가진 특유한 성질.
性急(성급) 성질이 급(急)함.
性味(성미) 성질과 취미(趣味).
性別(성별) 남녀의 구별. 암수의 구별.
性稟(성품) 성질과 품격(品格).

成 [이루어질 성]
① 성취됨 ② 성숙
セイ(なる)

成功(성공) 목적을 이룸. 뜻을 이룸.
成果(성과) 일이 이루어진 결과.
成年(성년) ① 만 이십세가 되는 나이. ② 성인.
成立(성립) 사물이 이루어짐.
成就(성취) 이룸. 또 이루어짐.

星 [별 성]
하늘의 천체 「し
star・セイ, ショウ(ほ
口日旦生星

星斗(성두) 별.
星霧(성무) 하늘 위에 빛나는 무수한 별.
星象(성상) 별이 나타난 형상. 모양.
星座(성좌) 별의 자리를 보기 위하여 하늘을 몇 부분으로 나눈 구역.

聖 [성스러울 성] 지덕과 사리에 무불통지함
divine・セイ(ひじり)
厂下耳即聖聖

聖駕(성가) 천자의 수레.
聖潔(성결) 거룩하고 깨끗함.
聖經(성경) 성인(聖人)이 지은 책.
聖靈(성령) 신명(神明)의 영능(靈能).
聖誕日(성탄일) 성인(聖人)이 탄생한 날.

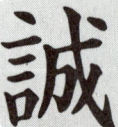
[살필 성] 살펴봄
[덜 생] 감함
watch・ショウ(はぶく)
小少少省省省

省約(생약) 줄임. 간략히 함.
省墓(성묘) 조상의 산소에 참배함.
省視(성시) 살펴 봄. 자세히 조사함.
省察(성찰) 자기의 언행을 반성하여 봄.
省楸(성추) 성묘(省墓).

盛 [그릇 성] 물건을 담
[성할 성] 는 그릇
thriving・セイ(さかん)
厂成成盛盛

盛年(성년) 청춘시절. 한창 때.
盛勢(성세) 강성한 세력.
盛典(성전) 성대한 식전(式典).
盛行(성행) 많이 유행함. 대단히 유행함.
盛況(성황) 성대한 상황.

誠 [정성 성]
sincere・セイ(まこと)
言 訁 訬 誠 誠 誠

誠實(성실) 성의가 있고 착실함.
誠心(성심) 참된 마음. 정성스러운 마음.
誠意(성의) 성심(誠心).
誠直(성직) 성실하고 정직함.
誠忠(성충) 성심에서 우러나오는 충성.

城 [재 성]
성, 내성
castle・ジョウ(しろ)
土 坛 城 城 城

城門(성문) 성의 문(門).
城壁(성벽) 성(城)의 담벼락.
城主(성주) 성을 지키는 주장.
城隍堂(성황당) 성(城)을 지키는 혼신(魂神)을 모신 집.

聲 [소리 성]
음향, 음성
voice・セイ(こえ)
士 声 殸 聲 聲
聲曲(성곡) 가락. 곡조.
聲氣(성기) ① 기세. ② 목소리의 기운.
聲量(성량) 목소리의 분량.
聲樂(성악) 음악. 또는 노래.
聲援(성원) 옆에서 소리를 내어 도와줌.

 [인간 세]
[시세 세] 때, 시대
world・セイ, セ(よ)
一十卄丗世
世紀(세기) 백년. 백년간.
世難(세난) 세상살이의 어려움.
世代(세대) 시대. 세상(世上).
世襲(세습) 작위・재산 등을 대대로 이어 받음. 세급(世及).

세

 [외상으로살 세]
현금을 내지 않고 삼
hire・セイ
卋 丗 貰 貰 貰
貰家(세가) 셋집.
貰貸(세대) 대차(貸借).
貰赦(세사) 죄를 용서함.
貰錢(세전) 셋돈.
貰冊(세책) 셋돈을 받고 빌리는 책.

 [목숨 세]
[해 세] 세월, 매년, 연령
age・サイ(とし)
广 止 歲 歲
歲歲(세세) 해마다. 매년.
歲餘(세여) ① 일년 남짓. ② 겨울.
歲月(세월) 흘러가는 시간.
歲出(세출) 회계년도(會計年度)의 한해 동안의 지출(支出).

洗 [씻을 선]
[씻을 세]
wash・セン(あらう)
氵汁沪洗洗
洗足(선족) 발을 씻음.
洗面(세면) 낯을 씻음.
洗手(세수) 손을 씻음.
洗滌(세척) 깨끗이 씻음.
洗濯(세탁) 세척(洗滌).

 [가늘 세] 넓이가 좁음
[작을 세] 조그마함
thin・サイ(ほそい)
幺 糸 細 細 細
細菌(세균) 생물 중에서 가장 작아 육안으로 볼 수 없는 미균(微菌). 박테리아.
細民(세민) 빈천한 백성. 빈민(貧民).
細密(세밀) 정세(精細)하고 치밀(緻密)함.
細心(세심) 자세히 주의하는 마음.

税 [구실 세]
① 세납 ② 징세
tax・ゼイ
千禾 秆 税 税
税金(세금) 조세로 바치는 돈.
税納(세납) 세금을 바치는 일.
税額(세액) 조세의 액수.
税率(세율) 과세의 율.
税制(세제) 조세의 부과・징수의 제도.

勢 [세력 세] 권세, 위세
force・セイ(いきおい)
土 坴 埶 勢 勢
勢家(세가) 권력이 있는 집안. 권문.
勢道(세도) 정치상(政治上)의 권세.
勢力(세력) 위력(威力). 권세(權勢).
勢望(세망) 권세와 명망.
勢位(세위) 권세와 지위. 권세가 있는 지위.

소

 [작을 소] 크지 아니함
small・ショウ(ちいさい)
亅 小 小
小丘(소구) 작은 언덕. 작은 산.
小女(소녀) 소녀(少女).
小使(소사) 심부름군.
小兒醫(소아의) 어린 아이의 병을 치료하는 의원.

 [적을 소] 많지 아니함
[젊을 소] 나이가 어림
young・ショウ(すくない)
丿小少
少妓(소기) 어린 기생.
少女(소녀) 어린 계집아이. 또 젊은 여자.
少量(소량) 적은 분량(分量).
少數(소수) 적은 수효.
少妾(소첩) 나이가 어린 첩.

召 [부를 소]
call・ショウ(めす)
フ刀刀召召

召按 (소안) 불러 취조함.
召集 (소집) 불러 모음.
召置 (소치) 불러 와서 곁에 둠.
召還 (소환) 돌아오라고 부름. 불러 돌아오게 함.

昭 [밝을 소] 환히 빛남
brightness・
ショウ(あきらか)
ノ 日 日刀 昭 昭

昭名 (소명) 환히 드러난 명성(名聲).
昭耀 (소요) 환히 빛남.
昭憲 (소헌) 밝은 법. 훌륭한 법.
昭昏 (소혼) 밝음과 어두움.
昭回 (소회) 해·달 같은 것이 환히 비추며 돎.

所 [바 소] [곳 소] 거처, 위치, 경우
place・ショ(ところ)
厂戸所所所

所感 (소감) 마음에 느낀 바. 또 그 생각.
所見 (소견) 사물을 보고 살피어 가지는 생각.
所得 (소득) 얻은 바. 수입(收入).
所産 (소산) 생기어 나는 바. 또 그 물건.
所願 (소원) 원(願)하는 바.

消 [사라질 소] 없어짐, 멸망함 extinguish・
ショウ(きえる)
氵氵沙消消

消却 (소각) 꺼 물리침. 사라지게 함.
消滅 (소멸) 사라져 없어짐.
消耗 (소모) 써서 없어짐. 또 써 줄게 함.
消失 (소실) 사라져 없어짐. 없어짐.
消蕩 (소탕) 쳐 없앰.

素 [흴 소] 백색 [평상 소] 평상시
white・ソ
十主丰素素

素望 (소망) 평소에 늘 바라던 일.
素朴 (소박) 질소하고 순박(淳朴)함.
素白 (소백) 아주 흼.
素材 (소재) 예술 작품(藝術作品)의 기초가 되는 재료.

笑 [웃을 소]
laugh・ショウ(わらう)
ゲ 竹 竺 笑 笑

笑歌 (소가) 웃으며 노래함.
笑噱 (소갹) 껄껄 웃음.
笑談 (소담) 웃으며 이야기함.
笑嘲 (소조) 비웃음.
笑謔 (소학) 웃으며 농지거리함.

[차조기 소] [깨어날 소] 회생함
revive・ソ(よみがえる)
艹 苎 萨 蘇 蘇

蘇生 (소생) 다시 살아남.
蘇蘇 (소소) 기가 막히는 모양. 또 두려워하는 모양.
蘇鐵 (소철) 소철과에 속하는 상록교목.
蘇活 (소활) 소생(蘇生).

騷 [떠들 소] 야단법석함
make a noise・
ソウ(さわぐ)
馬 駁 駁 騷 騷

騷氣 (소기) 풍아(風雅)한 기질(氣質).
騷動 (소동) ① 마음이 산란함. ② 시끄럽고 어수선함.
騷亂 (소란) 소동.
騷騷 (소소) 서두는 모양.

燒 [불사를 소] 태움
burn・ショウ(やく)
火 炉 燒 燒 燒

燒却 (소각) 소기(燒棄).
燒棄 (소기) 태워버림.
燒滅 (소멸) 소실(燒失).
燒焚 (소분) 태움. 또 탐.
燒失 (소실) 불에 타서 없어짐.

訴 [아뢸 소] [하소연할 소]
accuse・ソ(うったえる)
訁 言 訴 訴 訴

訴訟 (소송) 송사를 함. 재판을 검.
訴願 (소원) 호소하여 청원함.
訴人 (소인) 소송(訴訟)하는 사람.
訴狀 (소장) 소송(訴訟)을 제기하는 서류.
訴牒 (소첩) 소장(訴狀).

掃 〔쓸 소〕
소제함, 제거함
sweep・ソウ（はく）

掃掃掃掃掃

掃滅(소멸) 쓸어서 없앰.
掃除(소제) 깨끗이 쓸고 닦음.
掃地(소지) 땅 바닥을 쓸어 깨끗이 함.
掃滌(소척) 소제(掃除).
掃蕩(소탕) 쓸어 없애버림.

疎 〔성길 소〕 〔드물 소〕
sparse・ソ（うとい）

フ正疏疎疎

疎密(소밀) 성김과 고움. 엉성함과 촘촘함.
疎朴(소박) 거칠고 질박(質朴)함.
疎外(소외) 물리쳐 멀리함.
疎脫(소탈) 데면데면하여 빠드림.
疎忽(소홀) 데면데면하여 찬찬하지 않음.

蔬 〔푸성귀 소〕
채소의 총칭
vegetable・ソ

艹莎莎莎蔬

蔬果(소과) 채소와 과일.
蔬圃(소포) 채전(菜田).
蔬菽(소숙) 푸성귀와 콩.
蔬筍(소순) 채소와 죽순.
蔬菜(소채) 채소. 푸성귀.

俗 〔풍습 속〕
풍속과 습관
custom・ゾク

亻亻′俗俗俗

俗談(속담) 옛적부터 내려오는 민간(民間)의 격언.
俗吏(속리) 절개나 식견이 없는 관리.
俗世(속세) 일반 사회. 이 세상.
俗謠(속요) 유행가. 민요(民謠).

속

速 〔빠를 속〕 신속함
quick・ソク（はやい）

一束束涑速

速記(속기) 글씨를 속(速)하게 씀.
速斷(속단) 속하게 결단(決斷)함.
速達(속달) 속하게 이름.
速度(소도) 빨리가는 정도(程度).
速力(속력) 속도를 이루는 힘.

束 〔묶을 속〕
bind・ソク（たば）

一一曰申束

束髮(속발) 성인(成人)이 되어 결발(結髮)하고 관(冠)을 씀.
束修(속수) 몸을 단속하고 마음을 닦음.
束手無策(속수무책) 어찌할 도리가 없음.
束裝(속장) 행장(行裝)을 차림.

續 〔이을 속〕 연함, 계속함
continue・
ゾク（つぐつづく）

糸糸′續續續

續稿(속고) 원고를 계속하여 씀.
續發(속발) 계속하여 발생함.
續生(속생) 속발(續發).
續續(속속) 계속하여 끊어지지 아니하는 모양.
續出(속출) 계속하여 나옴.

屬 〔좇을 속〕 복종, 수행
〔이을 촉〕
ゾク

尸尸属属属

屬國(속국) 독립할 능력이 없어서 다른 나라에 붙어 있는 나라.
屬地(속지) 부속(附屬)되어 있는 땅. 통치권을 행사할 수 있는 토지.
屬目(촉목) 눈여겨 봄. 유의하여 봄.

粟 〔조 속〕
〔곡식 속〕
millet・ゾク（あわ）

一西亞粟粟

粟奴(속노) 조의 깜부기.
粟豆(속두) 조와 콩.
粟粒(속립) 좁쌀의 낱알. 또 곡식의 낱알.
粟米(속미) 벼. 또 군량(軍糧).
粟芋(속우) 조와 토란.

孫 〔손자 손〕
〔자손 손〕
grandson・ソン（まご）

了孑孫孫孫

孫婦(손부) 손자의 아내. 아들의 며느리.
孫辭(손사) ① 겸손하는 말. ② 핑계.
孫子(손자) 아들의 아들. 자손.
孫枝(손지) 가지에서 또 뻗어난 가지.

손

損 〔덜 **손**〕 ① 감소함, 삭감 ② 상실함, 손해 봄
diminish・ソン(そこなう)
十 扌 护 捐 損

損傷(손상) ① 떨어지고 상함.
損失(손실) 덜어 잃어짐. 축나서 잃어 버림.
損益(손익) ① 손해와 이익. ② 증감.
損害(손해) ① 이익을 못 봄. ② 덜려 해(害)가 됨.

松 〔소나무 **송**〕
pine-tree・ショウ(まつ)
十 木 松 松 松

松林(송림) 소나무의 숲.
松木(송목) 소나무.
松肪(송방) 송진(松津).
松津(송진) 송지(松脂).
松花(송화) 소나무의 꽃가루.

送 〔보낼 **송**〕 ① 물건을 부쳐줌 ② 이별, 전송
send・ソウ(おくる)
⺍ 关 送 送

送金(송금) 돈을 보냄.
送達(송달) 보내어 줌.
送料(송료) 물건을 보내는 데 드는 요금.
送別(송별) 사람을 작별하여 보냄. 배웅.
送還(송환) 도로 돌려 보냄.

頌 〔기릴 **송**〕 칭송함
praise・ショウ
ハ 公 公 頌 頌

頌歌(송가) ① 칭송하여 노래함. ② 덕을 칭송하는 노래.
頌德(송덕) 공덕을 칭송함.
頌美(송미) 칭송함.
頌辭(송사) 공덕을 찬미하는 언사.

訟 〔송사할 **송**〕
demand justice・ショウ
⺈ 言 訁 訟 訟

訟事(송사) 재판을 거는 일.
訟訴(송소) 송사를 함. 또 송사.
訟案(송안) ① 송사의 기록. ② 소송 사건.
訟廷(송정) 송사를 듣고 처리하는 마을.
訟鬩(송혁) 소송하여 다툼.

宋 〔송나라 **송**〕
ソウ
ʼ 宀 宂 宋 宋

宋學(송학) 송대(宋代)의 유학(儒學). 곧 성리학(性理學).

 〔두려워할 **송**〕
awe・ショウ(おそれる)
忄 忄 悙 悚 悚

悚懼(송구) 두려워함. 겁을 집어먹음.
悚然(송연) 두려워 웅숭그리는 모양.
悚怍(송작) 두려워하고 부끄러워함.

誦 〔읽을 **송**〕 글을 읽음
〔읊을 **송**〕
recite・ショウ(となえる)
言 訁 訊 誦 誦

誦讀(송독) 외어 읽음. 암송.
誦說(송설) 읽음과 설명함.
誦習(송습) 읽어 익힘.
誦詠(송영) 시가를 외며 읊조림.
誦奏(송주) 상주문(上奏文)을 읽어 올림.

刷 〔닦을・쓸 **쇄**〕 청소, 제거
print・サツ(する)
⺈ 尸 㞋 刷 刷

刷洗(쇄세) 씻고 닦아 깨끗이 함.
刷掃(쇄소) 소제함.
刷新(쇄신) 묵은 것의 좋지 않은 데를 버려 면목을 새롭게 함.
刷行(쇄행) 판에 박아 세상에 폄. 인행(印行).

 〔자물쇠 **쇄**〕
chain・サ(くさり)
金 釒 銷 鎖 鎖

鎖甲(쇄갑) 쇠사슬로 만든 갑옷.
鎖國(쇄국) 나라의 문호(門戶)를 굳게 닫고 외국과 통상・교통을 아니함.
鎖金(쇄금) 자물쇠.
鎖鑰(쇄약) 자물쇠와 열쇠.

〔부술 쇄〕 「림.
잘게 여러 조각으로 깨뜨
crush·サイ（くだく）
石 石 砕 砕 砕

碎劇(쇄극) 번거롭고 바쁨.
碎金(쇄금) 잘게 부서진 금. 부스러진 금.
碎務(쇄무) 잔 일. 번잡한 사무.
碎身(쇄신) 몸이 가루가 될 정도로 비상히 노력함. 분골(粉骨).

〔쇠할 쇠〕 약하여 기
운이 없어짐 「る）
decay·スイ（おとろえ
亠 去 壴 袁 衰

衰軀(쇠구) 쇠약한 몸.
衰病(쇠병) 몸이 늙어서 쇠약해져 나는 병.
衰弱(쇠약) 쇠하여 약함.
衰殘(쇠잔) 쇠약할 대로 쇠약해 짐.
衰退(쇠퇴) 쇠하여 전보다 못하여 감.

수

〔물 수〕
water·スイ（みず）
丨 기 水

水干(수간) 물가. 수애(水涯).
水口(수구) 물이 흘러 나오는 아가리.
水禽(수금) 물새.
水力(수력) 물의 힘. 물이 흐르는 힘.
水面(수면) 물의 표면.

〔손 수〕
hand·シュ（て）
一 二 三 手

手匣(수갑) 죄인의 두 손목에 걸쳐서 채우는 형구(刑具).
手工(수공) 손으로 하는 공예(工藝).
手巧(수교) 손재주. 솜씨.
手鍊(수련) 솜씨가 익숙함.

〔받을 수〕
receive·ジュ（うける）
一 爫 严 受 受

受講(수강) 강습(講習)을 받음.
受難(수난) 재난을 당함.
受賞(수상) 상을 받음.
受業(수업) 학업을 받음. 가르침을 받음.
受益(수익) 이익을 얻음.

〔줄 수〕
수여함, 가르침
give·ジュ（さずける）
扌 扩 押 授 授

授受(수수) 주고 받음.
授業(수업) 학문, 기술을 가르쳐 줌.
授與(수여) 줌.
授衣(수의) 음력 구월의 이칭.
授爵(수작) 작위(爵位)를 줌.

〔머리 수〕
head·シュ（くび）
丷 䒑 芦 首 首

首腦(수뇌) 중요한 자리에 있는 사람.
首都(수도) 서울. 수부(首府).
首領(수령) ① 머리. ② 두목. 우두머리.
首相(수상) 수석의 대신.
首席(수석) 맨 윗자리.

〔지킬 수〕 소중히 보
존거나 보호함
keep·シュ（まもる）
丶 宀 宁 守 守

守舊(수구) 구습을 지킴. 전례를 따름.
守門將(수문장) 성궐의 문을 지키는 벼슬.
守備(수비) 지키어 방비함. 또 그 시설.
守宇(수우) 국경을 지킴. 또 국경.
守護(수호) 지키어 보호함.

〔거둘 수〕 한데 모아
들임 obtain·
シュウ（おさめる）
丨 屮 收 收 收

收監(수감) 체포하여 옥에 가둠.
收金(수금) 돈을 거두어 들임.
收納(수납) 거두어 들여서 바침.
收錄(수록) 모아서 기록함.
收集(수집) 거두어 모음.

〔따를 수〕
따라감. 수행함
follow·ズイ（したがう）
阝 阝 阝 阝 隨 隨

隨伴(수반) 함께 감. 동반함.
隨從(수종) 수행(隨行).
隨坐(수좌) 연좌(連坐)함.
隨筆(수필) 붓가는 대로 생각나는 대로 쓰는 글. 만필(漫筆). 만록(漫錄).

〔빼어날 수〕뛰어남
surpass・シュウ(ひいでる)
二千禾禾秀
秀傑(수걸) 재주가 뛰어나고 기상이 걸출함.
秀句(수구) 뛰어난 구. 썩 잘 지은 글귀.
秀麗(수려) 경치가 뛰어나게 아름다움.
秀望(수망) 뛰어난 인망.
秀才(수재) 재주가 뛰어난 남자.

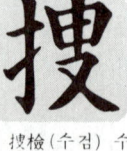
〔찾을 수〕
search・ソウ(さがす)
扌护押搜搜
搜檢(수검) 수사하여 조사함.
搜査(수사) 찾아 조사함.
搜索(수색) 수사하여 탐색함. 찾아 구함.
搜集(수집) 찾아 모임.
搜聚(수취) 찾아 모음.

〔가둘 수〕죄인을 가둠
〔갇힐 수〕
imprison・シュウ(とらえる)
丨冂冋囚囚
囚禁(수금) 죄인을 가둠.
囚役(수역) 죄수에게 시키는 일.
囚獄(수옥) 옥(獄). 감옥.
囚人(수인) 옥(獄)에 갇힌 사람. 죄수(罪囚).
囚桎(수질) 옥(獄)에 가두고 차꼬를 채움.

〔닦을 수〕
배워서 몸을 닦음「める)
cultivate・シュウ(おさ
亻亻广攸修
修理(수리) 허름한 데를 고침.
修道(수도) 도(道)를 닦음.
修夜(수야) 긴 밤.
修養(수양) 품성(品性)과 지덕(智德)을 닦음.

〔셈 수〕수량
スウ(かず, かぞえる)
婁婁婁數數
數箇(수개) 서너너덧 개(個).
數器(수기) 저울.
數年(수년) 삼사년 또는 사오년.
數多(수다) 수효(數爻)가 많음.
數爻(수효) 수(數).

〔수 수〕① 나이, 목숨
② 장수 longevity・ジュ(ことぶき)
丰耂壱壽壽
壽康(수강) 건강하고 장수(長壽)함.
壽骨(수골) 오래 살 골격(骨格).
壽命(수명) 타고난 목숨. 생명. 수.
壽衣(수의) 염습할 때 시체(屍體)에 입히는 옷.

〔나무 수〕
tree・ジュ(き)
木㭁梼樹樹
樹間(수간) 수목(樹木)의 사이.
樹林(수림) 나무가 우거진 수풀.
樹木(수목) 나무.
樹植(수식) 나무를 심음.
樹陰(수음) 나무 그늘.

〔근심할 수〕우려함
anxiety
シュウ(うれえる)
千禾秋愁愁
愁苦(수고) 근심 걱정으로 고생함.
愁夢(수몽) 근심한 나머지 꾸는 꿈.
愁色(수색) 근심하는 빛.
愁心(수심) 근심하는 마음.
愁恨(수한) 근심하여 원망함.

〔누구 수〕어떤 사람
who・スイ(だれ)
言訂訐訐誰
誰某(수모) 아무개.
誰昔(수석) 어제. 전날.
誰哉(수재) 누구냐고 힐문하는 말.
誰何(수하) ① 누구. 아무개. ② 누구냐고 힐문하는 말.

〔비록 수〕아무리 …하여도
even if・スイ(いえども)
吕虽雖雖雖
雖不中不遠矣(수부중불원의) 비록 적중치는 못했어도 과히 틀리지는 않음.
雖有智慧不如乘勢(수유지혜불여승세) 지혜 있는 자도 시세(時勢)를 따라 일하지 않으면 공을 이룰 수 없음.

須 [수염 수] シュ(すべからく) 彡 彡′須須須	殊 [벨 수] 베어 죽임 different·シュ(ことに) 歹 歹′ 殊 殊
須留(수유) 머물러 기다림. 須眉(수미) 수염과 눈썹. 須彌(수미) 수미산(須彌山). 須搖(수요) 잠시. 수유(須臾). 須臾(수유) ① 잠시. ② 종용(從容)한 모양.	殊能(수능) 뛰어난 능력. 특별한 재능. 殊量(수량) 뛰어난 재간. 뛰어난 국력. 殊力(수력) 뛰어난 능력. 뛰어난 공. 殊妙(수묘) 아주 묘함. 절묘(絶妙)함. 殊常(수상) 보통과 다르게 뛰어남.
需 [구할 수] 바람. 요구함 demend·ジュ 雨 雨 雲 雲 需	帥 [본보기 솔] 모범 [장수 수] general·スイ(ひきいる) ´ 户 自 帥 帥
需要(수요) 구매력(購買力)에 따라 시장에 나타나는 상품구매의 희망이나 또는 그 분량. 需用(수용) 구하여 씀. 또 그 물품. 需弱(수약) 연약(軟弱)과 같음.	帥先(솔선) 앞장서서 인도함. 솔선(率先). 帥示(수시) 거느리어 가르쳐 인도함. 帥臣(수신) 병사(兵使)와 수사. 帥長(수장) 군대의 우두머리. 대장. 帥甸(수전) 교전(交甸)을 지키는 주장(主將).
輸 [보낼 수] [짐 수] 보내는 물품 transport·ユ 亘 車 軒 輸 輸	遂 [이룰 수] 성취함 スイ(ついに) 丷 乂 豕 豕 遂
輸來(수래) 물건을 운반하여 옴. 輸送(수송) 물건을 실어 보냄. 輸運(수운) 물건을 운반함. 輸入(수입) 화물을 운반하여 들여 옴. 輸出(수출) 국내의 산물을 외국에 내보냄.	遂非(수비) 나쁜 줄 알면서도 하고 맒. 遂事(수사) 이미 이룬 일. 遂遂(수수) 따라가는 모양. 수행하는 모양. 遂長(수장) 자람. 생장함. 遂行(수행) 해 냄.
獸 [짐승 수] beasts·ジュウ(けもの) 丷 吅 嚻 獸 獸	睡 [졸 수] [잘 수] 취침 sleep·スイ(ねむる) 目′ 眵 眵 睡 睡
獸園(수원) 짐승을 넣어 두는 울. 獸待(수대) 짐승과 같이 대우함. 獸肉(수육) 짐승의 고기 獸醫(수의) 가축의 병을 고치는 의사. 獸行(수행) 짐승과 같은 행실(行實).	睡蓮(수련) 수련과에 속하는 다년생 수초(水草). 관상용으로 심음. 睡眠(수면) 잠. 또 잠을 잠. 睡相(수상) 잠만 잘 자고 정사(政事)를 돌보지 않는 재상(宰相).
叔 [아재비 숙] 숙부. 아버지의 아우 uncle·シュク(おじ) 亅 扌 汞 叔 叔	淑 [착할 숙] 선량하고 [맑을 숙] └정숙함 pure·シュク(よい) 氵 汁 汴 淑 淑
叔季(숙계) 막내 아우. 말제(末弟). 叔妹(숙매) 시누이. 남편의 누이 동생. 叔母(숙모) 숙부(叔父)의 아내. 叔伯(숙백) 아우 형. 叔父(숙부) 아버지의 아우.	淑德(숙덕) 숙녀의 덕행(德行). 부인의 미덕. 淑美(숙미) 정숙하고 아름다움. 淑艾(숙예) 몸을 잘 다스림. 수신(修身)을 잘. 淑姿(숙자) 고운 모습. 아리따운 자태.

宿
〔묵을 숙〕 숙박함
lodge・シュク(やどる)
宀宀宀宿宿
宿望(숙망) 오래 전부터 지닌 명망. 소망.
宿命(숙명) 선천적(先天的)으로 이미 정하여진 운명.
宿所(숙소) 숙박(宿泊)하는 곳.
宿願(숙원) 오래 된 희망. 늘 바라던 소망.

孰
〔누구 숙〕 어느 사람
who・シュク(いずれ)
亨亨氧孰孰
孰成(숙성) 곡식이 익음. 숙성(熟成).
孰誰(숙수) 누구 어떤 사람.
孰與(숙여) 숙약(孰若).

肅
〔엄숙할 숙〕
respectful・シュク
尹圭肀肅肅
肅戒(숙계) 경계함. 타일러 주의시킴.
肅然(숙연) 삼가고 두려워하는 모양.
肅霜(숙상) 된서리.
肅淸(숙청) 난리를 평정하여 세상을 깨끗이 함.

熟
〔익을 숙〕
ripen・ジュク
亨亨'孰孰熟
熟考(숙고) 곰곰 생각함. 숙려(熟慮).
熟達(숙달) 익숙하여 통달함.
熟讀(숙독) 익숙하도록 읽음.
熟練(숙련) 익숙함.
熟知(숙지) 잘 앎. 익숙하게 앎.

順
〔순할 순〕
〔차례 순〕
obey・ジュン
川川「順順順
順德(순덕) 온순하여 거역하지 않는 덕.
順良(순량) 성질이 유순(柔順)하고 선량함.
順理(순리) 도리(道理)에 순종(順從)함.
順番(순번) 차례대로 갈마드는 번.
順序(순서) 차례. 차서(次序).

純
〔실 순〕
〔순수할 순〕
pure・ジュン
纟糹糹紀純
純潔(순결) 아주 깨끗함.
純潔無垢(순결무구) 아주 깨끗하여 조금도 티가 없음.
純金(순금) 다른 물질이 섞이지 아니한 황금.
純樸(순박) 순진하고 소박함.

旬
〔열흘 순〕 십일
ジュン
ノ勹勺旬旬
旬間(순간) 음력 초열흘경.
旬年(순년) 십년.
旬望間(순망간) 음력 열흘부터 보름까지의 사이.
旬朔(순삭) 열흘날과 초하루. 또 열흘간.

洵
〔믿을 순〕
〔멀 현〕
シュン(まこと)
氵氵氵洵洵
洵涕(순체) 소리없이 눈물을 흘리며 욺.

殉
〔따라 죽을 순〕
〔바칠 순〕 목숨을 바침
ジュン
一歹歹殉殉
殉國(순국) 국난을 건지기 위하여 목숨을 바침.
殉死(순사) 임금이나 남편 등의 죽음을 따라 자살함.
殉節(순절) 순사(殉死).
殉職(순직) 직무를 위하여 목숨을 버림.

盾
〔방패 순〕
시석(矢石)을 막는 무기
buckler・ジュン(たて)
厂斤斤盾盾
矛盾(모순) 말이나 행동의 앞뒤가 서로 맞지 아니함.

循 〔좇을 순〕
복종함. 순종.
シュン(めぐる)
彳彳彳彳循循循
循理(순리) 도리(道理)를 따름.
循俗(순속) 풍속을 좇음.
循守(순수) 좇아서 지킴. 준수(遵守).
循次(순차) 차례를 좇음.
循行(순행) 여러 곳으로 돌아다님. 순행.

脣 〔입술 순〕
〔가 순〕 물건의 가장자「리」
lips・シン(くちびる)
厂厂辰辰脣脣
脣薄輕言(순박경언) 입술이 얇은 자는 까불며 말 잘 지껄임.
脣舌(순설) 말을 잘 함.
脣脂(순지) 연지(臙脂).
脣齒(순치) 입술과 이.

 〔무궁화 순〕
シュン
产产产発舜舜
舜英(순영) 무궁화꽃. 미인에 비유함.
舜禹(순우) 중국 고대의 순임금과 우임금. 모두 성왕(聖王)임.
舜華(순화) 무궁화꽃.

瞬 〔눈깜짝거릴 순〕
단시간을 이름 「く)
glance・シュン(またた
目 瞬瞬瞬瞬瞬
瞬間(순간) 순시(瞬時).
瞬時(순시) 눈 깜짝할 사이와 같이 극히 짧은 동안. 잠깐.
瞬視(순시) 눈을 깜짝거리며 봄.
瞬息(순식) 눈 깜짝하거나 극히 짧은 동안.

巡 〔돌 순〕 시찰 또는 경계를 위하여 순랭함
patrol・ジュン(めぐる)
く 巛 巛巡巡
巡覽(순람) 각처로 돌아다니며 관람(觀覽)함.
巡視(순시) 돌아다니며 시찰함.
巡察(순찰) 각처(各處)로 돌아다니며 사정(事情)을 살핌.
巡行(순행) 각처(各處)로 돌아다님.

淳 〔순박할 순〕
〔깨끗할 순〕
pure・ジュン
氵氵氵淳淳淳
淳潔(순결) 순박하고 결백함.
淳良(순량) 순박하고 선량함.
淳朴(순박) 온순하고 질박함.
淳粹(순수) 깨끗하고 순수함.
淳厚(순후) 순박하고 인정이 두터움.

술

戌 〔개 술〕
〔열한째 지지 술〕
ジュツ(いぬ)
丿厂戌戌戌
戌時(술시) 오후 7시～9시까지의 동안.

述 〔말할 술〕
footstep・セキ(あと)
十木木述述
述敍(술서) 차례를 따라 말함. 서술(敍述).
述語(술어) 풀이말.
述載(술재) 서술하여 실음.
述遵(술준) 좇음. 따름. 준봉(遵奉).
述懷(술회) 자기의 소회를 이야기함.

術 〔길 술〕 방법. 수단
〔꾀 술〕 계략.
artifice・ジュツ(わざ)
彳彳彳彳術術
術家(술가) 책략(策略)이 뛰어난 사람.
術書(술서) 술가(術家)의 책.
術數(술수) 술책(術策).
術知(술지) 꾀를 잘 쓰는 슬기.
術策(술책) 꾀. 계략(計略).

崇 〔높을 숭〕 고귀함
venerate・スウ(あがめる)
屮屮岩崇崇
崇高(숭고) 존귀(尊貴)하고 고상함.
崇丘(숭구) 높은 산.
崇祀(숭사) 숭배하여 제사 지냄.
崇尙(숭상) 높이어 소중하게 여김.
崇仰(숭앙) 높여 우러러 봄.

숭

습

〔익힐 습〕 ① 배워 익힘. ② 연습을 함
study・シュウ(ならう)
フ ヨ 羽 習 習

習慣(습관) 버릇. 익혀 온 행습(行習).
習得(습득) 배워 앎.
習性(습성) ① 습관과 성질. ② 버릇.
習字(습자) 글씨를 익힘.
習作(습작) 익히기 위하여 지은 작품.

〔주울 습〕 습득함
pick up・シュウ(ひろう)
扌 扑 拾 拾 拾

拾得(습득) 남이 잃은 물건을 주움.
拾收(습수) 주워 거두어 들임. 난잡한 물건을 모아 정돈함.
拾遺(습유) 남은 것이나 떨어뜨린 것을 주움.

〔습기 습〕
moist・シツ(しめる)
氵 沪 浘 濕 濕

濕氣(습기) 축축한 기운.
濕痰(습담) 습기(濕氣)로 생기는 가래.
濕堂(습당) 저습(低濕)한 곳에 있는 집.
濕度(습도) 공기 중의 습기의 정도.
濕潤(습윤) 축축함. 또 축축하게 함.

〔엄습할 습〕
불의에 습격을 함
attack・シュウ(おそう)
龸 龍 龍 襲 襲

襲擊(습격) 느닷없이 엄습하여 침.
襲踏(습답) 남의 뒤를 받아 그대로 함.
襲來(습래) 습격해 옴.
襲冒(습모) 불의에 침범하여 침.
襲奪(습탈) 엄습하여 빼앗음.

승

〔탈 승〕
ride・ジョウ(のる)
二 千 乖 乖 乘

乘客(승객) 배나 수레를 탄 손님.
乘馬(승마) 말을 탐. 또 타는 말.
乘船(승선) 배를 탐.
乘志(승지) 사서(史書), 또는 기록.
乘車(승차) 수레를 탐.

〔이을 승〕 계승함
〔받들 승〕
inherit・ショウ(うける)
孑 手 承 承 承

承諾(승낙) 청하는 바를 들어 줌.
承聞(승문) 웃어른이나 존경하는 이에 관한 말을 들음.
承知(승지) 들어 앎.
承歡(승환) 사람을 기쁘도록 함. 기분을 맞춤.

〔이길 승〕
적과 싸워서 쳐부숨
win・ショウ(かつ)
月 朕 朕 勝 勝

勝利(승리) 겨루어 이김.
勝報(승보) 승리의 소식.
勝負(승부) 이김과 짐. 승패.
勝訴(승소) 소송에 이김.
勝戰(승전) 싸움에 이김.

〔오를 승〕 떠오름
rise・ショウ(のぼる)
丿 千 升

升降(승강) 오르고 내림.
升引(승인) 끌어 올림. 발탁(拔擢)함.
升進(승진) 벼슬 따위가 올라 높아짐. 승진(昇進).
升天(승천) 하늘로 올라감.

〔오를 승〕 ① 해가 떠 오름. ② 위로 올라감
rise・ショウ(のぼる)
ロ 日 尸 尸 昇

昇降(승강) 오르고 내림.
昇級(승급) 등급을 올림.
昇給(승급) 봉급(俸給)이 오름.
昇天(승천) ① 하늘에 올라감. ② 하늘에 올라가 신선(神仙)이 됨.

〔중 승〕 승려
monk・ソウ
亻 伶 僧 僧 僧

僧徒(승도) 중의 무리. 중들. 중.
僧侶(승려) 중들. 승도(僧徒).
僧服(승복) 승려의 옷.
僧寺(승사) 절. 사원. 승우(僧宇).
僧軍(승군) 중으로 조직한 군사.

시

市 〔저자 시〕
장. 시가. 도시
market · シ(いち)
`亠ナ市市`
市價(시가) 장의 시세(時勢).
市內(시내) 도시의 안.
市民(시민) 시내의 주민.
市場(시장) 장수들이 모이어 물건을 팔고 사고 하는 곳.

示 〔보일 시〕
보게함. 나타냄
exhibit · シ, ジ(しめす)
`一二亍示示`
示敎(시교) 보이어 가르침.
示滅(시멸) 시적(示寂).
示範(시범) 모범을 보임.
示言(시언) 명령의 말.
示威(시위) 위력이나 기세를 드러내 보임.

是 〔이 시〕 지시
〔바로잡을 시〕
this · ゼ(これ)
`旦早是是是`
是非(시비) 옳음과 그름.
是是非非(시시비비) 옳은 것을 옳다하고 그른 것을 그르다 함.
是認(시인) 옳다고 인정함.
是正(시정) 잘못된 것을 바로 잡음.

時 〔때 시〕
① 세월. ② 경기
time · ジ(とき)
`日 旷 旷 時 時`
時刻(시각) 시간의 한 점. 짧은 시간.
時間(시간) ① 때. ② 때와 때의 사이.
時期(시기) 정(定)한 때.
時機(시기) 기회(機會).
時報(시보) 때때로 알리는 보도.

屍 〔주검 시〕
송장
corpse · シ(しかばね)
`尸尸尸屍屍`
屍身(시신) 송장.
屍體(시체) 송장.
屍臭(시취) 시체가 썩는 내새. 송장 내새.
屍骸(시해) 시체.

施 〔베풀 시〕 ① 시행함
② 은혜를 베품
grant · シ(ほどこす)
`亠方施施施`
施療(시료) 무료로 치료해 줌.
施肥(시비) 논밭에 거름을 줌.
施舍(시사) 은덕을 베품.
施賞(시상) 상품을 줌.
施與(시여) 남에게 물건을 줌.

詩 〔시 시〕 운문의 한 체
poetry · シ
`主 訁 訃 詩 詩`
詩文(시문) 시와 글.
詩人(시인) 시를 잘 짓는 사람.
詩什(시집) 시의 열 편(篇).
詩篇(시편) ① 시의 제작. ② 시의 한 편.
詩學(시학) 시에 관한 학문.

試 〔시험할 시〕
test · シ(こころみる)
`主 言 訂 試 試`
試問(시문) 학력을 시험하여 물음.
試食(시식) 맛을 보기 위하여 먹어 봄.
試用(시용) 시험적으로 써봄.
試驗(시험) 학력을 필기나 구술을 시켜 알아 보는 일.

始 〔처음 시〕
시초. 근본
begin · シ(はじめ)
`乂 女 如 始 始`
始根(시근) 근본의 원인
始睹(시도) 처음 봄.
始作(시작) 처음으로 함.
始終(시종) 처음부터 끝까지. 줄곧. 항상.
始初(시초) 처음. 시원(始元).

矢 〔살 시〕
무기의 하나. 화살
arrow · シ(や)
`丿 ㇉ ⺊ 午 矢`
矢笴(시가·시간) 살대. 화살대.
矢口(시구) 입을 바르게 함.
矢言(시언) 맹세의 말.
矢鏃(시촉) 화살촉. 살촉.
矢石(시석) 화살과 쇠뇌로 발사하는 돌.

식

侍
〔모실 시〕 시중 듦
serve・ジ(はべる)
イ 仕 侍 侍

侍立 (시립) 좌우에 모시고 섬.
侍婢 (시비) 옆에서 시중드는 계집.
侍食 (시식) 웃어른들을 모시고 같이 음식(飮食)을 먹음. 배식(陪食)함.
侍飮 (시음) 웃어른을 모시고 같이 술을 마심.

式
〔법 식〕 규칙
rule・シキ
一 二 三 式 式

式法 (식법) 법(法).
式辭 (식사) 식장(式場)에서 그 식에 대하여 인사로 하는 말.
式序 (식서) 공(功)이 있어 등용함.
式場 (식장) 예식을 행하는 곳.

識
〔알 식〕
깨달음. 인지함
recognize・シキ
言 評 識 識 識

識見 (식견) 학식(學識)과 견문(見聞).
識別 (식별) 분별(分別)하여 앎.
識域 (식역) 인식의 범위.
識悟 (식오) 깨달아 아는 일.
識者 (식자) 식견(識見)이 있는 사람.

植
〔심을 식〕 재배함
〔세울 식〕 수립함
plant・ショク(うえる)
十 木 杧 植 植

植木 (식목) 나무를 심음. 심은 나무.
植物 (식물) 초목(草木)의 총칭.
植樹 (식수) 식목(植木).
植字 (식자) 인쇄소에서 활자(活字)를 가지고 원고대로 판(版)을 짬.

殖
〔번식할 식〕
〔늘릴 식〕
breed・ショク(ふえる)
歹 歼 殖 殖 殖

殖利 (식리) 이익을 늘림.
殖民 (식민) 국외의 미개지에 국내의 인민을 이주시켜 영주하게 하는 일.
殖産 (식산) ① 생산물을 불림. ② 재산을 불림.
繁殖 (번식) 불고 늘어서 많이 퍼짐.

視
〔볼 시〕
look at・シ(みる)
亠 ネ 礻 視 視

視力 (시력) 눈으로 물건을 볼 수 있는 힘.
視線 (시선) 눈이 가는 길.
視野 (시야) 시력(視力)의 미치는 범위.
視察 (시찰) 주의하여 봄. 살펴 봄.
視聽 (시청) 봄과 들음. 유의하여 보고 들음.

食
〔먹을 식〕
식사. 음식을 먹음
food・ショク(くう)
今 今 食 食 食

食氣 (사기) 밥. 밥의 기(氣).
食口 (식구) 한집에 살고 있는 사람.
食堂 (식당) 음식을 먹는 방.
食糧 (식량) 먹을 양식.
食事 (식사) 밥을 먹는 일.

飾
〔꾸밀 식〕
decorate・ショク(かざる)
今 食 食 飾 飾

飾辭 (식사) 겉만 꾸미어 하는 말.
飾說 (식설) 겉을 번드르르하게 꾸민 설(說).
飾讓 (식양) 겉으로 사양하는체 함.
飾言 (식언) 말을 번드르르하게 함.
飾裝 (식장) 치장(治裝)함.

息
〔숨 식〕 호흡
〔쉴 식〕 휴식
breathe・ソク(いき)
冂 自 息 息

息交 (식교) 남과 교제를 끊음.
息偃 (식언) 드러누워 쉼.
息停 (식정) 머물러 쉼. 휴식함.
息止 (식지) 그침. 멈춤.
息喘 (식천) 숨을 헐떡헐떡 쉼.

氏
〔씨 씨〕
family name・シ(うじ)
一 氏 氏

氏名 (씨명) 성명(姓名).
氏譜 (씨보) 씨족의 계보(系譜). 족보.
氏族 (씨족) ① 겨레. 족속(族屬). ② 원시사회에 있어서 공동의 조상을 가진 혈족단체(血族團體).

씨

신

身 [몸 신] body・シン(み)	申 [아뢸 신] 아룀. 사뢲 [보낼 신] 문서를 보냄 report・シン(もおす)
身邊(신변) 몸의 주위. 몸. 身分(신분) 개인의 사회적인 지위. 身數(신수) 한 몸의 운수(運數). 身長(신장) 키. 身體(신체) 사람의 몸.	申告(신고) 관청에 보고함. 申達(신달) 통지함. 申明(신명) 되풀이하여 설명함. 申報(신보) 알림. 또 통지. 申請(신청) 신고하여 청구함.

新 [새 신] 새로움 [새롭게 할 신] 혁신 new・シン(あたらし)	臣 [신하 신] subject・シン
新刊(신간) 책을 새로 간행함. 신간 서적. 新曲(신곡) 새로 지은 가곡(歌曲). 新年(신년) 새 해. 설. 新聞(신문) 새로운 소식. 新婦(신부) 처음으로 시집간 여자. 새색씨.	臣道(신도) 신하로서 마땅히 지켜야 할 도리. 臣僚(신료) 벼슬아치. 관료(官僚). 臣僕(신복) 신하와 종. 臣事(신사) 신하로서 섬김. 臣庶(신서) 신민(臣民).

辛 [매울 신] [괴로울 신] bitter・シン(からい)	信 [미쁠 신] 믿음성이 있음 faith・シン(まこと)
辛勤(신근) 고된 일을 맡아 부지런히 일함. 또 고된 근무. 辛艱(신간) 고생. 신고(辛苦). 辛苦(신고) 매운 맛과 쓴 맛. 辛烈(신렬) 대단히 신랄함.	信念(신념) 굳게 믿는 마음. 信徒(신도) 종교를 믿는 사람의 무리. 信賴(신뢰) 믿고 의뢰함. 信奉(신봉) 옳은 줄로 믿고 받듦. 信用(신용) 믿고 씀. 믿고 의심하지 아니함.

神 [귀신 신] God・シン(かみ)	迅 [빠를 신]
神技(신기) 신묘(神妙)한 기술(技術). 神奇(신기) 신묘(神妙)하고 기이함. 神明(신명) ① 하늘의 신령(神靈)과 땅의 신령. 신기(神祇). ② 사람의 마음. 神通(신통) 모든 것을 신기롭게 통달하는 일.	迅屆(신구) 세월이 빨리 감. 迅速(신속) 썩 빠름. 속(速)함. 迅雨(신우) 세차게 내리는 비. 소나기. 迅傳(신전) 속하게 전함.

伸 [펼] 넓게 함 extend・シン(のびる)	晨 [새벽 신] daybreak・シン(あした)
伸冤(신원) 가슴에 맺힌 원한을 풀어버림. 伸冤雪恥(신원설치) 원한을 풀고 치욕을 씻어 버림. 伸長(신장) 길게 뻗어남. 伸縮(신축) 퍼짐과 오그라짐. 늘어남과 줄어듦.	晨鷄(신계) 새벽에 우는 닭. 새벽을 알리는 닭. 晨光(신광) 아침 햇빛. 晨明(신명) 새벽. 여명(黎明). 晨報(신보) 조간신문.

실

〔애밸 신〕
잉태함
pregnant·シン(はらむ)
女 妊 妊 妊 娠
妊娠(임신) 아이를 뱀.

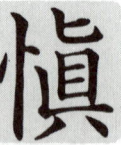
〔삼갈 신〕
신중히 함, 소중히 다룸
シン(つつしむ)
忄 忄 愼 愼 愼
愼謹(신근) 언행을 삼가고 조심함.
愼慮(신려) 신중히 고려함.
愼密(신밀) 신중히 하여 빈틈이 없음.
愼言(신언) 말을 삼감.
愼重(신중) 삼가고 조심함.

〔잃을 실〕
① 빠뜨림 ② 놓침
lose·シツ(うしなう)
丿 一 二 失 失
失權(실권) 권세를 잃음.
失禮(실례) 예의에 벗어남.
失手(실수) 잘못.
失意(실의) ① 기분이 좋지 아니함. ② 뜻을 잃음. 뜻을 펴지 못함.

〔집 실〕
room·シツ(むろ)
宀 宀 宋 宰 室
室內(실내) ① 방 안. ② 남의 아내의 일컬음.
室堂(실당) 집. 저택.
室廬(실려) 집. 가옥.
室人(실인) ① 집안 사람. ② 아내. ③ 시누이. 소고(小姑).

〔열매 실〕
〔참으로 실〕 진실
fruit·ジツ(み)
宀 宀 㝉 實 實
實果(실과) 먹을 수 있는 초목의 열매. 과실.
實例(실례) 실제로 있던 예. 사실의 예.
實務(실무) 실제의 사무.
實物(실물) 실지로 있는 물건.
實習(실습) 실지로 해보아 익힘.

〔마음 심〕
mind·シン(こころ)
心 心 心
心境(심경) 마음의 상태.
心氣(심기) 마음으로 느끼는 기분.
心慮(심려) 근심. 걱정.
心裏(심리) 마음 속. 심중(心中).
心服(심복) 충심으로 복종함.

심

甚
〔심할 심〕
〔무엇 심〕 「だ」
extremely·ジン(はなは)
卄 甘 其 甚 甚
甚口(심구) ① 큰 입. ② 달변(達辯).
甚難(심난) 썩 급함. 매우 급함.
甚深(심심) 대단히 깊음.
甚惡(심악) 성정(性情)이나 하는 짓이 몹시 악함.

〔깊을 심〕
deep·シン(ふかい)
氵 氵 深 深 深
深念(심념) 깊이 생각함.
深慮(심려) 깊은 생각.
深信(심신) 깊이 믿음.
深奧(심오) 깊고 오묘함.
深刻(심각) ① 깊이 새김. ② 대단히 엄함.

〔살필 심〕
〔자세히 심〕 상세하게
シン(つまびらか)
宀 宋 宋 審 審
審料(심료) 세밀히 헤아림.
審問(심문) 자세히 물어 조사함.
審詳(심상) 자세히 앎.
審正(심정) 자세하고 바름.
審判(심판) 일의 시비곡직을 판단함.

尋
〔찾을 심〕 탐색함
visit·ジン(たずねる)
コ ヨ ヨ 尋 尋
尋求(심구) 찾아 구함.
尋究(심구) 찾아 궁리함. 연구함.
尋問(심문) 물어 봄. 질문함.
尋訪(심방) 찾음. 방문함.
尋思(심사) 침착하게 생각함.

十 [열 십]
ten・ジュウ（とお）
一 十

十惡(십악) 은사(恩赦)의 특전을 베풀 수 없는 큰 죄 열 가지.
十襲(십습) 열겹으로 싼다는 뜻으로, 비장(秘藏)함을 이름.
十字街(십자가) 네거리.

兒 [아이 아]
어린 아이
child・ジ, ニ(こ)
丨 丨ㄱ 丨彐 臼 兒

兒女(아녀) 사내 아이와 계집아이. 또 아이. 아이들. 또 단지 계집아이의 뜻.
兒童(아동) 아이.
兒名(아명) 아이 때에 부르던 이름.
兒孩(아해) 아이.

我 [나 아] 자신
I ; we・ガ（われ）
二 千 手 我 我

我見(아견) ① 자기의 편협한 견해(見解). ② 제멋대로의 생각.
我國(아국) 우리 나라.
我邦(아방) 우리 나라.
我輩(아배) ① 우리들. ② 나. 자기.

牙 [어금니 아]
tooth・ガ（きば）
二 牙 牙

牙牙(아아) 어린아이가 말하는 귀여운 소리의 형용.
牙音(아음) 어금닛소리.
牙齒(아치) 어금니와 이.
牙塔(아탑) 상아(象牙)로 세공한 탑.

雅 [바를 아] 올바름, 정당하여 법도에 맞음
refined・ガ（みやびやか）
开 牙 邪 斑 雅

雅量(아량) 너그러운 도량(度量).
雅文(아문) 바른 학문. 또 문장.
雅美(아미) 우아하고 미려함.
雅調(아조) 고상한 음악의 가락.
雅號(아호) 문인・화가・학자 등의 호.

阿 [언덕 아] 구릉
ア（くま）
ㄱ 阝 阿 阿 阿

阿膠(아교) 동물의 가죽・뼈 등을 고아 굳힌 황갈색의 접착제(接着劑).
阿丘(아구) 한 쪽이 높은 언덕.
阿諂(아첨) 남의 환심(歡心)을 사기 위한 행동..

芽 [싹 아]
[싹틀 아] 새싹
sprout・ガ（め）
艹 艹 芏 芽 芽

芽接(아접) 접목법의 한 가지. 눈을 따서 접붙임.
萌芽(맹아) 새싹.
發芽(발아) 싹이 틈. 아생(芽生).

亞 [버금 아]
secondary・ア（つぎ）
ㄒ 邧 邧 邧 亞

亞歲(아세) 동지(冬至)의 별칭.
亞匹(아필) 필적할 만한 사람. 제배(儕輩)・동아리. 필아(匹亞).
亞獻(아헌) 제사(祭祀) 때 초헌(初獻)에 이어 잔을 올리는 일.

餓 [주릴 아]
대단히 굶주림
hunger・ガ（うえる）
食 飣 飵 餓 餓

餓鬼(아귀) ① 항상 굶주려서 얻어먹지 못하는 귀신. ② 탐욕이 많고 사나운 자의 비유.
餓狼(아랑) 굶주린 이리.
餓死(아사) 굶주려 죽음.

惡 [모질 악]
성품이 악함
bad・アク, オ（わるい）
ㄒ 邧 亞 惡 惡

惡念(악념) 나쁜 생각.
惡談(악담) 남을 나쁘게 되라고 저주하는 말.
惡黨(악당) 악(惡)한 도당(徒黨).
惡質(악질) 좋지 못한 바탕. 못되고 나쁜 성질. 또 그 사람.

岳 〔큰산 악〕
mountain・ガク(たけ)
ノ ㅑ 丘 乒 岳
岳頭(악두) 산꼭대기. 산정(山頂).
岳母(악모) 장모(丈母).
岳父(악부) 장인(丈人).
岳狩(악수) 한 지방을 지켜 악(惡)을 제거하고 죄(罪)를 침.

安 〔편안할 안〕① 마음이 편함 ② 위태롭지 않음
アン(やすらか)
丶 宀 灾 安 安
安堵(안도) 사는 곳에서 편안히 지냄.
安樂(안락) 마음과 기운이 편안하고 즐거움.
安否(안부) 편안하고 편안하지 아니함. 곧 기거(起居)의 상황(狀況).
安息(안식) 편안히 쉼.

案 〔안석 안〕
〔초안 안〕 초고
table・アン(つくえ)
宀 安 安 案 案
案件(안건) 토의하거나 취조할 사건.
案几(안궤) 책상(冊床).
案撫(안무) 어루만져 위로함. 안무.
案上(안상) 책상 위.
案出(안출) 생각하여 냄.

顏 〔얼굴 안〕
안색, 면목
face・ガン(かお)
产 彦 節 顏 顏
顏料(안료) ① 화장품. ② 도료. 물감.
顏面(안면) 얼굴.
顏貌(안모) 얼굴의 생김새.
顏色(안색) ① 얼굴에 나타나는 기색. 얼굴빛. ② 빛. 색채.

〔눈 안〕
〔볼 안〕
eye・ガン(め)
目 目「目ヨ眄 眼
眼角(안각) 눈 언저리.
眼鏡(안경) 유리 또는 돌알을 박아 눈 위에 쓰는 제구.
眼孔(안공) 눈구멍. 전(轉)하여 식견.
眼球(안구) 눈망울.

雁 〔기러기 안〕
wild-goose・ガン(かり)
厂 厂 厈 厈 雁
雁奴(안노) 기러기가 떼지어 잘 때 자지 않고 경계(警戒)하는 한 마리의 기러기.
雁語(안어) 기러기가 우는 소리.
雁影(안영) 기러기가 나는 그림자.
雁行(안행) 기러기가 줄지어 낢. 안진(雁陣).

岸 〔언덕 안〕 「뛰어남
〔뛰어날 안〕 인물이
shore・ガン(きし)

岸傑(안걸) 몸이 건장(健壯)함.
岸畔(안반) 언덕의 가. 물가.
岸壁(안벽) 벽과 같이 깎아지른 듯한 물가의 언덕. 물가의 낭떠러지.
岸邊(안변) 언덕의 가. 물가.

謁 〔명함 알〕
〔아뢸 알〕 사룀, 알림
visit a superior・エツ
言 評 謁 謁 謁
謁告(알고) 휴가를 청하여 고하고 돌아감.
謁聖(알성) 임금이 문묘(文廟)에 참배함.
謁刺(알자) 명함(名銜).
謁見(알현) 지위가 높은 사람에게 뵘.
謁候(알후) 웃어른을 가 뵙고 문안을 함.

〔어두울 암〕 ① 빛이 밝지 않음 ② 어리석음
dark・アン(くらい)
日 日 昤 暗 暗
暗殺(암살) 사람을 몰래 죽임.
暗室(암실) 광선이 들어오지 아니하는 어두운 방.
暗黑(암흑) ① 어두컴컴함. ② 공명정대하지 아니함. ③ 세상이 어지러움.

巖 〔바위 암〕
rock・ガン(いわお)
严 芦 嚴 巌 巖
巖窟(암굴) 바위에 뚫린 굴. 석굴.
巖盤(암반) 다른 바위 속으로 돌입하여 굳어진 불규칙한 대형의 바위.
巖石(암석) 바위. 암석.
巖阿(암아) 산골짜기.

암

岩 〔바위 **암**〕
巖의 속자
山 屵 屵 岩 岩
岩窟(암굴) 바위에 뚫린 굴. 석굴(石窟).
岩石(암석) 바윗돌.
岩礁(암초) 물속에 숨어 보이지 않는 바위.

癌 〔암 **암**〕
악성 종양의 한 가지
cancer · カン
厂 疒 疖 疸 癌
癌腫(암종) 암(癌).

압

壓 〔누를 **압**〕
press · アツ (おさえる)
厂 厌 厭 厭 壓
壓倒(압도) 눌러서 거꾸러뜨림.
壓迫(압박) 내리 누름.
壓紙(압지) 잉크나 먹물 따위를 마르기 전에 빨아 들이는 종이.
壓縮(압축) 눌러서 오그라뜨림.

押 〔수결 **압**〕
〔잡을 **압**〕
push · オウ (おす)
扌 扌 扣 担 押
押交(압교) 죄인을 압송하여 넘김.
押捺(압날) 도장을 찍음.
押署(압서) 도장을 찍고 이름을 씀.
押送(압송) 죄인을 잡아 보냄.
押收(압수) 관리가 인민의 재산을 몰수함.

앙

仰 〔우러러 볼 **앙**〕
adore · ギョウ (あおぐ)
亻 亻 亻 仰 仰
仰告(앙고) 우러러보고 여쭘.
仰騰(앙등) 물건 값이 많이 오름.
仰訴(앙소) 웃사람에게 하소연함.
仰天大笑(앙천대소) 하늘을 쳐다보고 크게 웃음.

央 〔가운데 **앙**〕 중앙, 중간
〔넓을 **앙**〕 광대한 모양
centre · オウ (なかば)
丶 冂 冂 央 央

央瀆(앙독) 통수로(通水路).
央央(앙앙) ① 넓은 모양. ② 선명한 모양.

殃 〔재앙 **앙**〕
〔해칠 **앙**〕 해를 끼침
misfortune · オウ

殃戮(앙륙) 천벌을 받아 죽음.
殃罰(앙벌) 하늘이 내리는 벌. 천벌.
殃災(앙재) 재앙.
殃敗(앙패) ① 재앙을 받음. ② 손상함.
殃禍(앙화) 죄악의 과보로 받는 재앙.

애

愛 〔사랑 **애**〕 귀애함
love · アイ
爫 㥯 悉 愛 愛
愛國(애국) 나라를 사랑함. 자기 나라를 위하여 진력함.
愛讀(애독) 즐겨 읽음.
愛撫(애무) 사랑하여 어루만짐.
愛心(애심) 사랑하는 마음.

哀 〔서러울 **애**〕 슬픔
grievous · アイ (あわれ)
亠 宀 宀 宁 哀 哀
哀哭(애곡) 슬프게 욺.
哀悼(애도) 사람의 죽음을 서러워함.
哀慕(애모) 죽은 사람을 슬퍼하며 사모함.
哀惜(애석) 슬퍼하고 아깝게 여김.
哀恨(애한) 애원.

涯 〔물가 **애**〕 수변
〔끝 **애**〕 맨 끝
shore · ガイ (みぎわ)

涯角(애각) 아주 먼 궁벽한 곳.
涯分(애분) 분수(分數).
涯岸(애안) ① 물가. ② 한(限). 한계.
涯坻(애지) 물가.
涯限(애한) 끝. 한(限). 한계.

암압앙애 / 105

액

液 〔즙 액〕
진액. 즙액
fluid・エキ(しる)
氵氵汁泞泞液
液庭(액정) 내전(內殿). 액정(掖庭).
液汁(액즙) 즙(汁).
液體(액체) 체적(體積)은 있으나 유동하는 물체. 물·기름 따위.
液化(액화) 기체 또는 고체가 액체로 변함.

搤 〔조를 액〕
손으로 조름
grasp・アク(とる)
搤搤搤搤搤
搤殺(액살) 목을 졸라 죽임.
搤腕(액완) 팔을 내감으며 벼름.
搤穴(액항) 목을 조름. 급소(急所)를 누름. 요충을 제압함.

厄 〔재앙 액〕 재액
misfortune・
ヤク(わざわい)
一厂厄
厄勤(액근) 재난으로 고생함.
厄年(액년) 운수가 사나운 해.
厄運(액운) 액을 당할 운수. 불운(不運).
厄災(액재) 재액. 재난.
厄禍(액화) 액으로 당하는 화.

額 〔이마 액〕 「분량
〔머릿수 액〕 일정한
forehead・ガク(ひたい)
宀宀客客額額
額畔(액반) 이마.
額手(액수) 이마에 손을 댄다는 뜻으로, 존경하여 우러러 보는 모양.
額數(액수) 돈 같은 것의 머릿수.
額字(액자) 현판에 쓴 큰 글자.

앵

鶯 〔꾀꼬리 앵〕
nightingale・オウ(うぐいす)
炏炏罃鶯鶯
鶯歌(앵가) 꾀꼬리 소리를 노래에 비유하여 이른 말.
鶯語(앵어) 꾀꼬리 소리. 앵성.
鶯花海(앵화해) 꾀꼬리가 울고 꽃이 만발하여 봄 경치가 한창인 때.

야

也 〔어조사 야〕
ヤ(なり)
乛丂也
也無妨(야무방) 별로 해로울 것 없음.

夜 〔밤 야〕
night・ヤ(よる)
亠疒疒夜夜
夜間(야간) 밤 사이. 밤 동안.
夜客(야객) 밤도둑.
夜更(야경) 밤이 이슥함.
夜營(야영) 밤중에 진영(陣營)을 침.
夜行(야행) ① 밤에 길을 감. 밤길. ② 야경

野 〔들 야〕 벌판
wild・ヤ(の)
日甲里野野
野談(야담) 야사(野史)의 이야기.
野黨(야당) 정당 정치에서 현 내각이나 행정부에 참여하지 아니한 정당.
野生(야생) 동식물이 들에서 자연히 생장함. 또 그 동식물.

耶 〔그런가 야〕 의문사
〔아버지 야〕
ヤ
厂耳耳耶耶
耶柱(야주) 간사(奸邪).
耶蘇敎(야소교) 예수교. 기독교.
耶孃(야양) 부모.

약

弱 〔약할 약〕
weak・ジャク(よわい)
乛弓弓弱弱
弱年(약년) 나이가 어림. 연소함.
弱劣(약렬) 약하고 용렬함. 약함.
弱小(약소) 약하고 작음.
弱者(약자) 약한 사람. 무력한 사람.
弱質(약질) 약한 체질. 또 그러한 사람.

양

若 〔같을 약〕 따름
like・ジャク
一 ナ サ 若 若

若干(약간) ① 몇. ② 얼마 되지 아니함.
若是(약시) 이와 같이.
若是若是(약시약시) 이러이러함.
若爲(약위) 여하와 같음.
若何(약하) 내하(奈何). 여하(如何).

約 〔묶을 약〕 결합함
〔맺을・간략할 약〕
about・ヤク(おおむね)
幺 糸 糽 約 約

約略(약략) 줄임. 생략함.
約素(약소) 검박하고 질소함.
約束(약속) ① 묶음. ② 상대자와 서로 언약 하여 정함. 또 그 언약.
約章(약장) 조약.

藥 〔약 약〕 병을 고치는데 효력이 있는 물건
drugs・ヤク(くすり)
苩 苭 蕐 藥 藥

藥局(약국) 약을 짓는 곳.
藥力(약력) 약의 힘. 약의 효험.
藥師(약사) 의사.
藥草(약초) 약재로 쓰는 풀.
藥品(약품) ① 약의 품질. ② 약제.

躍 〔뛸 약〕 ① 뛰어오름 ② 뛰어 넘음
skip・ヤク(おどる)
趵 趵 踊 躍 躍

躍動(약동) 생기있게 움직임.
躍升(약승) 뛰어 오름.
躍然(약연) 생기있게 뛰어노는 것 같은 모양.
躍進(약진) 앞으로 뛰어 나감. 빠르게 진보함.
躍出(약출) 뛰어 나옴.

羊 〔양 양〕 「것 ① 가축의 하나 ② 착한
sheep・ヨウ(ひつじ)
ソ ソ ニ 尹 羊

羊裘(양구) 양의 가죽으로 만든 옷.
羊頭狗肉(양두구육) 양의 대가리를 내어 걸고 는 개고기를 판다는 뜻.
羊肉(양육) 양의 고기.
羊齒(양치) 고사리.

洋 〔큰바다 양〕 대해
〔넓을 양〕 광대한 모양
ocean・ヨウ
氵 汙 洋 洋 洋

洋女(양녀) 서양의 여자.
洋普(양보) 광대하여 두루 미침.
洋食(양식) 서양식의 음식.
洋溢(양일) 넘침. 가득 차서 넘쳐 나옴. 널리 충만함.

養 〔기를 양〕 양육함, 성장시킴 bring up・ ヨウ(やしなう)
ヤ 羊 芙 養 養

養家(양가) 양자로 들어간 집.
養鷄(양계) 닭을 기름.
養女(양녀) 데려다 기른 딸. 수양딸.
養豚(양돈) 돼지를 기름.
養成(양성) 길러서 이루게 함.

揚 〔오를 양〕 위로 떠오름
〔날릴 양〕
raise・ヨウ(あげる)
扌 扩 押 揚 揚

揚揚(양양) 뜻을 이루어 만족한 모양. 득의 (得意)한 모양.
揚揚自得(양양자득) 뜻을 이루어 뽐내는 모양.
揚擲(양척) 들어 올려 던짐.
揚簸(양파) 까부름.

陽 〔양지 양〕
sun・ヨウ(ひ)
阝 阡 阳 陽 陽

陽炎(양염) 아지랭이.
陽地(양지) 남 쪽으로 향한 땅. 볕이 바로 드 는 땅. 양지쪽.
陽春(양춘) ① 따뜻한 봄. ② 은택・은혜 등 의 비유.

讓 〔겸손할 양〕
concede・
ジョウ(ゆずる)
訁 讓 讓 讓 讓

讓渡(양도) 남에게 넘겨 줌.
讓路(양로) 길을 남에게 사양함.
讓步(양보) 남에게 길을 비켜 주어 먼저 가게 함.
讓受(양수) 남에게서 넘겨 받음.

壤
[고운흙 양]
[땅 양] 대지
mould・ジョウ(つち)

𡈽 圹 壇 壤 壤

壤歌(양가) 땅을 두드리며 노래함. 태평성대를 구가(謳歌)함.
壤界(양계) 경계가 서로 접함.
壤奠(양전) 땅에서 난 제사에 쓰는 물건. 야채 따위.

孃
[어미 양] 모친
[계집 양] 소녀
virgin・ジョウ(むすめ)

女 婗 孃 孃 孃

貴孃(귀양) 미혼 처녀에 대한 존칭.
令孃(영양) 남을 대접하여 '그 딸'을 이르는 말.

樣
[본 양] ① 본보기, 양식 ② 형상
style・ヨウ(さま)

木 样 様 様 様

樣相(양상) 생김새. 모습. 모양.
樣式(양식) ① 꼴. 모양. 형상. ② 일정한 형식.
樣子(양자) ① 꼴. 형식. ② 본보기. 모범.
樣制(양제) 양식.

楊
[버들 양]
willow・ヨウ(やなぎ)

木 杠 杨 楊 楊

楊貴妃(양귀비) 양태진(楊太眞).
楊柳(양류) 버들. 버드나무.
楊隄(양제) 냇버들을 심은 둑.
楊枝(양지) ① 냇버들 가지. ② 이를 닦는 용구. 이쑤시개.

魚
[고기 어] 물고기
fish・ギョ(さかな)

ク 免 备 魚 魚

魚毒(어독) 어육(魚肉) 중에 있는 독.
魚卵(어란) 민어・숭어 등의 생선의 알.
魚物(어물) 생선을 말린 것.
魚缸(어항) 물고기를 기르는 데 쓰는 유리로 만든 항아리.

御
[부릴 어]
[모실 어] 시종함.
ギョ(おん)

彳 徉 徉 御 御

御駕(어가) 임금이 타는 수레.
御冬(어동) 겨울을 막을 준비.
御命(어명) 임금의 명령.
御前(어전) ① 존귀한 사람을 옆에서 모심. ② 임금이 있는 자리.

漁
[고기잡을 어]
fishing・ギョ(すなどる)

氵 沪 渔 漁 漁

漁罟(어고) 어망(漁網).
漁期(어기) 고기 잡는 시기.
漁磯(어기) 낚시터.
漁父(어부) 고기잡이. 어부(漁夫).
漁船(어선) 고기잡이 하는 배.

於
[어조사 어]
[슬을 오]
in・オ(おいて)

亠 方 扩 於 於

於是乎(어시호) 이에 있어서. 이제야.
於焉間(어언간) 어느덧. 어느 사이에.
於邑(오읍) 슬퍼서 기가 막히는 모양.
於乎(오호) 아아. 감탄하는 소리.
於皇(오황) 오호.

語
[말씀 어] ① 이야기 함. 담화 ② 의사를 발표함
words・ゴ(かたる)

言 訂 語 語 語

語句(어구) 말의 구절.
語鈍(어둔) 말이 둔함.
語塞(어색) 말이 막힘.
語源(어원) 낱말이 생겨난 역사적 근원.
語套(어투) 말버릇.

億
[억 억]
수의 단위
hundred million・オク

亻 侉 億 億 億

億劫(억겁) 무한히 긴 시간.
億萬(억만) 아주 많은 수.
億庶(억서) 많은 인민. 백성. 서민.
億兆(억조) 아주 많은 수. 많은 인민. 백성.
億測(억측) 자기 혼자 생각으로 추측함.

憶

〔기억할 억〕

recall・オク(おもう)

忄 忄 憶 憶 憶

憶起(억기) 지난 일을 생각하여 냄.
憶念(억념) 잊지 않고 항상 생각함.
憶想(억상) 생각함. 생각.

抑

〔누를 억〕 ① 힘으로 내리 밂 ② 막음

supress・ヨク(おさえる)

扌 扌 扣 抑 抑

抑留(억류) 억지로 머무르게 함. 억지로 자유를 구속함.
抑塞(억색) 눌러 막음.
抑壓(억압) 억지로 누름. 압제함.
抑鬱(억울) 죄가 없이 누명을 씀.

言

〔말씀 언〕 언어, 문자, 글자 speech・ゲン,ゴン(いう)

丶 ㄴ 言 言 言

言論(언론) ① 말이나 글로써 자기의 사상을 발표하는 일. ② 언쟁.
言文(언문) 말과 글. 언어와 문장.
言辯(언변) 말솜씨. 입담.
言語(언어) 말.

彦

〔선비 언〕

ゲン(ひこ)

亠 产 产 彦 彦

彦士(언사) 훌륭한 선비. 뛰어난 인물.
彦聖(언성) 뛰어나서 사리에 통달함. 또 그 사람.

焉

〔어찌 언〕 의문의 말

how・エン(いずくんぞ)

下 下 正 焉 焉

焉鳥(언오) 자형이 비슷하여 틀리기 쉬운 글자. 오언(烏焉).
焉哉乎也(언재호야) 넉 자가 다 문장에 쓰는 조자(助字).

嚴

〔엄할 엄〕 엄정함, 엄중, 엄숙함 solemn・ゲン,ゴン(おごそか)

严 严 嚴 嚴 嚴

嚴格(엄격) 언행이 엄숙하고 정당함.
嚴禁(엄금) 엄중하게 금함.
嚴命(엄명) 엄한 명령. 또 엄한 명령을 내림.
嚴肅(엄숙) 장엄하고 정숙함.
嚴寒(엄한) 혹독한 추위. 혹한.

業

〔업 업〕 일, 근무

bussiness・ギョウ

业 业 業 業 業

業力(업력) 사업을 힘쓰는 힘.
業務(업무) 생업의 일.
業績(업적) 공업. 공적.
業精於勤(업정어근) 학문은 부지런히 힘쓰면 힘쓸수록 진보함.

予

〔줄 여〕
〔나 여〕

I・ヨ(われ)

マ 了 予

予寧(여녕) 상(喪)을 입는 일. 상중에 있는 일.
子奪(여탈) 줌과 빼앗음.

余

〔나 여〕 자기
〔사월 여〕 음력 사월

I・ヨ(われ)

ノ 人 今 余 余

余等(여등) 우리들.
余月(여월) 음력 사월(四月)의 이칭(異稱).

餘

〔나머지 여〕 ① 여분 ② 그 밖의 것

remain・ヨ(あまる)

今 食 餘 餘 餘

餘白(여백) 글씨를 쓰고 남은 빈 자리.
餘分(여분) 나머지.
餘生(여생) 아직 붙어 있는 목숨. 이제부터 앞으로 남아 있는 목숨.
餘恨(여한) 나중까지 풀리지 아니하는 원한.

역

如 [같을 여] like·ジョ(ごとし) 女 女 如 如 如	汝 [너 여] you·ジョ(なんじ) ヽ ; 氵 汝 汝
如今(여금) 지금. 현재. 如常(여상) 늘 같음., 보통때와 같음. 如如(여여) 변하지 않는 모양. 如玉(여옥) 옥과 같이 아름다움. 如此(여차) 이러함.	汝南月旦(여남월단) 인물의 비평. 월단(月旦) 汝等(여등) 너희들. 汝輩(여배) 너희들. 汝曹(여조) 너희들

與 [더불 여] 더불어 함께 together·ヨ(あたえる) ⺽ ⺽ 卸 與 與	輿 [수레 여] palankeen·ヨ(こし) ⺽ 經 旦 輿 輿
與共(여공) 함께. 같이. 與國(여국) 동맹을 맺은 나라. 與黨(여당) 한 패. 정부에 편드는 정당. 與知(여지) 관여하여 앎. 與奪(여탈) 주었다 빼앗았다 하는 일.	輿論(여론) 사회 일반의 주장하는 의논. 輿梁(여량) 수레나 가마가 통행하는 교량. 輿丁(여정) 가마를 메는 사람. 輿志(여지) 지리 책. 輿地(여지) 만물을 실은 대지(大地).

 亦 [또한 역] 이것도 저것도 마찬가지로 also·エキ, ヤク(また) 亠 ナ ナ 亦 亦	易 [바꿀 역] 교환함 [쉬울 이] 용이함 exchange·エキ(かわる) 冖 日 見 易 易
亦是(역시) 또한. 마찬가지로.	易理(역리) 역(易)의 이치. 易數(역수) 역의 이치. 또는 변화. 易置(역치) 바꾸어 놓음. 易簡(이간) 간단하고 쉬움. 易直(이직) 간편함. 간이함.

逆 [거스를 역] ① 순조롭지 아니함 ② 반대 ギャク(さからう) ⺌ 屰 屰 逆 逆	譯 [번역할 역] [풀이할 역] interpret·ヤク(やくす) 言 訳 譯 譯 譯
逆境(역경) 모든 일이 뜻대로 되어 가지 아니하는 불행한 경우. 逆流(역류) ① 물을 거슬러 올라감. ② 물이 거슬러 흐름. 逆謀(역모) 반역을 꾀함.	譯官(역관) 통역관. 또는 번역관. 譯讀(역독) 번역하여 읽음. 또 해석하여 읽음. 譯書(역서) 번역한 책. 譯註(역주) 원문을 번역하고 또 주해를 붙임. 譯解(역해) 원문을 번역하고 또 풀이함.

 驛 [역말 역] 교통 통신 등의 편리를 도모하는 곳 post house·エキ ⺁ 馬 馬 驛 驛	役 [일 역] work·エキ(やく) 彳 彳 役 役 役
驛館(역관) 역참(驛站)의 객사. 驛路(역로) 역참으로 통하는 길. 여행하는 길. 驛馬(역마) 역참에서 쓰는 말. 驛長(역장) ① 역참의 장. ② 정거장의 장. 驛傳(역전) ① 역마. ② 역체.	役徒(역도) 인부. 역부. 役夫(역부) ① 일군. 인부. ② 남을 천히 여겨 부르는 말. 役屬(역속) ① 남의 밑에서 일함. ② 지배 당함.

110 / 여 역

疫 〔돌림병 **역**〕 전염병 エキ 一广疒疒疫 疫癘(역려) 역병(疫病). 疫痢(역리) 악성이고 급성인 이질병. 주로 소아가 걸림. 疫病(역병) 전염성의 열병. 疫疾(역질) 천연두.	**域** 〔지경 **역**〕 토지의 경계 boundary・イキ(さかい) 土圹域域域 域外(역외) ① 구역 밖. ② 범위 밖. ③ 외국. 域外之議(역외지의) 범속(凡俗)을 벗어난 의견. 탁견(卓見). 域中(역중) 구역의 안. 세계.
然 〔허락할 **연**〕 마음을 허락함 ゼン ク タ 外 然 然 然諾(연낙) 승낙함. 然否(연부) 그러함과 그렇지 아니 함. 然而(연이) 그러나. 然贊(연찬) 그렇다고 찬성함. 然許(연허) 허락함.	**煙** 〔연기 **연**〕 물건이 탈 때 일어나는 기체 smoke・エン(けむり) 火 炉 炉 煙 煙 煙景(연경) 아지랭이가 낀 경치. 봄경치. 煙氣(연기) 물건이 불에 탈 때 일어나는 흐릿한 기운. 煙突(연돌) 굴뚝. 煙霧(연무) 연기와 안개.
沿 〔좇을 **연**〕 따름, 인함 go along・エン(そう) 氵 氵 汧 沿 沿 沿道(연도) 큰 길가에 있는 지역. 沿邊(연변) 국경・강・도로 등에 인접한 지역. 沿線(연선) 철도 선로를 따라서 인접하여 있는 지역. 沿習(연습) 옛날부터 내려오는 습관.	**研** 〔갈 **연**〕 연마함, 연구함 polish・ゲン(みがく) 石 石 矸 研 研 研考(연고) 상고하고 생각함. 고구. 研攻(연공) 연구. 研究(연구) 상고하고 궁구함. 研鍊(연련) 갈고 단련함. 힘써 닦음. 研摩(연마) 갈고 닦음. 힘써 닦음.
硯 〔벼루 **연**〕 먹을 가는 그릇 ケン(すずり) 石 矴 矴 硯 硯 硯蓋(연개) 벼루의 뚜껑. 硯臺(연대) 벼루. 硯石(연석) 벼룻돌. 硯水(연수) ① 벼룻물. ② 연적(硯滴). 硯池(연지) 벼루에 먹물이 담기는 오목한 곳.	**延** 〔끝 **연**〕 시간을 미룸 〔늘일 **연**〕 길게 함 delay・エン(ひく) 丿 千 正 延 延 延期(연기) 기한(期限)을 물림. 延命(연명) 수명을 늘임. 오래 삶. 장수(長壽)함. 延續(연속) 길게 계속하여 끊이지 아니함. 延延(연연) 길게 잇닿은 모양.
燃 〔탈 **연**〕 불에 탐, 불사름 burn・ネン(もえる) 火 炒 燃 燃 燃 燃眉(연미) 눈썹이 탐. 타는 눈썹. 아주 절박한 경우의 비유. 燃放(연방) 발포(發砲)함. 燃犀(연서) 어두운 곳을 밝게 비춤. 燃燒(연소) 탐. 불탐.	**燕** 〔제비 **연**〕 〔편안할 **연**〕 swallow・エン(つばめ) 艹 莒 莊 菰 燕 燕息(연식) 편안히 쉼. 燕娛(연오) 한가로이 즐김. 燕子(연자) 제비. 燕休(연휴) 편안히 쉼. 연식(燕息). 燕喜(연희) 주연을 베풀고 기뻐함.

[넘칠 연] 넘쳐 흐름
[퍼질 연]
spread・エン
衍衍衍衍衍
衍蔓(연만) 널리 뻗어서 퍼짐.
衍文(연문) 글월 가운데 쓸데 없이 끼인 글.
衍釋(연역) 의미를 널리 해석하여 밝힘.
衍沃(연옥) 비옥한 평지.
衍義(연의) 의미를 널리 해설함.

[납 연]
lead・エン(なまり)
鈆鈆鈆鈆鈆
鉛鑛(연광) 납을 파내는 광(鑛).
鉛刀(연도) 무딘 칼. 둔도(鈍刀).
鉛毒(연독) 납의 중독. 또 분의 독
鉛筆(연필) 연분(鉛粉)을 쓰는 붓.
鉛汞(연홍) 납과 수은(水銀).

[부드러울 연] 연함
[약할 연]
soft・ナン(やわらか)
車車軟軟軟
軟膏(연고) 고약의 일종. 기름을 넣어 부드럽게 만든 고약.
軟骨(연골) 여린 뼈.
軟肌(연기) 부드러운 살결.
軟弱(연약) 몸이나 의지가 약함.

[잔치 연] 주연
[즐길 연]
banquet・エン(さかもり)
宀宀宣宴宴
宴歌(연가) ① 연회를 차리고 노래하며 즐거워함. ② 연회 때에 부르는 노래.
宴席(연석) 잔치하는 자리.
宴息(연식) 편안히 쉼.
宴娛(연애) 즐겁게 희롱하며 놂.

[가 연]
[인연 연]
affinity・エン
糸紆絳緣緣
緣家(연가) ① 친척 집. 일가. ② 인척.
緣界(연계) 가. 경계.
緣故(연고) 까닭. 이유. 사유.
緣由(연유) 까닭. 사유. 유래.
緣因(연인) 까닭. 사유. 유래.

[펼 연] 널리 폄
[행할 연]
extend・エン(のべる)
氵氵沛演演
演技(연기) 기예를 행함. 또 그 기예.
演武(연무) 무예를 행함. 무예를 연습함.
演習(연습) 배워 익힘.
演奏(연주) 음악을 아룀. 주악.
演出(연출) 각본을 상연함.

열

[열 열]
hot・ネツ(あつい)
扌刲執熱熱
熱烈(열렬) ① 권세가 대단함. ② 열심의 정도가 맹렬함.
熱望(열망) 열심히 바람. 열렬히 바람.
熱誠(열성) 열렬한 정성.
熱心(열심) 사물에 깊이 마음을 쏟음.

[기뻐할 열] 즐거워함
[기쁨 열] 희열
glad・エツ(よろこぶ)
忄忄忄忄悅
悅勸(열권) 기뻐하여 복종함.
悅樂(열락) 기뻐하고 즐거워함.
悅愛(열애) 기뻐하고 사랑함.
悅好(열호) 기뻐하고 좋아함.
悅喜(열희) 기뻐함.

[점고할 열]
[지낼・겪을 열]
examine・エツ(けみす)
丨尸門閱閱
閱年(열년) 일년 이상이 걸림.
閱讀(열독) 열람(閱覽).
閱覽(열람) 내리 훑어 봄. 조사하여 봄.
閱兵(열병) 군사를 점열 함.
閱人(열인) 사람을 많이 겪어 봄.

염

[더울 염] 뜨거움
[탈 염] 불탐
flame・エン(ほのお)
丷火炎炎炎
炎氣(염기) 더위.
炎溽(염욕) 무더움.
炎飇(염표) 여름의 더운 바람.
炎旱(염한) 가뭄. 가물음.
炎赫(염혁) 대단히 더움. 찌는 듯이 더움.

112 / 연 열 염

 〔물들일 염〕 ① 염색함 ② 감화되어 몸에 뱀
dye・セン(そめる)
シ シ 沈 染 染
染工(염공) 염색하는 직공.
染料(염료) 물감.
染色(염색) 피륙 따위에 물을 들임.
染俗(염속) 세속의 풍조에 물듦.
染習(염습) 습관.

 〔싫을 염〕
〔덮을 엄〕
エン(あきる)
厂 戸 肩 厭 厭
厭世(염세) 세상을 괴롭고 하찮게 여김.
厭症(염증) 싫증.
厭然(염연) 덮어서 숨기는 모양.

 〔소금 염〕
salt・エン(しお)
丨 臣 臨 臨 鹽
鹽基(염기) 산(酸)을 중화하여 염이 생기게 하는 수산화물.
鹽分(염분) 소금의 기운.
鹽酸(염산) 염화(鹽化) 수소가 물에 녹은 것.
鹽田(염전) 염밭.

 〔잎 엽〕
leaf・ヨウ(は)
艹 꿔 꿔 葦 葉
葉綠素(엽록소) 엽육(葉肉)속에 있는 녹색의 물질.
葉書(엽서) 우편 엽서.
葉錢(엽전) 둥글고 가운데에 구멍이 뚫린 옛날 돈.

 〔길 영〕 ① 거리가 긺
② 시간이 긺
eternal・エイ(ながい)
丶 亍 汀 永 永
永劫(영겁) 지극히 긴 세월.
永久(영구) 길고 오램. 세월이 한없이 계속됨.
永生(영생) 장수. 장생.
永續(영속) 오래 계속함. 영구히 계속함.
永永(영영) 길이길이. 영구히.

 〔꽃 영〕
〔빼어날 영〕
エイ
十 艹 苎 英 英
英傑(영걸) 영준호걸(英俊豪傑).
英物(영물) 뛰어난 인재.
英雄(영웅) 재능과 담력이 탁월한 인물.
英特(영특) 결출함.
英華(영화) 아름다운 심정이 외부에 나타난 것.

 〔맞이할 영〕 맞아 들임
〔마중할 영〕 마중 나감
ゲイ(むかえる)
丶 卩 印 迎 迎
迎年(영년) 새해를 맞이함.
迎謁(영알) 마중나가 뵘.
迎意(영의) 남의 마음을 살펴서 그 뜻에 맞도록 함.
迎接(영접) 손님을 맞아 응접함.

 〔찰 영〕 충만함
〔남을 영〕
full・エイ(みちる)
乃 及 夃 盈 盈
盈肥(영비) 포동포동 살찜.
盈滿(영만) ① 가득 참. ② 부귀권세 등이 극성함.
盈厭(영염) 충족함. 만족함.
盈月(영월) 둥근 달. 만월.

〔옥빛 영〕
エイ
王 玗 珤 瑛 瑛
瑛琚(영거) 몸에 차는 옥. 패옥(佩玉).
瑛瑤(영요) 사람됨이 옥과 같이 훌륭하다는 뜻.

〔영화 영〕 영달
〔번영할 영〕 번성함
glory・エイ(さかえる)
丷 炏 炏 榮 榮
榮譽(영예) 영광스러운 명예.
榮位(영위) 영광스러운 지위.
榮轉(영전) 좋은 지위나 높은 지위로 옮김.
榮華(영화) ① 초목이 무성함. ② 몸이 귀하게 되어서 이름이 남.

〔헤엄 영〕
수영
swim・エイ(すよぐ)
氵氵沁泳泳

水泳(수영) 헤엄.
遠泳(원영) 장거리를 헤엄치는 일.

〔읊을 영〕 소리를 길
게 빼어 시가를 노래함
sing・エイ
言言訪詠詠

詠史(영사) 사실(史實)을 주제로 하여 시가를 지음. 또 그 시가.
詠吟(영음) 읊음. 노래함.
詠歎(영탄) ① 목소리를 길게 빼어서 읊음.
② 읊어 칭찬함.

〔경영할 영〕
가업을 영위함
manage・エイ(いとなむ)
𦥑炏榮營營

營療(영료) 병을 다스림. 치료함.
營利(영리) 돈벌이.
營養(영양) 생물이 양분을 섭취하여 생명을 유지하는 일.
營業(영업) 생활과 영리를 위하여 사업을 함.

〔비칠 영〕
광선이 반사함
reflect・エイ(うつる)
冂日旳旳映

映帶(영대) 서로 비침.
映射(영사) 광선이 반사함.
映寫(영사) 환등(幻燈)이나 영화를 상영함.
映彩(영채) 환하게 빛나는 채색.
映畫(영화) 활동사진.

〔그림자 영〕
〔화상 영〕 초상
shadow・エイ(かげ)
日봄昃景影

影燈(영등) 주마등(走馬燈).
影寫(영사) 글씨・그림 등을 밑에 받쳐 놓고 그 위에 덧 그림.
影像(영상) 화상(畫像).
影幀(영정) 초상을 그린 족자(簇子).

〔재주 예〕 ① 재능
② 학문 또는 기술
art・ゲイ
艹蓺蓺藝藝

藝能(예능) 예술과 기능.
藝術(예술) ① 기예와 학술. ② 미를 표현하는 수단. 미술.
藝苑(예원) 전적(典籍)이 많이 모인 곳.
藝祖(예조) 문덕(文德)이 있는 조상(祖上).

예

〔미리 예〕 사전에
before hand・
ヨ(あらかじめ)
予豫豫豫豫

豫期(예기) 앞으로 당할 일에 대하여 미리 기대함.
豫賣(예매) 미리 값을 쳐서 팖.
豫想(예상) 어떠한 일을 당하기 전에 미리 생각함.

〔날카로울 예〕 끝이
뾰죽하거나 날이 서있음
エイ(するどい)
矛金釒釩鋭

鋭氣(예기) 성질이 굳세어 남에게 지지 아니하는 날카로운 기운.
鋭利(예리) 두뇌나 칼날이 날카로움.
鋭敏(예민) 날쌔고 민첩함.
鋭意(예의) 마음을 단단히 차려 힘써 함.

〔명예 예〕
좋은 평판, 명성
praise・ヨ(ほまれ)
卬卹鼡與譽

譽望(예망) 명예와 인망.
譽聞(예문) 명예. 명성.
譽兒癖(예아벽) 자기 자식을 칭찬하는 버릇.
譽言(예언) 칭찬하는 말.
譽歎(예탄) 칭찬함. 찬탄함.

〔물가 예〕
ゼイ
艹芢芮芮芮

芮芮(예예) ① 풀이 뾰죽뾰죽 나는 모양. ② 나라 이름. 오랑캐의 일종.

五 [다섯 오]

five・ゴ(いつつ)
一 丆 五

五更(오경) ① 경험을 많이 쌓은 장로. ② 오야(五夜).
五果(오과) 다섯 종류의 과실. 곧 오얏·살구·대추·복숭아·밤.
五極(오극) 사람이 행하여야 할 가장 착한 일.

悟 [깨달을 오]

이치를 알아냄
comprehand・ゴ(さとる)
丨 忄 忊 悟 悟

悟覺(오각) 깨달음.
悟了(오료) 모두 깨달음.
悟禪(오선) 불교의 묘리를 깨달음.
悟悅(오열) 깨닫고 기뻐함.
悟悔(오회) 지난 잘못을 깨닫고 뉘우침.

誤 [그릇할 오]

잘못을 저지름
mistake・ゴ(あやまる)
言 訒 誤 誤 誤

誤計(오계) 잘못된 계획. 잘못된 꾀.
誤謬(오류) 이치에 틀림. 과오. 착오.
誤算(오산) 잘못 계산함.
誤認(오인) 그릇 인정함. 잘못 앎.
誤脫(오탈) 글자를 잘못 베끼거나 빠뜨림.

嗚 [탄식할 오]

alas・オ, ウ(ああ)
叱 叱 吘 嗚 嗚

嗚唖(오액) 웃는 소리. 웃는 모양.
嗚咽(오열) 목이 메어 욺.
嗚嗚(오오) 노래를 부르는 소리.
嗚唈(오읍) 흐느껴 욺.
嗚呼(오호) 슬플 때나 탄식할 때 내는 소리.

娛 [즐거워 할 오] [기뻐할 어]

amuse・ゴ(たのしむ)
女 妒 妈 娛 娛

娛樂(오락) 재미있게 노는 일.
娛娛(오오) 즐거워하는 모양.
娛遊(오유) 즐거이 놂.
娛適(오적) 즐거워하고 기뻐함.
娛嬉(오희) 즐거워하고 기뻐함.

吾 [나 오] 자기를 일컬음 [우리 오]

I・ゴ(われ)
一 丆 五 吾 吾

吾等(오등) 우리들.
吾輩(오배) ① 우리들. ② 나.
吾人(오인) ① 우리. 우리들 ② 나. 자기.
吾兄(오형) 내 형이라는 뜻으로, 친한 벗의 경칭.

午 [낮 오]

주간
noon・ゴ(ひる)
丿 一 二 午

午飯(오반) 점심. 주식.
午上(오상) 오전.
午睡(오수) 낮잠.
午時(오시) ① 오전 열한 시부터 오후 한 시까지의 시간. ② 낮.

污 [더러울 오] ① 불결 ② 마음과 행실이 더러움

dirty・オ(けがす)
丶 氵 汀 汙 污

污壞(오괴) 오손(污損)하고 파괴함.
污吏(오리) 청렴하지 못한 벼슬 아치.
污物(오물) 더러운 물건.
污染(오염) 더럽힘. 또 더러워짐.
污點(오점) ① 때. ② 흠. 결점.

烏 [검을 오] 흑색 [까마귀 오]

crow・ウ(からす)
丿 广 乌 烏 烏

烏銅(오동) 검은 빛이 나는 구리.
烏頭白(오두백) 있을 수 없는 무리한 일.
烏髮(오발) 검은 머리. 흑발.
烏銀(오은) 숯. 목탄(木炭).
烏鵲(오작) 까막까치.

傲 [거만할 오] 교만함

proud・ゴウ(おごる)
亻 侟 倣 傲 傲

傲慢(오만) 거드럭거림. 교만함.
傲視(오시) 오만하여 남을 깔봄.
傲岸(오안) 오만하여 남에게 굽히지 아니함.
傲頑(오완) 오만하고 완고함.
傲虐(오학) 오만하고 남을 학대함.

 [벽오동나무 오] [책상 오] 서안 paulownia・ゴ(あすぎり) 梧檟(오가) 벽오동나무와 개오동나무. 모두 좋은 재목. 梧桐(오동) 벽오동나무. 梧右(오우) 책상 오른 쪽이라는 뜻으로, 편지에서 수신인의 이름 밑에 쓰는 말.	 [구슬 옥] 아름다운 돌 gem・ギョク(たま) 玉女(옥녀) ① 미녀. ② 남의 딸의 경칭. 玉步(옥보) 부인 또는 귀인의 걸음. 玉色(옥색) 약간 파르스름한 빛깔. 玉書(옥서) ① 신선이 전한 책. ② 남의 편지의 경칭.
 [물댈 옥] 관개함 [성할 옥] 무성함 fertile・ヨク(こえる) 沃美(옥미) 땅이 걸차 작물이 잘됨. 沃野(옥야) 기름진 들. 沃饒(옥요) 땅이 비옥하고 물자가 넉넉함. 沃地(옥지) 옥토. 沃土(옥토) 기름진 땅.	 [집 옥] 주거, 건물 [지붕 옥] house・オク(や) 屋梁(옥량) 지붕. 屋脊(옥척) 용마루. 屋舍(옥사) 집. 가옥. 屋上(옥상) 지붕 위. 屋外(옥외) 집 밖. 한데.
 [옥 옥] 감옥 [죄 옥] 죄악, 죄상 prison・ゴク 獄死(옥사) 죄인이 옥에서 죽음. 獄舍(옥사) 감옥. 옥. 獄囚(옥수) 옥(獄)에 갇힌 죄수(罪囚). 獄則(옥칙) 옥의 규칙. 獄刑(옥형) 재판.	 [따뜻할 온] 온난함 warm・オン(あたたか) 溫氣(온기) 따뜻한 기운. 溫暖(온난) 따뜻함. 또 따뜻한 날씨. 溫冷(온랭) 따뜻함과 참. 溫水(온수) 따뜻한 물. 溫雅(온아) 온화하고 아담함.
穩 [안온할 온] 편안함 calm・オン(おだやか) 穩健(온건) 온당하고 건실함. 穩當(온당) ① 안온함. ② 사리에 어그러지지 않고 알맞음. 穩宿(온숙) 편안하게 함. 穩穩(온온) 평온한 모양. 편안한 모양.	翁 [늙은이 옹] 노인의 존칭 old man・オウ(おきな) 翁嫗(옹구) 옹온(翁媼). 翁仲(옹중) 진(秦) 나라의 거인(巨人) 원옹중을 이름. 翁媼(옹온) 늙은 남자와 늙은 여자. 翁主(옹주) 제왕 또는 제후의 딸.
瓦 [기와 와] [질그릇 와] tile・ガ(かわら) 瓦家(와가) 기와집. 瓦豆(와두) 토제(土製)의 굽이 달린 제기. 瓦溝(와구) 낙숫물을 받는 홈통. 瓦裂(와열) 기와가 깨지듯이 산산조각이 남. 瓦盞(와잔) 토제(土製)의 잔(盞).	臥 [누울 와] [쉴 와] 휴식함 lie down・ガ(ふす) 臥具(와구) 침구. 臥病(와병) 병으로 누움. 臥床(와상) 침상. 침대. 臥治(와치) 자면서 다스린다는 뜻으로, 힘쓰지 않고 다스림.

완

完
[완전할 완]
[끝날 완] 일이 완결됨
カン(まったい)
丶 宀 宀 宀 完
完決(완결) 완전하게 끝을 맺음.
完納(완납) 죄다 바침.
完了(완료) 끝이 남. 마침.
完成(완성) 완전하게 성취함. 죄다 이룸.
完遂(완수) 목적을 완전히 이룸.

緩
[느릴 완] 더딤, 둔함, 바쁘지 아니함
loose・カン(ゆるい)
糹 絆 紓 緩 緩
緩急(완급) 느림과 급함. 늦음과 빠름.
緩慢(완만) 느릿느릿함.
緩步(완보) 천천히 걸음.
緩行(완행) 느리게 다님.
緩和(완화) 급박한 것을 느슨하게 함.

玩
[장난할 완]
[익힐 완] 익숙해짐
ガン(もてあそぶ)
一 T 王 玗 玡 玩
玩具(완구) 장난감.
玩讀(완독) 글뜻을 깊이 생각하며 읽음.
玩味(완미) ① 음식을 잘 씹어서 맛 봄. ② 시문(詩文) 등의 의미를 잘 음미함.
玩詠(완영) 음미하며 읊음.

왈

曰
[가로되 왈] 말하되
[이를 왈] 일컬음
speak・エツ(いわく)
丨 冂 曰 曰
曰可曰否(왈가왈부) 어떤 일에 좋거니 좋지 않거니 하고 말함.
曰若(왈약) 말을 시작할 때 별 뜻 없이 하는 말.

왕

王
[임금 왕]
① 군주 ② 우두머리
king・オウ(きみ)
一 T 干 王
王家(왕가) 제왕의 집안. 왕실.
王冠(왕관) 임금이 쓰는 관.
王妃(왕비) 왕의 아내.
王子(왕자) 제왕의 아들.
王座(왕좌) 임금이 앉는 자리.

往
[갈 왕]
가버림, 떠남
go・オウ(ゆく)
丿 彳 彳 彳 往 往
往答(왕답) 이쪽에서 가면 저쪽에서 답례로 옴. 서로 왕래함.
往復(왕복) 감과 돌아옴. 갔다가 돌아옴.
往往(왕왕) 가끔. 때때로.
往診(왕진) 의사가 환자 집에 가서 진찰함.

旺
[고울 왕] 아름다움
[성할 왕] 왕성함
vigorous・オウ(さかん)
日 日 旺 旺 旺
旺盛(왕성) 사물이 성함.
旺運(왕운) 왕성한 운수.

외

外
[밖 외]

outside・ガイ(そと)
丿 ク 夕 外 外
外家(외가) 어머니의 친정.
外殼(외각) 겉 껍질.
外部(외부) 바깥. 거죽.
外觀(외관) 겉으로의 볼품. 바깥 모양.
外國(외국) 자기 나라 이외의 나라.

畏
[두려워할 외]
① 경외함 ② 무서워함
awe・イ(おそれる)
日 田 甼 畏 畏
畏怯(외겁) 두려워하여 겁냄.
畏敬(외경) 어려워하고 공경함.
畏途(외도) 험준하여 몹시 위태로운 길.
畏服(외복) 두려워하여 복종함.
畏縮(외축) 두려워하여 몸을 움추림.

요

要
[구할 요] 요구함
[요할 요] 필수로 함
important・ヨウ
一 襾 襾 要 要
要件(요건) 요긴한 일. 긴요한 조건.
要求(요구) 달라고 청함.
要緊(요긴) 중요하고도 긴함.
要望(요망) 꼭 그리하여 주기를 바람.
要點(요점) 중요한 점.

[허리 요]
waist・ヨウ(こし)
月 胛 脾 腰 腰
腰間(요간) 허리의 둘레.
腰劍(요검) 칼을 허리에 참. 또 그 칼.
腰斬(요참) 허리를 자르는 형벌.
腰痛(요통) 허리가 아픈 병.
腰下(요하) 허리 근처.

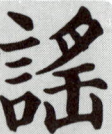
[노래할 요] 악기의 반주 없이 노래함
ballad・ヨウ(うたい)
言 訁 訟 謠 謠
謠歌(요가) 가요.
謠俗(요속) 세간의 풍속.
謠言(요언) 유행가의 말. 세상의 풍설.
謠詠(요영) 노래함. 또 노래.
謠吟(요음) 요영(謠詠).

遙
[멀 요]
distant・ヨウ(はるか)
爫 名 㕚 遙 遙
遙望(요망) 멀리서 바라봄.
遙碧(요벽) 멀리 보이는 푸른 하늘.
遙昔(요석) 먼 옛날.
遙囑(요촉) 멀리 바라봄. 먼 곳에서 봄.
遙度(요탁) 먼 곳에서 남의 마음을 헤아림.

[흔들릴 요] ① 요동함
② 인심이 흔들려 소란함
shake・ヨウ(ゆれる)
扌 扩 抨 揺 搖
搖動(요동) 흔들림. 또 흔듦. 동요.
搖籃(요람) 젖먹이 어린애를 누이거나 앉히고 흔드는 작은 채롱.
搖揚(요양) 흔들리어 날림. 또 흔들어 날림.
搖車(요차) 동차(童車). 유모차.

曜
[빛 요]
[빛날 요]
dazzle・ヨウ(ひかる)
日 日ヲ 瞬 瞬 曜
曜靈(요령) 태양의 별칭.
曜魄(요백) 북두성(北斗星)의 별칭.
曜曜(요요) 빛나는 모양.
曜煜(요욱) 빛남. 광휘를 발함.

窯
[가마 요]
[오지그릇 요] 도기
kiln・ヨウ(かま)
宀 究 窑 窑 窯
窯寥(요료) 적적함. 쓸쓸함.
窯業(요업) 질그릇・사기・벽돌 등을 만드는 직업.
窯戶(요호) 요업(窯業)에 종사하는 사람. 또 그 집.

욕

[바랄 욕]
원함
desire・ヨク(ほっする)
欠 𠔃 谷 欲 欲
欲求(욕구) 바람. 구함. 탐냄.
欲望(욕망) 바람. 원함. 탐냄.
欲心(욕심) 탐내는 마음.
欲情(욕정) 애욕의 마음. 색정.
欲火(욕화) 불 같은 욕심.

[목욕할 욕]
bathe・ヨク(あびる)
氵 沙 浴 浴 浴
浴器(욕기) 목욕하는 그릇.
浴室(욕실) 목욕통의 설비가 있는 방.
浴餘(욕여) 욕후(浴後).
浴槽(욕조) 목욕통.
浴湯(욕탕) 목욕탕.

[탐낼 욕]
탐함
greed・ヨク(むさぼる)
欠 𠔃 欲 欲 慾
慾望(욕망) 무엇을 하거나 가지고자 함.
慾心(욕심) 탐내는 마음.
慾情(욕정) ① 충동으로 일어나는 욕심.
② 애욕의 욕심. 색정.
慾火(욕화) 불 같은 욕심.

[욕보일 욕] 수치를 당하게 함 disgrace・ジョク(はずかしめる)
辰 辰 辰 辱 辱
辱交(욕교) 욕지(辱知).
辱友(욕우) 욕지(辱知).
辱在(욕재) 영락(零落)하여 부끄러운 처지에 놓임.

용

用 〔쓸 용〕
use・ヨウ(もちいる)

用具(용구) 쓰는 기구. 용구.
用度(용도) 드는 비용. 씀씀이.
用法(용법) 쓰는 법.
用語(용어) 사용하는 언어. 쓰는 말.
用紙(용지) 어떤 일에 쓰는 종이.

勇 〔날랠 용〕 「있음
〔용감할 용〕 용기가
brave・ユウ(いさましい)

勇敢(용감) 씩씩하고 과단성이 있음.
勇氣(용기) 씩씩하고 굳센 기운.
勇猛(용맹) 날래고 사나움.
勇士(용사) 용감한 사람.
勇將(용장) 용감한 장수.

容 〔얼굴 용〕
용모, 모양
accept・ヨウ(いれる)

容貌(용모) 사람의 얼굴의 모양.
容恕(용서) 관대히 보아 주어 꾸짖거나 처벌하지 아니함.
容顔(용안) 용모.
容易(용이) 쉬움.

庸 〔쓸 용〕 임용함
common・ヨウ(つね)
庸短(용단) 어리석음.
庸言(용언) ① 평범한 말. ② 평소에 쓰는 말.
庸人(용인) 평범한 사람. 용렬한 사람.
庸作(용작) 고용당하여 일함.
庸行(용행) ① 평소의 행위. ② 평범한 행위.

溶 〔질펀히 흐를 용〕
〔녹을 용〕 용해함
melt・ヨウ(とける)

溶媒(용매) 물질을 녹이어 용액으로 만드는 물질. 물・수은・주정 따위.
溶然(용연) 마음이 침착하고 여유가 있는 모양.
溶解(용해) 녹음. 또 녹임.

踊 〔뛸 용〕 도약함
〔춤출 용〕
jump・ヨウ(あどる)
踊貴(용귀) 물건 값이 뛰어 오름.
踊躍(용약) ① 뜀. ② 자유로이 활동함.
踊現(용현) 높이 나타남.

우

宇 〔집 우〕 주거
〔처마지붕 우〕
keep・シュ(まもる)

宇内(우내) ① 세상안. 천하. ② 천지의 사이.
宇量(우량) 기우와 도량.
宇宙(우주) 천지와 고금. 시간과 공간.
宇宙線(우주선) 우주 공간에 존재하는 방사선.
宇下(우하) ① 처마밑. ② 부하.

右 〔우편 우〕
오른쪽
right・ユウ, ウ(みき)
右軍(우군) 우익(右翼)의 군대.
右往左往(우왕좌왕) 이리저리 왔다갔다 함.
右族(우족) 지체가 좋은 겨레.
右側(우측) 오른 편의 옆.
右便(우편) 오른 쪽. 오른 편.

牛 〔소 우〕
ox ; cow・ギュウ(うし)
牛角(우각) 쇠뿔.
牛耕(우경) 소를 부려 밭을 갊.
牛痘(우두) 천연두의 전염을 예방하기 위하여 놓는 접종약.
牛馬(우마) 소와 말.

友 〔벗 우〕
친구
friend・ユウ(とも)
友道(우도) 친구와 사귀는 도리.
友邦(우방) ① 이웃 나라. ② 가까이 사귀는 나라.
友愛(우애) 형제 사이의 정애.
友誼(우의) 벗 사이의 정의.

于 〔어조사 우〕
목적과 동작
ウ(ここに)
一二于

于嘔(우구) 구역질. 느글거림.
于歸(우귀) 시집감.
于今(우금) 지금까지.
于飛(우비) 부부의 의좋음의 비유.
于役(우역) 부역 나감.

雨 〔비 우〕
rain・ウ(あめ)
一一一一一雨雨雨

雨季(우계) 우기.
雨雹(우박) 봄 또는 여름에 오는 싸라기눈 보다 굵고 딴딴한 덩이.
雨備(우비) 비 맞지 않게 하는 준비. 또 그 제구.

遇 〔만날 우〕 ① 길에서 만남, 우연히 만남
meet・グウ(あう)
日禺禺遇遇

遇待(우대) 대접함.
遇合(우합) 어진 임금을 만나 쓰임. 군신의 주우.
遇害(우해) 살해를 당함. 피살됨.

又 〔또 우〕 ① 거듭하여 재차 ② 그 위에 다시
and・ユウ(また)
フ又

又驚又喜(우경우희) 놀란 위에 또 기뻐함. 놀라기도 하고 기뻐하기도 함.
又生一秦(우생일진) 또 다시 적이 하나 늚을 이름.

尤 〔더욱 우〕 가장
〔허물 우〕 과실 「も
moreover・ユウ(もっと
ナ尢尤

尤詬(우구) 부끄러움. 치욕.
尤隙(우극) 다툼. 불화.
尤妙(우묘) 더욱 묘함.
尤異(우이) 극히 훌륭함. 대단히 뛰어남.
尤悔(우회) 허물과 후회.

〔붙이어살 우〕
〔부칠 우〕 보냄
dwell・グウ(よせる)
宀宇宙寓寓

寓書(우서) 편지를 보냄. 편지를 부침.
寓食(우식) 남의 집에 붙여서 밥을 얻어 먹음. 기식(寄食).
寓意(우의) 어떤 사물에 가탁하여서 은연 중 어떤 의미를 비춤.

憂 〔근심 우〕
걱정, 환난
greed・ヨク(むさぼる)
一百百百憂憂憂

憂咎(우구) 근심. 우환.
憂國(우국) 나라 일을 근심함.
憂慮(우려) 걱정함. 근심함.
憂愁(우수) 근심.
憂顔(우안) 근심하는 얼굴. 수심에 잠긴 얼굴.

羽 〔날개 우〕
feather・ウ(はね)
フヨヨ羽羽

羽客(우객) ① 날개가 달린 신선. ② 우인.
羽扇(우선) 새의 깃으로 만든 부채.
羽衣(우의) 새의 깃으로 지은 옷.
羽翼(우익) ① 새의 날개. ② 보좌하는 사람이나 사물.

祐 〔도울 우〕
aid・ユウ
ネネネ祐祐祐

祐助(우조) 신조(神助).
天祐(천우) 하늘이 도움. 천우신조(天祐神助)

優 〔넉넉할 우〕 ① 부요함. ② 충분함. 「しい」
elegant・ユウ,ウ(やさ
イ伊優優優

優待(우대) 특별히 잘 대우함.
優良(우량) 뛰어나게 좋음.
優賞(우상) 대단히 칭찬함. 후하게 상줌.
優勝(우승) ① 나은 자는 이김. ② 첫째로 이김.

[역말 우]

mail・ユウ(しゅくば)

二 岳 垂 郵 郵

郵館 (우관) 역마을의 객사.
郵書 (우서) 우편으로 보내는 편지.
郵送 (우송) 우편으로 보냄.
郵票 (우표) 우편 요금을 내었다는 표시로 우편물에 붙이는 증표.

[어리석을 우]

stupid・グ(おろか)

口 禺 禺 愚 愚

愚鈍 (우둔) 어리석고 둔함.
愚弄 (우롱) 어리석다고 깔보아 놀려댐.
愚昧 (우매) 어리석고 사리에 어두움.
愚民 (우민) 어리석은 백성.
愚直 (우직) 고지식함.

[짝 우]
[대할 우]

couple・グウ(たまたま)

亻 但 偶 偶 偶

偶發 (우발) 우연히 발생함.
偶像敎 (우상교) 우상을 숭배하는 종교.
偶然 (우연) 뜻밖에 그러함.
偶爾 (우이) 우와 같음.
偶中 (우중) 뜻밖에 적중함.

[이름 운] 말함.

say・ウン(いう)

二 テ 云

云云 (운운) 여러가지 말. 소문. 또 여러가지 이야기를 함.
云爲 (운위) 말과 행동. 언행.
云爾 (운이) 문장의 끝에 써 위에 말한 바와 같다는 뜻을 나타내는 말.

[구름 운]

cloud・ウン(くも)

宀 雨 雲 雲 雲

雲霧 (운무) 구름과 안개.
雲霄 (운소) ① 하늘. ② 높은 지위.
雲影 (운영) 구름의 그림자.
雲臥 (운와) 구름과 잠. 곧 세상을 피하여 산중에 삶의 뜻.

[움직일 운] 위치가 변함.
transport・・ウン(はこぶ)

冃 冒 軍 運 運

運動 (운동) 위생을 위하여 몸을 놀려 움직임.
運命 (운명) 사람에게 닥쳐 오는 인력으로는 어찌할 수 없는 길흉 화복.
運搬 (운반) 물건 또는 사람을 옮겨 나름.
運送 (운송) 물건을 운반하여 보냄.

[운 운]

rhyme・イン

音 音 韻 韻 韻

韻文 (운문) 시부와 같이 구말(句末)에 운을 다는 글.
韻府 (운부) 운목(韻目)을 모아 놓은 책.
韻語 (운어) 압운(押韻)의 어구.
韻致 (운치) 풍치(風致). 흥치(興致).

[제비쑥・성할 위]
[빽빽할 울]

イ, ウツ

艹 艹 蔚 蔚 蔚

蔚然 (울연・위연) ① 무성한 모양. ② 성한 모양.
蔚爾 (울이・위이) 성한 모양.
蔚恚 (위에) 대단히 노함. 성노(盛怒).
蔚蒼 (위창) 초목이 무성한 모양.

[산앵도나무 울]
[막힐 울]

depressed・ウツ

木 梏 替 鬱 鬱

鬱林 (울림) 무성한 숲.
鬱憤 (울분) 쌓여 풀리지 않는 분노.
鬱積 (울적) 울색(鬱塞).
鬱蒼 (울창) 나무가 빽빽이 들어서 무성하여 푸릇푸릇한 모양.

[수컷 웅]
[뛰어날 웅]

male・ユウ(おす)

ナ 広 対 䧺 雄

雄強 (웅강) 굳셈. 강함.
雄傑 (웅걸) 슬기와 용맹이 뛰어남. 또 그 사람.
雄氣 (웅기) 썩썩한 기력.
雄辯 (웅변) 힘 있고 유창한 변설.

[곰 웅]
[빛날 웅]
bear・ユウ(くま)
ノ 厶 育 能 熊

熊膽(웅담) 곰의 쓸개. 약에 씀.
熊羆之力(웅비지력) 곰 같은 힘.
熊羆之士(웅비지사) 곰 같은 장사.
熊熊(웅웅) 고운 빛이 나는 모양. 빛이 곱고 윤이 나는 모양.

[으뜸 원] 첫째
principal・ゲン(もと)
一 二 元

元價(원가) 본값. 원가.
元金(원금) 밑천. 본전.
元來(원래) 전부터. 본디.
元本(원본) 사물의 근본.
元是(원시) 본디. 원래.

[근원 원] 물의 근원.
[원인 원]
origin・ゲン(はら)
厂 厃 盾 原 原

原稿(원고) ① 초고(草稿). ② 인쇄하기 위하여 쓴 글.
原來(원래) 본디. 전부터.
原料(원료) 물건을 만드는 재료. 감. 거리.
原理(원리) 사실의 근본이 되는 이치.

[바랄 원]
① 하고자 함. ② 기원함.
want・ガン(ねがう)
盾 原 願 願 願

願乞(원걸) 바라 구함. 원함.
願望(원망) 원함. 바람.
願書(원서) 청원하는 취지를 기록한 서류.
願意(원의) 바라는 취의.
願海(원해) 소원이 큼을 바다에 비유한 말.

[멀 원]
시간. 거리가 길거나 멂.
far・エン(とおい)
土 幸 袁 遠 遠

遠景(원경) 먼 경치.
遠大(원대) 뜻이 깊고 큼. 또 그 일.
遠方(원방) 먼 지방.
遠邦(원방) 먼 나라.
遠想(원상) 고원한 사상.

[동산 원]
garden・エン(その)
冂 同 同 園 園

園林(원림) 집터에 딸린 수풀.
園藝(원예) 채소・과일・화초 등을 심어 기르는 기술.
園亭(원정) 뜰 안에 있는 정자.
園主(원주) 동산의 주인.

[원망할 원]
불평을 품고 미워함.
grudge・エン(うらむ)
ク タ 夗 怨 怨

怨苦(원고) 원망하고 피로와함.
怨望(원망) 마음에 불평을 품고 미워함.
怨聲(원성) 원망하는 소리.
怨惡(원오) 원망하고 미워함.
怨恨(원한) 원통하고 한되는 생각.

[둥글 원] 원형임
round・エン(まる)
冂 同 圓 圓 圓

圓鏡(원경) 둥근 거울.
圓滿(원만) 두루 미쳐 꽉 참.
圓周(원주) 원의 둘레.
圓形(원형) 둥근 형상.
圓活(원활) 막히는 데가 없이 자유자재함.

[인원 원] 사람 수.
물건의 수에도 씀.
official・イン
口 尸 月 員 員

員員(원원) 자주. 여러 번.
員銀(원은) 일원의 은화. 원(員)은 원(圓).
員次(원차) 직장(職掌)으로 매긴 관원의 석차(席次).
員品(원품) 사람의 수효. 인원수.

[동산 원]
garden・エン(その)
一 艹 艿 苑 苑

苑沼(원소) 동산과 늪.
苑樹(원수) 동산에 심은 나무.
苑囿(원유) 금수를 기르는 동산.
苑池(원지) 동산과 못.
苑花(원화) 동산에 핀 꽃.

源 [근원 원] [수원 원]
source・ゲン(みなもと)
氵 汀 沥 沥 源 源

源頭(원두) 샘의 근원. 샘의 가.
源流(원류) 수원의 흐름. 수원. 원천.
源泉(원천) 물이 흐르는 근원. 수원.
源統(원통) 근원. 본원.

援 [구원할 원] 구조함

rescue・エン(たすける)

援救(원구) 도와 구해 줌. 구원.
援軍(원군) 구원하는 군대.
援兵(원병) 구원하는 군사.
援助(원조) 도와 줌. 구하여 줌.
援護(원호) 구원하여 보호함.

院 [담 원] 담장
イン

院公(원공) 중국 소설에서 하인·종의 일컬음.
院落(원락) 울을 두른 집.
院本(원본) 각본.
院主(원주) 주지(住持).
院中(원중) 집의 울안.

月 [달 월]
moon・ゲツ(つき)

月脚(월각) 땅 위에 비치는 달빛.
月刊(월간) 매달 한 번씩 간행함.
月頃(월경) 한 달쯤. 달포.
月光(월광) 달빛.
月給(월급) 다달이 받는 급료.

월

越 [넘을 월] 높은 곳을 통과함. 뛰어남.
overpass・エッ(こえる)
キ 走 赴 越 越

越權(월권) 권한 외의 행위.
越度(월도) 상도(常度)를 지남.
越等(월등) 사물의 정도의 차이가 대단함.
越先(월선) 앞지름.
越俗(월속) 시속을 초월함. 세속에서 벗어남.

位 [자리 위] [자리잡을 위]
position・イ(くらい)

位階(위계) 벼슬의 등급.
位高望重(위고망중) 지위가 높고 명망이 큼.
位望(위망) 지위와 명망.
位品(위품) 벼슬의 품계.
位號(위호) 작위와 명호.

위

危 [위태할 위] 위험함
danger・キ(あやうい)
ク ク 产 产 危

危急(위급) 위태하고 급함. 위태로운 재난이 가까이 닥침.
危難(위난) 위급한 재난.
危篤(위독) 병세가 매우 중함.
危迫(위박) 위험이 눈 앞에 닥침.

爲 [할 위] 행함.
[위할 위] 을 위하여.
do;make・イ(なす,ため)

爲國(위국) 나라를 위함.
爲始(위시) 시작함. 비롯함.
爲業(위업) 생업으로 삼음.
爲政(위정) 정치를 행함.
爲限(위한) 기한이나 한도로 삼음.

圍 [둘레 위] 주위.
[에울 위] 둘러 쌈.
mass・ダン

冂 冐 骨 圍 圍

圍立(위립) 뼁 둘러싸고 섬.
圍木(위목) 한 아름이 되는 큰 나무.
圍排(위배) 뼁 둘러서 벌여 놓음.
圍繞(위요) 싸두름. 둘러쌈.
圍障(위장) 둘러싼 담. 울타리.

偉 [클 위] 장대. 위대함.
great・イ(えらい)

偉功(위공) 위대한 공로.
偉力(위력) 위대한 힘.
偉寶(위보) 기이한 보배.
偉業(위업) 위대한 사업. 대업.
偉人(위인) 위대한 사람.

胃

[밥통 위]
stomach・イ

一 口 田 田 胃

胃潰瘍(위궤양) 위의 안쪽이 허는 병.
胃癌(위암) 밥통에 나는 암종(癌腫) 병.
胃弱(위약) 위의 소화력이 약한 병.
胃腸(위장) 위와 창자.
胃腸病(위장병) 위장에 탈이 나서 생긴 병.

謂

[이를 위]
이야기함. 설명.
speak of・イ(いう)

言 訂 訊 謂 謂

所謂(소위) 이른바.

威

[위엄 위] 권위.
[두려워할 위]
dignity・イ(たけし)

丿 厂 反 威 威 威

威嚇(외약) 두려워 옹송그림.
威力(위력) 위엄이 있어 남을 복종시키는 힘.
威勢(위세) 위엄이 있는 기세.
威嚴(위엄) 점잖고 엄숙하여 위광(威光)이 있음. 의젓하고 드레짐.

緯

[씨 위]
[짤 위]
woof・イ

糸 紝 紤 緯 緯

緯經(위경) ① 씨와 날. ② 가로줄과 세로줄.
緯度(위도) 적도와 평행하게 지구의 표면을 측정하는 좌표.
緯武經文(위무경문) 무(武)를 씨로 하고 문(文)을 날로 하여 짬.

衛

[막을 위]
방어하여 지킴.
protect;guard・エイ

伫 徉 徫 衛 衛

衛輔(위보) 보호하고 도움.
衛士(위사) 궁중을 지키는 군사.
衛生(위생) 의식주 등에 주의하여 신체의 건강을 보전함.
衛送(위송) 호위하여 보냄. 후송.

違

[어길 위]
법령, 약속 등을 위반함.
oppose・イ(ちがう)

亠 彐 韋 違 違

違期(위기) 기한을 어김.
違反(위반) 어김.
違背(위배) 위반.
違犯(위범) 어기고 범함.
違法(위법) 법을 어김.

委

[맡길 위] 위임함
entrust・イ(ゆだねる)

二 千 禾 委 委

委任(위임) 맡김. 일임함.
委任狀(위임장) 위임하는 뜻을 표시한 증서.
委付(위부) 맡김. 위임함.
委囑(위촉) 위탁함.
委託(위탁) 부탁하여 맡김. 위촉.

慰

[위로할 위]
[위안 위]
comfort・イ(なぐさめる)

フ 尸 尉 慰 慰

慰勞(위로) 수고를 치사하여 마음을 즐겁게 함.
慰問(위문) 위로하기 위하여 방문함.
慰安(위안) 위로하여 마음을 편케 함.
慰狀(위장) 위문하는 편지.

僞

[거짓 위]
false・ギ(いつわる)

仁 伫 伪 偽 僞

僞言(위언) 거짓말. 허언.
僞作(위작) 위조.
僞錢(위전) 위조한 돈. 가짜 돈.
僞造(위조) 진짜처럼 만들어서 사람의 눈을 속임. 거짓으로 만듦.

由

[말미암을 유]
겪어 지내옴.
cause・ユウ,ユ(よる)

丨 冂 币 由 由

由緖(유서) 내력. 유래.
由是觀之(유시관지) 이 일로 미루어 생각하면. 위를 받아 아래를 꺼내는 말.
由緣(유연) 내력. 유래.
由由(유유) 스스로 만족하는 모양.

油 〔기름 유〕
oil・유, ユウ(およぐ)
氵 氵 汩 油 油 油
油粕(유박) 깻묵.
油衫(유삼) 비・눈 등을 막기 위하여 옷 위에 덧입는 기름에 결은 옷.
油松(유송) 잣나무.
油紙(유지) 기름 먹인 종이.

侑 〔도울 유〕
〔권할 유〕
invite・ユウ(すすめる)
亻 亻 伫 侑 侑
侑食(유식) ① 웃어른을 모시고 식사를 함.
② 여흥 등을 하여 식사를 즐거이 들게 함.
侑酬(유수) 주식(酒食)을 권함.
侑宴(유연) 향응(饗應)의 주연(酒宴).

酉 〔열째지지 유〕
〔익을 유〕 성숙함.
ユウ
一 一 丆 酉 酉 酉
酉聖(유성) 술(酒)의 별칭.
酉時(유시) 하루를 12시로 나눈 10째시간. 하오 5시부터 7시 사이.
酉陽(유양) 호남성 완릉현 서북쪽에 있는 산 이름.

有 〔있을 유〕 존재함
exist・ユウ(ある)
ノ ナ 冇 有 有
有能(유능) 재능이 있음.
有力(유력) ① 힘이 있음. ② 세력이 있음.
有望(유망) 앞으로 잘 될 듯함. 희망이 있음.
有名(유명) 이름이 있음. 이름이 세상에 널리 퍼져 있음.

猶 〔원숭이 유〕
ユウ(なお)
丿 犭 犭 猶 猶
猶父(유부) 삼촌.
猶然(유연) 웃는 모양.
猶豫(유예) 의심하여 결정하지 않는 모양.
猶豫未決(유예미결) 망설여 결정짓지 못함.
猶爲不足(유위부족) 오히려 모자람.

唯 〔오직 유〕 다만
only・イ, ユイ(ただ)
口 吖 呷 唯 唯
唯心論(유심론) 정신적 실재를 만유의 근본 원리로 하는 학설.
唯我獨尊(유아독존) 이 세상에서 나보다 더 높은 것이 없음.
唯唯(유유) 네 네 하고 공손히 대답하는 소리.

遊 〔놀 유〕
즐겁게 지냄.
play・ユウ(あそぶ)
宀 方 㳺 遊 遊
遊女(유녀) 노는 계집.
遊覽(유람) 돌아 다니며 구경함.
遊宴(유연) 잔치를 차리고 재미 있게 놂.
遊園地(유원지) 유람・오락을 위하여 여러 가지 시설을 해 놓은 곳.

柔 〔부드러울 유〕
① 유연함. ② 온순함.
soft・ジュウ(やわらか)
マ 予 予 柔 柔
柔强(유강) 부드러우며 강함.
柔曼(유만) 살결이 부드럽고 고움.
柔順(유순) 온화하고 공손함.
柔軟(유연) 부드럽고 연함.
柔情(유정) 부드러운 인정(人情).

踰 〔넘을 유〕
한정에서 벗어나 지남.
over-pass・ユ(こえる)
足 踭 踰 踰 踰
踰歷(유력) 넘음. 지남.
踰邁(유매) 세월이 지남.
踰越(유월) ① 넘어 감. ② 자기 분수에 지나침.
踰限(유한) 기한을 넘김.

諭 〔깨우칠 유〕
instruct・ユ(さとす)
깨닫도록 일러 줌.
言 訡 諭 諭 諭
諭達(유달) 유시(諭示).
諭示(유시) 웃사람이 아랫사람에게 또는 관(官)에서 백성을 타일러 가르침.
諭旨(유지) 임금이 자기의 뜻을 신하에게 알림. 또 그 글.

遺 [남을·남길 유]
leave behind·
イ, ユイ(のこす)
虫 虫 貴 遺 遺
遺産(유산) 죽은 사람의 남긴 재산.
遺蹟(유적) 남은 사적. 남은 행적.
遺族(유족) 죽은 이의 남아 있는 가족.
遺志(유지) 죽은 사람이 생전(生前)에 이루지 못하고 남긴 뜻.

幼 [어릴 유] ① 나이가 어림 ② 어린시절 「ない」
very young· ヨウ(おさ
幺 幺 幻 幼
幼時(유시) 나이 어릴 때.
幼兒(유아) 어린 아이.
幼稚園(유치원) 학령(學齡)이 안 된 어린 아이를 보육하여 심신의 발달을 꾀하는 교육 시설.

幽 [그윽할 유] ① 미묘함 ② 깊고 조용함
gloomy· ユウ(かすか)

幽念(유념) 조용한 생각. 깊은 생각.
幽靈(유령) 죽은 사람의 혼령.
幽意(유의) 깊은 생각. 조용한 마음.
幽趣(유취) 그윽한 정취.
幽興(유흥) 조용하고 재미있는 흥취.

悠 [멀 유] 아득하도록 멂
[한가할 유]
distant· ユウ

悠隔(유격) 멀리 떨어져 있음.
悠曠(유광) 아득히 멂.
悠久(유구) 연대가 오래 됨.
悠然(유연) 한가한 모양. 침착하여 서둘지 않는 모양.

愈 [고칠 유] 치유함
[더할 유] 자꾸 더해짐
better· ユ(いよいよ)
亠 介 俞 愈 愈
愈愚(유우) 어리석은 마음을 고침.
愈愈(유유) 자꾸 더하여지는 모양.

乳 [젖 유] 「임
[젖먹일 유] 젖을 먹
milk· ニュウ(ちち)
孚 孚 乳
乳頭(유두) ① 젖꼭지. ② 젖꼭지 같은 돌기. 혀의 표면에 있는 작은 돌기 같은 것.
乳母(유모) 젖어머니.
乳房(유방) 젖. 젖통이.

惟 [오직 유] 단지, 유독
[이 유]
consider· イ(おもう)
忄 忄 怦 惟 惟
惟獨(유독) 오직 홀로.
惟命是聽(유명시청) 무슨 일이나 오직 명령을 좇을 따름임.
惟惟(유유) 응낙하는 모양. 또 응낙하는 대답.
惟一(유일) 단지 하나. 오직 하나.

儒 [선비 유]
[유교 유]
scholar· ジュ

儒生(유생) 유도를 닦는 사람. 선비.
儒學(유학) 유교를 연구하는 학문. 공자의 교를 닦는 학문.
儒訓(유훈) 공맹의 가르침. 유교의 가르침.

維 [바 유]
[맬 유]
tie· イ
幺 糸 紆 維 維
維新(유신) ① 오래된 낡은 나라가 제도를 쇄신하여 새로운 나라가 됨. ② 사물의 면목을 일신함.
維持(유지) 지탱하여 감. 버티어 감.

誘 [꾈 유] 유혹함
induce· ユウ(さそう)

誘發(유발) 꾀어냄. 또 꾐을 당하여 나옴.
誘殺(유살) 꾀어내어 죽임.
誘引(유인) 남을 꾀어 냄.
誘惑(유혹) 남을 꾀어서 정신을 현혹하게 함.

[넉넉할 유] 유족함
[너그러울 유] 관대함
wealthy・ユウ(ゆたか)
ネ ネ ネ 衿 裕
裕寬(유관) 너그러움.
裕福(유복) 살림이 넉넉함.
裕裕(유유) 마음이 너그러운 모양.

[살 육]
[고기 육]
meat・ニク
冂 内 内 肉 肉
肉味(육미) ① 고기로 만든 음식. ② 고기의 맛.
肉薄(육박) 썩 가까이 덤빔.
肉身(육신) 사람의 몸. 육체.
肉體(육체) 물질적인 신체. 몸.

육

[기를 육] 양육함
[자랄 육] 생장함「る)
bring up・イク(そだて
亠 亠 亠 育 育
育兒(육아) 어린 아이를 기름.
育兒院(육아원) 고아 등을 기르는 곳.
育英(육영) 인재를 기름. 또 널리 교육의 뜻으로 쓰임.
育嬰堂(육영당) 육아원.

[윤 윤]
윤달이 드는 일
シュン(うるう)
丨 𠃋 門 閏 閏
閏朔(윤삭) 윤월.
閏餘(윤여) 윤월.
閏月(윤월) 윤달.
閏位(윤위) ① 달에 차지 않는 역수상의 여분.
② 정통이 아닌 임금의 자리.

윤

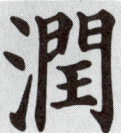
[젖을 윤] 물기가 있음
[윤택할 윤] 번영함
enrich・ジュン(うるおう)
丬 氵 汈 潤 潤
潤氣(윤기) 윤택한 기운.
潤澤(윤택) ① 아름답고 빛이 남. ② 윤. 광택. ③ 많음. 풍부함.
浸潤(침윤) ① 물기가 차차 젖어 듬.
② 무엇이 차차 번져나감.

[미쁠 윤]
[진실로 윤]
sincere・イン(まこと)
厶 允 允
允可(윤가) 임금이 허가함.
允恭(윤공) 성실하고 공근(恭謹)함.
允納(윤납) 허락하여 받아들임.
允諧(윤해) 성실히 화합함.
允許(윤허) 윤가(允可).

[다스릴 윤] 다스려 바
[벼슬 윤] 「로 잡음
govern・イン
一 フ コ ㄱ 尹
尹司(윤사) 벼슬아치.
尹祭(윤제) 종묘의 제사에 쓰는 포(脯).

[녹을 융]
[화합할 융]
melt・ユウ(とける)
弓 鬲 鬲 融 融
融液(융액) 고체가 녹아 액체가 됨.
融合(융합) 녹아서 한 가지가 됨.
融解(융해) 녹음. 또 녹임.
融化(융화) 녹아서 아주 다른 물건이 됨.
融和(융화) ① 융합. ② 서로 화합함.

융

[은・돈 은] 금전
[은빛 은] 은색
silver・ギン(いろがね)
钅 金 銀 銀 銀
銀錢(은전) 은으로 만든 돈. 은화.
銀燭(은촉) 빛이 희고 밝은 촛불.
銀河(은하) 청명한 날 밤에 공중에 흰 구름같이 남북으로 길게 보이는 별의 무리.

은

[숨을 은] ① 자취를 감춤 ② 달아남
hide・イン(かくれる)
阝 阝 陉 隱 隱
隱居(은거) 세상을 피하여 삶. 벼슬하지 않고 집에 묻혀 삶.
隱匿(은닉) 숨기어 감춤.
隱遁(은둔) 세상을 피하여 숨음.
隱密(은밀) 숨겨 비밀히 함.

을				음
		[은혜 **은**] 혜택 [정 **은**] 인정 favour・オン 一 冂 囗 因 因 恩	[성할 **은**] 은성함 [많을 **은**] イン 크 身 肒 殷 殷	
	恩德(은덕) 은혜. 恩師(은사) 은혜가 깊은 스승. 恩人(은인) 은혜를 베풀어 준 사람. 恩寵(은총) 은혜와 총애. 恩惠(은혜) 베풀어 주는 신세.		殷曠(은광) 성대함. 殷富(은부) 재물이 넉넉하고 번영함. 殷盛(은성) 번성함. 번창함. 殷昌(은창) 번창함. 번성함. 殷戶(은호) 부호.	
	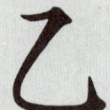	[둘째 천간 **을**] オツ(きのと) 乙	[소리 **음**] ① 귀에 울려 들리는 자극 ② 음악 sound・オン(おと) 一 亠 产 音 音	
	乙乙(을을) ① 싹 같은 것이 땅 위로 빠져나 가려고 하는데 빠져나가기 힘드는 모양. ② 낱낱. 일일(一一). 乙第(을제) 별장. 乙種(을종) 둘째 종류. 갑종의 다음.		音律(음률) ① 음악의 곡조. 가락. ② 음악 音聲(음성) 목소리. 音樂(음악) 음향을 아름다운 형식으로 조화시 키어 미감을 일으키는 예술의 일 종.	
		[음란할 **음**] 음탕함 obscene・イン(みだら) 氵 氵 沪 涇 淫 淫	[읊을 **음**] ① 읊조림 ② 시가를 지음 recite・ギン 口 吩 吟 吟 吟	
	淫慾(음욕) 음탕한 욕심. 호색하는 마음. 남녀의 정욕. 淫蕩(음탕) ① 주색(酒色)에 빠짐. ② 행동을 음란하게 함. 淫行(음행) 음란한 행실.		吟味(음미) 시가를 읊으면서 그 멋을 감상함. 吟聲(음성) 시가를 읊는 소리. 吟頌(음송) 노래 불러 칭송함. 또 그 노래. 吟心(음심) 시가를 지어 읊는 마음. 吟唱(음창) 읊음. 노래 부름.	
		[마실 **음**] 물, 차, 술을 마심 drink・イン(のむ) 𠆢 仒 仒 食 飮 飮	[어두울 **음**] [그늘 **음**] shade・イン(かげ) 阝 阝 阠 陰 陰 陰	
	飮毒(음독) 독약을 먹음. 飮料(음료) 마시는 물건의 총칭. 飮暑(음서) 더위를 먹음. 飮食(음식) 먹고 마심. 또 그 물건. 飮酒(음주) 술을 마심.		陰散(음산) 날씨가 조금 흐릿하고 쓸쓸하게 추움. 陰影(음영) ① 그림자. ② 그늘. 陰沈(음침) 흐리고 밝지 않음. 陰凶(음흉) 마음이 음험하고 흉악함.	
읍		[고을 **읍**] town・ユウ(むら) 口 口 吕 吕 邑	[울 **읍**] 소리없이 욺 [울음 **읍**] 우는 일 weep・キュウ(なく) 氵 氵 汁 汁 泣 泣	
	邑落(읍락) 읍리(邑里). 邑里(읍리) 읍과 촌락. 邑庠(읍상) 촌락의 학교. 邑長(읍장) 읍의 우두머리. 邑誌(읍지) 한 읍의 역사・지지를 기록한 책.		泣諫(읍간) 울면서 간함. 泣哭(읍곡) 소리를 내어 몹시 욺. 통곡함. 泣禱(읍도) 눈물을 흘리며 기도를 드림. 泣請(읍청) 울며 청함. 泣血(읍혈) 눈물을 흘리며 욺. 몹시 슬피 욺.	

응

應 [응당 응] 마땅히
[응할 응] 대답함
reply・オウ(こたえる)
广 府 雁 應 應
應答(응답) 물음에 대답함.
應當(응당) 당연히. 꼭. 으레.
應募(응모) 모집에 응함.
應試(응시) 시험에 응함.
應援(응원) 도와 줌. 후원함.

凝 [엉길 응] 응결, 열중
[모을 응] 집중함
congeal・ギョウ(こる)
冫 冫 凝 凝 凝
凝固(응고) 엉기어 굳어짐.
凝湛(응담) ① 물이 괴어 깊고 맑음. ② 마음이 맑고 잔잔함의 비유.
凝水(응수) 괴어 움직이지 않는 물.
凝視(응시) 뚫어지게 자세히 봄.

의

衣 [옷 의] 의복
[입을 의]
clothes・イ(ころも)
亠 ナ 衣 衣 衣
衣架(의가) 옷걸이.
衣帶(의대) 띠.
衣服(의복) 옷.
衣裳(의상) ① 저고리와 바지 또는 치마. ② 의복의 총칭.

依 [의지할 의] ① 물건에 기댐 ② 의뢰, 의탁함
depend・イ, エ(よる)
イ 仁 佐 依 依
依據(의거) ① 증거대로 함. ② 근거로 삼음. ③ 산이나 물에 의지하여 웅거함.
依賴(의뢰) 남에게 의지함. 남에게 부탁함.
依然(의연) 전과 다름이 없는 모양.
依支(의지) ① 남을 의뢰함. ② 몸을 기댐.

義 [의 의] 옳은 길, 은혜
[뜻 의] 의미
right-eousness・ギ
ᅶ 美 義 義 義
義理(의리) ① 사람으로서 이행하여야 할 정당한 도리. ② 서로 사귀는 도리. ③ 뜻. 의미.
義務(의무) ① 맡은 직분. ② 응당 하여야 할 본분.

議 [의논할 의] 상의함
[논할 의] 따져 말함
discuss・ギ
訁 評 詳 議 議
議案(의안) 토의할 안건.
議員(의원) 의회를 조직하는 각 개인.
議長(의장) ① 회의를 주재하는 사람. ② 의원을 통솔하고 의회를 대표하는 사람.

矣 [어조사 의]
イ
ᅀ ᅀ 乍 矣 矣
萬事休矣(만사휴의) 온갖 일이 어찌할 도리가 없어짐. 희망이 끊어짐을 이르는 말.

醫 [의원 의] 병을 고치는
[의술 의]   └사람
doctor・イ
医 毉 毉 醫 醫
醫師(의사) 의료를 업으로 삼는 사람.
醫術(의술) 병을 고치는 재주. 의학(醫學)에 관한 기술.
醫藥(의약) 병을 고치는 데 쓰는 약.
醫院(의원) 환자를 치료하는 집.

椅 [의나무 의]
[교의 의]
chair・イ(いす)
木 杧 椅 椅 椅
椅几(의궤) 안석(案席).
椅子(의자) 걸터 앉아 몸을 뒤로 기대는 기구. 교의(交椅).

誼 [옳을 의]
right・ギ(よしみ)
言 訁 訪 誼 誼
誼士(의사) 의사(義士).
誼主(의주) 예의를 아는 임금.

儀
[예 의] 예의 전례
[본보기 의] 모범
manners・ギ(のり)
亻亻儀儀儀

儀矩 (의구) 법. 본보기.
儀禮 (의례) 의식과 전례.
儀範 (의범) 예의 범절의 본보기.
儀式 (의식) 예의의 법식.
儀節 (의절) 예의와 절차. 예절.

意
[뜻 의] ① 마음의 발동 ② 생각, 사심, 사욕
intention・イ(こころ)
产音音意意

意味深長 (의미심장) 말이나 글의 뜻이 매우 깊음.
意慾 (의욕) 어떤 것을 갖거나 하고자 하는 마음.
意義 (의의) 뜻. 의미.

疑
[의심할 의] 알지 못하여 의혹함
doubt・ギ(うたがう)
匕矣疑疑疑

疑事無功 (의사무공) 의심하며 일을 하면 되는 일이 없음.
疑心 (의심) 미심쩍게 여기는 마음. 믿지 못하여 이상하게 여기는 마음.
疑點 (의점) 의심이 나는 곳.

宜
[옳을 의] 이치에 맞음
[마땅할 의] 당연함
suitable・ギ(よろしい)
丶宀宁宜宜

宜可 (의가) 마땅함. 당연함.
宜男 (의남) 아들을 많이 낳는 여자.
宜稱 (의칭) 좋은 칭호.
宜乎 (의호) 마땅한 모양. 마땅히.
宜當 (의당) 마땅히. 으레.

이

二
[두 이] 둘
two・ニ(ふたつ)
一 二

二季 (이계) ① 봄과 가을. ② 여름과 겨울.
二氣 (이기) 음(陰)과 양(陽)의 두 기운.
二等 (이등) 둘째의 등급.
二分 (이분) ① 둘로 나눔. 또 둘로 나누임. ② 춘분과 추분.

貳
[두 이] 둘
two・ジ, ニ
弍言貳貳貳

貳車 (이거) 바꿔 타기 위하여 여벌로 따르는 수레.
貳臣 (이신) 두 마음을 품은 신하.
貳室 (이실) 이궁(離宮)
貳心 (이심) 배반하려는 마음. 두 가지 마음.

以
[써 이] …으로써 …에 의하여, …때문에
by・イ(もって)
丨レ以以以

以目 (이목) 두려워하여 말을 하지 못하고 눈짓으로 알림.
以上 (이상) 어느 일정한 한도의 위.
以前 (이전) ① 어느 일정한 때부터 그 전. ② 그 전.

而
[말이을 이] 접속사
and ; but・ジ
丆丙而而

而今 (이금) 지금.
而立 (이립) 삼십세의 일컬음.
而已 (이이) 뿐임. 일 따름임.
而還 (이환) 그 후. 그 때부터.
而後 (이후) 이제부터.

已
[이미 이] 벌써
already・イ(すでに)
ㄱ ㄱ 已

已決 (이결) 이미 결정되거나 결정함.
已久 (이구) 벌써 오래됨.
已來 (이래) 그 뒤로. 그러한 뒤로.
已成 (이성) 이미 이루어짐.
已後 (이후) 이 뒤. 이 다음. 이후.

耳
[귀 이]
ear・ジ(みみ)
一ㄓF耳耳

耳力 (이력) 귀의 듣는 힘.
耳聾 (이롱) 귀가 먹어 들리지 아니함.
耳視 (이시) 귀로 본다는 뜻. 곧 전해들은 것에 뇌동하여 그 시비를 따져보지도 않고 행함을 이름.

〔다를 이〕 ① 같지 아니함 ② 남달리 뛰어남
different・イ(ことなる)
口 田 串 畀 異

異見(이견) 딴 사람과 다른 견해.
異論(이론) 남과 다른 의론.
異物(이물) ① 괴이한 물건. 또 진기한 물건. ② 죽은 사람. 사자(死者).
異常(이상) 보통과 다름. 비상.

〔옮길 이〕 장소・위치를 바꿈
remove・イ(うつる)
千 秒 移 移 移

移動(이동) ① 사물의 위치를 바꿈. ② 옮기어 다님.
移民(이민) 땅이 넓고 사람이 적은 곳으로 백성을 옮기어 살게 함.
移徙(이사) 집을 옮김.

〔오랑캐 이〕
〔평평할 이〕 평탄함
イ(えびす)
一 二 三 声 夷 夷

夷界(이계) 오랑캐의 땅.
夷滅(이멸) ① 멸함. 또 멸망 당함. ② 메워 평탄하게 함.
夷然(이연) 평편한 모양. 편안한 모양.
夷狄(이적) 미개한 외국 민족. 오랑캐.

〔더할 익〕 보탬
〔이로울 익〕 유익함
increase・エキ(ます)
八 父 谷 谷 益 益

益加(익가) 증가함.
益友(익우) 사귀어 유익한 벗.
益者三友(익자삼우) 사귀어 자기에게 유익한 세 벗 곧 정직한 사람, 신의가 있는 사람, 지식이 있는 사람.

익

〔날개 익〕 좌우의 부대
〔도울 익〕 보좌함
wing・ヨク(つばさ)
ㄱ ㄱ 羽 羿 翼 翼

翼戴(익대) 임금을 도와 추대함.
翼卵(익란) 새가 알을 품음.
翼輔(익보) 도움. 보좌함.
翼然(익연) 새가 좌우의 날개를 편 것처럼, 좌우가 넓은 모양.

〔이튿날 익〕
next day・ヨク
ㄱ 羽 羽 쪋 翌

翌年(익년) 이듬해.
翌夕(익석) 이튿날 저녁.
翌夜(익야) 이튿날 저녁.
翌月(익월) 이듬 달. 다음 달.
翌日(익일) 다음날. 이튿날.

인

〔사람 인〕 인간
man・ジン, ニン(ひと)
ノ 人

人口(인구) 어떠한 지역 안에 사는 사람의 수효.
人力(인력) 사람의 힘.
人類(인류) 사람을 다른 생물과 구별하여 일컫는 말.

〔당길 인〕 끌어 당김
〔바로잡을 인〕
pull・イン(ひく)
ㄱ 弓 引

引繼(인계) 하던 일을 넘겨 줌.
引導(인도) ① 지도함. ② 길잡이를 함. 길을 안내함.
引力(인력) 물체가 서로 당기는 힘.
引受(인수) 물건이나 권리를 넘기어 받음.

〔어질 인〕 애정. 친애
humanity・ジン, ニン(いつくしみ)
イ 仁 仁

仁德(인덕) 어진 덕. 인자하여 동정심이 많은 덕.
仁祠(인사) 절(寺)의 이칭(異稱).
仁心(인심) 인자한 마음. 어진 마음.
仁政(인정) 어진 정사(政事).

〔인할 인〕
〔인연 인〕 관계. 연유
イン(よる)
冂 冂 円 因 因

因果(인과) 원인과 결과.
因襲(인습) 예전대로 행하고 고치지 아니함.
因緣(인연) ① 서로 알게 되는 기회. ② 연분.
因由(인유) ① 까닭. 원인. ② 유래.

姻

[인척 인]
[인연 인] 연분
marriage · イン

女 ㄠ 如 姻 姻

姻家(인가) 인척의 집. 사돈집.
姻媾(인구) 사돈간의 결혼.
姻私(인사) 사돈의 인연을 맺어 사리(私利)를 도모함.
姻戚(인척) 외가와 처가의 일족.

刃

[칼날 인] 칼의 날
[벨 인]
edge · ジン(やいば)

フ 刀 刃

刃鋩(인망) 칼날. 서슬.
刃創(인창) 칼날에 다친 흉.
刃迎縷解(인영누해) 칼로 실을 끊듯이 이치(理致)를 분별함.
刃傷(인상) 인창(刃創).

印

[인 인] 도장
[찍을 인] 인장을 찍음
seal · イン(しるし)

ㄏ ㄏ F E 印 印

印刷(인쇄) 글이나 그림 등을 박아냄.
印肉(인육) 인주(印朱).
印章(인장) ① 도장. ② 인영(印影).
印朱(인주) 도장에 묻히어 찍는 주홍(朱紅)빛이 나는 물건.

忍

[참을 인] ① 견딤. ② 어려운 것을 참음.
bear · ニン(しのぶ)

フ 刀 刃 忍 忍

忍勉(인면) 참고 힘씀.
忍辱(인욕) 욕 되는 것을 참음.
忍從(인종) 참고 복종함.
忍之爲德(인지위덕) 참는 것이 아름다운 덕이 됨.

認

[알　] 발견하여 앎.
[허가할 인] 허가함.
recognize · ニン

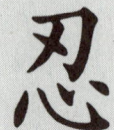

認可(인가) 인정하여 허가함.
認識(인식) 사물을 확실히 알고 그 의의를 옳게 이해함.
認定(인정) 그런 줄로 알아줌.
認知(인지) ① 앎. ② 승인함.

寅

[세째지지 인]
[공경할 인]
· イン(とら)

宀 宁 宣 宙 寅

寅時(인시) 오전 세 시부터 오전 다섯 시까지의 시각.
寅畏(인외) 공경하고 두려워함.
寅淸(인청) 삼가 몸을 깨끗하게 함. 근경(謹敬)하고 청렴함.

일

一

[한 일]
수의 처음.
one · イチ, イツ(ひとつ)

一介(일개) ① 한 사람. ② 약간. 근소.
一擊(일격) 한 번 침.
一擧一動(일거일동) 사소한 동작.
一年(일년) 한 해. 십 이개월.
一念(일념) 한결같은 마음. 일심(一心).

日

[해 일] 태양
[날 일] 하루. 때.
sun · ニチ, ジツ(ひ, か)

丨 冂 日

日刊(일간) 날마다 인쇄함. 또 그 인쇄물.
日課(일과) 날마다 하는 일. 또는 과정.
日光浴(일광욕) 햇빛에 쬐어 건강을 증진하는 일.
日曆(일력) 날마다 한 장씩 젖히어 보는 패력.

壹

[한 일] 하나.
[전일할 일]
one · イチ(ひとつ)

士 吉 责 壹 壹

壹大(일대) 심히. 매우. 크게.
壹是(일시) 모두. 한결같이. 일체.
壹意(일의) 한 가지 일에 마음을 오로지 기울임. 일심(一心). 일의(一意).

逸

[잃을 일] 망실함
[뛰어날 일] 우수함.
イツ

ㅌ 名 免 免 逸

逸事(일사) 세상에 전하지 아니하는 사건.
逸才(일재) 뛰어난 재주. 또 그 사람.
逸出(일출) ① 피하여 빠져 나옴. ② 일반보다 뛰어남.
逸品(일품) 썩 뛰어난 물품.

壬 〔아홉째 천간 임〕 〔간사할 임〕 ニン(みずのえ) 一 千 壬 壬公 (임공) 물의 별칭. 壬佞 (임녕) 간사함. 壬人 (임인) 간사한 사람. 아첨 잘하는 사람.	任 〔맡길 임〕 ① 일을 맡김. ② 관직을 수여함 charge・ニン(まかせる) 亻亻亻仟任 任命 (임명) 관직에 명함. 직무를 맡김. 任務 (임무) 맡은 일. 맡은 사무 또는 업무. 任用 (임용) 직무를 맡겨 씀. 任意 (임의) 마음대로 함.
賃 〔품삯 임〕 〔품팔 임〕 hire・チン(やとう) 亻任侟侟賃賃 賃貸 (임대) 삯을 받고 빌려 줌. 賃書 (임서) 삯전을 받고 글씨를 써줌. 賃銀 (임은) 품삯. 삯전. 임금. 賃作 (임작) 품삯을 받고 일을 함. 賃借 (임차) 삯을 주고 빎.	姙 〔애밸 임〕 임신함 ニン(はらむ) 女 女 妒 姙 姙 姙婦 (임부) 잉태(孕胎)한 부녀. 姙産 (임산) 아이를 배고 낳는 일. 姙娠 (임신) 아이를 뱀.
入 〔들어갈 입〕 〔들일 입〕 받아 들임 enter・ニュウ(いる) ノ 入 入庫 (입고) 물건을 곳집에 넣음. 入校 (입교) 입학. 入金 (입금) 총액 중의 일부분의 금액을 납부함. 入隊 (입대) 군대에 들어감. 入社 (입사) 사원이 됨.	子 〔아들 자〕 자식 son・(こ) 一 了 子 子婦 (자부) ① 며느리. ② 아들과 며느리. 子孫 (자손) ① 아들과 손자. ② 후예. 후손. 子息 (자식) 아들. 아들과 딸의 통칭. 子正 (자정) 밤 열 두 시. 子弟 (자제) 아들과 아우.
字 〔글자 자〕 문자 letter・ジ  宀宁字 字母 (자모) 발음의 근본이 되는 글자. 음을 표시하는 글자. 字典 (자전) 한문 글자를 수집 배열하여 낱낱이 그 뜻을 해석한 책. 字解 (자해) 글자의 풀이.	自 〔몸 자〕 자기 〔스스로 〕 몸소 self・ジ(みずから) ノ 亻  自 自 自問自答 (자문자답) 자기가 묻고 자기가 대답함. 의심나는 것을 자기의 마음으로 판단. 自白 (자백) 자기의 허물을 스스로 고백함. 自殺 (자살) 자기가 자기의 목숨을 끊음.
者 〔사람 자〕 〔것 자〕 ・シャ(もの) + 土 耂 耂 者 者 王者 (왕자) ① 임금. ② 왕도로써 천하를 다스리는 사람. 筆者 (필자) 글을 쓸 사람이나 쓴 사람. 何者 (하자) 어떤 사람. 어떤 것.	姉 〔누이 자〕 손위 누이 elder sister・シ(あね)  女 妒 妒 姉 姉妹 (자매) 손위의 누이와 손아래 누이. 姉夫 (자부) 손위 누이의 남편. 姉婿 (자서) 손위 누이의 남편. 매형(妹兄). 姉姉 (자자) ① 유모. ② 어머니. ③ 누님.

刺 〔찌를 **자**〕 〔찌를 **척**〕 pierce・シ(さす) 	咨 〔물을 **자**〕 상의할 〔탄식할 〕 consult・ミ(はかる)
刺客(자객) 사람을 몰래 칼로 찔러 죽이는 사람. 刺戟(자극) 감각 기관에 작용이 미쳐 감각을 일으킴. 刺繡(자수) 수를 놓음. 또 그 수.	咨問(자문) 남에게 의견을 물어서 어떤 일을 꾀함. 咨歎(자탄) 아끼고 가엾게 여기어 탄식함. 또는 그러한 탄식.
慈 〔사랑할 **자**〕 은애를 가함. 애육함 mercy・ジ(いつくしむ) 	磁 〔지남석 **자**〕 〔사기그릇 **자**〕 magnet・ジ
慈堂(자당) 남의 어머니의 존칭. 慈愍(자민) 자애를 베풀며 가엾게 여김. 慈悲(자비) 사랑하고 가엾게 여김. 慈愛(자애) ① 아랫사람에 대한 도타운 사랑. ② 귀애함. 또 인정이 많음.	磁極(자극) 자석의 음양(陰陽)의 두 극(極). 磁力(자력) 자기의 서로 끌고 떼치는 힘. 磁石(자석) 쇠를 흡인하는 성질이 있는 광물. 磁場(자장) 자기(磁氣)의 작용이 미치는 범위. 磁針(자침) 나침반(羅針盤)의 바늘.
雌 〔암컷 **자**〕 동물의 여성. female・シ(めす)	恣 〔방자할 **자**〕 방종함 シ(ほしいまま)
雌伏(자복) 남의 뒤를 따름. 남에게 굴복함. 雌蜂(자봉) 암펄. 곧 벌의 여왕. 雌雄(자웅) 암컷과 수컷. 암수. 雌節(자절) 남에게 복종하는 도. 유순한 절조. 雌花(자화) 암꽃.	恣放(자방) 방자함. 恣縱(자종) 꺼림 없이 제멋대로 행동함. 방종함. 恣行(자행) 제멋대로 행함. 또 그 행동. 恣暴(자포) 방자하고 횡포함.
紫 〔자주빛 **자**〕 purple・シ(むらさき)	姿 〔맵시 **자**〕 자태 figure・シ(すがた)
紫筍(자순) 푸른 빛에 약간 붉은 빛을 띤 죽순. 紫外線(자외선) 스펙트럼의 자색부 밖의 암흑부에 이르는 복사선. 살균 작용을 함. 화학선.	姿貌(자모) 용모. 모습. 姿色(자색) 여자의 용모와 안색. 姿勢(자세) 몸을 가지는 상태. 姿容(자용) 용모. 모습. 姿態(자태) 모양과 태도. 맵시.
資 〔재물 **자**〕 재화 〔밑천 **자**〕 자본 wealth・シ 	作 〔지을 **작**〕 만듦. 제조함 make・サク(つくる)
資金(자금) 무슨 일에 필요한 돈. 資料(자료) 일의 바탕이 될 재료. 資本家(자본가) 자본을 제공하는 사람. 資産(자산) 재산. 資質(자질) 타고난 성질. 천품.	作曲(작곡) 노래 곡조를 지음. 作文(작문) 글을 지음. 또 지은 글. 作成(작성) 만듦. 지음. 作品(작품) ① 제작한 물품. ② 시・소설・회화・조각 등의 창작품.

昨

[어제 작] 작일
[옛 작] 과거 「う」
yesterday・サク(きの

日 日 昨 昨 昨

昨今(작금) 어제와 이제. 근래.
昨年(작년) 지난 해.
昨冬(작동) 지난 해 겨울.
昨非(작비) 지금까지의 그름. 또 이전의 과실.
昨夜(작야) 어젯 밤.

爵

[참새 작]
[벼슬 작]
シャク

罒 爭 爵 爵 爵

爵祿(작록) 작위와 봉록.
爵位(작위) 벼슬과 지위. 관작과 위계.
爵邑(작읍) 작봉(爵封).
爵號(작호) 작위의 칭호. 곧 공(公)·후(侯):
　　　　　 백(伯)·자(子)·남(男).

酌

[따를 작] 술을 따름
[가릴 작] 선택함
シャク(くむ)

丆 襾 酉 酌 酌

酌量(작량) 짐작하여 헤아림.
酌婦(작부) 주점에서 손님을 대접하고 술을
　　　　　 따라 주는 계집.
酌飲(작음) 한 국자의 물. 얼마 안되는 음료.
酌定(작정) 일을 짐작하여 결정함.

雀

[참새 작]
[다갈색 작] 「め」
sparrow・ジャク(すず

ハ 小 少 乎 雀

雀羅(작라) 새그물.
雀盲(작맹) 밤눈이 어두운 것. 야맹증(夜盲
　　　　　 症).
雀息(작식) 입을 다물고 말하지 않음.
雀躍(작약) 뛰며 좋아함.

잔

殘

[해칠 잔]
[잔인할 잔] 포악함
remain・ザン(のこる)

殘惡(잔악) 잔인하고 악독함.
殘忍(잔인) 차마 할 수 없는 무자비한 행위를
　　　　　 거리낌 없이 함.
殘存(잔존) 남아서 쳐져 있음.
殘虐(잔학) 잔인하고 포학함.

盞

[잔 잔] 작은 술잔
　　　　　　「き」
wine cup・サン(さかづ

弋 㦯 萎 盏 盞

盞臺(잔대) 술잔을 받쳐 놓는 그릇.

잠

潛

[숨을 잠] 몸을 감춤
[무자맥질할 잠]
dive・セン(ひそむ)

氵 浐 潜 潛 潛

潛伏(잠복) 깊이 숨음. 또 깊이 숨김.
潛水(잠수) 물속에 들어감.
潛入(잠입) 몰래 들어옴.
潛在(잠재) 속에 숨어 겉으로 나타나지 않음.
潛跡(잠적) 종적을 숨김.

暫

[잠깐 잠] 잠시
[별안간 잠] 졸지에
moment・ザン(しばらく)

亘 斬 斬 斬 暫

暫逢(잠봉) 잠깐 만남.
暫時(잠시) 오래지 않은 동안; 조금 동안. 잠
　　　　　 깐.
暫定(잠정) 잠시 정함. 잠깐 임시로 정함.
暫許(잠허) 잠시 허락함.

蠶

[누에 잠]

silkworm・サン(かいこ)

旡 朁 朁 蠶 蠶

蠶繭(잠견) 누에고치.
蠶農(잠농) 누에를 치는 일. 누에 농사.
蠶絲(잠사) 누에고치에서 켜낸 실. 곧 명주실.
蠶砂(잠사) 누에의 똥. 약제(藥劑)로 씀.
蠶業(잠업) 누에를 치는 직업. 양잠.

잡

雜

[섞일 잡] 뒤섞임
[번거로울 잡]
mixed・ザツ(まじる)

卒 刹 新 雜 雜

雜穀(잡곡) 쌀 밖의 모든 곡식.
雜念(잡념) 쓸데없는 여러 가지 생각.
雜談(잡담) 이것 저것 생각나는 대로 지껄이
　　　　　 는 말.
雜神(잡신) 못된 귀신.

작 잔 잠 잡 / 135

〔길 장〕
짧지 아니함
long・チョウ(ながい)
丨 丨ㅏ 丨ㅌ 長 長

長刀(장도) 긴 칼. 또 언월도.
長生不死(장생불사) 오래 살고 죽지 아니 함.
長壽(장수) 수명이 긺. 오래 삶.
長篇(장편) ① 긴 시문. ② 긴 소설.
長書(장서) ① 긴 글. ② 긴 편지.

〔글 장〕
〔장 장〕 문장
sentence・ショウ
亠 立 音 音 章

章決句斷(장결구단) 문장의 장과 구에 구절을 뗌.
章句(장구) 글의 장과 구. 또 문장.
章牘(장독) 서한. 편지.
章理(장리) 명백한 이치.

〔마당 장〕
place・ジョウ(ば)
土 坦 坦 場 場

場內(장내) 어떠한 처소의 안.
場面(장면) 어떠한 장소의 겉으로 드러난 면이나 광경.
場所(장소) ① 곳. 처소. ② 자리.
場圃(장유) ① 동산. 밭. ② 장소. 곳.

丈

〔장 장〕
〔길이 장〕 긴 정도
elder・ジョウ(たけ)
一 ナ 丈

丈夫(장부) ① 장성한 남자. ② 남편.
丈人(장인) ① 장로. ② 아내의 친아버지.
丈丈(장장) 손윗사람. 존장.
丈尺(장척) ① 길이. ② 길이가 일장(一丈) 되는 자.

〔문서 장〕
〔편지 장〕
丬 丬ㅏ 丬ㅏ 狀 狀

狀頭(장두) 장원(狀元).
狀詞(장사) 소장(訴狀).
狀元(장원) 과거에 수석으로 급제함.

壯

〔씩씩할 장〕 용감함
〔왕성할 장〕
brave・ソウ(さかん)
丨 丬 丬ㅏ 壯 壯

壯談(장담) 확신을 가지고 자신 있게 하는 말.
壯烈(장렬) 씩씩하고도 열렬함.
壯夫(장부) ① 장년의 남자. ② 씩씩한 남자.
壯士(장사) 기개가 있고 용감한 사람.
壯丁(장정) 장년의 남자. 젊은이.

薔

〔물여뀌 색〕
〔장미 장〕
rose・ショウ(ばら)
艹 芷 茈 薔 薔

薔薇(장미) 장미과에 속하는 낙엽 활엽 관목. 관상용으로 심음.

〔담 장〕
fence・ショウ(かき)
丬 丬ㅏ 牆 牆 牆

牆角(장각) 담 모퉁이.
牆內(장내) 담 안.
牆面(장면) 담을 대하고 있으면 아무것도 보이지 않음. 무식한 자의 비유.
牆壁(장벽) 담. 토담.

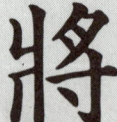

〔장수 장〕 장군
〔장차 장〕 차차.
general・ショウ(まさに)
丨 丬 丬ㅏ 將 將

將官(장관) 준장(准將) 이상의 무관.
將軍(장군) 일군(一軍)의 우두머리.
將來(장래) 장차 돌아올 때. 미래.
將蜂(장봉) 여왕벌.
將次(장차) 차차. 앞으로.

張

〔베풀 장〕
〔펼 장〕 펴 넓힘
extend・チョウ(はる)
弓 弘 張 張 張

張大(장대) 벌려 크게 함. 확대・확장함.
張力(장력) 물질이 서로 끌어 당기는 힘.
張王(장왕) 세력이 왕성함.
張飮(장음) 장막을 둘러 치고 잔치를 함.
張皇(장황) 세력을 펴 왕성하게 함.

帳　〔휘장 장〕
〔장부 장〕
curtain・チョウ（とばり）
巾 帄 帳 帳 帳
帳房(장방) 천막.
帳簿(장부) 금품의 수입・지출 또는 기타의 사항을 기록하는 책.
帳幅(장폭) 휘장.
帳下(장하) 장막의 아래. 장막의 안.

莊　〔엄할 장〕예의 범절이 엄정함
serious・ソウ（おでそか）
艹 莊 莊 莊 莊
莊士(장사) 엄숙한 선비. 단정한 선비.
莊語(장어) 바른 말.
莊嚴(장엄) 규모가 크고 엄숙함.
莊園(장원) 별장과 별장에 딸린 동산
莊重(장중) 장엄하고 정중함.

裝　〔차릴 장〕
〔꾸밀 장〕화장을 함
decorate・ソウ
丨 爿 壯 裝 裝
裝具(장구) 화장 도구.
裝束(장속) ① 여장(旅裝). ② 고운 의복.
裝飾(장식) 꾸밈. 치장함.
裝置(장치) ① 차리어 둠. ② 만들어 둠.
裝潢(장황) 책이나 서화첩을 꾸며 만듦. 표구

獎　〔권면할 장〕권장함
〔표창할 장〕상줌
exhort・ショウ
丨 爿 壯 獎 獎
獎勵(장려) 권하여 힘쓰게 함.
獎進(장진) 권장하여 끌어 올림.
獎學(장학) 학문을 장려함.
獎學金(장학금) 가난한 학생을 위한 학비 보조금.

葬　〔장사지낼 장〕
〔장사 장〕
bury・ソウ（ほうむる）
艹 莎 莎 葬 葬
葬具(장구) 장사(葬事)에 쓰는 기구.
葬禮(장례) 장사의 예식.
葬事(장사) 시체를 매장 혹은 화장하는 일.
葬儀(장의) 장례.
葬地(장지) 매장하는 땅.

粧　〔단장 장〕화장
〔단장할 장〕치장을 함
ショウ（よそおう）
丷 米 粁 粧 粧
粧鏡(장경) 화장용 거울.
粧面(장면) 단장한 얼굴.
粧鉛(장연) 분을 발라 단장함.
粧點(장점) 단장함.
粧痕(장흔) 화장한 흔적. 단장한 자국.

掌　〔손바닥 장〕
〔맡을 장〕주관함
palm・ショウ（てのひら）
丷 尚 尚 堂 掌
掌甲(장갑) 방한(防寒) 혹은 치레로 손을 가리기 위하여 끼는 물건.
掌理(장리) 일을 맡아 처리함.
掌握(장악) 손에 쥠. 자기 물건으로 함.
掌財(장재) 금전의 출납을 맡음. 또 그 사람.

藏　〔감출 장〕① 간직, 저장함 ② 숨김
store・ゾウ.（くら）
艹 芦 蔵 藏 藏
藏鋒(장봉) 글씨를 쓰는 데 그 예봉을 ~ 감추고 나타내지 아니함.
藏書(장서) 간직하여 둔 책. 또 책을 간직함.
藏置(장치) 넣어 둠. 감추어 둠.
藏諱(장휘) 숨겨 입밖에 내지 아니함.

臟　〔오장 장〕
viscera・ゾウ
胪 胪 臍 臟 臟
臟器(장기) 내장(內臟)의 기관(器官).
臟腑(장부) 오장(五臟)과 육부(六腑).
臟汚(장오) 부정한 물건을 받는 더러운 행위를 이름.

障　〔막을 장〕① 통하지 못하게 함 ② 방해함
screen・ショウ（さわる）
阝 陪 陪 障 障
障惱(장뇌) 고민. 고뇌.
障塞(장새) 요새. 성채. (장색) 막음. 또 막힘.
障礙(장애) 거리껴서 거치적거리는 것.
障扞(장한) 막음. 방어함.

장 / 137

腸 〔창자 **장**〕 〔마음 **장**〕 bowels・ チョウ(はらわた) 月 月 肥 腸 腸 腸腎(장신) 창자와 콩팥. 腸胃(장위) 창자와 밥통. 腸窒扶斯(장질부사) 티푸스균이 장(腸)에 침입하여 일어나는 급성 전염병. 염병. 장티푸스.	**才** 〔재주 **재**〕 재능 〔바탕 **재**〕 성질 talent・サイ 一 十 才 才幹(재간) 재능과 국량(局量). 才能(재능) 재주와 능력. 才德兼備(재덕겸비) 재주와 덕을 다 갖춤. 才辯(재변) 재치있게 잘하는 말. 才質(재질) 재주와 성질.
材 〔재목 **재**〕 〔재주 **재**〕 지능 timber・ザイ 一 十 才 村 材 材幹(재간) ① 재주와 간능(幹能). ② 재목. 材能(재능) 재주와 능력. 材力(재력) 타고난 능력. 材料(재료) 물건을 만드는 감. 材木(재목) 건축의 재료로 쓰는 나무.	**財** 〔재물 **재**〕 property・ザイ 冂 貝 貝 財 財 財務(재무) 재정에 관한 사무. 財物(재물) 돈이나 또는 그 밖의 값나가는 물건. 財産(재산) 개인이나 집단이 소유하는 재(財)의 집합. 자산(資産).
在 〔있을 **재**〕 지위・장소 같은 것을 차지함 existence・ザイ(ある) 一 ナ 右 在 在 在庫品(재고품) 곳간에 쌓여 있는 물품. 在來(재래) 그전부터 있어 내려옴. 在籍(재적) 호적 또는 학적에 적히 있음. 在職(재직) 어느 직장에 직업을 두고 있음. 在學(재학) 학교에 있어서 공부함.	**宰** 〔재상 **재**〕 대신 〔우두머리 **재**〕 premier・サイ(つかさ) 宀 宀 宀 宰 宰 宰柄(재병) 승상(丞相)의 권력. 宰相(재상) 제왕(帝王)을 도와 정무를 총리하는 대신. 宰臣(재신) 재상(宰相). 宰列(재열) 재상의 반열(班列).
再 〔두번 **재**〕 거듭 〔두번할 **재**〕 거듭함 again・サイ(ふたたび) 一 冂 冋 再 再 再嫁(재가) 과부(寡婦) 또는 이혼한 여자가 다시 다른 곳으로 시집감. 再起(재기) 두번째 일어남. 다시 일어남. 再生(재생) 다시 살아남. 再次(재차) 두 번.	**栽** 〔심을 **재**〕 초목을 심음 plant・サイ(うえる) 土 丯 栽 栽 栽 栽培(재배) 초목을 심어 가꿈. 초목을 북돋아 기름. 栽揷(재삽) 꽂아 심음. 栽植(재식) 심음.
災 〔화재 **재**〕 화난 〔재앙 **재**〕 재난 calamity・サイ(わざわい) 丶 巛 巛 巛 災 災難(재난) 천재지이(天災地異) 등으로 인하여 뜻밖에 일어난 불행한 일. 災變(재변) 재이(災異). 災傷(재상) 천재로 인하여 농작물이 입는 해. 災殃(재앙) 천변지이(天變地異)의 온갖 변고.	 〔실을 **재**〕 load・サイ(のせる) 土 吉 車 載 載 載拜(재배) 다시 절함. 정중히 절함. 載書(재서) 열국의 맹약을 기록한 문서. 載籍(재적) 책. 서적. 載筆(재필) ① 붓을 휴대하고 감. ② 기록을 적음.

哉 〔비롯할 재〕 시작함
サイ(かな)
十 吉 盐 哉 哉
哉生明(재생명) 달의 밝은 부분이 처음 생긴 다는 뜻으로, 음력 초사흗날을 일컫는 말.
哉生魄(재생백) 달의 검은 부분이 처음 생긴 다는 뜻으로, 음력 열엿샛날.

裁 〔마를 재〕 옷감을 마
〔결단할 재〕 l름질함
cut out · サイ(たつ)
十 耒 栽 裁 裁
裁決(재결) 사물의 옳고 그름을 가려 결정함.
裁斷(재단) ① 끊음. 절단함. ② 재결.
裁量(재량) 헤아려 처리함.
裁縫(재봉) 바느질.
裁判(재판) 시비곡직을 판단함.

爭 〔다툴 쟁〕
contest · ソウ(あらそう)

爭權(쟁권) 권리를 다툼.
爭友(쟁우) 친구의 잘못을 충고하는 벗.
爭論(쟁론) 서로 말로 다툼. 말다툼함.
爭辯(쟁변) 말다툼함.
爭奪(쟁탈) 다투어 빼앗음.

著 〔나타날 저〕 명료해짐
〔지을 저·입을 착〕
チョ(あらわす)
艹 艹 萝 荖 著
著名(저명) 이름이 드러남. 명성이 높음.
著述(저술) 글을 써서 책을 만듬.
著書(저서) 저술한 책.
著作者(저작자) 책을 지은 사람.
著服(착복) 옷을 입음. 또 옷.

貯 〔저장할 저〕
save · チョ(たくわたる)
冂 目 貝 貯 貯
貯金(저금) 돈을 모아 둠.
貯水(저수) 물을 모아둠. 저수지(貯水池).
貯藏(저장) 쌓아서 간직하려 둠.
貯蓄(저축) 절약하여 모아둠.

狙 〔긴팔원숭이 저〕
〔엿볼 저〕 틈을 엿봄
monkey · ソ(さる)
犭 犭 犯 狙 狙
狙擊(저격) 노려 침.
狙公(저공) 원숭이를 부리는 사람.
狙伺(저사) 기회를 엿봄.
狙害(저해) 기회를 노려 사람을 해함.

底 〔밑 저〕 밑바닥
bottom · テイ(そこ)
广 庀 庀 底 底
底稿(저고) 원고(原稿).
底面(저면) 밑의 면.
底蘊(저온) 깊은 속. 마음 속에 깊숙히 감추어 둔 일.
底止(저지) 도달하여 정지함.

邸 〔사처 저〕
〔주막 저〕
mansion · テイ(やしき)
匚 𠂉 氐 𠂤 邸
邸閣(저각) 집. 저택.
邸觀(저관) 저택과 누각.
邸宅(저택) 집.

沮 〔그칠 저〕 그만둠
〔막을 저〕
stop · ソ(はばむ)

沮議(저의) 의론을 저지함.
沮止(저지) 막아서 못하게 함. 방지함.
沮格(저격) 막음. 방지함.
沮害(저해) 방해하여 해침.

低 〔낮을 저〕 높지 아니함
low · テイ(ひくい)
亻 仃 仳 低 低
低能(저능) 지능이 보통 사람보다 낮음.
低廉(저렴) 값이 쌈.
低俗(저속) 품격이 낮고 속됨.
低溫(저온) 낮은 온도.
低下(저하) 낮아짐.

抵 [겨룰 저] 대항함
resist・テイ(あたる)
扌 扩 扩 抵 抵
抵當(저당) 부동산이나 동산을 담보로 잡히고 돈을 꿈.
抵冒(저모) 거역하여 침범함. 죄를 저지름.
抵死(저사) 죽기를 작정하고 저항함.
抵觸(저촉) 양자가 서로 모순함.

詛 [저주할 저]
curse・ソ(のろう)
⺀ 言 訓 詛 詛
詛呪(저주) 남이 못 되기를 빌고 바람.

的 [목표 적] 표준
　　[꼭 적] 틀림없이
target・テキ(まと)
丿 白 白 的 的
的當(적당) ① 틀림 없이 꼭 맞음. ② 확실함.
的實(적실) 틀림이 없음. 꼭 그러함.
的中(적중) 과녁에 들어맞음. 명중.
的證(적증) 확실한 증거.

赤 [붉은빛 적] 적색
red・セキ(あかい)
十 土 ± 赤 赤
赤銅(적동) ① 구리. ② 구리에 금이 약간 섞인 합금.
赤面(적면) ① 붉은 얼굴. ② 부끄러워하여 얼굴을 붉힘.
赤血(적혈) 붉은 피. 선혈.

摘 [들추어 낼 적]
지적함, 적발함
pruck・テキ(つむ)
扌 扩 扩 摘 摘
摘奸(적간) 간악한 일을 적발함.
摘抉(적결) 적발.
摘發(적발) 숨은 일을 들추어 냄.
摘要(적요) 요점을 추려 적음. 또 그 문서.
摘載(적재) 요점을 추려 실림. 또 그 문서.

適 [맞을 적] ① 사리에 알맞음 ② 일치함
suit・テキ(かなう)
亠 商 商 適 適
適格(적격) 격에 맞음.
適當(적당) 알맞음.
適應(적응) 걸맞아서 서로 어울림.
適切(적절) 꼭 맞음.
適中(적중) ① 알맞음. ② 들어맞음.

滴 [물방울 적]
drop・テキ(したたる)
氵 氵 氵 滴 滴
滴瀝(적력) 물방울이 떨어짐. 또 그 소리.
滴露(적로) 방울지어 떨어지는 이슬.
滴水(적수) 떨어지는 물방울.
滴滴(적적) 물방울이 떨어지는 모양.
滴檐(적첨) 낙숫물.

敵 [원수 적] 「항함
　　[겨룰 적] 대항함, 저
enemy・テキ
亠 商 商 敵 敵
敵愾心(적개심) 의분을 느껴 적과 싸우고자 하는 성낸 마음.
敵國(적국) 자기 나라와 싸우는 나라. 또 원수의 나라.
敵對(적대) 마주 대적하여 싸움.

績 [공・일 적]
セキ(つむぐ)
纟 糸 紅 績 績
績女(적녀) 실을 잣는 여자.
績文(적문) 문장을 지음.
績紡(적방) 실을 잣고 베를 짬. 길쌈함.
績用(적용) 공훈. 공적.

寂 [고요할 적] 적적함
セキ(さびしい)
宀 宀 宋 寂 寂
寂念(적념) 쓸쓸하고 조용한 생각.
寂漠(적료) 하늘이 높고 먼 모양.
寂寞(적막) 적적함. 고요함.
寂然(적연) 적적(寂寂).
寂寂(적적) 쓸쓸하고 고요한 모양.

적

 〔쌓을 적〕
heap up・セキ(つむ)
千 禾 秆 秸 積
積穀(적곡) 곡식을 쌓아 둠.
積善(적선) 착한 일을 많이 함.
積習(적습) 오래된 습관.
積雨(적우) 장마.
積載(적재) 물건을 쌓아서 실음.

 〔자취 적〕
traces・セキ(あと)
甼 呈 趺 蹟 蹟
古蹟(고적) ① 남아있는 옛 물건이나 건물.
　　　　　② 옛 물건이 있던 자리. 고적지(古蹟地)
遺蹟(유적) ① 남은 흔적
　　　　　② 남아 있는 사적.

 〔피리 적〕
flute・テキ(ふえ)
ᄷ 竹 竹 笛 笛
笛伶(적령) 피리를 부는 악인(樂人).
笛聲(적성) 피리를 부는 소리.

 〔문서 적〕 ① 서류, 책
② 장부, 명부 등
register・セキ
竺 筘 籍 籍 籍
籍記(적기) 문서에 적음. 또 그 문서.
籍沒(적몰) 죄인의 재산을 관에서 몰수함.
籍甚(적심) 명성이 세상에 널리 퍼짐. 책책.
籍帳(적장) 호구(戶口)를 기입한 대장. 호적부.

 〔도둑 적〕
〔도둑질할 적〕
thief・ゾク(そこなう)
貝 貝 賊 賊 賊
賊窟(적굴) 도적의 소굴.
賊難(적난) 도둑 맞은 재난. 도난.
賊反荷杖(적반하장) 도둑이 도리어 매를 든다는 뜻으로, 굴복해야할 사람이 도리어 남을 억누르려고 함을 이름.

 〔자취 적〕 흔적
〔뒤 밟을 적〕
traces・セキ(あと)
甼 距 趺 跡 跡
跡捕(적포) 뒤를 밟아 쫓아가 잡음. 미행하여 체포함.

전  〔밭 전〕
농작물을 심는 전지
field・デン(た)
丨 冂 𠃌 田 田
田民(전민) 농민.
田野(전야) ① 논밭. 전답. 들. ② 시골. 촌.
田園(전원) ① 논밭. 전지. 전야. ② 시골. 교외.
田租(전조) 논밭의 구실. 전답의 조세.

 〔온전할 전〕 흠이 없음
〔온통 전〕 전체, 전부
perfect・ゼン(まったく)
丿 人 仐 仐 全
全力(전력) 모든 힘.
全滅(전멸) 죄다 없어짐. 죄다 망하여 버림.
全部(전부) 온통.
全盛(전성) 한창 왕성함.
全體(전체) 온통. 전부.

 〔법 전〕 법식
law・テン(のり)
冂 曲 曲 典 典
典禮(전례) 일정한 의식.
典籍(전적) 책. 서적.
典則(전칙) 법. 법칙. 규범.
典刑(전형) ① 예전부터 내려오는 법전. ② 전통의 법식.

 〔앞 전〕
front・ゼン(まえ)
亠 艹 芇 前 前
前科(전과) 이전에 치른 형벌.
前紀(전기) 선대의 사실(史實).
前生緣分(전생연분) 이 세상에 나오기 전에 맺은 연분.
前夜(전야) ① 어젯밤. ② 전날 밤.

적 전 / 141

展 〔펼 전〕
spread・テン(のべる)
尸屛屛展展
展開(전개) ① 펴져 벌어짐. 또 펴서、벌림. ② 밀집부대가 헤어져 산병이 됨.
展讀(전독) 펴 읽음. 펴 봄.
展覽(전람) ① 펴서 봄. ② 벌리어 놓고 봄.
展望(전망) 멀리 바라봄.

電 〔전기・번개 전〕
lightning・デン(いなづま)
雨雷雷雷電
電光(전광) ① 번개. 번개가 번쩍이는 빛. ② 대단히 빠름.
電機(전기) 전력을 사용하는 기계.
電燈(전등) 전기의 열작용을 이용한 등.
電力(전력) 전기의 힘.

戰 〔싸움 〕전쟁
〔싸울 〕전쟁을 함
war・セン(たたかう)
單單戰戰戰
戰歿(전몰) 전사.
戰死(전사) 싸움을 싸우다가 죽음.
戰時(전시) 전쟁이 벌어진 때.
戰爭(전쟁) 싸움. 국가와 국가와의 사이에 무기를 가지고 싸우는 일.

錢 〔돈 전〕화폐
money・セン(ぜに)
牟金鈺錢錢
錢渴(전갈) 돈이 잘 돌지 아니함.
錢穀(전곡) 돈과 곡식. 재정.
錢貫(전관) 돈꿰미.
錢刀(전도) 돈. 금전.
錢財(전재) 돈. 재보(財寶).

殿 〔큰집 전〕
palace・テン(との)
尸屛屟殿殿
殿閣(전각) 궁전(宮殿).
殿階(전계) 궁전에 올라가는 계단.
殿舍(전사) 궁전.
殿陛(전폐) 궁전의 섬돌.

銓 〔저울 전〕
〔가릴 전〕
select・セン(えらぶ)
牟釒釣銓銓
銓考(전고) 인물을 전형하고 고찰함.
銓敍(전서) 인재를 가려 서임함.
銓選(전선) 전형하여 선발함.
銓擇(전택) 전형하여 발탁함.
銓衡(전형) ① 저울. ② 인재를 가려 등용함.

傳 〔전할 전〕옮기어 감
〔전기 전〕「たえる」
transmit・テン、デン(つ)
亻伂俥傳傳
傳喝(전갈) 사람을 시켜서 안부를 묻거나 말을 전하는 일.
傳記(전기) 개인의 일생의 사적을 적은 기록.
傳達(전달) 전하여 이르게 함.
傳來(전래) 전하여 내려옴.

轉 〔옮길 전〕
장소나 방향을 바꿈
turn・テン(ころぶ)
車轉轉轉轉
轉勤(전근) 근무하는 곳을 옮김.
轉達(전달) 전하여 보냄.
轉賣(전매) 산 물건을 도로 다른 곳에 팖.
轉學(전학) 이 학교에서 저 학교로 옮기어 공부함.

專 〔오로지 전〕 ① 단독으로 ② 혼자 처리함
セン(もっぱら)
巨叀叀專專
專攻(전공) 전문적으로 연구함.
專念(전념) 오로지 그 일에만 마음을 씀. 몰두.
專力(전력) 오로지 그 일에만 힘을 씀.
專屬(전속) 오직 한 곳에만 속함.

切 〔절박할 절〕
〔간절히 절〕절실히
cut・セツ(きる)
一切切
切感(절감) 절실하게 느낌.
切斷(절단) 끊어냄.
切迫(절박) 기한이 썩 급하여 짐. 기한이 닥침.
切要(절요) 절실하고 긴요함.

絶 〔뛰어날 절〕
cut off・ゼツ(たつ)
幺 紆 絆 絆 絶

絶色(절색) 월등하게 아름다운 여자. 절세의 미인.
絶讚(절찬) 극구 칭찬함. 또 그 칭찬.
絶致(절치) 아주 뛰어난 운치.
絶好(절호) ① 더할 수 없이 좋음. ② 절교.

節 〔마디 절〕
〔절개 절〕 굳은 지조
joint・セツ(ふし)

節槪(절개) 지조(志操).
節斷(절단) 마디마디 끊음.
節尙(절상) 높은 절개.
節制(절제) ① 알맞게 함. 정도를 넘치지 아니함. ② 통어(統御)함.

折 〔꺾을 절〕 부러뜨림
〔꺾일 절〕 부러짐
take off・セツ(おる)
十 扌 扩 折 折

折骨(절골) ① 뼈가 부러짐. ② 무척 애를 씀.
折半(절반) 하나를 반씩 둘로 나눔.
折腰(절요) 허리를 꺾음. 곧 허리를 굽혀 남에게 머리를 숙임.
折辱(절욕) 기를 꺾어 욕보임.

店 〔전방 점〕
가게, 상점
shop・テン(みせ)
广 广 庐 店 店

店幕(점막) 음식을 팔고 나그네를 묵게 하는 집.
店肆(점사) 점포.
店員(점원) 가게에서 일을 보는 고용인.
店主(점주) 가게의 주인.

점

占 〔점칠 점〕
〔차지할 점〕 점유함
divine・セン(うらなう)
│ ト ト 占 占

占卦(점괘) 점쳐 나타나는 괘.
占領(점령) ① 점유. ② 적의 토지・진영 등을 무력으로 빼앗음.
占術(점술) 점을 치는 술법.
占有(점유) 차지함. 자기의 소유로 함.

點 〔점 점〕 〔조사함
〔조사할 점〕 세밀히
spot・テン

點檢(점검) 낱낱이 조사함. 자세히 검사함.
點線(점선) 점을 이어서 찍어 놓은 줄.
點數(점수) ① 숫자로 나타낸 평가. ② 물건의 수효.
點心(점심) ① 간식. ② 낮 끼니로 먹는 음식.

漸 〔차차 점〕 점점
〔물들일 점〕 감화함
ゼン(ようやく)
氵 洉 漸 漸 漸

漸染(점염) 점점 물듦. 점차로 감화를 받음. 또 점차로 익숙하여짐.
漸悟(점오) 점차로 깨달음.
漸漸(점점) 차차. 차츰차츰. 점차.
漸次(점차) 차차. 차츰차츰. 점점.

接 〔접붙일 접〕 접목함
〔형틀 접〕 형구
graft・セツ(つぎき)
扌 护 接 接 接

接褶(접습) 형틀. 형구(刑具).

접

蝶 〔나비 접〕
butterfly・チョウ
虫 蚺 蝅 蝶 蝶

蹀躞(접섭) ① 말이 저벅저벅 걷는 모양. ② 왕래가 빈번한 모양. ③ 허리띠의 장식.
蹀蹀(접접) 가는 모양.

丁 〔장정 정〕 성년의 남자
〔고무래 정〕
テイ, チョウ(ひのと)
一 丁

丁彊(정강) 젊고 기운이 있는 사람.
丁男(정남) 장정. 청년.
丁年(정년) ① 남자의 만 이십 세. ② 태세(太歲)의 천간(天干)이 정(丁)으로 된 해.

정

頂 [꼭대기 정]
물건의 가장 높은 데
top・チョウ(いただき)
一 ｢ 顶 頂 頂
頂光(정광) 부처의 머리 뒤에서 비추는 광명.
頂門有眼(정문유안) 머리 위에 눈이 있음. 시비·선악을 가리는 식견이 비상함을 이름.
頂拜(정배) 머리를 숙이고 예배함.

訂 [바로잡을 정]
[맺을 정] 약속을 맺음.
settle・テイ(ただす)
言 言 訂
訂交(정교) 교분을 맺음.
訂訛(정와) 정정(訂正).
訂正(정정) 잘못을 고쳐서 바로잡음.
訂證(정증) 바로잡아 밝힘.

廷 [조정 정]

court・テイ
二 千 壬 廷 廷
廷爭(정쟁) 조정에서 직접 임금의 잘못을 간(諫)하여 다툼.
廷折(정절) 여러 사람 앞에서 꼼짝 못하게 욕(辱)보임.
廷叱(정질) 조정에서 꾸짖음.

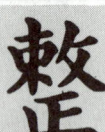
程 [한도 정] 일정한 분량
[법 정] 「또는 표준.
form・テイ
禾 秆 程 程 程
程度(정도) 얼마의 분량. 또는 어떠한 한도.
程式(정식) 일정한 법식.
程品(정품) 법. 규정.
程限(정한) 일정한 한도.

征 [갈 정]
[칠 정] 정벌함.
attack・セイ(ゆく)
彳 彳 征 征
征伐(정벌) 군대를 파견하여 죄 있는 자를 침.
征服(정복) 토벌하여 항복시킴.
征雁(정안) 멀리 날아가는 기러기.
征人(정인) 여행하는 사람. 나그네.
征討(정토) 정벌.

整 [가지런할 정]
정돈됨.
セイ(ととのえる)
束 敕 整 整 整
整列(정렬) 가지런히 벌여 섬.
整理(정리) 가지런히 바로잡아 다스림.
整飾(정식) 몸을 가지런하게 차리고 맵시를 꾸밈.
整然(정연) 질서 있는 모양. 정제된 모양.

停 [머무를 정] ① 정지함 ② 쉼 ③ 지체함
stay・テイ(とどまる)
亻 亻 亻 停 停
停車場(정거장) 기차가 한 때 머물렀다가 떠나는 곳.
停泊(정박) ① 머무름. 묵음. 숙박함. ② 배가 항구에서 머무름.
停電(정전) 송전이 중지됨.

井 [우물 정]

well・セイ(いど)
二 ≠ 井
井幹(정간) ① 우물 난간. ② 우물 난간의 형상. 우물 난간의 끝.
井綆(정경) 두레박 줄.
井臼之役(정구지역) 물을 긷고 절구질을 하는 일.. 살림살이의 수고로움을 이름.

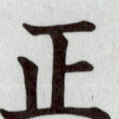
正 [바를 정] 도리에 맞음
right・セイ, ショウ(ただしい)
一 丅 下 正 正
正刻(정각) 작정(作定)한 바로 그 시각.
正當(정당) 옳고 당연함. 이치에 당연함.
正常(정상) 바르고 떳떳함.
正誤(정오) ① 틀린 것을 고침. ② 바름과 틀림. 바른 것과 틀린 것.

政 [정사 정] 정치
government・
セイ(まつりごと)
丅 正 政 政 政
政策(정책) 시정상의 방책.
政治(정치) 국가의 주권자가 그 영토(領土) 및 인민을 다스림.
政治家(정치가) ① 정치에 정통한 사람. ② 정치를 맡아보는 사람.

〔정할 정〕 결정함
〔머무를 정〕 정지함
カン(まったい)
宀宀宁宇定定

定期刊行物(정기간행물) 일정한 시기에 간행하는 출판물.
定止(정지) 머무름. 머물러 쉼.
定評(정평) 모든 사람이 다 같이 옳다고 하는 비평 또는 평판.

貞 〔곧을 정〕
마음이 안정하여 바름
pure; chaste·テイ
卜冂冃自貞

貞木(정목) 상록수.
貞敏(정민) 마음이 곧고 총명함.
貞淑(정숙) 지조가 굳고 마음이 맑음.
貞操(정조) ① 부녀의 깨끗한 절개. ② 곧은 절개.

〔제기이름 정〕
ジョウ(たかつき)
金釘釘錠錠

錠劑(정제) 가루약을 덩이로 뭉쳐 만든 약.

偵 〔염탐할 정〕
spy·テイ(うかがう)
亻亻亻伫伺偵

偵客(정객) 염탐군.
偵邏(정라) 순행하여 정탐함. 또 그 사람.
偵察(정찰) 적정(敵情)을 몰래 살핌.
偵探(정탐) 몰래 형편을 알아봄.

艇 〔거룻배 정〕
boat·テイ(ふね)
舟舟舟艇艇

艇子(정자) 뱃사공.

鄭 〔정나라 정〕
テイジョウ
𢆉𢆉𢆨奠𢆨鄭

鄭重(정중) ① 은근(慇懃)함. 점잖고 묵직함.
② 자주. 번번히.

晶 〔수정 정〕
〔밝을 정〕
crystal·ショウ(あきらか)
日 晶 晶

晶光(정광) 번쩍번쩍하는 빛.
晶耀(정요) 맑게 빛나는 모양.
晶晶(정정) 번쩍번쩍 빛나는 모양.
水晶(수정) 석영이 여섯모 기둥꼴로 결정(結晶)된 것.

亭 〔역말 정〕 역참
〔정자 정〕
arbour·テイ(あずまや)
亠亠亭亭亭

亭閣(정각) 정자(亭子).
亭居(정거) 정지함. 체류함.
亭然(정연) 우뚝 솟은 모양.
亭午(정오) 한낮. 오정(午正).
亭次(정차) 역정(驛亭).

〔깨끗할 정〕 사념이
〔깨끗이할 정〕「없음
clean·ジョウ(きよい)
氵浄浄浄浄

淨空(정공) 맑은 하늘.
淨書(정서) 초잡은 글씨를 새로 바르게 씀.
淨水(정수) ① 깨끗한 물. ② 손을 씻을 물.
淨土(정토) 번뇌의 속박을 떠나서 아주 깨끗한 세상.

庭 〔뜰 정〕 ① 집안의 마당 ② 곳, 장소
garden·テイ(にわ)
广广庄庭庭

庭柯(정가) 뜰에 있는 나무. 정원수.
庭階(정계) 뜰과 계단. 문안. 집안.
庭園(정원) 뜰. 집안에 만들어 놓은 동산.
庭前(정전) 뜰 앞.
庭訓(정훈) 가정 교육. 가정 교훈. 정교.

精

〔찧을 정〕
〔정할·깨끗할 정〕
セイ（くわしい）

丷 牜 精 精 精

精讀(정독) 자세히 읽음.
精密(정밀) 정세(精細)하고 치밀함. 자세하여 빈틈이 없음.
精神病(정신병) 정신에 이상이 생기는 병. 뇌 병 같은 것.

靜

〔조용할 정〕
〔깨끗할 정〕 청결함
quiet·セイ（しずか）

青 靜 靜 靜 靜

靜境(정경) 조용한 장소.
靜淑(정숙) 거동이 안존하고 마음이 착함.
靜穩(정온) 고요하고 평온함.
靜寂(정적) 고요함.
靜聽(정청) 조용히 들음.

情

〔뜻 정〕
〔인정 정〕 자애
ジョウ（なさけ）

丨 忄 忄 情 情 情

情交(정교) 친한 교분. 정애(情愛)가 있는 친밀한 교제.
情分(정분) 사귀어 정이 든 정도. 정의.
情熱(정열) 불 일듯 맹렬하게 일어나는 감정.
情義(정의) 인정과 의리.

鼎

〔솥 정〕
tripot·テイ（かなえ）

目 甲 鼎 鼎 鼎

鼎談(정담) 세 사람이 마주 앉아 하는 이야기.
鼎沸(정비) 솥의 물이 끓듯이 소란함.
鼎新(정신) 혁신함.
鼎位(정위) 삼공(三公)의 자리. 재상의 지위.
鼎族(정족) 귀족. 부귀한 집안.

弟

〔아우 제〕
younger brother
テイ（おとうと）

丷 ㅛ 吕 弟 弟

弟婦(제부) 아우의 아내.
弟氏(제씨) 남의 아우의 존칭.
弟子(제자) ① 가르침을 받는 사람. 문인(門人). ② 나이 어린 사람. 연소자.

諸

〔모든·여러 제〕
all·ショ（もろもろ）

言 諸 諸 諸 諸

諸國(제국) 여러 나라.
諸君(제군) 여러 분. 자네들.
諸禮(제례) 모든 예의 범절.
諸般(제반) 여러 가지. 모든.
諸邦(제방) 여러 나라.

製

〔지을 제〕
〔만들 제〕
make·セイ

制 製 製 製 製

製菓(제과) 과자를 만듦.
製本(제본) 책을 매는 일. 또 그 책.
製作(제작) 물건을 만듦.
製造(제조) 물건을 만듦.
製版(제판) 활자·그림 따위로 인쇄판을 만듦.

悌

〔화락할 제〕
〔공경할 제〕
poite·テイ

丨 忄 悌 悌 悌

悌友(제우) 형제 또는 부부 사이에 우애가 있거나 의가 좋음.
孝悌(효제) 부모에 대한 효도와 형제에 대한 우애.

制

〔지을·만들 제〕
〔정할 제〕
supress·セイ（おきて）

丿 吞 制 制 制

制度(제도) 국가의 법칙. 법제.
制約(제약) 사물의 성립에 필요한 조건이나 규정.
制定(제정) 만들어 정함. 제결.
制造(제조) 만듦. 제조.

第

〔집 제〕 주택, 저택
〔차례 제〕
order·テイ

竹 笋 笋 第 第

第舍(제사) 저택.
第三國(제삼국) 당사국 이외의 나라.
第一(제일) 첫째. 으뜸.
第二義(제이의) 제일의가 아닌 그리 중요하지 아니한 뜻.

 〔제사지낼 제〕
sacrifice service
サイ(まつり)
夕 タ タ 奴 癸 祭 祭

祭壇(제단) 제사를 지내는 단.
祭文(제문) 죽은 이를 조상하는 글. 제물을 올리고 축문처럼 읽음.
祭物(제물) 제사에 쓰는 음식물.
祭日(제일) 제사 지내는 날.

 〔사이 제〕
〔때 제〕 기회, 시기
limit・サイ(きわ)
阝 阝 阝 阡 阡 際 際

際畔(세반) 제애(際涯).
際涯(제애) 끝. 한.
際遇(제우) 재회(際會).
際限(제한) 끝. 한.
際會(제회) 시기. 기회. 좋은 때를 만남.

〔하느님 제〕
〔임금 제〕
emperor・テイ(みかど)
亠 亠 产 产 帝 帝

帝京(제경) 제왕이 계신 서울.
帝國(제국) 황제가 통치하는 나라.
帝傅(제부) ① 천자의 스승. ② 재상.
帝祐(제우) 하느님의 도움.
帝鄕(제향) 하느님이 있는 곳. 상천.

 〔섬돌・층계 제〕
〔덜 제〕 없애 버림.
remove・ジョ(のぞく)
阝 阝 阝 阡 阡 除 除

除減(제감) 수효를 덜어 냄.
除去(제거) 덜어 버림. 없애 버림.
除名(제명) 명부에서 성명을 빼어버림.
除外(제외) 범위 밖에 두어 빼어 놓음.
除籍(제적) 호적・학적 등에서 제명함.

〔글제 제〕 시문의 제목
〔표제 제〕 책의 이름
subject・ダイ
日 早 題 題 題

題名(재명) 성명을 사람의 눈에 잘뜨이는 데 적음.
題目(제목) 책의 표제. 명호. 명칭. 글제.
題詞(제사) 책 머리에・기록하는 글.
題材(제재) 문예 작품의 제목과 재료.

 〔가지런할 제〕
arrange・セイ(そろう)
亠 方 充 齊 齊

齊戒(제계) 부정(不淨)을 기(忌)하고 몸을 깨끗하게 함.
齊祈(제기) 재계(齊戒)하고 기도 드림.
齊壇(제단) 하늘을 제사지내는 곳.
齊米(제미) 중에게 주는 쌀.

 〔약지을 제〕

mix・ザイ
亠 充 齊 齊 劑

藥劑(약제) 여러가지 약재를 섞어서 지은 약.
調劑(조제) 약재를 조합(調合)하여 약을 지음.

 〔건질 제〕 구제함

サイ, セイ(ともがら)
氵 汢 汢 汢 濟

濟世之材(제세지재) 세상을 잘 다스려 백성을 구제할 만한 인재.
濟宥(제유) 구제하고 용서함.
濟化(제화) 가르치고 인도하여 선(善)으로 나아가게 함.

 〔끌 제〕 끌고 감
〔들 제〕 손에 가짐
テイ(さげる)
扌 打 担 捍 提 提

提示(제시) 어떠한 의사를 드러내어・보임.
提案(제안) 의안을 제출함. 또 그 의안.
提議(제의) 의론을 제출함.
提唱(제창) 처음으로 주장함. 제시하여 창도함.

 〔둑 제〕 제방

dike・テイ(つつみ)
土 坦 垾 堤 堤

堤塘(제당) 제방.
堤防(제방) 홍수를 막기 위하여 흙과 돌을 쌓은 것. 둑.

兆 [조 조] [점 조] billion·チョウ(きざし) ノ ハ 儿 兆 兆	早 [새벽 조] [일찍 조] early·ソウ(はやい) 一 ㄇ 日 旦 早
兆卦(조괘) 점상(占象). 점에 나타난 형상. 兆物(조물) 많은 물건. 만물. 兆民(조민) 많은 백성. 兆占(조점) 점(占). 또 점상(占象). 점에 나타난 형상. 또 점을 침.	早急(조급) 급히 서두름. 早起(조기) 일찍 일어남. 早晩(조만) ① 이름과 늦음. ② 아침과 저녁. 早朝(조조) 이른 아침. 새벽. 早婚(조혼) 나이가 어려서 혼인함.
造 [지을 조] 제작, 조작함 make·ゾウ(つくる) 一 牛 告 造 造	弔 [조상할 조] 죽은 사람의 영혼을 위로함. チョウ(とむらう) 그 弓 弔
造林(조림) 나무를 심어 수풀을 만듦. 造物主(조물주) 하늘과 땅의 모든 자연을 주재 섭리하는 신. 造成(조성) 물건을 만들어서 이루어냄. 造作(조작) 물건을 만듦.	弔禮(조례) 조상하는 인사. 弔歌(조가) 조의를 표하는 노래. 만가. 弔客(조객) 조상하는 사람. 弔問(조문) 상가에 가서 위문함. 조상하러 감. 弔意(조의) 죽은 이를 애도하는 마음.
鳥 [새 조] bird·チョウ(とり) ノ ア 户 鳥 鳥	調 [고를 조] ① 잘 어울림. ② 균형이 잡힘. チョウ(しらべる) 言 訓 調 調 調
鳥道(조도) 새가 아니면 통과할 수 없을 만큼 험한 또는 좁은 길. 鳥葬(조장) 시체를 들에 버려 새가 쪼아 먹도록 하는 장사(葬事). 鳥集(조집) 새처럼 많이 모여듦.	調査(조사) 실정을 살펴 알아봄. 調笑(조소) 조롱함. 또 조소소(嘲笑)함. 調節(조절) 정돈하여 알맞게 함. 調停(조정) 중간에 서서 화해시킴. 調和(조화) 고르게 하여 알맞게 맞춤.
朝 [아침 조] [조정 조] morning·チョウ(あさ) 古 壴 卓 朝 朝	組 [끈 조] [짤 조] make up·ソ(くむ) 糸 糸 糾 組 組
朝刊(조간) 아침에 발행함. 또 그 신문. 朝飯(조반) 아침 밥. 朝廷(조정) 나라의 정치를 의론·집행하는 곳. 朝霞(조하) ① 아침놀. ② 아침의 붉은 구름. 朝會(조회) 학교 같은 데서 아침에 모이는 회.	組繫(조계) 끈. 組成(조성) 조직하여 성립시킴. 組紃(조순) 새끼처럼 꼰 끈. 물건을 묶는 끈. 組紙(조임) 끈을 꼬고 베를 짜는 일. 組織(조직) 끈을 꼬고 베를 짬.
租 [구실 조] 조세 [세 조] tax·ソ(みつぎ) 千 禾 租 租 租	彫 [새길 조] 조각함 carve·チョウ(ほる) 几 月 用 周 彫
租賦(조부) 조세. 租稅(조세) 세금. 구실. 租徭(조요) 조세와 요역과 부역. 租賃(조임) 땅을 빌어 쓰고 내는 값. 租錢(조전) 임대료.	彫刻(조각) ① 파 새김. ② 글씨·그림 또는 물건의 형상 등을 돌·나무 따위에 새김. 彫偶(조위) 가짜 물건을 조각하여 진짜와 같이 보이게 함.

助

[도울 조] 보좌함
[도움 조] 조력, 이익
help・ジョ(たすける)
丿 月 月 則 助

助力 (조력) 남의 일을 도와 줌.
助味 (조미) 음식의 맛을 좋게함.
助手 (조수) 주장되는 사람의 일을 도와 주는 사람.

祖

[할아비 조]
[선조 조]
grandfather・ソ(じじ)
ᅮ 示 礻 祀 祖 祖

祖母 (조모) 할머니.
祖武 (조무) 조상이 남긴 공적.
祖父 (조부) ① 할아버지. ② 할아버지와 아버지.
祖業 (조업) 조상때부터 전하여 오는 가업.

漕

[배 저을 조]
・ソウ(こく)
氵 沪 漕 漕 漕

漕渠 (조거) 배로 화물을 운반하기 위하여 판 수로.
漕船 (조선) ① 화물을 싣고 다니는 배. 운송선. ② 배로 운반함.
漕運 (조운) 배로 화물을 운반함.

措

[놓을 조] 둠
[처리할 조] 처치함
manage・ソ(おく)
扌 扗 措 措 措

措辭 (조사) 시문(詩文)의 어구(語句)의 배치.
措處 (조처) 조치.
措置 (조치) ① 쌓아 둠. ② 일을 처리함.

燥

[마를 조] 건조함.
[말릴 조] 건조시킴.
dry・ソウ(かわく)
ᄂ 火 炉 焊 燥

燥渴 (조갈) 목이 타는 듯이 마름.
燥剛 (조강) 땅이 습기가 없어서 마르고 깨끗함.
燥濕 (조습) 마름과 습함.
燥葉 (조엽) 마른 잎.

操

[부릴 조] 사역함
[지조 조]
manage・ソウ(みさお)
扌 扌 打 捍 操

操練 (조련) 군대를 실전(實戰)에 익히기 위한 연습.
操弄 (조롱) 제멋대로 다룸.
操束 (조속) 단속함.
操心 (조심) 삼가 주의함.

照

[비칠 조] 빛남
illumine・ショウ(てる)
冂 日 旫 昭 照

照度 (조도) 일정한 면적이 일정한 시간에 받는 빛의 양.
照覽 (조람) 비추어 봄. 환히 봄.
照明 (조명) 밝게 비춤. 환히 비춤.
照曜 (조요) 비침. 빛남.

條

[가지 조]
[법규 조]
ジョウ(えだ)
亻 伀 佟 佟 條

條決 (조결) 조리를 밝혀 결정함.
條例 (조례) 조목 조목 나눈 규례.
條目 (조목) 여러 가닥으로 나눈 항목.
條法 (조법) 법. 법규.
條項 (조항) 조목.

潮

[조수 조]
tide・チョウ(しお)
氵 渣 淖 潮 潮

潮害 (조해) 간석지 등에 조수가 들어서 입은 피해.
潮海 (조해) 염분을 함유한 바다.
潮候 (조후) 해수의 간만(干滿)의 시각.
潮痕 (조흔) 조수가 밀려왔다가 나간 흔적.

足

[발 족]
foot・ソク(あし)
口 ロ 甲 足 足

足反居上 (족반거상) 사물이 거꾸로 된 것을 가리키는 말.
足衣 (족의) 버선.
足掌 (족장) 발바닥.
足指 (족지) 발가락.

족

조 족 / 149

〔겨레 족〕 ① 일가, 집안. ② 인종의 유별. tribe・ゾク(やから) 亠方疒族族 族類(족류) 동족. 族譜(족보) 씨족의 계보. 族屬(족속) 겨레붙이. 族姻(족인) 인척(姻戚). 族長(족장) 한 겨레의 장(長).	〔있을 존〕 존재함. 〔보존할 존〕 exist・ソン, ゾ(ある) 一ナ存存存 存生(존생) 목숨이 붙어 살아 있음. 생존. 存續(존속) 존재를 계속함. 存在(존재) 있음. 현존함. 存候(존후) 위문함. 찾아가 안부를 물음. 또 그 사람.
尊〔높을 존〕 존귀함. respect・ソン(とうとい) 亠酋酋尊尊 尊榮(존영) 지위(地位)가 높아 영화(榮華)를 누림. 尊重(존중) 높이고 중하게 여김. 尊稱(존칭) 존대(尊待)하여 부르는 칭호(稱號).	卒〔갑자기 졸〕 돌연히. 〔마칠 졸〕 끝마침. finish・ソツ(おわる) 亠亠㐅卆卒 卒去(졸거) 대부(大夫)의 죽음. 卒倒(졸도) 갑자기 정신을 잃고 쓰러짐. 卒業(졸업) ① 업을 마침. 일을 끝냄. ② 규정한 과정을 마침. 卒然(졸연) 갑자기. 느닷없이.
拙〔졸할 졸〕 ① 서툶. ② 옹졸함. stupid・セツ(つたない) 扌扌扚抈拙 拙計(졸계) ① 옹졸한 꾀. ② 졸렬한 계책. 拙劣(졸렬) 서투름. 拙作(졸작) ① 보잘 것 없는 작품. ② 자기의 작품의 겸칭. 拙丈夫(졸장부) 용렬한 남자.	〔가묘 종〕 「근본. 〔마루 종〕 ① 밑둥. ② ancestral・ソウ(むね) 宀宀宇宗宗 宗國(종국) 종주국. 宗社(종사) 종묘와 사직. 宗族(종족) 동성 동본(同性同本)의 일가. 宗親(종친) ① 동모(同母)의 형제. ② 동족의 사람.
〔씨 종〕 〔종류 종〕 품목. seed・シュ(たね) 千禾秆種種 種類(종류) 물건의 같은 것과 다른 것을 각각 부문을 따라서 나눌 수가 있는 갈래. 種苗(종묘) ① 식물의 모를 심어서 기름. ② 묘목이 될 씨를 뿌림.	〔종・쇠북 종〕 bell・ショウ(かね) 牟金鈩鐘鐘 鐘樓(종루) 종을 달아 놓은 누각. 鐘鎛(종박) 큰 종과 작은 종. 鐘聲(종성) 종소리. 鐘鼎(종정) 종과 가마솥.
〔끝 종〕 마지막. end・シュウ(おわる) 纟糸糸終終 終末(종말) 끝판. 결말. 終身(종신) 일생을 마칠 때까지. 일평생. 종생. 終日(종일) 하룻동안. 아침부터 저녁까지. 終點(종점) 맨 끝이 되는 곳.	〔쫓을・따를 종〕 obey・ジュウ(したがう) 彳彷衵從從 從臣(종신) 늘 시종하는 신하. 從容(종용) 조용한 모양. 말이나 또는 하는 것이 와자지껄하지 않고 매우 얌전한 모양. 從兄(종형) 사촌형.

鍾

〔술병·술잔 종〕
〔되이름 종〕
goblet・ショウ
千 金 鈩 鍾 鍾

鍾念(종념) 지극히 생각함.
鍾美(종미) 미(美)를 모음.
鍾愛(종애) 사랑을 한 쪽으로 모음. 지극히 사랑함. 종련(鍾憐).
鍾乳石(종유석) 돌고드름.

縱

〔방종할 종〕제멋대로
〔세로 종〕「굶.
vertcal・ジュウ
糸 絣 絣 縱 縱

縱斷(종단) ① 세로 끊음. ② 길이로 자름.
縱傲(종오) 방종하고 오만함.
縱任(종임) 방종함.
縱迹(종적) 행방. 종적(蹤跡).
縱橫無盡(종횡무진) 한없이 자유자재함.

좌 左

〔왼 좌〕 왼쪽.
left・サ(ひだり)
一 ナ 左 左 左

左顧右眄(좌고우면) 이쪽저쪽으로 돌아보며 정신을 씀.
左手(좌수) 왼 손.
左言(좌언) ① 오랑캐의 말. ② 옳지 않은 말.
左宜右有(좌의우유) 재덕을 겸비함.

坐

〔앉을 좌〕
sit・ザ(すわる)
ㅅ ㅆ 坐 坐 坐

坐給(좌급) 구하지 않고 물자가 충족함. 자급자족함.
坐席(좌석) ① 앉은 자리. ② 깔고 앉는 물건의 총칭.
坐事(좌사) 그 사건에 휩쓸려 듦.

佐

〔도울 좌〕
보좌, 보필함.
assist・サ(たすける)
亻 仁 仕 佐 佐

佐吏(좌리) 상관을 돕는 관원.
佐理(좌리) 군주를 도와 나라를 다스림.
佐戎(좌융) 대부(大夫). 또 대부가 되어 군주를 보필함.
佐酒(좌주) 술 상대를 시킴.

座

〔자리 좌〕① 까는 자리. ② 앉는 자리.
seat・ザ(せき)
广 庐 庐 座 座

座客(좌객) 좌석에 앉아 있는 손. 동석한 사람.
座談(좌담) 자리 잡고 앉아서 하는 이야기.
座上(좌상) 여러 사람이 모인 자리.
座席(좌석) 앉는 자리. 앉은 자리.

挫

〔꺾을 좌〕 부러뜨림
〔꺾일 좌〕
break・ザ(くじく)
扌 扒 扒 挫 挫

挫傷(좌상) 꺾이고 상함.
挫辱(좌욕) ① 기세를 꺾어 욕보임. ② 기세가 꺾이어 굴복함.
挫折(좌절) ① 꺾음. ② 꺾임. ③ 어떤 계획이나 운동이 실패로 돌아감.

죄 罪

〔허물 죄〕
sin・ザイ(つみ)
罒 罒 罪 罪 罪

罪科(죄과) 형벌.
罪名(죄명) 죄의 이름.
罪罰(죄벌) 죄에 대한 형벌.
罪狀(죄상) 범죄의 정상.
罪人(죄인) 죄를 범한 사람.

주 主

〔임금 주〕
〔주인 주〕
lord・シュ(あるじ)
丶 亠 宀 主 主

主管(주관) 주장하여 관리함.
主權(주권) 국가를 통치하는 최고·독립·절대적인 권력.
主動(주동) 어떤 일에 주장이 되어 행동함.
主上(주상) 임금. 천자.

注

〔흐를 주〕
〔물댈 주〕
pour・チュウ(そそぐ)
氵 氵 汁 汁 注

注力(주력) 힘을 들임.
注目(주목) 주의하여 봄. 자세히 살피어 봄.
注視(주시) 주목.
注意(주의) ① 마음에 둠. 유의함. ② 경계함. 조심함.

住 [머무를 주]
① 거처, ② 정지함.
dwell・ジュウ(すむ)
イ 亻 住 住 住
住居(주거) 주택.
住民(주민) 그 땅에 사는 백성.
住所(주소) 살고 있는 곳.
住持(주지) 한 절을 주관(主管)하는 중.
住宅(주택) 사람이 들어 사는 집.

駐 [머무를 주] [머무르게 할 주]
halt・チュウ(とどまる)
ㄇ 馬 馬 馿 駐
駐軍(주군) 군사를 주둔시킴.
駐屯(주둔) 군대가 진영을 짓고 머무름.
駐留(주류) 머무름. 또 머무르게 함.
駐在(주재) 머물러 있음.
駐車(주차) 차를 세움.

朱 [붉을 주]
red・シュ(あか)
ㄧ ㄧ 牛 牛 朱
朱門家(주문가) 지위가 높고 지체가 높은 사람의 집.
朱色(주색) 붉은 빛.
朱殷(주안) 검붉은 빛. 적흑색.
朱土(주토) 빛이 붉은 흙. 적토.

周 [두루 주]
round・シュウ(めぐる)
冂 冂 用 周 周
周知(주지) 여러 사람이 두루 앎. 또 여러 사람이 두루 알게 함.
周察(주찰) 두루 살핌.
周行(주행) ① 두루 다님. ② 큰 길. 대로(大路).

州 [고을 주] [나라 주]
シュウ(しま)
ㄐ 丬 州 丬丬 州
州序(주서) 향리의 학교.
州俗(주속) 이속(里俗).
州巷(주항) 마을. 읍리(邑里). 지방. 여항(閭巷).
州縣(주현) 주(州)와 현(縣). 지방(地方).

柱 [기둥 주]
pillar・チュウ(はしら)
十 朩 朩 柱 柱
柱石(주석) 기둥과 주추. 국가의 중임(重任)을 진 사람의 비유.
柱石之寄(주석지기) 가장 중요한 임무.
柱礎(주초) 기둥 아래에 받치어 놓은 돌. 주춧돌.

註 [주낼 주] [주 주] 주해
explain・チュウ
ㄧ 言 訁 訐 註
註書(주서) ① 책에 주를 냄. ② 주를 낸 책. 주서(注書).
註釋(주석) 주해(註解).
註解(주해) 본문 사이 또는 아래 등에 뜻을 풀어 적어 넣는 일.

舟 [배 주] 선박
ship・シュウ(ふね)
ノ ㄅ ㄋ 舟 舟
舟居(주거) 배에서 하는 살림.
舟梁(주량) ① 배다리. ② 배와 다리.
舟筏(주벌) 배와 뗏목.
舟人(주인) 뱃사공.
舟子(주자) ① 뱃사공. ② 수군(水軍).

株 [뿌리 주] [주식 주]
stock・シュ(かぶ)
十 木 朾 柗 株
株拘(주구) 구루터기.
株券(주권) 주식의 증권.
株守(주수) 어리석어서 변동할 줄을 모르고 고수하기만 함.
株式(주식) 주식 회사의 자본의 단위

洲 [섬・모래톱 주]
シュウ(す)
氵 氵 沙 洲 洲
洲島(주도) 섬.
洲潊(주서) 모래톱과 개펄. 물가. 수변.
洲嶼(주서) 작은 섬.
洲汀(주정) 모래톱. 사주(沙洲).
洲沚(주지) 모래톱. 사주(沙洲).

週 [두를·둘레 주] [일주 주]
week · シュウ (めぐり)
几用周週週
週間(주간) 한 수일 동안. 이렛 동안.
週期(주기) 한 바퀴를 도는 시기.
週番(주번) 일주일마다 교대하는 근무.
週報(주보) 주간으로 발행하는 신문·잡지 등.
週日(주일) 한 주일 동안의 날. 이레.

走 [달릴 주] [달아날 주]
run · ソウ (はしる)
土キキキ走走
走介(주개) 남의 심부름하러 다니는 하인.
走浪(주랑) 거센 물결. 세찬 물결.
走馬燈(주마등) ① 돌리는 대로 그림의 장면이 다르게 보이는 등. ② 사물이 빨리 변함의 비유.

宙 [집 주] 주거. [하늘 주] 허공.
チュウ
宀宁宙宙宙
宇宙(우주) ① 온갖 물질이 존재하는 공간. ② 무한히 큰 공간과 거기 존재하는 천체와 모든 물질.

晝 [낮 주]
daytime · チュウ (ひる)
フヨ聿書晝
晝耕夜誦(주경야송) 낮에는 농사 일을 하고 밤에는 글을 읽음.
晝食(주식) 낮에 먹는 밥. 점심.
晝夜(주야) 밤과 낮. 밤낮.
晝夜不息(주야불식) 밤낮으로 쉬지 않음.

酒 [술 주]
wine · シュ (さけ)
氵汜洒酒酒
酒母(주모) ① 술밑. ② 술 파는 여자.
酒色(주색) 술과 계집. 음주와 여색.
酒案(주안) 술상.
酒場(주장) 술 파는 데. 술집.
酒店(주점) 술집.

鑄 [부어 만들 주]
cast · チュウ (いる)
金釒鋳鑄鑄
鑄人(주인) 인재를 양성함.
鑄錢(주전) 쇠를 녹여 돈을 만듦.
鑄造(주조) 쇠를 녹여 물건을 만듦.
鑄鐵(주철) 갓파낸 철광에서 삽것을 분리시킨 쇠.

竹 [대 죽]
bamboo · チク (たけ)

竹籃(죽람) 대바구니.
竹馬舊友(죽마구우) 어릴 때부터 같이 놀던 친한 벗.
竹筍(죽순) 대의 어리고 연한 싹. 식용이 됨.
竹筯(죽저) 대젓가락.

准 [승인할 준]
grant · ジュン (なぞえる)
氵汁汁准准
准尉(준위) 상사(上士)의 위, 소위(少尉)의 아래인 군의 계급.
准士官(준사관) 하사의 위, 사관(士官)의 아래인 군의 직위.

準 [수준기 준] [법도 준]
rule · ジュン (みずもり)
氵汁沛淮準
準備(준비) 미리 마련함. 미리 갖춤.
準用(준용) 준거하여 적용함. 표준으로 삼아 적용함.
準則(준칙) ① 본받음. 표준으로 삼음. ② 표준을 삼아서 따라야 할 규칙.

俊 [뛰어날 준]
eminent · シュン (すぐれる)

俊法(준법) 준엄한 법규. 또 법률을 엄하게 함.
俊辯(준변) 뛰어난 변설. 웅변.
俊秀(준수) 재주와 슬기가 뛰어남. 또 그 사람.

중

[따라갈 준]
[좇을 준]
obey・ジュン(したがう)
片 芦 酋 尊 遵
遵據(준거) 의거하여 좇음.
遵法(준법) 법령을 지킴.
遵守(준수) 좇아 지킴.
遵承(준승) 이어 받아 준봉함.
遵用(준용) 좇아 씀.

[준마 준]
[빠를 준]
fine horse・シュン
厂 馬 駿 駿 駿
駿良(준량) 뛰어나게 좋음.
駿馬(준마) 잘 달리는 좋은 말.
駿奔(준분) 빨리 달음질 침.
駿逸(준일) 뛰어나고 빠름. 기세가 왕성함.

[가운데 중]
middle・チュウ(なか)
ロ ロ 中
中立(중립) ① 양자의 어느 쪽에도 치우치지 아니함.
中部(중부) 가운데 부분.
中性(중성) 이것도 저것도 아닌 중간의 성질.
中央(중앙) 한가운데. 복판.

[버금 중]
[가운데 중]
second・チュウ(なか)
亻 亻 仁 仃 仲
仲媒(중매) 양가 사이에 들어 혼인을 이루게 하는 일.
仲子(중자) 둘째 아들. 차남.
仲裁(중재) 다툼질의 사이에 들어 화해시킴.
仲秋節(중추절) 추석을 명절로서 일컫는 말.

重
[무거울 중]
[중할 중] 「る」
ジュウ(おもい, かさね
二 亍 盲 盲 重
重大(중대) ① 중요하고 큼. ② 경솔히 볼 수 없음.
重量(중량) 무게.
重力(중력) ① 큰 힘. ② 지구가 지구 위에 있는 물체를 끄는 힘.

衆
[무리 중]
crowd・シュウ
宀 血 乑 乑 衆
衆口難防(중구난방) 여러 사람의 말을 이루 막기 어려움.
衆論(중론) 여러 사람의 의론. 중의.
衆望(중망) 여러 사람의 소망. 인망.
衆生(중생) 감정이 있는 모든 생명.

즉

即
[곧 즉] 즉시, 바로.
namely・
ソク(すなわち)
ヨ 艮 即
即刻(즉각) 곧 그 시각. 즉시.
即死(즉사) 그 자리에서 곧 죽음.
即席(즉석) ① 자리에 앉음. ② 곧 그 자리. 곧 그 때.
即時(즉시) ① 곧 그 때. ② 지금. 현재.

증

曾
[일찍 증] 일찌기.
[거듭 증] 다시 덧포갬.
once・ソウ(かって)
亻 伀 俞 曾 曾
曾經(증경) 일찌기. 이전에.
曾思(증사) 거듭 깊이 생각함.
曾孫(증손) 아들의 손자.
曾遊(증유) 전에 논 일이 있음.
曾益(증익) 늘림. 더함. 증익(增益).

[붙을 증, 늘 증]
증가함.
increase・ゾウ(ます)
土 圹 圴 增 增
增强(증강) 더 늘려 세게 함.
增産(증산) 생산량을 늘림.
增員(증원) 인원을 늘림.
增進(증진) 더하여 나아가게 함. 또 더하여 나아감.

[증명할 증]
[증거 증]
ショウ(あかし)
証 証 証 證 證
證憑(증빙) 어떠한 사실을 증명할 만한 근거.
證言(증언) 사실을 증명하는 말. 말로써 증명하는 것.
證人(증인) ① 증거를 드는 사람. ② 보증하는 사람. 보증인.

憎 〔미워할 증〕 증오함.
〔미움받을 증〕
忄 忄 忄 忄 憎 憎
憎忌(증기) 미워하고 꺼림.
憎愛(증애) 미움과 사랑.
憎惡(증오) 미워함.
憎怨(증원) 미워하고 원망함.

症 〔증세 증〕
병의 증세.
ショウ
广 疒 疒 疒 症
症狀(증상) 증세.
症勢(증세) 병으로 앓는 여러가지의 모양.
症候(증후) 증세.

蒸 〔많을 증〕
〔찔 증〕
steam・ジョウ(むす)

蒸氣(증기) 액체가 증발하여 생긴 기체.
蒸民(증민) 백성.
蒸發(증발) 액체가 기체로 변하는 현상.
蒸暑(증서) 찌는 더위. 무더위.
蒸炮(증포) 찜.

贈 〔줄 증〕
present・サン
貝 贈 贈 贈 贈
贈詩(증시) 시를 지어 줌. 또 그 시.
贈諡(증시) 제왕이 시호를 내림.
贈與(증여) 물건을 선사로 보냄.
贈遺(증유) 선사함. 또는 그 물품.
贈呈(증정) 물건을 드림.

拯 〔건질 증〕
rescue・ジョウ(すくう)
扌 扌 扌 拯 拯
拯救(증구) 건짐. 구조함. 구원함.
拯溺(증닉) 물에 빠진 자를 건져냄.
拯撫(증무) 구원하여 위무함.
拯恤(증휼) 구휼함.

只 〔다만 지〕 단지.
only・シ(ただ)

只管(지관) 단지 그것만을. 외곬으로.
只今(지금) 시방. 이제.

지

志 〔뜻 지〕
intend・シ(こころざし)
一 十 士 志 志
志略(지략) 큰 포부.
志慮(지려) 마음. 생각.
志望(지망) 소원. 희망.
志願(지원) 원하고 바람. 하고 싶어함. 희망.
志向(지향) 뜻이 쏠리어 향하는 바. 의향.

誌 〔적을 지〕
〔문체이름 지〕
record・シ(しるす)
言 計 訪 誌 誌
誌文(지문) 죽은 사람의 이름・생몰(生沒)・연월일・행적(行蹟)과 무덤의 소재(所在)를 적은 글.
日誌(일지) 날마다 생긴 일・느낌 등을 적은 기록. 일기(日記).

池 〔못 지〕
pond・チ(いけ)

池頭(지두) 못가.
池蓮(지련) 못에 심은 연(蓮).
池上(지상) ① 못의 물 위. ② 못가.
池沼(지소) 못.
池苑(지원) 연못과 동산.

至 〔이를 지〕
〔지극할 지〕
reach・シ(いたる)

至誠(지성) 지극한 정성.
至誠感天(지성감천) 정성이 지극하면 하늘에까지 감동이 됨.
至尊(지존) 지극히 높은 지위. 곧 제왕의 지위. 또 제왕.

智 〔슬기 지〕 지혜
チ(ちえ)
亠 矢 知 智 智
智能(지능) 슬기의 작용. 지력.
智德(지덕) 지혜와 덕행.
智辯(지변) 재치 있는 변설.
智識(지식) 지혜와 견식.
智慧(지혜) 슬기.

遲 〔더딜 지〕 빠르지 아니함. 「れる」
slow・チ(おそい, おく
尸 屌 屋 犀 遲
遲刻(지각) 정각 보다 늦음.
遲留(지류) 오래 머묾.
遲速(지속) 더딤과 빠름.
遲延(지연) ① 오래 끎. ② 시기에 뒤짐.
遲滯(지체) 지정거려 늦어짐.

持 〔가질 지〕 손으로 잡음
〔지닐 지〕 보존함
hold・チ, ジ(もつ)
扌 扌 扩 拌 持
持久戰(지구전) 오랫 동안 끌며 하는 싸움.
持論(지론) 항상 주장하는 이론. 꽉 잡아 지켜 굽히지 않는 이론.
持病(지병) 오랫 동안 낫지 않아 늘 지니고 있는 병. 고질(痼疾).

紙 〔종이 지〕
paper・シ(かみ)
幺 糸 糽 紅 紙
紙物(지물) 온갖 종이붙이.
紙質(지질) 종이의 품질. 종이의 바탕.
紙幣(지폐) ① 종이 돈. ② 신전(神前)에 바치는 폐백.
紙筆(지필) 종이와 붓.

支 〔가지 지〕
〔버틸 지〕 배겨냄.
support・シ(ささえる)
一 ナ 支
支給(지급) 지출하여 급여함. 내어줌.
支脈(지맥) 갈라져 나간 산맥이나 엽맥.
支吾(지오) 버팀. 반항함.
支出(지출) ① 갈려 나옴. ② 첩의 몸에서 난 아들. ③ 금전·물품의 지불.

指 〔손발가락 지〕
〔가리킬 지〕
finger・シ(ゆび)
扌 扌 扗 指 指
指目(지목) 가리키며 봄. 눈여겨 봄. 주목함.
指紋(지문) 손가락의 안쪽에 있는 물결 같은 금.
指示(지시) ① 손가락질하여 보임. 가리켜 보임. ② 가리켜 시킴. 명령함.

地 〔땅 지〕
earth・チ, ジ(つち)
十 圡 圵 地 地
地境(지경) 땅의 경계.
地帶(지대) 자연이나 인위(人爲)로 한정된 땅의 구역의 안.
地圖(지도) 지구의 현세를 그린 그림.
地面(지면) 땅의 거죽. 토지의 표면.

之 〔갈 지〕
〔이를 지〕 「れ)
go; of・シ(ゆく, の, こ
丶 ㇉ 之
之死靡他(지사미타) 죽어도 마음이 변치 않음.
之子(지자) 이 애. 이 사람.
之字路(지자로) 갈지(之)자와 같이 꼬불꼬불한 길.

枝 〔가지 지〕
branch・シ(えだ)
十 木 杁 枋 枝
枝莖(지경) 가지와 줄기.
枝連蔓引(지련만인) 관련자를 모조리 검거함.
枝梧(지오) 버팀. 저항함.
枝梢(지초) 가지.
枝解(지해) 사지(四肢)를 찢어 발기는 형벌.

止 〔발 지〕
〔머무를 지〕
stop・シ(とまる)
丨 ㇏ 止
止艮(지간) 머무름.
止渴(지갈) 갈증을 풂.
止泊(지박) 머무름. 또 머무르게 함.
止宿(지숙) 유숙함. 머무름.
止痛(지통) 아픔이 그침.

〔알 지〕
깨달음. 감각함
know・ジ(しる)
⺍ ㇰ 矢 知 知

知己(지기) 서로 마음을 잘 알아 뜻이 통하는 벗. 참된 벗.
知能(지능) 슬기와 능력. 지능.
知識(지식) ① 앎. ② 알고 있는 내용. 알고 있는 사물.

〔곧을 직〕
straight・チョク(なおす)
十 ㅗ 古 肯 直 直

直覺(직각) 추리 또는 경험에 의하지 않고 직접 앎.
直感(직감) 설명이나 사색을 기다리지 않고 사물의 진상을 곧 마음으로 느끼어서 앎.

〔구실 직〕 직분. 임무
〔벼슬 직〕 직위. 관직
duty・ショク
耳 耵 職 職 職

職工(직공) 공장에서 일하는 노동자.
職權(직권) 직무상의 권한.
職能(직능) 직무상의 능력.
職分(직분) ① 직무상의 본분. ② 자기가 마땅히 하여야 할 본분.

〔짤 직〕
베를 짬
weave・ショク(おる)
糸 紵 締 織 織

織文(직문) 무늬 있는 비단.
織縫(직봉) 길쌈과 바느질.
織婦(직부) ① 피륙을 짜는 여자. 직녀. ② 직녀성.
織製(직제) 짜서 만듦.

〔다섯째지지 진〕
〔날 신〕
star・シン
一 厂 厃 乕 辰

辰刻(진각) 시간. 시각.
辰方(진방) 동남쪽.
辰時(진시) 오전 일곱 시부터 아홉 시까지의 시각.
辰緯(진위) 별. 성신(星辰)

〔참 진〕
거짓이 아닌 진짜
true・シン(まこと)
一 ト 旨 直 眞

眞價(진가) 참된 가치.
眞善美(진선미) 진미선.
眞理(진리) 참된 이치. 참된 법칙.
眞實(진실) ① 성정이 바르고 참됨. ② 거짓이 아님. 참됨.

〔나아갈 진〕
advance・シン(すすむ)
亻 什 隹 進 進

進步(진보) ① 발을 앞으로 나아감. ② 차차 발달하여 나아감.
進入(진입) 나아가 들어감.
進出(진출) 앞으로 나아감.
進取(진취) 적극적으로 나아가 일을 함.

〔다할 진〕
죄다 없어짐. 끝남
exhaust・ジン(つきる)
フ ㄹ 圭 圭 盡

盡皆(진개) 다. 모두.
盡力(진력) 있는 힘을 다함.
盡善盡美(진선진미) 더할 나위없이 좋고 아름다움.
盡心(진심) 마음을 다함. 성의를 다함.

〔보배 진〕
〔진귀히 여길 진〕
precious・チン
厂 王 珍 珍

珍嘉(진가) 희귀하고 아름다움.
珍奇(진기) 희귀하고 기이함.
珍談(진담) 진기한 이야기.
珍祥(진상) 보기드문 상서.
珍秀(진수) 희귀하고 뛰어남.

〔볼 진〕 ① 눈으로 봄
② 맥을 봄
examine・シン
ヽ 言 訂 診 診

診斷(진단) 의사가 진찰하여 병의 상태를 단정함.
診療(진료) 진찰하고 치료함.
診脈(진맥) 병자의 손의 맥박을 짚어 봄.
診切(진절) 진맥하여 병의 증세를 살핌.

〔떨칠 진〕
〔건질 진〕 구호함
shake off・シン(ふる)
才 扩 护 振 振

振揚(진양) 떨쳐 날림.
振張(진장) 정신을 떨치어 폄.
振天(진천) 명성이 천하에 떨침.
振興(진흥) ① 떨치어 일으킴. ② 정신을 가다듬고 일어남.

〔늘어 놓을 진〕
〔말할 진〕   「る)
arrange・チン(つらね
3 阝 阡 陣 陳

陳久(진구) 오래 묵음.
陳論(진론) 진술하여 의논함.
陳狀(진상) 상황을 진술함.
陳述(진술) ① 자세히 말함. ② 구두로 의견을 말함.

〔진 진〕
〔싸움 진〕
encamp・ジン
3 阝 阡 陣 陣

陣上(진상) 진중(陣中).
陣營(진영) 진을 친 곳.
陣場(진장) 싸움터. 전장(戰場).
陣痛(진통) 어린 애를 낳을 때 주기적으로 오는 아픈 증세.

〔누를 진〕
〔진정할 진〕   「る)
supress・チン(しずめ
牟 釪 鎖 鎭 鎭

鎭邊(진변) 변경을 진압하여 다스림.
鎭息(진식) 진정하여 그치게 함. 또 진정하여 그침.
鎭壓(진압) ① 진정하여 위압함. ② 억눌러 부숨.

〔천둥소리 진〕
〔흔들릴 진〕 진동함
shake・シン(ふるう)
币 示 震 震 震

震恐(진공) 두려워 떪.
震怒(진노) 하늘이 성내는 일.
震動(진동) 흔들어 움직임.
震雷(진뢰) 천둥.
震揚(진양) 떨쳐 들날림.

〔나루 진〕
배가 발착하는 곳
ferry・シン(つ)
氵 汀 沪 浧 津

津涯(진애) 배를 대는 언덕.
津潤(진윤) 윤택함. 또 윤택하게 함.
津埭(진태) 배가 정박하는 곳. 나루.
津航(진항) 나룻배.

질

〔모양 질〕
〔바탕 질〕
・シツ, シチ
斤 所 所 質 質

質量(질량) 물체가 지니고 있는 실질적 양.
質問(질문) 모르거나 의심나는 점을 캐어 물음.
質樸(질박) 꾸밈새 없이 순박함.
質素(질소) ① 꾸밈 없이 순박함. ② 검소함.

〔막을 질〕 틀어 막음
〔질소 질〕
block・チツ
宀 穴 窒 窒 窒

窒素(질소) 무색・무미・무취의 기체의 원소. 딴 원소와 화합하여 동・식・광물 중에 존재함.
窒息(질식) 숨이 막힘.
窒礙(질애) 막혀 방해가 됨.

〔차례 질〕 순서
〔녹 질〕 녹봉
order・チツ
二 千 禾 秋 秩

秩祿(질록) 녹봉.
秩滿(질만) 관직의 임기가 만료됨.
秩俸(질봉) 위로부터 받는 급료.
秩序(질서) 차례. 순서.
秩然(질연) 질서가 정연한 모양.

〔병 질〕 질병
disease・シツ
亠 广 疒 疾 疾

疾苦(질고) 고통.
疾疚(질구) 병. 질병(疾病).
疾病(질병) ① 병. ② 병이 위중함.
疾狀(질상) 병의 상태. 병상(病狀).
疾患(질환) 질병(疾病).

姬  [조카 질] [조카딸 질] nephew・テツ(めい) 乂 女 奸 奸 姪 姪女(질녀) 조카딸. 姪甥(질생) 조카딸과 조카. 姪孫(질손) 조카의 아들. 형제의 손자. 종손.	集  [모일 집] [모을 집] 「る) gather・シュウ(あつま ノ 什 隹 隼 集 集權(집권) 권력을 한군데에 집중함. 集團(집단) 모여서 이룬 떼. 集成(집성) 집대성(集大成). 集中(집중) 한 군데로 모임. 또 한군데로 모음.	집
執 [잡을 집] 지킴. 보존. 체포함 grasp・シツ(とる) 土 幸 刲 執 執 執著(집착) 마음이 한 곳에 달라 붙어 떨어지지 아니함. 마음이 늘 그리로 쏠리어 잊혀지지 아니함. 執刑(집형) 형(刑)을 집행함. 執筆(집필) 붓을 쥐고 글 또는 글씨를 씀.	輯 [모을・모일 집] 한데 모음 assort・シュウ 亘 車 軒 輯 輯 輯寧(집녕) ① 평안히 하여 안심시킴. ② 무사태평함. 輯錄(집록) 모아서 기록함. 輯睦(집목) 화목함. 輯柔(집유) 안색을 부드럽게 함. 순하게 함.	
緝  [모일 집] [잡을 즙] 체포함 continue・シュウ 幺 糸 糾 絆 緝 緝綴(집철) 모아서 엮음. 緝合(집합) 한데 모아 합함. 緝穆(즙목) 화목함. 緝私(즙사) 사염(私鹽)을 밀수한 자를 체포함. 緝熙(즙희) 인격이 계속하여 오래 빛남.	徵 [부를 징] [거둘 징] levy・チョウ(めす) 彳 徉 徨 徵 徵 徵令(징령) 호출하는 명령. 徵收(징수) 조세・벌금 등을 거둠. 徵役(징역) 불러 공공의 일을 시킴. 徵用(징용) 나라에서 불러 등용함. 徵集(징집) 물품을 거두어 모음.	징
懲 [징계할 징] [징계 징] punish・チョウ(こらす) 彳 徨 徵 懲 懲 懲罰(징벌) 장래를 경계하는 뜻으로 벌을 줌. 懲惡(징악) 못된 마음이나 행위를 징계함. 懲役(징역) 죄인을 교도소에 가두어 두고 노동을 시키는 체형.	次 [버금 차] 둘째 [이을 차] next・シ, ジ(つぎ) ゝ ソ ソ 次 次 次期(차기) 다음의 시기. 次男(차남) 둘째 아들.	차
且  [또 차] and・シャ(かつ) 丨 冂 月 且 且 且看(차간) 잠시 봄. 且得(차득) 그것은 그렇다 치더라도. 且月(차월) 음력 유월의 별칭. 且千(차천) 수가 많은 모양. 且喜(차희) 그것은 그렇다 치더라도.	此 [이 차] 가장 가까운 사물을 가리키는 것. this・シ(これ) 丨 ト 止 此 此 此等(차등) 이들. 이것들. 此時(차시) 이 때. 지금. 此處(차처) 이 곳. 여기. 此項(차항) 이 종류. 此後(차후) 이 다음.	

借
[빌 **차**]
[빌릴 **차**]
borrow・シャク(かりる)
亻 借 借 借 借
借款(차관) ① 차금(借金). ② 국제간의 자금의 대차 貸借.
借金(차금) 돈을 꾸어 옴. 또 그 돈.
借如(차여) 만약. 만일.
借用(차용) 물건을 빌리거나 돈을 꾸어서 씀.

著
[입을 **착**]
[나타날 **저**]
チャク(きる, つく)
艹 艼 荖 著 著
著服(착복) 옷에 입음.
著手(착수) 일에 손을 댐. 일을 시작함.
著名(저명) 이름이 드러남. 명성이 높음.
著述(저술) 글을 써서 책을 만듦.
著作(저작) 책을 지음. 또 그 책

捉
[잡을 **착**]
seize・サク(とらえる)
扌 扌 扞 捉 捉
捉去(착거) 잡아 감.
捉來(착래) 잡아 옴.
捉摸(착막) 진상을 포착함.
捉囚(착수) 죄인을 잡아 가둠.
捉捕(착포) 붙잡음. 체포함.

讚
[기릴 **찬**] 칭찬함
praise・サン(ほめる)
言 譜 讃 讚 讚
讚辭(찬사) 칭찬하는 말.
讚頌(찬송) 덕을 칭송함. 기림.
讚揚(찬양) 칭찬하여 드러냄.
讚嘆(찬탄) 감탄하여 칭찬함.

[모을 **찬**]
[이을 **찬**] 계승함
サン
艹 笃 箕 纂 纂
纂錄(찬록) 모아 기록함.
纂述(찬술) 자료를 모아 저술함.
纂承(찬승) 이어 받음. 계승함.
纂業(찬업) 전인(前人)의 사업을 이어받음.

差
[틀릴 **차**] 착오
[가릴 **차**] 선택함
サ(さす, たがう)
丷 芏 羊 差
差別(차별) 층등(層等)이 지게 나누어 가름.
差額(차액) 어떤 액수에서 다른 어떤 액수를 감한 나머지의 액수.
差誤(차오) 차와(差訛).
差出(차출) 벼슬아치를 임명함.

錯
[꾸밀 **착**]
[어긋날 **착**]
サク(まじる)
钅 金 針 錯 錯
錯覺(착각) 지각이 외계의 대상을 어긋나게 깨닫는 현상.
錯亂(착란) 뒤섞여서 어수선함.
錯視(착시) 잘못 봄.
錯誤(착오) 틀려서 잘못됨.

贊
[찬성할 **찬**]
[도울 **찬**]
assent・サン
⺷ 先 赞 贊 贊
贊決(찬결) 모여서 결정함.
贊同(찬동) 찬성.
贊美(찬미) 칭송함. 기림.
贊成(찬성) 동의함.
贊助(찬조) 찬동하여 도와줌.

燦
[빛날 **찬**]
brilliant・サン
火 炉 炉 燦 燦
燦爛(찬란) ① 빛이 번쩍번쩍하는 모양. ② 눈부시게 아름다운 모양. 화려하게 고운 모양.
燦然(찬연) 번쩍 빛나는 모양.
燦煥(찬환) 화려하게 고움.

[이을 **찬**] 계승함.
takeover・サン(つぐ)
糹 紣 䌒 纘 纘
纘繼(찬계) 이어 받음. 계승함.
纘緖(찬서) 전인(前人)의 사업을 이어 받음.
纘續(찬속) 찬계(纘繼).
纘述(찬술) 찬술(纂述)과 같음.

찰

察 〔살필 · 찰〕
〔드러날 찰〕
watch · サツ
宀 疒 灾 窣 察

察見(찰견) 살펴 잘 앎. 밝게 앎.
察警(찰경) 나쁜 일을 조사하여 경계함.
察覽(찰람) 살펴 봄.
察按(찰안) 자세히 조사함. 곰곰이 생각함.
察度(찰탁) 살펴 헤아림.

札 〔뺄 찰〕 뽑음
〔편지 〕
letter · サツ(ふだ)
十 木 札

名札(명찰) 이름, 소속 등을 적어 달고 다니는 헝겊이나 종이 또는 나무 따위의 쪽.
書札(서찰) 편지.
現札(현찰) ① 현금(現金) ② 맞돈.

慘 〔아플 참〕
〔비통할 참〕
misery · サン(いたむ)
忄 忄 忄 怾 慘

慘劇(참극) 비참한 사실을 재료로 한 연극.
慘死(참사) 참혹하게 죽음.
慘事(참사) 참혹한 일. 비참한 사건.
慘狀(참상) 참혹한 상태. 참혹한 정상.
慘獄(참옥) 비참한 옥사.

斬 〔벨 참〕
베어 죽임
behead · サン(きる)
亘 車 斬 斬 斬

斬頭(참두) 목을 벰.
斬伐(참벌) 쳐 멸함. 토멸함.
斬殺(참살) 목을 베어 죽임.
斬新(참신) 가장 새로움.
斬刑(참형) 목을 베는 형벌.

唱 〔부를 창〕
sing · ショウ(となえる)
口 吅 唱 唱 唱

唱歌(창가) 곡조를 맞추어 노래를 부름. 또 그 노래.
唱劇(창극) 광대 노래의 연극.
唱酬(창수) 시문을 지어 서로 주고 받고 함.
唱引(창인) 소리를 길게 빼어 노래함.

참

刹 〔기둥 찰〕
〔절 찰〕 불사
temple · セツ(てら)
乂 ㄨ 杀 刹 刹

刹那(찰나) 지극히 짧은 시간. 순간(瞬間).

 〔참여할 참〕 참가함
〔석 삼〕
three · サン(みっつ)
丷 厸 矣 參

參拜(참배) 신불에게 가서 배례함.
參與(참여) 참가하여 관계함.
參酌(참작) 참고하여 알맞게 양을 짐작함.
參政權(참정권) 국민이 그 나라의 정치에 참여할 수 있는 권리.

 〔부끄러워할 참〕
수치
shame · ザン(はじる)
車 斬 斬 慙 慙

慙德(참덕) 덕이 미치지 못하는 것을 부끄러워함.
慙謝(참사) 부끄러워하며 사죄함.
慙怍(참작) 부끄러워함.
慙悔(참회) 부끄러워하며 뉘우침.

창

昌 〔창성할 창〕 번성함.
prosper · ショウ
丨 日 昌 昌 昌

昌國(창국) 번창한 나라.
昌樂(창락) 번영하여 즐김.
昌世(창세) 잘 다스려 번영하는 세상.
昌言(창언) 옳은 말. 착한 말.
昌平(창평) 나라가 창성하고 세상이 태평함.

娼 〔노는 계집 창〕
prostitute · ショウ(あそびめ)
女 妇 妇 娼 娼

娼妓(창기) ① 손님의 잠자리에 모시는 것을 업으로 삼는 노는 계집. ② 기생.
娼女(창녀) 창기(娼妓).
娼樓(창루) 창기의 집. 청루(靑樓).
娼婦(창부) 창기(娼妓).

〔창 **창**〕
window・ソウ(まど)
宀空空窓窓

窓頭(창두) 창옆. 창가.
窓牖(창유) 창.
窓前草不除(창전초부제) 자연에 맡겨 손을 대지 아니함을 이름.
窓罅(창하) 창틈.

〔통할 **창**〕 통달함.
〔화창할 **창**〕
mild・チョウ(のどか)
甲昜昜暢暢

暢達(창달) ① 자람. 성장함. ② 통달함.
暢茂(창무) 무성하게 자람.
暢敍(창서) 술회함.
暢暢(창창) 화락한 모양.
暢洽(창흡) 두루 미침.

〔밝을 **창**〕 뚜렷함
〔드러날 **창**〕
bright・ショウ(あきら「か」)
立音章章彰

彰德(창덕) 사람의 미덕을 세상에 널리 알림.
彰明(창명) 밝음.
彰示(창시) 명시함.
彰彰(창창) 밝은 모양. 뚜렷한 모양.
彰顯(창현) 뚜렷하게 나타냄. 또 환히 나타남.

〔곳집 **창**〕
〔슬퍼할 **창**〕
warehouse・ソウ(くら)
𠆢今今令倉

倉庫(창고) 곳집.
倉穀(창곡) 창고 속의 곡식.
倉粟(창속) 곳집 속의 곡식.
倉海(창해) 푸른 바다.
倉怳(창황) 슬퍼하고 근심하는 모양.

〔푸를 **창**〕
〔어슴푸레할 **창**〕
blue・ソウ(あお)
艹艾苍蒼蒼

蒼空(창공) 창천(蒼天).
蒼茫(창망) 넓고 멀어서 푸르고 아득한 모양.
蒼白(창백) 푸른 기가 있고 해쑥함.
蒼生(창생) 백성(百姓). 인민(人民).
蒼海(창해) 크고 넓은 바다.

〔찰 **창**〕 한랭함
〔푸를 **창**〕
cold・ソウ
氵冫冷冷滄

滄茫(창망) 물이 푸르고 아득하게 넓은 모양.
滄熱(창열) 추움과 더움. 한서(寒暑).
滄海(창해) 큰 바다. 대해(大海).

〔다칠 **창**〕
〔비로소 **창**〕 시작함
begin・ソウ(はじめ)
𠆢今倉創創

創刊(창간) 신문・잡지・교지 등의 정기 간행물을 처음으로 간행함.
創建(창건) 창립.
創立(창립) 처음으로 세움. 처음으로 이룩함.
創業(창업) 나라를 처음으로 세움.

〔캘 **채**〕 채취함
〔채색・무늬 **채**〕
plunk・サイ(とる)
一𠂎𤓰采采

채

采毛(채모) 빛이 아름다운 털.
采色(채색) 고운 색. 아름다운 색.
采用(채용) 가려 씀.
采取(채취) 골라서 캐어냄.
采畵(채화) 채색을 한 그림.

〔빚 **채**〕
〔빚돈 **채**〕 빚
debt・サイ(かり)
亻仁倩債債

債家(채가) 빚준 사람. 채권자.
債金(채금) 빚진 돈.
債務(채무) 남에게 빚을 얻어 쓴 사람의 의무. 곧 빚을 갚아야 할 의무.
債負(채부) 채금(債金).

〔무늬 **채**〕
〔빛 **채**〕
lustre・サイ(いろどる)
一𠂎𤓰采彩

彩器(채기) 그림 그릴 때 채색을 풀어서 담아 쓰는 그릇.
彩色(채색) 고운 빛. 또 고운 빛을 칠함.
彩蝶(채접) 아름다운 빛깔을 지닌 나비.
彩畵(채화) 채색을 하여 그린 그림.

채

採 [캘 채] pick・サイ(とる) 一十才扩护採	菜 [나물 채][찬 채, 안주 채] vegetables・サイ(な) 艹艹芊苹菜菜
採決(채결) 가부를 묻고 채택하여 결정. 採工(채공) 광부. 採光(채광) 실내에 광선을 받아 들임. 採鑛(채광) 광물을 캐어냄. 採掘(채굴) 땅 속에 있는 물건을 캐어 냄.	菜甲(채갑) 채소의 새싹. 菜根(채근) 채소의 뿌리. 나물 반찬의 밥. 菜刀(채도) 식칼. 부엌칼. 菜蔬(채소) 푸성귀. 菜食(채식) 반찬을 푸성귀로만 먹음.

책

責 [꾸짖을 책][책임 책] reprove・セキ(せめる) 一二丰青青責	冊 [책 책][권 책] book・サツ(ふみ) 丨冂卅冊冊
責望(책망) 하기 어려운 일을 서로 하라고 하며 원망함. 責務(책무) 책임지고 하여야 할 일. 責問(책문) 책망하여 물음. 문책함. 責言(책언) 책망하는 말.	冊褓(책보) 책을 싸는 보자기. 冊床(책상) 책을 올려 놓거나 또는 글씨를 쓰는 데 받치는 상 모양의 기구. 冊子(책자) 서책(書冊). 冊欌(책장) 책을 넣어 두는 장(欌).

策 [대쪽 책][꾀 책] plan・サ ノ𥫗𥫗箮箮策策	妻 [아내 처] wife・サイ(つま) フヨ丰妻妻
策略(책략) 꾀. 계략. 策慮(책려) 계책. 또 계책을 생각함. 策謀(책모) 책략(策略). 策書(책서) 책명(策命). 策應(책응) 책략을 통지하여 서로 응함.	妻家(처가) 아내의 본가. 妻男(처남) 아내의 오라비. 妻子(처자) 아내와 자식. 妻弟(처제) 아내의 여동생. 妻兄(처형) 아내의 언니.

처

悽 [슬퍼할 처][야윌 처] grieved・セイ(いたむ) 忄忄忄悽悽	處 [곳 처][머무를 처] place・ショ 广卢卢處處
悽斷(처단) 너무 슬퍼하여 기절할 것 같음. 悽戀(처련) 슬퍼하여 연모함. 悽然(처연) 슬퍼하는 모양. 悽絶(처절) 처단. 悽慘(처참) 슬프고 참혹함.	處女(처녀) 시집갈 나이가 되고 아직 시집가지 않은 계집애. 색시. 숫색시. 處女作(처녀작) 처음으로 발표하는 작품. 處罰(처벌) 형벌에 처함. 處所(처소) 있는 곳.

척

尺 [자 척] 길이의 단위 [길이 척] ruler・シャク フ尸尺	斥 [물리칠 척][엿볼 척] 몰래 살핌 expel・セキ(しりぞく) 一广斤斥斥
尺量(척량) 물건을 자로 잼. 尺水(척수) 얼마 안되는 물. 얕은 물. 尺寸(척촌) 한자와 한치. 수량・거리 등이 얼마 안 됨을 이름. 尺寸之效(척촌지효) 조그마한 공적.	斥遣(척견) 물리침. 제거함. 斥兵(척병) 적정을 염탐하는 군사. 척후병(斥候兵). 斥逐(척축) 쫓아냄. 몰아냄. 斥黜(척출) 물리쳐 채용하지 아니함.

척
천

拓 〔넓힐 척〕 개척함 〔꺾을 척〕 부러뜨림 develop・タク(ひらく) 扌 扩 扩 拓 拓 拓殖(척식) 척지와 식민. 拓地(척지) 토지를 개척함. 拓土(척토) 토지를 개척함.	**戚** 〔슬퍼할 척〕 〔친할 척〕 relatives・セキ(みうち) 厂 戶 戚 戚 戚 戚揚(척양) 크고 작은 도끼. 戚然(척연) 근심하고 슬퍼하는 모양. 戚琬(척완) 임금의 외척. 戚容(척용) 근심하는 얼굴. 戚姻(척인) 인척(姻戚).
陟 〔오를 척〕 높은 곳으로 올라감 ascend・チョク(のぼる) 阝 阣 阣 陟 陟 陟降(척강) 오름과 내림. 또 올림과 내림. 陟罰(척벌) 관위를 올려 상줌과 관위를 내려 벌 줌. 陟升(척승) 높은 데 올라감.	**隻** 〔하나 척〕 단지 하나 〔짝 척〕 single・セキ 亻 件 隹 隼 隻 隻手(척수) 한 쪽 손. 隻身(척신) 홀몸. 단신. 隻語(척어) 한 마디의 말. 짤막한 말. 隻言(척언) 척어(隻語). 隻日(척일) 기수의 날.
千 〔일천 천〕 thousand・セン(せん) ノ 二 千 千思萬考(천사만고) 여러가지로 생각함. 곰곰 생각함. 千狀萬態(천상만태) 각양 각색의 상태. 千秋萬歲(천추만세) 천년만년의 뜻. 장수를 축원하는 말.	**天** 〔하늘 천〕 〔임금 천〕 heaven・テン(あめ) 二 三 干 天 天氣(천기) 하늘의 기상. 날씨. 天命(천명) ① 하느님의 명령. ② 하느님에게서 받은 운명. 자연의 운수. 天罰(천벌) 하늘이 주는 벌. 天性(천성) 타고난 성품.
川 〔내 천〕 stream・セン(かわ) 丿 川 川 川谷(천곡) 내와 골짜기. 川邊(천변) 개천 가. 냇가. 川上(천상) 냇가. 川岳(천악) 내와 산. 하천과 산악. 川川(천천) 느린 모양. 더딘 모양.	**泉** 〔샘 천〕 spring・セン(いずみ) 冂 白 臬 臬 泉 泉路(천로) 저승으로 가는 길. 泉聲(천성) 샘물이 흐르는 소리. 泉水(천수) 샘물. 泉脈(천맥) 땅 속에 있는 물줄기. 泉石(천석) 샘과 돌. 산과 물. 산수의 경치.
薦 〔드릴 천〕 진상함 〔천거할 천〕 「める」 recommend・セン(すす 芦 薦 薦 薦 薦 薦拔(천발) 인재를 발탁하여 천거함. 薦羞(천수) 제물. 薦新(천신) 새로 나는 음식물을 먼저 신명(神明)에게 올림. 薦引(천인) 인재를 추천함.	**遷** 〔옮길 천〕 〔천도 천〕 국도의 이전 二 兩 西 褰 遷 遷都(천도) 도읍을 옮김. 遷善(천선) 착하게 됨. 遷易(천역) 변천함. 遷行(천행) 임금의 거동. 遷化(천화) 달라짐. 변전함. 또 변하게 함.

[얕을 천]
[얇을 천]
shallow・セン(あさい)
氵汚浅浅淺

淺慮(천려) 얕은 생각.
淺聞(천문) 문견(聞見)이 적음.
淺薄(천박) 생각・학문 같은 것이 얕음.
淺術(천술) 천박한 예술.
淺識(천식) 얕은 식견. 식견이 얕음.

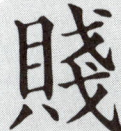
[천할 천]
mean・セン(いやしい)
貝 貯 賎 賎 賤

賤格(천격) 낮고 천(賤)하게 생긴 품격.
賤技(천기) ① 천한 기예. ② 자기의 기예의 겸칭.
賤民(천민) 천한 백성.
賤夫(천부) 천한 사람.

[밟을 천]
이행함.
tread・セン(ふむ)
足 趴 跋 践 踐

踐極(천극) 임금의 자리에 오름. 등극(登極).
踐踏(천답) 짓밟음.
踐勢(천세) 세력있는 자리에 오름.
踐修(천수) 실천하며 닦음.
踐行(천행) 실행함. 이행함.

[쇠 철]
iron・テツ
金 鈢 鉎 鐵 鐵

鐵工(철공) 쇠를 다루어서 온갖 기구를 만드는 사람.
鐵鑛(철광) 쇠를 파내는 광산.
鐵器(철기) 쇠로 만든 기구.
鐵路(철로) 철도.

철

徹
[통할 철]
[뚫을 철]
penetrate・テツ(とおる)
彳 待 徍 徹 徹

徹頭徹尾(철두철미) 처음부터 끝까지. 철저히.
徹兵(철병) 주둔하였던 군대를 철수함.
徹夜(철야) 밤을 새움.
徹底(철저) 일을 끝까지 관철하는 태도가 있음.

[밝을 철] 슬기가 있고 사리에 밝음 「か」
sagacious・テツ(あきら
才 扩 折 哲 哲

哲夫(철부) 어질고 밝은 남자. 재덕이 뛰어난 사람.
哲婦(철부) 어질고 밝은 여자. 재덕이 뛰어난 부인.
哲人(철인) 어질고 밝은 사람.

[이을 철] 연결함
[꿰맬 철, 맬 철]
file・テツ(つづる)
糸 糸刀 糸幻 綴 綴

綴文(철문) 글을 지음. 저술함.
綴字(철자) 자음과 모음의 글자를 맞추어서 한 글자를 만듦.
綴輯(철집) 편집함.
綴綴(철철) 붙어 따라 다니는 모양.

[거둘・치울 철]
① 제거함. ② 그만 둠
clear up・テツ(すてる)
扌 扩 扌肖 揗 撤

撤去(철거) 거두어 치워버림.
撤頭撤尾(철두철미) 처음부터 끝까지 투철함.
撤退(철퇴) 거두어 가지고 물러감.
撤廢(철폐) 거두어 치워 그만둠.
撤回(철회) 내거나 보낸 것을 도로 돌려 들임.

첨

[뾰족할 첨]
[끝 첨]
sharp・セン(とがる)
亅 ヅ 兴 尖 尖

尖端(첨단) 뾰족한 물건의 맨끝.
尖利(첨리) 끝이 뾰족하고 날카로움.
尖袖(첨수) 좁은 소매.
尖銳(첨예) 첨리(尖利).
尖圓(첨원) 끝이 날카롭고 둥긂.

[더할 첨]
보탬
add・テン(そえる)
氵 汙 沃 添 添

添加(첨가) 덧붙임. 보탬.
添補(첨보) 첨가하여 보충함.
添附(첨부) 첨가하여 붙임.
添削(첨삭) 문자를 보태거나 뺌. 곧 시문(詩文) 같은 것을 고침.

忝 [더럽힐 첨]
욕되게 함
ashamed・テン(かたじけ「い)
二 チ 天 忝 忝

忝汚(첨오) 욕되게 하여 더럽힘.

籤 [제비 첨]
[꼬챙이 첨]
lot・セン(くじ)
⺮ 竺 籤 籤 籤

籤爪(첨조) 대꼬챙이로 손톱과 발톱 사이를 찌르는 형벌.

妾 [첩 첩]
concubine・ショウ(めか「け)
亠 立 产 妾 妾

妾腹(첩복) 첩이 난 아들. 첩소생.
妾婦(첩부) 첩. 첩실(妾室).
妾室(첩실) 첩.
妾子(첩자) 서자(庶子).
妾出(첩출) 첩이 난 아들. 첩소생.

帖 [표제 첩]
[편안할 첩] 안정함
card・チョウ)
口 巾 巾 帖 帖

帖服(첩복) 순종함. 복종함.
帖附(첩부) 첩착(帖著).
帖息(첩식) 마음을 놓음.
帖然(첩연) 침착하여 편안한 모양.
帖著(첩착) 부착시킴.

牒 [서찰 첩]
[문서 첩]
・チョウ
片 片 片 牒 牒

牒報(첩보) 상부에 서면으로 보고함.
牒訴(첩소) 소송의 문서. 소장(訴狀).
牒案(첩안) 관아(官衙)의 공문서.
牒狀(첩장) 여러 사람이 차례로 돌려 보도록 쓴 글.

諜 [염탐할 첩]
[재재거릴 첩]
spy・チョウ(さぐる)
言 訁 諜 諜 諜

諜報(첩보) 사정을 염탐하여 알림.
諜人(첩인) 간첩(間諜).
諜者(첩자) 첩인(諜人).
諜諜(첩첩) 나불나불 지껄이는 모양.
諜候(첩후) 첩인(諜人).

貼 [붙을 첩]
[전당 잡힐 첩]
paste・チョウ
⺆ 貝 貯 貼 貼

貼付(첩부) 착 들어붙게 붙임.
貼書(첩서) 서리(書吏)의 조수.
貼用(첩용) 붙여서 씀.
貼典(첩전) 전당 잡히는 일.

青 [푸른빛 청]
[푸를 청]
blue・セイ(あおい)
三 圭 青 青 青

青年(청년) 나이가 젊은 사람.
青冥(청명) 푸른 하늘.
青山流水(청산유수) 말을 잘하는 것을 이름.
青色(청색) 푸른 빛. 퍼렁.
青雲(청운) 푸른 하늘.

清 [맑을 청]
[깨끗할 청]
clear・セイ(きよい)
氵 浐 浐 清 清

清潔(청결) ① 청렴하고 결백함. 청백(清白).
　　　　② 깨끗함.
清琴(청금) 맑은 소리가 나는 거문고.
清廉(청렴) 마음이 깨끗하고 욕심이 없음.
清明(청명) 깨끗하고 밝은 마음.

晴 [갤 청]
비가 그치고 하늘이 맑음
・セイ(はれる)
日 晴 晴 晴 晴

晴明(청명) 하늘이 개어 맑음.
晴雨(청우) 하늘이 맑음과 비가 옴.
晴陰(청음) 하늘이 맑음과 비가 옴.
晴天(청천) 맑게 갠 하늘.
晴和(청화) 맑게 개어 날씨가 화창함.

請

〔청할 청〕 바람. 원함
〔물을 청〕
request・セイ(こう)
言 言 請 請 請

請求(청구) 달라고 요구함.
請願(청원) 무슨 일을 해달라고 청함.
請牒(청첩) 청하는 편지. 청첩장.
請囑(청촉) 일을 부탁함. 일을 청함.
請婚(청혼) 혼인을 청함.

聽

〔들을 청〕
hear・チョウ(きく)
耳 耳 耳 聽 聽

聽講(청강) 강의를 들음.
聽衆(청중) 강의・연설 등을 듣는 무리.
聽診器(청진기) 병자의 가슴 속에서 일어나는 소리를 들어서 진단하는 데 쓰는 기구.

廳

〔마을 청〕
〔대청 청〕
チョウ(やくしょ)
广 庐 庐 廳 廳

廳堂(청당) 대궐 안의 정사를 의론하는 곳.
廳舍(청사) 관청. 관아.
廳事(청사) 관청 안의 사무를 보는 곳.

替

〔폐할 체〕 폐지함
〔갈 체, 바꿀 체〕
change・タイ(かえる)
二 夫 扶 替 替

替代(체대) 서로 번갈아 대신함. 교체함.
替番(체번) 번갈아 듦.
替衰(체쇠) 쇠퇴함.
替懈(체해) 폐기하여 게을리함.
替換(체환) ① 갊. ② 바뀜. 갈마듦.

체

體

〔몸 체〕
〔모양 체〕
body・タイ(からだ)
冂 骨 骨 骨 體

體格(체격) 몸의 생긴 골격.
體軀(체구) 몸. 몸집.
體力(체력) 몸의 힘.
體面(체면) 남을 대하는 면목과 체재.
體質(체질) ① 몸의 바탕. ② 성질.

逮

〔쫓을・잡을 체〕
arrest・タイ(とらえる)
⺕ 肀 隶 逮 逮

逮繫(체계) 체포하여 옥에 가둠.
逮坐(체좌) 체포하여 조사함.
逮捕(체포) 죄인을 쫓아가서 잡음.

遞

〔갈마들 체〕
〔번갈아 체〕 교대로
テイ
厂 庐 虒 遞 遞

遞減(체감) 차례로 감함.
遞代(체대) 서로 바꾸어 대신함.
遞任(체임) 직무가 갈림.
遞傳夫(체전부) 우편물을 배달하는 사람. 우편 집배원.

初

〔처음 초〕
beginning・ショ(はじめ)
亠 ネ ネ 初 初

初校(초교) 첫번의 교정(校正).
初期(초기) 처음의 시기.
初年(초년) ① 전 생애의 초기. ② 처음시기.
初步(초보) 학문・기술 등의 첫 걸음. 가장 낮은 정도.

초

草

〔풀 초〕
〔풀벨 초〕
grass・ソウ(くさ)
艹 艹 莒 苴 草

草家(초가) 이영으로 지붕을 인집. 초가집.
草堂(초당) 초가. 누추한 집.
草笠童(초립동) 초립(草笠)을 쓴 나이가 어린 남자.
草木(초목) 풀과 나무. 식물.

招

〔부를 초〕
〔별이름 소〕
invite・ショウ(まねく)
扌 扩 扔 招 招

招來(초래) 불러 옴.
招聘(초빙) 예로써 사람을 맞아 옴. 예를 갖추어 불러 옴.
招人鐘(초인종) 사람을 부르는 신호로 울리는 종(鐘).

肖	[닮을 초] 비슷함 be like・ショウ(にる) ノ ㅛ 屮 肖 肖

肖翹(초교) 미세(微細)한 생물.
肖似(초사) 닮음.
肖象(초상) 초상(肖像).
肖像(초상) 사람의 용모를 본떠서 그린 그림.

哨	[파수볼 초] [수다스러울 소] guard・ショウ(みはり) ロ ロˊ 吖 哨 哨

哨哨(소소) 말이 많은 모양.
哨兵(초병) 망보는 병정.
哨堡(초보) 망보는 보루(堡壘).
哨船(초선) 망보는 배.
哨艦(초함) 적함의 정상을 살피는 군함.

抄	[노략질할 초] 약탈함 [베낄 초] 글을 베낌 copy out・ショウ(とる) 扌 扌ˊ 扌ˊ 抄 抄

抄掠(초략) 노략질하여 빼앗음.
抄錄(초록) 소용되는 것만을 뽑아서 기록함.
抄本(초본) 추려 베낀 문서.
抄譯(초역) 외국어 서적을 필요한 곳만 뽑아서 한 번역(飜譯). 또 그 책.

秒	[까끄라기 초] 미세. [세미할 묘] 극소 ビョウ 千 禾 利 秒 秒

秒忽(묘홀) 극히 미소(微少)함.
秒速(초속) 운동하는 것의 1초 동안의 속도.
秒針(초침) 시계의 초를 가리키는 바늘.

楚	[가시나무 초] [매 초] 회초리 ソ 木 林 林 楚 楚

楚棘(초극) 가시나무.
楚毒(초독) 고초(苦楚).
楚扑(초복) 가시나무 회초리. 가시나무 종아리채.
楚痛(초통) 대단히 아프고 피로움.

礎	[주춧돌 초] 기둥 밑에 괴는 돌 ソ(いしずえ) 石 石ˊ 石ˊˊ 礎 礎

礎石(초석) 주춧돌.
礎碼(초석) 초석.
礎業(초업) 근본이 되는 사업.
礎材(초재) 주추에 쓰이는 목재나 석재.

超	[뛰어 넘을 초] [넘을 초] 「る」 leap over・チョウ(こえる) 走 超 超 超 超

超過(초과) 일정한 수를 넘음. 또 예정한 것보다 지나침.
超凡(초범) 보통 사람보다 뛰어남.
超然(초연) 높이 빼어난 모양.
超越(초월) ① 세속을 떠남. ② 뛰어 넘음.

醋	[초 초] 신 조미료의 한 가지 ソ, サク 西 酉 酢 醋 醋

醋酸(초산) 자극성의 냄새가 나고 무색 투명한 액체. 초의 주성분임.

촉

促	[절박할 촉] [재촉할 촉] urge・ソウ(せまる) 亻 伊 伊 促 促

促急(촉급) ① 가깝게 박두하여 몹시 급함. ② 재촉함. 독촉함.
促迫(촉박) 촉급(促急).
促成(촉성) 재촉하여 빨리 이루어지게 함.
促進(촉진) 재촉하여 빨리 나아가게 함.

燭	[초 촉] [촛불 촉, 등불 촉] candle・ショク(ともしび) 火 炉 炉 燭 燭

燭光(촉광) 광도의 단위.
燭膿(촉농) 초가 탈 때 녹아서 흘러 떨어지는 물건. 촛농.
燭耀(촉요) 번쩍번쩍 비침.
燭火(촉화) 촛불. 등잔불. 등화.

〔당을 촉〕
〔느낄 촉〕 감각함
touch・ショク(ふれる)
勹 角 甪 觸 觸

觸覺(촉각) 피부의 겉에 다른 물건이 닿을 때 느끼는 감각.
觸感(촉감) 촉각(觸覺).
觸目(촉목) 눈에 띔. 눈에 느낌.
觸發(촉발) 사물에 접촉하여 감회가 일어남.

〔치 촌〕
inch・スン(すん)
一 寸 寸

寸暇(촌가) 얼마 안되는 겨를.
寸劇(촌극) 아주 짧은 연극.
寸斷(촌단) 짤막짤막하게 여러 토막으로 끊음.
寸意(촌의) 약소한 뜻. 자기의 뜻의 겸칭(謙稱).

〔마을 촌〕
village・ソン(むら)
十 才 木 村 村

村氣(촌기) 시골티.
村落(촌락) 촌. 마을.
村民(촌민) 촌에서 사는 백성.
村邑(촌읍) 시골의 대소의 촌락.
村長(촌장) 한 마을의 우두머리.

〔도끼구멍 총〕、
〔총 총〕 무기의 한가지
gun・ジュウ(こづつ)
𠂉 金 釤 銃 銃

銃劍(총검) ① 총과 칼. ② 총열 끝에 꽂는 칼.
銃擊(총격) 총으로 쏨.
銃口(총구) 총부리.
銃殺(총살) 총을 놓아 죽임.

〔거느릴 총〕
〔합칠 총〕
command・ソウ(すべる)
糸 紉 絢 絢 總

總監(총감) 전체를 감독함. 또 그 벼슬.
總計(총계) 통틀어 합친 계산.
總攻擊(총공격) 전군(全軍)을 동원하여 하는 공격.
總括(총괄) 통틀어 모아 하나로 뭉침.

〔밝을 총〕
귀가 밝음
clever・ソウ(さとい)
耳 耵 聦 聰 聰

聰警(총경) 총명하고 재빠름.
聰氣(총기) 총명한 기질.
聰明(총명) 기억력이 좋고 슬기가 있음.
聰敏(총민) 총명하고 민첩함.
聰俊(총준) 총명하고 준수(俊秀)함.

〔모일 총〕 한곳으로 모임
cluster・ソウ(むらがる)
丵 丵 叢 叢 叢

叢劇(총극) 사무가 쌓이어 번거롭고 바쁨.
叢論(총론) 문장・논의를 모아 놓은 글.
叢薄(총박) 초목이 총생하여 우거진 곳. 숲.
叢積(총적) 모여 쌓임. 많이 모임.
叢集(총집) 떼를 지어 모임.

〔집을 촬〕 손가락 끝으로 집음
photograph・サツ(とる)
扌 扩 扭 揖 撮

撮記(촬기) 요점을 추려 적음. 또 그 문서.
撮影(촬영) 사진을 찍음.
撮要(촬요) 요점을 추림. 또 요점을 추려 적은 문서.
撮土(촬토) 한줌의 흙.

〔가장 최〕 우두머리
〔모두 최〕
most・サイ(もっとも)
日 昌 昌 最 最

最高(최고) 가장 높음.
最近(최근) 가장 가까움.
最上(최상) 맨 위.
最少(최소) ① 가장 적음. ② 가장 젊음.
最後(최후) 맨 뒤. 맨 나중.

〔높을 최〕
높고 큼
precipitous・サイ
山 产 샤 崔 崔

崔嵬(최외) ① 표면에 흙이 덮인 돌산. ② 높고 가파른 모양.
崔崒(최줄) 산(山)이 험준한 모양.
崔頹(최퇴) 허물어짐.

催 [재촉할 최] [일어날 최] 생김 urge・サイ(うながす) 亻 伫 伫 倂 催	秋 [가을 추] autumn・シュウ(あき) 二 千 禾 禾 秋
催督(최독) 재촉하고 감독함. 독촉. 催眠(최면) 잠이 오게 함. 催徵(최징) 재촉하여 징수함. 催促(최촉) 재촉함. 催喚(최환) 재촉하여 부름.	秋景(추경) 가을의 경치. 秋季(추계) ① 추초(秋初). ② 가을의 계절. 秋氣(추기) 가을의 기운. 秋夕(추석) 한가위. 음력 팔월 보름날. 秋收(추수) 가을에 곡식을 거두들임.
 [쫓을 추] [갈 퇴] pursue・ツイ(おう) 亠 卩 㠯 追 追	推 [옮을 추] 천이함 [밀 추] 밀어올림 push・スイ(おす) 扌 扩 扌 推 推
追加(추가) 나중에 더 넣음. 추후에 보탬. 追擊(추격) 쫓아가며 냅다 침. 追求(추구) 뒤쫓아가 요구함. 追悼(추도) 죽은 사람을 추상하여 슬퍼함. 追慕(추모) 이별하거나 죽은 사람을 사모함.	推究(추구) 근본을 캐어 들어가며 연구함. 推窮(추궁) 어디까지나 캐어 따짐. 끝까지 따지어 밝힘. 推戴(추대) 떠받듦. 推理(추리) 이치를 미루어 생각함.
 [뺄 추] [당길 추] abstract・チュウ(ぬく) 扌 扣 抽 抽 抽	醜 [추할 추] [부끄러워 할 추] ugly・シュウ(みにくい) 酉 酉 酉 醜 醜
抽讀(추독) 많은 책 중에서 한 책을 뽑아 봄. 抽拔(추발) 뽑아냄. 가려냄. 발탁함. 抽賞(추상) 발탁하여 상줌. 抽出(추출) 빼냄. 뽑아냄. 抽籤(추첨) 제비를 뽑음.	醜女(추녀) 얼굴이 못생긴 부녀. 醜談(추담) 음란하고 더러운 말. 추잡한 말. 醜雜(추잡) 언행(言行)이 추저분함. 醜態(추태) 추악한 꼴. 醜行(추행) 더러운 행위. 음란한 짓.
丑 [둘째지지 축] チュウ(うし) 刀 丑 丑	祝 [빌 축] 신에게 기원함 [하례할 축] 축하함 celebrate・シュク 丁 禾 祀 祝 祝
丑末(축말) 축시(丑時)의 마지막. 곧 오전 세 시경. 丑時(축시) 오전 한 시부터 세 시까지.	祝禱(축도) 신명(神明)에 고하여 빎. 祝杯(축배) 축하하는 술잔. 祝福(축복) 앞 길의 행복을 빎. 祝辭(축사) 축하하는 말. 祝賀(축하) 경사를 치하함.
逐 [쫓을 축] [다툴 축] 경쟁함 expel・チク(おう) 丂 豕 豕 逐 逐	畜 [쌓을 축] [기를 축] cattle・チク 亠 玄 畜 畜 畜
逐鬼(축귀) 잡귀를 쫓음. 逐年(축년) 해마다. 逐夜(축야) 밤마다. 매일 밤. 逐出(축출) 쫓아 냄. 逐捕(축포) 쫓아가 체포함.	畜産(축산) 집에서 기르는 짐승. 가축. 畜獸(축수) 집에서 기르는 짐승. 가축. 축산. 畜養(축양) 가축을 기름. 畜藏(축장) 축적. 畜積(축적) 저축함. 또 저축.

蓄
[쌓을 축]
[모을 축]
store・チク(たくわえる)
艹 䒑 蒌 蓄 蓄

蓄怨(축원) ① 쌓인 원한. ② 원한을 품음.
蓄藏(축장) 모아서 저장함.
蓄財(축재) 재물을 모아 쌓음. 돈을 모음.
蓄積(축적) 쌓아 둠. 저축함. 또 저축한 물건.
蓄妾(축첩) 첩을 둠.

築
[다질 축]
[지을 축]
build・チク(きづく)
竹 竺 筑 筑 築

築構(축구) 쌓고 얽음.
築臺(축대) 높이 쌓은 대(臺).
築城(축성) 성(城)을 쌓음.
築堤(축제) 둑을 쌓음.
築造(축조) 쌓아 만듦.

縮
[줄 축]
[세로 축]
shrink・シュク(ちぢむ)
糸 紵 紵 縮 縮

縮圖(축도) 원형을 줄여서 그린 그림.
縮收(축수) 줄어듦. 수축(收縮)
縮小(축소) 줄어 작아짐. 또 줄이어 작게 함.
縮尺(축척) 축도(縮圖)를 그릴 때 그 축소시킬 비례의 척도(尺度). 줄인자.

蹴
[찰 축]
[삼갈 축]
kick・シュウ(ける)
足 踗 踗 蹴 蹴

蹴球(축구) 구기의 한 가지. 상대편 고울에 공을 차 넣어 승부를 겨룸. 풋보올.
蹴踏(축답) 발로 차고 짓밟음.
蹴然(축연) 삼가는 모양.

春
[봄 춘]
spring・シュン(はる)
三 耒 养 春 春

春郊(춘교) 봄 경치가 좋은 교외.
春氣(춘기) 봄 기운.
春麥(춘맥) 봄보리.
春心(춘심) ① 남녀의 정욕. ② 봄에 느끼는 정서.

椿
[참죽나무 춘]
lived tree・チン
木 杧 栌 椿 椿

椿府丈(춘부장) 남의 아버지의 경칭(敬稱).
椿壽(춘수) 장수(長壽).
椿萱(춘훤) 춘당(椿堂)과 훤당(萱堂). 곧 부모(父母)의 일컬음.

出
[날 출] [나갈 출]
come out・シュツ(でる)
;スイ(だす)
屮 屮 屮 出 出

出嫁外人(출가외인) 시집 간 딸은 친정 사람이 아니고 남이나 마찬가지임.
出刊(출간) 출판.
出發(출발) ① 길을 떠나감. ② 경주할 때에 출발점을 떠나감.

沖
[빌 충] 공허함
[어릴 충] 유소함
・チュウ(おき)
氵 氵 汀 汀 沖

沖襟(충금) 가슴. 흉금(胸襟).
沖淡(충담) 성질이 맑고 깨끗하며 욕심이 없음.
沖昧(충매) 어리고 어리석음.
沖子(충자) 어린 아이.

充
[찰 충]
[채울 충]
be full・ジュウ(みちる)
亠 𠫓 云 充 充

充當(충당) 모자라는 것을 채움.
充滿(충만) 가득하게 참. 또 가득 채움.
充慾(충욕) 욕심을 채움.
充積(충적) 가득하게 쌓음. 또 가득 쌓임.
充足(충족) 넉넉하여 모자람이 없음.

忠
[충성할・충성 충]
「ろ」
loyalty・チュウ(まごこ)
口 口 中 忠 忠

忠誠(충성) 충직한 정성.
忠臣(충신) 나라를 위하여 충성을 다하는 신하(臣下).
忠實(충실) 성실하고 참됨.
忠心(충심) 충성스러운 마음.

衝	〔거리 충〕 〔부딪칠 충〕 pierce·ショウ(つく) 彳 行 活 衝 衝	蟲	〔벌레 충〕 worm·チュウ(むし) 口 中 虫 虫 蟲
	衝激(충격) 서로 심하게 부딪침. 衝擊(충격) 찔러 침. 衝撞(충당) 부딪침. 衝突(충돌) ① 서로 부딪침. ② 서로 의견이 맞지 아니하여 다툼.		蟲類(충류) 벌레의 종류. 蟲聲(충성) 벌레 소리. 蟲災(충재) 해충으로 생기는 농작물 재앙. 충해. 蟲齒(충치) 벌레가 파먹은 이.
取	〔취할 취〕 take·シュ(とる) 一 耳 耳 取 取	吹	〔불 취〕 〔바람 취〕 blow·スイ(ふく) 口 口 吹 吹 吹
	取得(취득) 손에 넣음. 자기의 소유로 만듦. 取材(취재) 기사나 회화 등의 재료를 얻음. 또 그것. 取擇(취택) 가려 뽑음. 선택함. 取品(취품) 좋은 물건을 가려 뽑음.		吹管(취관) 피리 따위의 관악기를 붊. 吹奏(취주) 저·피리 따위의 관악기를 입으로 불어 연주함. 吹竹(취죽) 피리를 붊. 吹呼(취호) 숨을 내쉼.
就	〔이룰 취〕 〔나갈 취〕 enter·シュウ(つく) 亠 京 就 就 就	臭	〔냄새 취〕 stinking· シュウ(くさい) 厂 白 自 臭 臭
	就眠(취면) 잠을 잠. 就業(취업) 업무를 봄. 업에 종사함. 就任(취임) 임무에 나아감. 就職(취직) ① 직업을 얻음. ② 취업. 就寢(취침) 잠을 잠.		臭氣(취기) 악취. 臭味(취미) ① 냄새와 맛. ② 동류. 臭腐(취부) 취패(臭敗). 臭敗(취패) 썩음. 부패함.
醉	〔술취할 취〕 drunk·スイ(よう) 酉 酌 醉 醉 醉	趣	〔뜻 취〕〔풍치 취〕 advance· シュ(おもむき) 丰 走 趣 趣 趣
	醉客(취객) ① 술에 취한 사람. ② 술이 취한 손. 醉氣(취기) 술취하여 일큰한 기운. 醉談(취담) 취중(醉中)에 하는 말. 醉顏(취안) 술취한 얼굴.		趣味(취미) 감흥을 느끼어 마음이 당기는 멋. 趣意(취의) 취지. 趣走(취주) 뜻한 바를 빨리 달림. 趣旨(취지) 생각. 의향. 趣向(취향) ① 향하여 달림. ② 의향.
炊	〔불땔 취〕 밥을 지음 boil·スイ(かしぐ) 火 火 炊 炊 炊	側	〔곁 측〕 〔옆 측〕 side·ソク(かたわら) 亻 俱 俱 側 側
	炊飯(취반) 밥을 지음. 또 지은 밥. 炊婦(취부) 부엌데기. 식모(食母). 炊事(취사) 밥짓는 일. 곧 부엌일. 炊煮(취자) 불때어 삶음. 밥을 지음. 炊蒸(취증) 찜. 대단히 더움을 이름.		側面(측면) 전면에 대한 좌우의 면. 側目(측목) ① 무서워하여 바로 보지 못함. ② 곁눈질을 함. ③ 미워하여 봄. 側傍(측방) 멀지 않은 바로 옆. 곁. 側室(측실) 곁에 있는 방. 건넌방.

測 [샐 측] [맑을 측] 깨끗함.
measure・ソク（はかる）
氵 泪 泪 測 測

測量(측량) ① 지면(地面)・하해(河海)의 장단・고저・심천(深淺) 등을 잼. ② 남의 마음을 추측함.
測算(측산) 계산함.
測識(측식) 헤아려 앎. 추측하여 앎.

層 [층 층] 층계.
storey・ソウ（かさなる）
⊃ 尸 屈 層 層

層構(층구) 이층.
層臺(층대) 층층대(層層臺).
層雲(층운) ① 여러 층으로 겹친 구름. ② 수평층(水平層)을 이루어 지면에 가까이 나타나는 구름.

治 [다스릴 치]
govern・ジ, チ（おさめる）
氵 氵 治 治 治

治療(치료) 병을 다스리어 낫게 함.
治安(치안) ① 나라가 잘 다스려져 편안함. ② 나라를 잘 다스려 편안하게 함.
治熱(치열) 병의 열기를 다스림.
治癒(치유) 병이 나음.

致 [이를 치] 극진한데 까 [전할 치] 「지 이름.
bring about・チ（いたす）
工 至 至 致 致

致命傷(치명상) 목숨이 위험할 정도의 큰 상처
致死(치사) 죽게 함. 죽임.
致謝(치사) 고맙다고 인사함.
致誠(치성) 정성을 다함.
致賀(치하) 남의 경사를 하례함.

齒 [이 치]
tooth・シ（は）
⺊ 歩 齒 齒 齒

齒科(치과) 이의 병을 고치는 의술.
齒冠(치관) 이의 노출된 부분.
齒牙(치아) 이와 어금니.
齒牙餘論(치아여론) 남을 칭찬함.
齒痛(치통) 이앓이.

値 [만날 치] [값 치]
value・チ（ねあたい）
亻 什 估 値 値

値遇(치우) ① 만남. 조우(遭遇)함. ② 남의 지우(知遇)를 받음.

置 [둘 치] [놓을 치]
place・チ（おく）
罒 罒 罞 置 置

置簿(치부) 금전・물품의 출납을 기록함.
置辭(치사) 발언. 변명.
置中(치중) 가운데 둠.
置之(치지) 버려 둠.
置重(치중) 중요하게 여김.

稚 [어릴 치]
young・チ
千 禾 秆 稚 稚

稚氣(치기) 어린애 같은 기분.
稚年(치년) 어린 아이.
稚心(치심) 어릴 적의 마음. 어린애 같은 마음.
稚幼(치유) 어림. 또 어린 아이.

恥 [부끄럼 치] [욕보일 치]
shame・チ（はじる）
一 丆 耳 耻 恥

恥慨(치개) 부끄러워하고 분개함.
恥格(치격) 부끄러운줄 알고 스스로 바로잡음.
恥事(치사) 부끄러운 일.
恥辱(치욕) 수치와 모욕(侮辱).

則 [곧 즉] [법칙 칙]
rule・ソク（のり）
冂 目 貝 則 則

則度(칙도) 법도.
則效(칙효) 본받음. 모범으로 삼음.

親 〔친할 친〕
〔사랑할 친〕 「い」
intimate・シン（したし
亲 新 frame 親 親
親近(친근) 정의(情誼)가 썩 가까움. 또 그 사람.
親睦(친목) 서로 친하여 화목함.
親密(친밀) 친근함.
親切(친절) 정답고 고맙게 함.

七 〔일곱 칠〕
seven・
シチ, シツ（ななつ）
一 七
七難八苦(칠란팔고) 갖은 고난.
七族(칠족) 종조·조부·부친·자기·아들·손자·증손.
七秩(칠질) 일흔살. 칠십세. 일질은 십년.

漆 〔옻나무 칠〕
lacquer・シツ（うるし）
氵 泭 泫 漆 漆
漆器(칠기) 옻칠한 그릇.
漆瞳(칠동) 검은 눈동자. 검은 눈.
漆板(칠판) 분필로 글씨를 쓰는 검은 칠(漆)을 한 판자.
漆黑(칠흑) 옻칠과 같이 검음. 새까맘.

枕 〔베개 침〕
pillow・チン（まくら）

枕囊(침낭) 자루 모양의 베개.
枕帶(침대) 강(江) 같은 데 임하여 둘러 쌈.
枕上(침상) ① 베갯머리. 머리맡. ② 베개 위.
枕席(침석) ① 베개와 자리. ② 잠자리.

浸 〔잠글·담글 침〕
〔나아갈 침〕
soak・シン（ひたす）

浸禮(침례) 기독교의 한 파인 침례교에서 행하는 세례의 일종.
浸水(침수) 물에 잠김.
浸染(침염) 차츰차츰 물듦. 점차로 감화됨.
浸潤(침윤) 점점 배어 들어감.

寢 〔잘 침〕
〔누울 침〕
sleep・シン（ねる）
宀 宀 寑 寢 寢
寢具(침구) 이부자리와 베개. 금침.
寢臺(침대) 서양식의 누워자는 상.
寢房(침방) 침실.
寢食(침식) 잠과 식사. 일상 생활.
寢室(침실) 자는 방.

沈 〔가라앉을 침〕
〔빠질 침〕 탐닉함.
sink・チン（しずむ）

沈沒(침몰) 물 속에 가라앉음. 물 속에 빠져 들어감.
沈鬱(침울) 마음이 울적함.
沈澱(침전) 액체 속에 섞인 물건이 밑바닥에 가라앉음.

侵 〔침노할 침〕 침략함.
〔엄습할 침〕
invade・シン（おかす）
亻 伊 伊 侵 侵
侵犯(침범) 남의 국토나 신체·재산·명예 등에 해를 끼침.
侵蝕(침식) 조금씩 조금씩 개먹어 들어감.
侵欲(침욕) 침범하여 빼앗으려는 욕망.
侵入(침입) 침범하여 들어감.

針 〔바늘·침 침〕
needle・シン（はり）
스 우 金 釒 針
針灸(침구) 침질과 뜸질.
針線(침선) 바늘과 실. 바느질.
針術(침술) 침을 놓아 병을 고치는 의술. 침술(鍼術).
針才(침재) 바느질 재주.

蟄 〔숨을 칩〕
〔모일 칩〕
hibernate・ツ
幸 執 蟄 蟄 蟄
蟄居(칩거) 집 속에 가만히 틀어박혀 있음.
蟄伏(칩복) ① 벌레 같은 것이 땅 속에서 겨울을 남. ② 숨음. 틀어박혀 나오지 않음.
蟄獸(칩수) 겨울에 칩복(蟄伏)하고 있는 짐승.

칭	稱	[일컬을 칭] [이름 칭] call・ショウ(となえる) 禾 秈 稻 稱 稱 稱量(칭량) ① 저울로 닮. ② 헤아림. 稱頌(칭송) 공덕을 일컬어 기림. 稱譽(칭예) 칭찬. 稱讚(칭찬) 좋은 점을 일컬음. 잘 한다고 기림.	快	[쾌할 쾌] cheerful・ カイ(こころよい) 丨 忄 忄 快 快 快感(쾌감) 시원하고 즐거운 느낌. 快男兒(쾌남아) 쾌남자(快男子). 快樂(쾌락) 즐거움. 유쾌함. 快哉(쾌재) 상쾌하고나. 상쾌하도다. 快活(쾌활) 시원스럽고 활발함.	쾌
타	妥	[편안할 타] [온당할 타] proper・ダ 一 爫 爫 妥 妥 妥當(타당) 사리에 마땅함. 妥安(타안) 무사함. 안태함. 妥議(타의) 서로 타협적으로 의논함. 妥協(타협) 두 편이 서로 좋도록 협의하여 조처함.	墮	[떨어질 타] 낙하함. [떨어뜨릴 타] fall・ダ(おちる) 彡 阝 阝 隋 墮 墮落(타락) 무너져 떨어짐. 실패함. 墮淚(타루) 눈물을 흘림. 욺. 墮弱(타약) 기력이 없어져 약함. 墮胎(타태) 약 또는 기타의 방법으로 뱃 속에 든 아이를 떨어뜨림.	
	打	[칠 타] strike・ダ(うつ) 一 寸 寸 扌 打 打字機(타자기) 손가락으로 건반을 눌러서 글자를 종이에 찍는 기계. 타이프라이터. 打作(타작) 곡식의 이삭을 떨어서 그 알을 거둠.	他	[남 타] other・タ(ほか) 丿 亻 仐 仲 他 他家(타가) ① 남의 집. ② 그. 그 사람. 他界(타계) 다른 세계. 他國(타국) 다른 나라. 他殺(타살) 남이 죽임. 他鄕(타향) 고향이 아닌 곳.	
탁	託	[부탁할 탁] [의탁할 탁] entrust・タク 亠 言 訁 訁 託 託故(탁고) 핑계함. 託寄(탁기) 의탁함. 기탁. 託付(탁부) 위탁함. 부탁. 託送(탁송) 남에게 부탁하여 보냄. 託身(탁신) 남에게 몸을 의탁함.	濁	[흐릴 탁] 물이 맑지 [흐리게할 탁]「아니함. muddy・ダク(にごる) 氵 汨 汨 濁 濁 濁亂(탁란) 정치가 어지러움. 濁流(탁류) ① 흐르는 흙탕물. ② 불량한 무리. 결백하지 않은 사람들. 濁水(탁수) 흐린 물. 혼탁한 물. 濁音(탁음) 울림 소리. 유성음.	
	濯	[빨・씻을 탁] wash・タク(あらう) 氵 泙 泙 濯 濯 濯漑(탁개) 탁세(濯洗). 濯溪(탁계) 더러운 것을 씻어버림. 濯盥(탁관) 손을 씻음. 濯洗(탁세) 빪. 씻음. 濯足(탁족) 발을 씻음.	琢	[쫄 탁] [닦을 탁] タク 王 玗 玚 琢 琢 琢句(탁구) 자구를 조탁(彫琢)함. 자구를 퇴고함. 琢磨(탁마) 학문과 도덕을 닦음. 琢玉(탁옥) 옥을 쪼아 모양을 냄. 琢切(탁절) 탁마(琢磨).	

卓 [높을 탁] [탁자 탁] desk・タク(つくえ) ト ト 占 卓 卓 卓傑(탁걸) 뛰어난 사람. 걸출한 사람. 卓見(탁견) 뛰어난 식견. 卓上(탁상) 책상 또는 식탁의 위. 卓越(탁월) 월등하게 뛰어남. 아주 걸출하여 이채로움.	**托** [떡국 탁] [맡길 탁] タク(のせる) 一 扌 扩 托 托 托生(탁생) 의탁하여 삶. 托子(탁자) 찻종 따위를 받쳐 드는 작은 받침. 쟁반. 托處(탁처) 몸을 의탁함.
彈 [탄알 탄] 「로 잡음. [탄핵할 탄] 죄를 바 bullet・ダン(たま) 弓 弜 彈 彈 彈 彈壓(탄압) 남을 억지로 억누름. 彈藥(탄약) 탄알과 화약. 彈劾(탄핵) 관리의 죄과를 조사하여 임금에게 아룀. 彈火(탄화) 탄환에서 일어나는 불.	**歎** [한숨 쉴 탄] [칭찬할 탄] lament・タン(なげく) 一 艹 堇 歎 歎 歎聲(탄성) ① 탄식하는 소리. ② 감탄하는 소리. 歎息(탄식) ① 한숨을 쉬며 한탄함. ② 감탄함. 歎惋(탄완) 한탄함.
炭 [숯 탄] [탄소 탄] charcoal・タン(すみ) 屮 屮 户 岸 炭 炭坑(탄갱) 석탄을 파 내는 구덩이. 炭鑛(탄광) 석탄을 파 내는 광산. 炭酸(탄산) 탄산가스가 물에 녹아서 되는 묽은 산. 炭田(탄전) 석탄이 묻히어 있는 땅.	**嘆** [한숨 쉴 탄] 탄식함 sigh・タン(なげく) 口 口' 咕 嘆 嘆 嘆哭(탄곡) 탄식하며 욺. 嘆息(탄식) 한숨을 쉬며 한탄함. 탄식. 嘆嗟(탄차) 탄식함. 嘆駭(탄해) 차탄하며 놀람.
誕 [거짓・거짓말 탄] [날 탄] 출생함 be born・タン 言 訂 証 誕 誕 誕欺(탄기) 속임. 거짓말함. 誕謾(탄만) 함부로 큰 소리를 하여 속임. 誕生(탄생) 출생함. 誕辰(탄신) 생일. 誕日(탄일) 탄신(誕辰).	**脫** [벗을 탈] [빠질・빠트릴 탈] ダツ(ぬぐ) 月 朊 脫 脫 脫 脫稿(탈고) 원고를 다 씀. 脫獄(탈옥) 죄수가 감옥을 탈출함. 脫脂綿(탈지면) 기름끼를 빼고 소독한 솜. 脫出(탈출) 빠져 나옴. 도망함. 脫退(탈퇴) 물러남. 또 뒤로 도망함.
奪 [빼앗을 탈] ① 침략하여 빼앗음. deprive・ダツ(うばう) 一 大 木 査 奪 奪去(탈거) 빼앗아 감. 奪氣(탈기) 놀라거나 겁이 나서 기운이 쭉 빠짐. 奪略(탈략) 약탈함. 奪取(탈취) 빼앗아 가짐.	**探** [더듬을 탐] [찾을 탐] search・ダン(さぐる) 扌 探 挦 挦 探 探究(탐구) 더듬어서 연구함. 探訪(탐방) 탐문하여 찾아 봄. 探査(탐사) 더듬어 조사함. 探索(탐색) 실상을 더듬어 찾음. 探偵(탐정) 비밀의 사실을 몰래 염탐함.

탐

〔탐할 탐〕
〔탐 탐〕 탐욕.
covet・タン（むさぼる）
人 今 今 會 貪
貪官(탐관) 욕심이 많은 관원. 백성의 재물을 탐내는 관리.
貪讀(탐독) 욕심내어 읽음.
貪利(탐리) 이익을 탐냄.
貪色(탐색) 여색을 탐냄.

탑

〔탑 탑〕
tower・トウ
土 圹 坎 塔 塔
塔牌(탑비) 탑과 비(牌).
塔影(탑영) 탑의 그림자.
塔尖(탑첨) 탑 끝의 뾰족한 곳.

탕

湯
〔끓인 물 탕〕
〔끓일 탕〕
hot water・トウ（ゆ）
氵 沪 渭 渴 湯
湯器(탕기) 국이나 찌개를 담는 작은 그릇.
湯水(탕수) 더운 물.
湯藥(탕약) 달여 먹는 약.
湯殿(탕전) 목욕간. 목욕탕.
湯劑(탕제) 달여 먹는 약. 탕약(湯藥).

태

太
〔클 태〕
〔심할 태〕
big・タイ（ふとい）
ナ 大 太
太古(태고) 아주 오랜 옛날.
太祖(태조) 초대(初代)의 임금.
太平(태평) 나라가 잘 다스려져 평안함.
太平歌(태평가) 나라가 태평한 것을 구가(謳歌)하는 노래.

〔클 태〕
〔너그러울 태〕
enormous・タイ
三 夫 泰 泰 泰
泰色(태색) 뽐내는 빛. 거만한 기색.
泰日(태일) 태평한 날.
泰初(태초) 천지의 시초. 태초(太初).
泰平(태평) 나라가 잘 다스려져 편안함. 태평.
泰風(태풍) 서풍(西風).

〔위태할 태〕
〔해칠 태〕 「い」
dangerous・タイ（あやう）
歹 歹 殆 殆 殆
殆危(태위) 위태(危殆)와 같음.

〔게으를・게을리 할 태〕
lazy・タイ（おこたる）
ム 台 台 怠 怠
怠倦(태권) 싫증나서 게으름을 피움.
怠慢(태만) 게으르고 느림. 소홀히 함.
怠傲(태오) 게으르고 오만함.
怠廢(태폐) 게을러 일을 폐해 버림.
怠忽(태홀) 게을러 소홀히 함.

〔모양 태〕
attitude・タイ（さま）
育 能 能 態 態
態度(태도) ① 몸을 가지는 모양. ② 속의 뜻이 드러나 보이는 외모.
態臣(태신) 아첨하는 신하.

택

〔아이밸 태〕 잉태함
〔태아 태〕 태중의 아이
pregnancy・タイ
刀 月 胎 胎 胎
胎膜(태막) 태아를 싸서 보호하는 막상(膜狀)의 물질.
胎夢(태몽) 아이를 밸 징조의 꿈.
胎盤(태반) 태아와 모체를 결착(結著)하는 조직물.

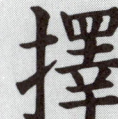
〔가릴 택〕 선택함
select・タク（えらぶ）
扌 扩 押 擇 擇
擇日(택일) 좋은 날자를 고름.
擇定(택정) 선정함.
擇地(택지) 좋은 땅을 고름.
擇出(택출) 골라 냄.
擇婚(택혼) 혼처(婚處)를 고름.

 [구덩이 택] [집 택] 댁. house・タク(いえ) 宀宀宀宅 宅兆(택조) 무덤. 묘지. 宅地(택지) 가택. 집. 집의 터. 宅號(택호) 벼슬의 이름이나 장가든 곳의 땅 이름을 붙여서 그 사람의 집을 부르는 이름.	澤 [못 택] [풀 석] pond・タク(さわ) 氵澤澤澤澤 澤澤(석석) 풀리는 모양. 흩어지는 모양. 澤梁(택량) 못에 시설한 어량(魚梁). 澤畔(택반) 못 가. 澤雨(택우) 만물을 윤택하게 하는 비. 澤潤(택윤) 은덕을 베풂.
撑 [버팀목 탱] 지주 [배저을 탱] prop・トウ 扌扩挡撐撐 撑船(탱선) 배를 저음. 撑柱(탱주) 버팀. 또 버팀목. 撑支(탱지) 버팀. 굄.	土 [흙 토] soil・ト, ド(つち) 一 十 土 土膏(토고) 땅이 기름짐. 土塊(토괴) 흙덩이. 土窟(토굴) 땅 속으로 뚫린 큰 굴. 土臺(토대) 흙으로 쌓아 올린 대(臺). 土壤(토양) 흙. 토지.
 [토할・뱉을 토] [펼 토] vomit・ト(はく) 口口口—吐吐 吐瀉(토사) 토하고 설사함. 吐說(토설) 일의 내용을 사실대로 말함. 吐藥(토약) 위(胃) 속에 든 물건을 토하게 하는 약. 吐逆(토역) 게움. 구토.	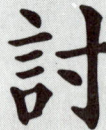 [칠 토] [다스릴 토] supress・トウ(うつ) 二 言 訁 討 討 討論(토론) 여러 사람이 모이어 각자의 의견을 내세워 그것이 마땅함을 논함. 討滅(토멸) 격멸함. 討伐(토벌) 정벌함. 討索(토색) 금전이나 물품을 강청함.
 [거느릴 통] [합칠 통] govern・トウ(すべる) 幺 糸 紵 紵 統 統括(통괄) 한데로 모아서 뭉침. 총괄. 統論(통론) 총괄하여 논함. 총론. 統率(통솔) 일체를 통할하여 거느림. 統一(통일) 여럿을 모아서 계통이 선 하나로 만듦.	痛 [아플 통] [슬퍼할 통] pain・ツウ(いたむ) 广疒疒疗痛 痛哭(통곡) 소리를 내어 슬피 욺. 痛忿(통분) 대단히 분노함. 痛快(통쾌) 마음이 썩 상쾌함. 대단히 기분이 좋음. 痛歎(통탄) 대단히 탄식함.
 [통할 통] pass through・ ツウ(とおる) マ 乃 甬 通 通 通過(통과) 통하여 지나감. 通貫(통관) 꿰뚫음. 관통함. 通達(통달) 막힘이 없이 환히 통함. 通路(통로) 일반이 통행하는 길. 通信(통신) 소식을 전함.	退 [물러날 퇴] retreat・タイ(しりぞく) ヨ 艮 艮 退 退 退去(퇴거) 물러감. 또 물러가게 함. 退妓(퇴기) 기안(妓案)에서 벗어난 기생. 退步(퇴보) 뒤로 물러남. 退場(퇴장) 회장(會場)에서 물러남.

투

投 〔던질 투〕〔줄 투〕
throw・トウ(なげる)
十 扌 护 投 投

投書(투서) 희망·비방·적발 등의 사항을 익명 또는 기명의 문서로 작성하여 당국에 보냄.
投獄(투옥) 옥에 가둠.
投資(투자) 이익을 얻을 목적으로 밑천을 댐.

鬪 〔싸울・다툴 투〕〔만날 투〕
fight・トウ
鬥 鬥 鬥 鬪 鬪

鬪擊(투격) 서로 치며 싸움.
鬪鷄(투계) 닭을 싸움을 붙임.
鬪士(투사) 전장이나 경기장에서 싸우려고 나선 사람.
鬪爭(투쟁) 싸워서 다툼.

파

破 〔깨질 파〕〔깨뜨릴 파〕
break・ハ(やぶる)
石 矿 矿 破 破

破格(파격) 격식을 깨뜨림. 상례에 어긋남.
破鏡(파경) 부부의 이별을 이름.
破壞(파괴) 깨뜨림. 부숨. 헐어버림.
破滅(파멸) 깨어져 없어짐. 또 깨뜨려 없어짐.
破損(파손) 깨어져 못쓰게 됨.

派 〔물갈래 파〕〔보낼 파〕
branchflow・ハ
氵 汀 沪 沂 派

派遣(파견) 사명을 띄워서 사람을 보냄.
派系(파계) 동종(同宗)에서 갈려 나온 계통.
派別(파별) 여러 갈래로 나뉘어 갈림.
派生(파생) 근본에서 갈리어 나와 생김. 또 그것.

播 〔씨뿌릴 파〕〔달아날 파〕 도망함.
sow・ハ(まく)
扌 护 播 播 播

播棄(파기) 버림. 방기(放棄).
播植(파식) 씨를 뿌리고 모종을 함.
播越(파월) 방랑함.
播種(파종) 씨앗을 뿌림.
播遷(파천) 먼 나라를 유랑함.

특

透 〔뚤 투〕〔환할 투〕
transparent・トウ(とおる)
千 禾 秀 透 透

透過(투과) 꿰뚫고 지나감.
透光(투광) 물체를 통과하여 비치는 빛.
透明(투명) 환히 트임. 환히 트여 속까지 뵘.
透視(투시) 속에 있는 물건을 내뚫어 봄.
透映(투영) 환히 속까지 비치어 뵘.

特 〔특별할 특〕
special・トク
ソ 牛 牛 特 特

特權(특권) 어떠한 사람에게 한하여 특별히 주어지는 우월한 지위나 권리.
特技(특기) 남보다 뛰어난 특별한 기술.
特例(특례) 특별한 전례(前例).
特別(특별) 보통보다 훨씬 뛰어나게 다름.

파

波 〔물결 파〕〔물결일 파〕
wave・ハ(なみ)
氵 汀 沪 波 波

波及(파급) 영향이나 여파가 차차 전하여 먼 데까지 미침.
波濤(파도) 물결.
波長(파장) 파동의 최고점에서 이웃 파동의 최고점 까지의 길이.

罷 〔파할 파〕 쉼.〔내칠 파〕〔고달플 피〕
cease・ヒ(やめる)
罒 罪 罪 罷 罷

罷免(파면) 직무를 해면함.
罷業(파업) 하던 일을 중지함.
罷場(파장) 시장이 파함.
罷職(파직) 관직을 파면시킴.
罷勞(피로) 피로함.

頗 〔치우칠 파〕 공평하지 아니함.
quite・ハ(すこぶる)
厂 皮 頗 頗 頗

頗僻(파벽) 치우치고 그름.
頗偏(파편) 한편에 치우쳐 공평하지 못함.

[땅이름 파]
[천곡 파] 천한 가곡
ハ(ともえ)
フ コ 巴 巴
巴俚(파리) 속된 노래.
巴人(파인) 파(巴)지방 사람.
巴苴(파저) 파초(芭蕉)의 별칭.

[할미 파]
old woman・バ(ばば)
氵 波 波 波 婆
婆娑(파사) ① 너울너울 춤추는 모양. ② 흩어져 어지러운 모양. 산란한 모양.
婆心(파심) 지나치게 친절한 마음. 노파심(老婆心).

[잡을・쥘 파]
[움큼 파]
hold・ハ(とる)
扌 扚 扣 扣 把
把臂(파비) 서로 팔을 잡음. 친애(親愛)하는 모양.
把守(파수) 경계하여 지킴.
把握(파악) 움켜쥠. 또 움켜쥘 만한 크기.
把持(파지) 손에 꼭 쥐고 놓지 않음.

[널조각 판] 판자.
[판목 판]
ハン(いた)
十 木 扩 板 板
板刻(판각) 그림이나 글씨를 나뭇조각에 새김.
板榜(판방) ① 널조각. ② 게시판.
板本(판본) 목판으로 인쇄한 책.
板子(판자) 널빤지.
板墻(판장) 널판장.

판

[가를 판]
[나눌 판]
judge・ハン(わける)
判讀(판독) 뜻을 판단하면서 읽음.
判明(판명) 사실이 똑똑하게 드러남. 분명히 알려짐.
判別(판별) 가름. 구별함.
判正(판정) 판별하여 바로 잡음. 단정.

[널 판] 「쇄판.
[판목 판] 도서의 인
ハン
版權(판권) 저작물을 인쇄・발행하는 권리.
版圖(판도) 어느 한 국가의 통치하에 있는 영토.
版木(판목) 인쇄하기 위하여서 글자나 그림을 새긴 나무. 판목(板木).

[팔 판]
[장사 판]
sell・ハン
目 貝 貯 販 販
販路(판로) 상품이 팔리는 방면이나 길.
販賣(판매) 상품을 팖.
販夫(판부) 행상하는 사람.
販婦(판부) 행상하는 여자.
販糴(판적) 매매.

[여덟 팔]
eight・ハチ(やっつ)
ノ 八
八角(팔각) 여덟 모.
八達(팔달) ① 팔방에 통함. ② 교통이 편리함.
八斗才(팔두재) 가장 시문(詩文)에 탁월하고 민첩한 천하무쌍의 재주.

팔

패

貝
[조개 패]
shell・バイ(かい)
丨 冂 月 目 貝
貝錦(패금) 고운 비단.
貝物(패물) 산호, 호박, 수정, 대모 등으로 만든 물건.
貝玉(패옥) 돈과 보배.
貝貨(패화) 조가비로 유통하던 화폐.

敗
[패할 패] 짐.
[무너질・헐 패]
be defeated・ハイ
目 貝 貯 販 販
敗却(패각) 패하여 퇴각함.
敗亡(패망) 패하여 망함.
敗碎(패쇄) 부서짐.
敗殘(패잔) 패하여 쇠잔한 나머지.
敗戰(패전) 싸움에 짐.

悖 〔어그러질 패〕
도리에 거스름
perverse・ハイ(もとる)
忄 忄 忄 怖 悖

悖談(패담) 도리에 어그러지는 말.
悖習(패습) 인륜에 어그러지는 못된 풍습.
悖倫(패륜) 인륜에 어그러짐.
悖子(패자) 패륜한 자식.
悖惡(패악) 도리에 벗어나 나쁨.

狽 〔이리 패〕
バイ(おおかみ)
犭 犭 狃 狙 狽

狼狽(낭패) 계획한 일이 실패되거나 바라던
일이 어그러짐.

彭 〔띵띵할 팽〕
〔많을 방〕
ホウ
土 吉 壹 壹 彭

彭彭(방방) 많은 모양.
彭排(팽배) 방패.
彭湃(팽배) 파도가 출렁거리는 모양.
彭殤(팽상) 장수(長壽)와 단명(短命).
彭亨(팽형) 스스로 자만하여 교만한 모양.

膨 〔부를 팽〕
불룩함. 또 불룩해짐
swollen・ホウ
月 肬 肬 膨 膨

膨大(팽대) 불룩해서 큼.
膨脹(팽창) ① 부르고 띵띵함. ② 발전하여 늚.
③ 물체가 열을 만나서 그 부피가
커짐.
膨脖(팽형) 배가 불룩함.

片 〔조각 편〕
splinter・ヘン(かた)
丿 ノ 广 片

片薑(편강) 생강을 얇게 져며 설탕물에 끓여
서 말린 것.
片時(편시) 잠시.
片言隻辭(편언척사) 짤막한 말. 일언반구.
片紙(편지) 소식을 전하기 위하여 보내는 글.

便 〔편할 편〕 ① 편안함.
〔오줌 변〕 ② 편리함.
convenient・ベン
亻 仁 佢 便 便

便所(변소) 뒷간.
便利(편리) ① 편하고 쉬움. ② 재빠름. 몸이
쌤.
便安(편안) ① 무사하여 심신이 편함. ② 편
히 쉼.

篇 〔책 편〕
〔편 편〕
book ; section・ヘン

篇牘(편독) 서책. 서적.
篇章(편장) ① 시문의 편과 장. ② 문장. 또
서적.
篇籍(편적) 서책. 서적.
篇次(편차) 책의 부류의 차례.

編 〔엮을 편〕
〔땋을 변〕
weave・ヘン(あむ)
糸 糿 紖 絹 編

編物(편물) 털실 같은 것을 떠서 의복・양말・
장갑 등을 만듦. 또 그 제품.
編成(편성) ① 엮어 만듦. ② 모아서 조직함.
編輯(편집) 여러 가지 재료를 수집하여 책이
나 신문 등을 엮음.

遍 〔두루 편〕
widely・ヘン(あまねく)

遍歷(편력) 널리 돌아다님.
遍散(편산) 널리 헤어져 있음.
遍身(편신) 온 몸. 전신.
遍在(편재) 널리 퍼지어 있음.
遍陬(편추) 두메. 벽촌.

鞭 〔채찍 편〕
whip・ベン(むち)
革 靪 靮 鞭 鞭

鞭罰(편벌) 종아리를 쳐 벌함. 또 그 형벌.
鞭扑(편복) 채찍. 회초리.
鞭撻(편달) ① 채찍으로 때림. ② 격려함.
鞭策(편책) ① 채찍. ② 채찍질함.

평

平 〔편할 평〕
〔평탄할 평〕
even・ヘイ(たいら)
一 一 一 三 平
平均(평균) 고름. 또 고르게 함. 평등.
平年(평년) 추수가 보통으로 되는 해.
平等(평등) 차별이 없음. 동등함. 고루 같음.
平凡(평범) 뛰어난 점이 없이 보통임.
平安(평안) 무사하여 마음에 걱정이 없음.

坪 〔평평할 평〕
plain・ヘイ(らぼ)
土 圹 圹 坪 坪
坪當(평당) 한 평에 대한 비율.
建坪(건평) 건물이 자리잡은 터의 평수.

폐

評 〔품평 평〕 사물의 시비・우열에 관한 논평.
coment on・ヒョウ
二 言 言 評 評
評價(평가) 물건의 값을 평정함.
評決(평결) 평의(評議)하여 결정함.
評論(평론) 시비・득실・선악 등을 비평하여 논함.
評定(평정) 평의하여 결정함.

肺 〔허파 폐〕
lungs・ハイ
丿 月 肸 肺 肺
肺結核(폐결핵) 폐병.
肺炎(폐렴) 세균의 침입으로 일어나는 폐경(肺經)의 염증.
肺活量(폐활량) 깊이 숨을 들이 마시었다가 내쉬는 공기의 분량.

閉 〔닫을 폐〕
〔막을・막힐 폐〕
shut・ヘイ(とじる)
丨 尸 門 閉 閉
閉關(폐관) ① 관문을 닫음. ② 문을 닫고 사람을 만나지 아니함. 몸을 감춤.
閉幕(폐막) 연극을 마치고 막을 내림.
閉門(폐문) 문을 닫음.
閉鎖(폐쇄) 문을 닫고 자물쇠를 채움.

廢 〔폐할 폐〕
중지함, 파기함.
abolish・ハイ(すたれる)
广 庀 庀 廢 廢
廢棄(폐기) 버림. 쓰지 않음.
廢物(폐물) 못 쓰게 된 물건.
廢人(폐인) ① 병으로 몸을 버린 사람. 병신. 불구자. ② 쓸모 없는 사람.
廢止(폐지) 행하지 않고 그만둠.

敝 〔해질 폐〕 해져 떨어짐.
corruption・
ヘイ(やぶれる)
丷 市 甫 敝 敝
敝垢(폐구) 해지고 때 묻음.
敝履(폐리) 해진 신. 전(轉)하여 버려도 아깝지 않은 물건. 폐물(廢物).
敝衣(폐의) 해진 옷.
敝人(폐인) 불행한 사람.

蔽 〔가릴 폐〕
〔덮을 폐〕
cover・ヘイ(おおう)
艹 芇 苉 蔽 蔽
蔽隱(폐은) ① 은폐함. ② 가려 보이지 아니함.
蔽遮(폐차) 차단함. 막음.
蔽扞(폐한) 가리어 막음. 보호함.
蔽晦(폐회) 가리어 어둡게 함.

幣 〔비단 폐〕 견직물.
〔폐백 폐〕
silk・ヘイ(ぬさ)
汁 芇 敞 幣 幣
幣物(폐물) ① 예물. ② 공물.
幣帛(폐백) ① 예물로서 보내는 비단. ② 재화(財貨).
幣聘(폐빙) 예물을 보내서 사람을 초청함.

포

布 〔베・무명 포〕
면직물.
linen・フ, ホ(ぬの)
一 ナ 才 布 布
布告(포고) 일반에게 널리 알림.
布敎(포교) 종교를 널리 폄.
布木(포목) 베와 무명. 또 직물.
布諭(포유) 널리 펴서 유고(諭告)함.
布被(포피) 무명 이불.

抱 〔안을·품을 포〕
embrace・ホウ(いだく)
扌 扌 扚 抣 抱
抱負(포부) ① 손에 안고 등에 짐. 휴대함.
② 마음속에 품은 자신이나 계획.
抱擁(포옹) 품 안에 껴안음.
抱圍(포위) 둘러 쌈. 에워쌈.
抱合(포합) ① 서로 껴안음. ② 화합과 같음.

包 〔쌀 포〕 보자기 따위로 물건을 쌈.
pack・ホウ(つつむ)
丿 勹 勹 匂 包
包括(포괄) 온통 싸서 묶음. 총괄함.
包覆(포복) 싸서 가림. 싸서 덮음.
包攝(포섭) 받아 들임. 감싸 줌.
包圍(포위) 둘러 쌈.
包裝(포장) 물건을 쌈.

捕 〔잡을 포〕 체포함.
catch・ホ(とらえる)
扌 扌 扚 捕 捕
捕擊(포격) 붙잡아 침.
捕虜(포로) 사로잡은 적의 군사.
捕縛(포박) 잡아 묶음.
捕捉(포착) 붙잡음.
捕獲(포획) 짐승이나 물고기 등을 잡음.

暴 〔쬘 폭〕
〔사나울 포〕 〔す〕
ボウ, バク(あらす, さらす)
日 旦 昇 暴 暴
暴棄(포기) 자포자기.
暴惡(포악) 사납고 악함.
暴君(폭군) 사나운 임금.
暴力(폭력) 무법한 완력.
暴行(폭행) 난폭한 행동.

幅 〔폭 폭〕
width・フク(はば)
巾 帕 帕 幅 幅
幅利(폭리) 포목(布木)에 일정한 폭이 있듯이 이익을 얻는 데도 정도에 알맞게 함.
幅員(폭원) 넓이와 둘레. 폭원(幅員).
幅尺(폭척) 넓이와 길이.

浦 〔개 포〕 개펄
bank of a river・ホ(うら)
氵 沪 浦 浦 浦
浦灣(포만) 후미. 물가의 휘어서 굽어진 곳.
浦濊(포서) 개. 개펄.

飽 〔배부를 포〕
〔만족할 포〕
ホウ(あきる)
食 食 飣 飽 飽
飽德(포덕) 은덕을 많이 받음.
飽滿(포만) 배가 차도록 실컷 먹음.
飽食(포식) 배부르게 먹음.
飽食暖衣(포식난의) 배부르게 먹고 따뜻이 입음.

胞 〔태의 포〕 태의 껍질.
womb・ホウ(えな)
月 肊 肞 胞 胞
胞衣(포의) 태막(胎膜)과 태반(胎盤).
胞胎(포태) 태막(胎膜)과 태반(胎盤).

爆 〔터질 폭〕
explode・バク(はじける)
火 炉 煜 爆 爆
爆擊機(폭격기) 폭탄을 싣고 가서 적진을 폭격하는 비행기.
爆發(폭발) 화력으로 인하여 갑자기 터짐.
爆音(폭음) 폭발하는 소리.
爆彈(폭탄) 폭약을 장치한 탄환.

標 〔표 표〕
〔나타날·나타낼 표〕
mark・ヒョウ(しるし)
十 杧 標 標 標
標記(표기) 표가 되는 기록이나 부호.
標的(표적) 목적으로 삼는 사물.
標示(표시) 표를 하여 나타내 보임.
標語(표어) 주의·강령·이념을 간명하게 표현한 짧은 어구.

[겉 표]　「게 됨.
[나타날 표]　뚜렷하
surface・ヒョウ
三 主 表 表 表
表決(표결) 의안(議案)에 대하여 가부를 명백히 나타내어 결정함.
表記(표기) 표면에 적음. 표시하는 기록.
表裏(표리) ① 거죽과 속. ② 안팎.
表面(표면) 거죽.

[훌쩍 날릴 표]
[쪽지 표]
bill ; ticket・ヒョウ
亠 西 酉 票 票
票禽(표금) 빨리 나는 새.
票然(표연) 훌쩍 날리는 모양. 가볍게 날리는 모양.
票姚(표요) 굳세고 빠른 모양.
票子(표자) ① 지폐(紙幣). ② 어음. 수표.

[떠다닐 표]
[빨래할 표]
float・ヒョウ(ただよう)
氵 沪 湮 漂 漂
漂泊(표박) 물 위에 둥둥 떠내려감.
漂白(표백) 빨아서 희게 함. 바램.
漂白粉(표백분) 표백에 쓰는 흰가루.
漂流(표유) 물 위에 떠서 젖음.
漂著(표착) 표류하다가 물가에 닿음.

[가지 품] 종류
article・ヒン(しな)
口 品 品 品 品
品目(품목) ① 명칭. 제목. ② 품평. ③ 종목.
品性(품성) 개인이 가지고 있는 품격과 성질.
品種(품종) 물품의 종류.
品質(품질) 물품의 성질.
品行(품행) 몸가짐. 행실.

[바람 풍]
[풍자할 풍]
wind・フウ(かぜ)
丿 几 凡 風 風
風浪(풍랑) 바람과 물결. 또 바람이 불고 물결이 읾.
風流(풍류) ① 유풍(遺風). ② 풍아. ③ 인품. 품격.
風聞(풍문) ① 소문. ② 소문에 들음.

[단풍나무 풍]
maple tree・
フウ(かえで)
十 机 枫 楓 楓
楓菊(풍국) 단풍나무와 국화.
楓錦(풍금) 단풍잎의 비단. 아름답게 물든 단풍잎을 비단에 비겨 이른 말.
楓落吳江(풍락오강) 보는 바가 듣는 바에 미치지 못함을 이름.

[풍년들 풍]
[풍성할 풍]
abundant・ホウ(ゆたか)
丨 ㅂ ㅃ 豐 豐
豐滿(풍만) ① 물건이 넉넉하게 많이 있음. ② 몸이 비대함.
豐富(풍부) 넉넉하고 많음.
豐盛(풍성) ① 많이 담음. 또 그것. ② 넉넉하고 많음.

[가죽 피]
[껍질 피]
skin ; leather・ヒ(かわ)
丿 厂 广 皮 皮
皮膚(피부) 살갗.
皮肉(피육) ① 가죽과 살. ② 겉. 표면.
皮衣(피의) 모피(毛皮)로 만든 옷.
皮革(피혁) 털이 붙은 가죽과 털을 뽑고 가공한 가죽.

[저 피]
이(此)의 대(對)
that・ヒ(かれ)
彳 彷 彼 彼 彼
彼等(피등) ① 그들. ② 그놈들.
彼我(피아) 그와 나. 남과 자기. 저편과 우리 편.
彼此(피차) 저것과 이것. 쌍방.

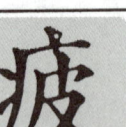
[고달플 피]
tired・ヒ(つかれる)
广 疒 疬 疲 疲
疲困(피곤) 몹시 지쳐서 곤함.
疲勞(피로) 지쳐서 몸이 나른함.
疲暮(피모) 늙어 몸이 느른함.

被 [이불 피]
[입을 피] 옷을 입음
receive · ヒ
ネ ネ 初 袝 被
- 被告(피고) 소송사건에서 소송을 당한 사람.
- 被動(피동) 남에게서 동작을 입게 됨. 수동.
- 被服(피복) 옷. 의복.
- 被殺(피살) 살해를 당함.
- 被害(피해) 손해를 당함.

避 [피할 피]
avoid · ヒ (さける)

- 避難(피난) 재난을 피하여 멀리 옮겨 감. 재난을 피함.
- 避暑(피서) 있는 곳을 옮기어 더위를 피함.
- 避身(피신) 몸을 피함.
- 避姙(피임) 임신하지 않는 방법을 씀.

畢 [마칠 필]
finish · ヒツ (おわる)
罒 罕 罕 畢 畢
- 畢竟(필경) 마침내. 결국.
- 畢覽(필람) 끝까지 봄.
- 畢力(필력) 힘을 다함.
- 畢生(필생) 일평생.
- 畢業(필업) 업을 마침. 학업을 마침. 졸업.

必 [반드시 필]
[오로지 필]
surely · ヒツ (かならず)
丶 ソ 义 必 必
- 必讀(필독) 꼭 읽어야 함.
- 必死(필사) 죽을 결심을 하고 전력을 다함.
- 必須(필수) 꼭 있어야 함.
- 必勝(필승) 반드시 이김.
- 必是(필시) 꼭. 틀림없이

匹 [홀 필]
[짝 필]
match · ヒツ (たぐい)
一 兀 匹
- 匹夫(필부) ① 한 사람의 남자. ② 신분이 낮은 남자.
- 匹夫之勇(필부지용) 소인(小人)의 혈기에서 나온 용기.
- 匹如(필여) 비슷함. 이를테면…과 같음.

筆 [붓 필]
writing brush · ヒツ (ふで)

- 筆記(필기) ① 글씨를 씀. ② 말을 받아 씀.
- 筆答(필답) 글로 써서 대답함.
- 筆致(필치) 글씨나 글의 솜씨.
- 筆蹟(필적) 쓴 글씨의 형적. 쓰여진 글씨.
- 筆墨(필묵) 붓과 먹.

弼 [도울 필]
aid · ヒツ (たすける)
フ 弓 弓' 弼 弼
- 弼導(필도) 도와서 인도함. 보도.
- 弼成(필성) 도와서 이루게 함.
- 弼佐(필좌) 도움. 또 그 사람.

逼 [닥칠 핍]
[핍박할 핍] 침노함
urge · ヒツ (せまる)
口 戸 畐 福 逼
- 逼迫(핍박) 닥치어 옴. 절박함.
- 逼扶(핍부) 가까이 가서 도움.
- 逼塞(핍색) 꽉 막힘.
- 逼眞(핍진) 실물과 흡사함.
- 逼奪(핍탈) 협박하여 빼앗음.

下 [아래 하]
below · カ, ゲ (した)
一 丁 下
- 下降(하강) 아래로 내려옴.
- 下達(하달) 웃사람의 뜻이 아랫사람에게 미치어 이름.
- 下等(하등) ① 나쁜 물품. ② 낮은 등급, 또는 계급.

夏 [여름 하]
summer · カ (なつ)

- 夏季(하계) 여름의 계절. 여름철.
- 夏期(하기) 여름의 시기.
- 夏服(하복) 여름에 입는 옷.
- 夏海(하해) 큰 바다. 대해(大海).

〔하례할 하〕 예물을 보내어 경사를 축하함
congratulate・ガ
フ カ カワ カワ 賀 賀

賀客(하객) 축하하는 손.
賀禮(하례) 축하하는 예식.
賀詞(하사) 축하하는 말. 축사.
賀儀(하의) 하례(賀禮).

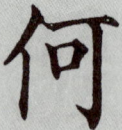
〔어찌 하〕
〔무엇 하〕
what・カ(なに)
イ 亻 仃 何 何

何等(하등) 무엇이.
何時(하시) 어느 때. 언제.
何如(하여) ① 어떻게. 어찌. ② 어떠하냐.
何如間(하여간) 어찌 하였든지. 어쨌든.
何必(하필) 어찌 반드시. 무슨 필요가 있어서.

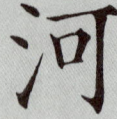
〔물이름 하〕
river・カ(かわ)
氵 氵 汀 河 河

河干(하간) 강가. 하변.
河口(하구) 바다・호수로 들어가는 강 어귀.
河渠(하거) 강과 도랑. 하천과 구거.
河曲智叟(하곡지수) 황하가에 사는 슬기 있는 노인.

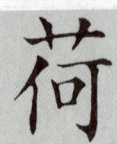
〔연 하〕
〔멜 하〕
lotus・カ(はす)
艹 艹 荷 荷 荷

荷禮(하례) 번잡스러운 예의・가례.
荷物(하물) 짐.
荷主(하주) 짐 임자.
荷佩(하패) 은혜나 훈계를 잊지 않고 명심함.
荷花(하화) 연꽃.

학

〔배울 학〕
learn・ガク(まなぶ)
F 臼 與 學 學

學德(학덕) 학식과 덕행.
學徒(학도) ① 학생. 생도. ② 학문을 닦는 사람.
學業(학업) 공부하여 학문을 닦는 일.
學問(학문) 학예를 배워 익힘.

〔두루미 학〕
crane・カク(つる)
爫 隺 雀 鶴 鶴

鶴列(학렬) 학이 좌우의 날개를 펼친 것처럼, 좌우로 벌인 진형(陣形).
鶴首(학수) 학처럼 목을 길게 빼고 기다림.

한

〔찰 한〕
cold・カン(さむい)
宀 宀 宝 寒 寒

寒氣(한기) 추운 기운. 추위.
寒暖(한난) 추움과 따뜻함.
寒冷(한랭) 추움. 참.
寒波(한파) 기온이 내려 한기가 오는 현상.
寒風(한풍) 찬 바람.

〔틈・한가할 한〕
〔등한히 할 한〕
leisure・カン(しずか)
丨 尸 門 閒 閑

閑居(한거) 일이 없이 집에 한가히 있음.
閑散(한산) 조용하고 한가함.
閑雅(한아) ① 얌전하고 우아함. ② 한적하고 아취(雅趣)가 있음.
閑靜(한정) 한가하고 고요함.

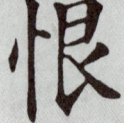
〔한할 한〕
원한을 품음
regret・コン(うらむ)
丨 忄 忄 恨 恨

恨毒(한독) 한(恨). 원한(怨恨).
恨憤(한분) 한하고 분해함.
恨事(한사) 한(恨)이 되는 일. 아주 유감된 일.
恨歎(한탄) 원통하거나 또는 뉘우치어 탄식함.

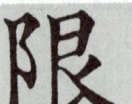
〔지경 한〕 경계
limit・ゲン(かぎる)
阝 阝 阝コ 阻 限

限界(한계) ① 땅의 경계. ② 사물의 정해 놓은 범위.
限內(한내) 기한 안. 한정한 그 안.
限度(한도) ① 한정함. ② 일정한 정도(程度).
限定(한정) 한하여 정함.

[땀 한]
sweat・カン(あせ)
ヽ冫冫汁汗
汗垢(한구) 땀과 때.
汗衫(한삼) 여름 옷의 한 가지. 땀받이. 한의(汗衣).
汗液(한액) 땀.
汗喘(한천) 땀을 내면서 헐떡거림.

[깃 한] 새의 깃
[붓 한]
カン
車卓車翰翰
翰墨(한묵) 붓과 먹.
翰飛(한비) 하늘 높이 낢.
翰如(한여) 아주 흼. 눈처럼 흼.
翰札(한찰) 편지.

漢
[물이름 한]
[한민족 한]
カン
氵渽渼漢漢
漢語(한어) 중국 본토의 언어(言語).
漢字(한자) 중국의 글자.
漢學(한학) 한대(漢代)에 행하여진 경전(經典)을 연구하는 학문.

[나라이름 한]
カン
卓卓'韓韓韓
韓國(한국) ① 대한 제국(大韓帝國). ② 대한 민국(大韓民國).

[가물 한]
drought・カン(ひでり)
一口旦早旱
旱魃(한발) 가물.
旱災(한재) 가물로 생기는 재앙.
旱祭(한제) 기우제(祈雨祭).
旱害(한해) 가물의 피해.
旱天(한천) 가문 하늘. 또 여름의 하늘.

[가를 할]
divide・カツ(わる)
宀宔害害割
割斷(할단) 베어서 끊음. 절단함.
割名(할명) 명예를 훼손함.
割腹(할복) 배를 가름.
割印(할인) 한 개의 도장을 두 장의 서류에 걸쳐서 찍음. 또 그 도장.

할

함

咸
[다 함] 모두
all・カン(みな)
厂戶咸咸咸
咸京(함경) 함양(咸陽).
咸告(함고) 빠지지 않고 모두 고함.
咸氏(함씨) 남의 조카의 존칭.
咸有一德(함유일덕) 군신(君臣)이 모두 순수한 덕이 있음.

[머금을 함]
[품을 함]
include・ガン(ふくむ)
ノ人今含含
含垢(함구) 수치를 참음.
含量(함량) 들어 있는 분량.
含有(함유) 물질이 어떤 성분을 포함하고 있음.
含蓄(함축) 깊은 뜻을 품음.

[빠질 함]
sink・カン(おちいる)
阝陥陥陥陥
陷溺(함닉) 함정이나 물에 빠짐.
陷落(함락) 성 따위가 공격을 받아 떨어짐.
陷沒(함몰) 성 따위가 떨어짐.
陷穽(함정) 짐승 또는 적군을 잡기 위하여 파 놓은 구덩이.

[합할 합]
unite・ゴウ(あう)
ノ人亼合合
合同(합동) 합병.
合計(합계) 합하여 계산함. 또 그 수.
合理(합리) 이치에 합당함.
合心(합심) 서로 마음을 합함.
合唱(합창) 두 사람 이상이 맞추어 노래함.

합

항

恒 〔항구 항〕 영구불변
〔항상 항〕
constant・コウ(つね)
忄 忄 忄 恒 恒 恒
恒久(항구) 변하지 아니하고 오래 감. 영구.
恒例(항례) 보통의 사례. 상례.
恒常(항상) 일정하여 변함이 없는 일. 불변.
恒時(항시) 늘.
恒用(항용) 늘 씀.

巷 〔거리 항〕
street・コウ(ちまた)
丷 丼 共 㐅 巷
巷間(항간) 서민들 사이.
巷談(항담) 거리에 떠도는 소문. 세상의 풍설.
巷說(항설) 항담(巷談).
巷戰(항전) 거리에서 하는 싸움. 시가전.

港 〔항구 항〕
harbour・コウ(みなと)
氵 汁 洪 港 港
港口(항구) 배가 정박하는 곳의 출입구. 항구의 출입구.
港灣(항만) 해안의 만곡(灣曲)한 곳에 방파제・부두・잔교(棧橋)・창고・기중기 등의 시설을 한 수역(水域).

項 〔목덜미 항〕
〔항 항〕
nape・コウ(うなじ)
工 工 項 項 項
項領(항령) ① 목. 목덜미. ② 두목.
項目(항목) 조목.
項背相望(항배상망) 서로 목덜미와 등을 본다는 뜻으로, 남이 하는 일을 보고 진퇴를 결정함을 이름.

抗 〔막을 항〕
〔겨룰 항〕
resist・コウ(てむかう)
扌 扌 扩 抗 抗
抗拒(항거) 대항함. 버팀.
抗辯(항변) 대항하여 변론함.
抗議(항의) 반대의 의견을 주장함.
抗爭(항쟁) 대항하여 다툼.
抗戰(항전) 적과 대항하여 전쟁함.

航 〔배 항〕「건넘
〔건널 항〕 배로 물을
ship・セン(ふね)
舟 舟 舫 舫 航
航空機(항공기) 비행기・비행선의 총칭.
航路(항로) 배가 다니는 길. 항행하는 길.
航運(항운) 배로 물건을 수송함.
航海(항해) 배를 타고 바다를 건넘.
航行(항행) 배를 타고 감.

해

害 〔해칠 해〕
〔해 해〕 해로운 일
harm・ガイ(そこなう)
害咎(해구) 재앙.
害毒(해독) 해와 독.
害惡(해악) 남을 해치는 악한 일.
害蟲(해충) 인류에게 해가 되는 벌레.
害虐(해학) 해롭게 하며 학대함.

海 〔바다 해〕
sea・カイ(うみ)
氵 沪 海 海 海
海女(해녀) 바닷속에 들어가서 해산물을 채취하는 여자. 보자기.
海里(해리) 해상의 거리의 단위.
海邊(해변) 바닷가.
海上(해상) ① 바다 위. ② 바다 위의 하늘.

亥 〔열두째지지 해〕
ガイ(い)
亠 亥 亥 亥 亥
亥末(해말) 해시(亥時)의 마지막 시각. 오후 열 한 시경.
亥方(해방) 이십 사 방위(二十四方位)의 하나. 서북과 북과의 사이.
亥市(해시) 하루 걸러 서는 장.

解 〔풀 해〕
explain・カイ(とく)
角 解 解 解 解
解決(해결) 사건을 결말지음.
解答(해답) 문제를 풀어 대답함.
解得(해득) 풀어 앎. 깨달아 앎.
解放(해방) 속박(束縛)을 품.
解說(해설) ① 뜻을 풀어서 밝힘. ② 변명함.

 [종 해] 노복 [어찌 해] 의문사 why・ケイ(なんぞ) 兀 丕 丕 奚 奚 奚奴(해노) 종. 奚童(해동) 아이 종. 奚隸(해례) 남녀의 종. 노비. 奚若(해약) 여하와 같음.	該 [갖출・겸할 해] [모두 해] that ; the・ガイ 言 訪 該 該 該 該究(해구) 널리 연구함. 該當(해당) 바로 맞음. 꼭 맞음. 該博(해박) 모든 사물을 널리 앎. 학문이 넓음. 該人(해인) 그 사람.
核 [씨 핵] [핵심 핵] kernel・カク(さね) 核果(핵과) 살속의 씨가 단단한 핵으로 변한 실과. 살구・복숭아 따위. 核膜(핵막) 세포핵의 겉을 싸고 있는 얇은 껍질. 核實(핵실) 확실한 사실.	 [다행・행복 행] [요행 행] fortunate・コウ(さいわ「い」) 十 土 ±+ 产 幸 幸 幸福(행복) ① 좋은 운수. ② 심신이 만족감을 느끼는 상태. 幸運(행운) 좋은 운수. 행복한 운명. 幸運兒(행운아) 좋은 운수를 만난 사람.
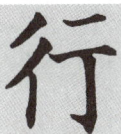 [다닐 행] [갈 행] 떠남 go・コウ(いく) 丿 彳 彳 行 行 行軍(행군) 군대의 전쟁터 이외에서의 행진. 行動(행동) 동작함. 行爲(행위) 하는 짓. 행동. 行進(행진) 앞으로 걸어 나아감. 行列(행렬) 여럿이 벌이어 선 줄.	 [살구나무 행] [살구 행] apricot・キョウ(あんず) 杏仁(행인) 살구씨의 알맹이. 杏子木(행자목) 은행(銀杏)나무의 목재. 杏花(행화) 살구꽃. 杏花村(행화촌) ① 살구나무가 많아 살구꽃이 만발한 마을. ② 술집을 이름.
香 [향기 향] fragrance・コウ 千 禾 禾 香 香 香爐(향로) 향피우는 데 쓰는 그릇. 香水(향수) 향료를 섞어 향내가 나는 물. 香雲(향운) 향기 있는 구름이라는 뜻으로, 꽃이 많이 필 때의 형용. 香臭(향취) 향내.	 [마을 향] [고향 향] country・キョウ(さと) 彡 乡3 絕 鄕 鄕 鄕愁(향수) 고향을 그리워하는 마음. 鄕約(향약) 시골 동네의 규약. 鄕音(향음) 시골 사투리. 鄕土(향토) 고향. 鄕學(향학) 학문에 뜻을 두고 그 길로 나아감.
 [드릴 향] [제사 지낼 향] enjoy・キョウ(うける) 亠 古 古 亨 享 享樂(향락) 즐거움을 누림. 享祀(향사) 제사. 享宴(향연) 잔치. 향연. 享有(향유) 누리어 가짐. 몸에 받아 지님. 享春客(향춘객) 봄을 향락하는 사람.	響 [울림 향] [울릴 향] echo・キョウ(ひびく) 彡 乡3 鄕 鄕 響 響應(향응) 지른 소리에 울리는 소리가 따라 일어나 듯이, 남의 주창(主唱)에 따라 다른 사람이 그와 같은 행동을 마주 취함. 響箭(향전) 우는 살. 명적(鳴鏑).

해 핵 행 향 / 189

向 〔향할 향〕 face·コウ(むく) ノイ门向向	虛 〔빌 허〕 ① 아무것도 없음 ② 방비 place·ショ 虍虎虛虛虛
向上(향상) 차차 낫게 됨. 점점 진보함. 向來(향래) 이전부터 현재까지. 여태까지. 向方(향방) 향하는 곳. 向學(향학) 학문에 뜻을 두고 그 길로 나아감. 向後(향후) 이 다음. 이후.	虛禮(허례) 겉으로만 꾸미고 성의가 없는 예의. 虛無(허무) 아무 것도 없고 텅 빔. 虛事(허사) 헛된 일. 헛 일. 虛送歲月(허송세월) 세월을 헛되게 보냄. 虛慾(허욕) 공연한 욕심. 헛된 욕심.
許 〔허락할 허〕 allow·キョ(ゆるす) 言言言許許	憲 〔법 헌〕 constitution·ケン(のり) 宀宷憲憲憲
許久(허구) 매우 오래임. 許多(허다) 대단히 많음. 許諾(허락) 소청(所請)을 들어줌. 許與(허여) 허락하여 줌. 許容(허용) 허락함.	憲令(헌령) 나라의 법. 국법. 법령. 憲法(헌법) 국법(國法). 憲章(헌장) ① 법. 법도. ② 본받아 밝힘. 憲政(헌정) 헌법에 의하여 행하는 정치. 입헌 정치.
軒 〔수레 헌〕〔높을 헌〕 eaves·ケン(のき) 亠𠫓車軒軒	獻 〔드릴 헌〕 ① 금품을 바침 ② 아뢰어 드림 ケン(たてまつる) 虍虘虘獻獻
軒燈(헌등) 처마에 다는 등(燈). 軒秀(헌수) 높이 뛰어남. 軒豁(헌활) 앞이 탁 틔어 넓게 전개된 모양.	獻功(헌공) 이루어진 것을 올림. 獻金(헌금) 돈을 바침. 또 그 돈. 獻納(헌납) ① 충성된 말을 아룀. ② 물건을 바침. 獻身(헌신) 신명을 아끼지 않고 전력을 다함.
險 〔험할 험〕 steep·ケン(けわしい) 阝阝阶險險	驗 〔증좌 험〕 증거 examine·ケン 馬馬駖驗驗
險難(험난) 위험하여 어려움. 고생이 됨. 險談(험담) 남의 흠을 찾아 내어 하는 말. 險相(험상) 험상스러운 인상(人相). 險惡(험악) 험하고 나쁨. 險峻(험준) 험하고 높음.	驗問(험문) 조사하여 물음. 驗覆(험복) 거듭 조사하여 밝힘. 驗左(험좌) 증거. 증좌. 驗治(험치) 조사하여 다스림. 驗效(험효) 효험.
革 〔가죽 혁〕 leather·カク(かわ) 一廿廿革革	現 〔나타날 현〕〔지금 현〕 「る」 appear·ゲン(あらわれ) 王玒玡玡現
革更(혁경) 고침. 또 고쳐짐. 革帶(혁대) 가죽으로 만든 띠. 革命(혁명) 이전의 통치자가 망하고 새 통치자가 대신함. 革新(혁신) 묵은 것을 고쳐서 새롭게 함.	現象(현상) 보이는 사물의 형상이 나타남. 現世(현세) 지금 세상. 현재의 세상. 現實(현실) 지금 존재함. 現行(현행) 현재에 행함. 또는 행하고 있음. 現況(현황) 현재의 정황. 지금 상황.

[어질 현]
「い)
virtuous・ケン（かしこ
臣 臣 臣フ 賢 賢

賢君(현군) 덕행이 있는 어진 임금.
賢明(현명) 어질고 밝음. 또 그 사람.
賢母(현모) 어진 어머니.
賢淑(현숙) 현명하고 숙덕(淑德)이 있음.
賢人(현인) 어진 사람. 현명한 사람.

[시위 현]
[초승달 현]
ゲン（つる)
弓 弘 弦 弦 弦

弦索(현삭) 현악기의 줄.
弦月(현월) 초승달. 또는 그믐달. 반월.
弦韋(현위) 활시위와 다룬 가죽. 느슨함과 팽팽함, 느림과 급함의 비유로 쓰임.

[줄 현]
[현악기 현]
string・ケン
糸 紝 紝 絃 絃

絃琴(현금) 거문고.
絃索(현삭) 현악기의 줄. 또 현악기의 소리.
絃誦(현송) 거문고를 타고 시를 읊음.
絃樂(현악) 현악기로 연주하는 음악.

[매달 현]
[떨어질 현]
country・ケン
目 県 県 縣 縣

縣隔(현격) 서로 격(隔)하여 있음.
縣師(현사) 멀리 떨어져 있는 군대.
縣賞(현상) 상품을 걺.

[검을 현]
[오묘할 현]
black・ゲン（くろい)
亠 亠 玄 玄 玄

玄德(현덕) 숨어 나타나지 않는 덕행.
玄覽(현람) 사물의 진상을 통견(洞見)함.
玄聖(현성) 가장 뛰어난 성인.
玄悟(현오) 깊이 깨달음. 심오.
玄耀(현요) 찬란하게 빛남.

[달 현] 매닮
[달릴 현] 매달림
hang・ケン（かける)
目 県 縣 懸 懸

懸隔(현격) 썩 동떨어짐.
懸邈(현막) 아주 동떨어짐.
懸賞(현상) 상(賞)을 걺.
懸案(현안) 아직 해결짓지 못한 안건.
懸崖(현애) 낭떠러지.

[밝을 현]
[나타날 현] 「る)
appear・ゲン（あらわれ
显 显 㬎 顯 顯

顯貴(현귀) 지위가 높고 귀함. 또 그 사람.
顯名(현명) 세상에 나타난 명성.
顯要(현요) 높고 중요한 지위.
顯著(현저) 환히 나타남. 뚜렷하게 드러남.
顯效(현효) 현저한 효과. 뚜렷한 효험.

[피 혈]
blood・ケツ（ち)
ノ 亻 白 血 血

血管(혈관) 피가 다니는 맥관(脈管). 핏줄.
血氣(혈기) 생명을 유지하는 체력.
血淚(혈루) 몹시 애통하여 흘리는 눈물.
血肉(혈육) ① 피와 살. ② 자기가 낳은 자녀.
血統(혈통) 친족의 관계가 있는 피의 계통.

[움 혈]
[굴 혈]
hole・ケツ（あな)
丶 丷 宀 宁 穴

穴居(혈거) 굴 속에서 삶.
穴見(혈견) 좁은 식견.
穴竅(혈규) 구멍.
穴隙(혈극) 뚫린 구멍. 구멍이 난 틈.
穴處(혈처) ① 혈거(穴居). ② 식견이 좁음.

[맞을・합할 협]
harmony・
キョウ（かなう)
十 忄 怡 協 協

協恭(협공) 서로 공경하고 합심함.
協同(협동) 마음을 같이 하고 힘을 합함.
協力(협력) 힘을 모아서 같이 함.
協心(협심) 여러 사람이 마음을 한가지로 함.
協調(협조) 힘을 합하여 서로 조화함.

 [으를 협]
coerce ·
キョウ(おびやかす)
フク�脅脅

脅迫(협박) 으르고 대듦.
脅息(협식) 대단히 무서워하여 숨을 죽임.
脅制(협제) 위협하고 억누름.
脅奪(협탈) 위협하여 빼앗음.

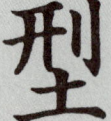 [거푸집 형]
type · ケイ(かた)
二开刑刑型

型模(형모) 거푸집. 모형.

형

[맏 · 형 형]
elder brother ·
ケイ,(あに)
丨口日尸兄

兄嫂(형수) 형과 형의 아내. 형의 아내.
兄氏(형씨) 형. 형님.
兄弟(형제) 형과 아우.
兄弟姉妹(형제자매) ① 형제와 자매. ② 모든 동포.

 [형상 형] 꼴
[형모 형] 용모
form · ケイ(かたち)
二千开开形

形殼(형각) 드러나 보이는 형체와 겉모양.
形狀(형상) 물체의 생긴 모양. 모습.
形勢(형세) ① 지세. ② 정세. 형편.
形質(형질) 형체와 성질.
形體(형체) 물건의 형상과 그 바탕이 되는 몸.

刑 [형벌 형]
punishment ·
ケイ(しおき)
二千开刑刑

刑具(형구) 고문을 하는 데 쓰는 기구.
刑期(형기) 형벌을 받는 기간.
刑律(형률) 형벌의 법률.
刑法(형법) 죄인을 제재하는 규정.
刑罰(형벌) 죄를 저지른 사람에게 주는 제재.

 [개똥벌레 형]
firefly · ケイ(ほたる)
炊炊営螢螢

螢光(형광) 반딧불.
螢案(형안) 고학하는 사람의 책상. 또 공부.
螢石(형석) 투명 또는 반투명하며 열을 가하면 형광을 발하는 광석.
螢火(형화) 반딧불.

亨 [형통할 형]
キョウ(とおる)
亠亠古亨亨

亨嘉(형가) 좋은 때를 만남.
亨途(형도) 평탄한 길.
亨通(형통) 모든 일이 뜻과 같이 잘 됨.

 [슬기로울 혜]
sagacious · ケイ,エ(さとい)
圭彗彗慧慧

慧敏(혜민) 슬기가 있고 민첩함.
慧聖(혜성) 뛰어나게 슬기로움. 또 그 사람.
慧悟(혜오) 혜민(慧敏).
慧智(혜지) 총명한 슬기.

혜

 [은혜 혜]
gracious · ケイ(めぐみ)
亘車恵惠惠

惠念(혜념) 돌보아 주는 생각. 인자스러운 생각.
惠渥(혜악) 두터운 은혜.
惠育(혜육) 은혜를 베풀어 기름.
惠澤(혜택) 은혜와 덕택. 은택.

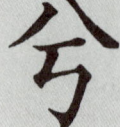 [어조사 혜]
ケイ
ノ八公兮

호

好
[아름다울 호] 미려함
[좋을 호] 훌륭함
like・コウ(このむ)

好感(호감) 좋은 감정.
好句(호구) 좋은 구(句). 아름다운 글귀.
好事(호사) 일을 벌여 놓기를 좋아함.
好色(호색) 남다르게 여색을 좋아함.
好意(호의) ① 친절한 마음. ② 호감

虎
[범 호]
tiger・コ(とら)

虎狼之心(호랑지심) 사납고 인정이 없는 마음.
虎臣(호신) 용맹한 신하.
虎將(호장) 용맹한 장수의 일컬음.
虎皮(호피) 호랑이 가죽.
虎患(호환) 범이 끼치는 해(害).

浩
[넓을 호]
[넉넉할 호]
vast・コウ(ひろい)

浩曠(호광) 광대함.
浩氣(호기) 호연지기(浩然之氣).
浩然(호연) 마음이 넓고 뜻이 큰 모양.
浩恩(호은) 큰 은혜. 대은(大恩).
浩蕩(호탕) 뜻이 분방(奔放)한 모양.

互
[서로 호]
[어긋매질] 교차함
each other・ゴ(たがい)

互助(호조) 서로 도움.
互稱(호칭) 서로 일컫는 이름.
互相(호상) 서로. 상호(相互).
互送(호송) 피차에 서로 보냄.

號
[부르짖을 호]
[신호 호]
shout・ゴウ

號哭(호곡) 소리를 내어 슬피 우는 울음.
號令(호령) ① 지휘하는 명령. ② 큰 소리로 꾸짖음.
號外(호외) 신문・잡지 등의 임시로 발행하는 중요한 보도.

戶
[지게 호]
[집 호]
home・コ(と)

戶口(호구) 호수와 인구의 수.
戶扇(호선) 문짝.
戶籍(호적) 호수・식구를 기록한 장부.
戶主(호주) 한 집안의 주장이 되는 사람.
戶限(호한) 문지방.

湖
[호수 호]
lake・コ(みずうみ)

湖畔(호반) 호수 가.
湖水(호수) 육지가 우묵하게 패어 물이 괸 곳. 못이나 늪보다 훨씬 큼.
湖海(호해) ① 호수와 바다. ② 민간
湖海氣(호해기) 호걸의 기풍.

毫
[잔털 호]
[조금 호]
ゴウ

毫端(호단) 붓 끝.
毫毛(호모) 가는 털. 근소. 약간.
毫髮(호발) 가는 털과 모발(毛髮). 근소.
毫揮(호휘) 붓을 놀림. 글씨를 쓰거나 그림을 그림. 휘호(揮毫).

乎
[그런가 호] 의문사
[어조사 호]
コ(か)

斷乎(단호) 일단 결심한 것을 과단성 있게 처리하는 모양.
嗟乎(차호) 슬퍼서 탄식할 때 쓰는 말.
確乎(확호) 아주 단단하게 굳음.

呼
[숨내쉴 호]
[부를 호]
call・コ(よぶ)

呼名(호명) 이름을 부름.
呼訴(호소) 사정을 남에게 하소연함.
呼出(호출) 불러 냄.
呼吸(호흡) ① 숨을 쉼. ② 한숨 쉬는 사이.
呼吸器(호흡기) 호흡 작용을 맡는 기관(器官).

護 [도울 호] [지킬 호] guard·ゴ(まもる)
言詳護護護
護國(호국) 나라를 외적으로부터 지킴.
護送(호송) 죄인 등을 지켜서 보냄.
護身(호신) 몸을 보호함.
護衛(호위) 따라다니며 지킴. 또 그 사람.

豪 [뛰어날 호] [호협할 호] brave·ゴウ
亠亠亭豪豪
豪强(호강) 세력이 강함. 또 그 사람.
豪傑(호걸) 재덕(才德)이 뛰어난 인물.
豪富(호부) 세력이 있는 큰 부자.
豪蕩(호탕) 기상이 호협하고 잘지 아니함.
豪華(호화) 사치스럽고 번화함.

惑 [미혹할 혹] 의심이 나서 정신이 어지러움 bewitch·ワク(まどう)
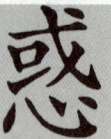
惑亂(혹란) 미혹(迷惑)하여 어지러움.
惑世(혹세) ① 어지러운 세상. ② 세상을 현혹(眩惑)하게 함.
惑心(혹심) 혹지(惑志).
惑疾(혹질) 마음이 미혹하는 병.

或 [혹 혹] 혹은 perhaps· ワク(あるいは)
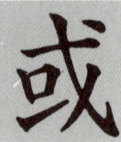
或是(혹시) 어떠한 경우.
或時(혹시) 어떠한 때.
或者(혹자) ① 어떠한 사람. ② 혹시
酷寒(혹한) 지독한 추위. 혹독한 추위.

婚 [혼인할 혼] marriage·コン コン(えんぐみ)
女如妒婚婚
婚期(혼기) 혼인을 하기에 적당한 나이.
婚談(혼담) 혼처를 정하려고 오고 가는 말.
婚姻(혼인) 결혼.
婚事(혼사) 혼인에 관한 모든 일.
婚需(혼수) 혼인에 드는 물건이나 비용.

魂 [넋 혼] [마음 혼] spirit·コン(たましい)

魂氣(혼기) 정신. 영혼(靈魂).
魂魄(혼백) 넋.
魂飛魄散(혼비백산) 몹시 놀람을 이름.
魂爽(혼상) 영혼.
魂魂(혼혼) 많은 모양.

混 [섞일 혼] [합할 혼] mix·コン(まぜる)
氵沪泥混混
混亂(혼란) 뒤섞이어 어지러움.
混成(혼성) 섞여 이루어짐. 또 섞어 만듦.
混然(혼연) 뒤섞여 구별할 수 없는 모양.
混雜(혼잡) 뒤섞임. 또 뒤섞음.
混合(혼합) 뒤섞여 한데 합함.

昏 [날저물 혼] [어지러울 혼] dark·コン(くらい)
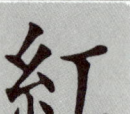
昏亂(혼란) 어둡고 어지러움.
昏禮(혼례) 혼인 예식.
昏迷(혼미) 마음이 미혹하고 호리멍텅함.
昏姻(혼인) ① 결혼. 혼인. ② 남녀의 정욕.
昏黃(혼황) 황혼(黃昏).

忽 [홀연 홀] [소홀히 할 홀] コツ(たちまち)
丿勹勿忽忽
忽微(홀미) 대단히 미세(微細)함.
忽焉(홀언) ① 홀연(忽然). ② 염두에 두지 아니하는 모양.
忽然(홀연) 느닷없이. 갑자기.
忽易(홀이) 소홀히 함.

紅 [붉을 홍] scarlet·コウ(くらない)
幺糸紅紅紅
紅柿(홍시) 흠뻑 익어 붉고 말랑말랑한 감. 연감.
紅玉(홍옥) ① 붉은 빛깔의 옥(玉). ② 미인의 예쁜 얼굴. 또는 고운 살결.
紅運(홍운) 행운.

洪　〔큰물 홍〕
　　〔클 홍〕
　　broad · コウ(おおみず)
　　氵氵汁洪洪
洪水(홍수) 큰 물.
洪恩(홍은) 큰 은혜.
洪醉(홍취) 대단히 취함. 대취(大醉).
洪統(홍통) 훌륭한 혈통(血統). 뛰어난 계통.

弘　〔넓을·클 홍〕
　　광대함
　　extensive · コウ(ひろい)
　　フ弓引弘弘
弘敎(홍교) 넓은 가르침.
弘文(홍문) 문학을 넓힘. 학문을 넓힘.
弘辯(홍변) 유창한 언변.
弘深(홍심) 넓고 깊음.
弘著(홍저) 크게 나타남.

鴻　〔클 홍〕
　　〔굳셀 홍〕
　　big goose · コウ
　　氵氵鸿鴻鴻
鴻寶(홍보) 큰 보배. 귀중한 보배.
鴻雁(홍안) 큰 기러기와 작은 기러기.
鴻恩(홍은) 넓고 큰 은혜.
鴻益(홍익) 큰 이익.
鴻藻(홍조) 아름다운 문장. 대문장.

火　〔불 화〕
　　fire · カ(ひ)
　　丶丷火
火山(화산) 땅 속의 가스 또는 암장(巖漿)이 분출하는 산.
火焰(화염) 불꽃.
火葬(화장) 시체를 불에 살라 장사 지냄.
火災(화재) 불이 나는 재앙. 불로 인한 재난.

化　〔화할 화〕
　　change · カ, ケ(ばける)
　　イ 化 化
化膿(화농) 종기(腫氣)가 곪아서 고름이 생김.
化導(화도) 덕으로써 사람을 교화하여 인도함.
化誘(화유) 깨우쳐 이끎.
化學(화학) 물질의 성질 및 변화의 법칙을 연구하는 학문.

花　〔꽃 화〕
　　flower · カ(はな)
　　一 艹 艹 花 花
花冠(화관) ① 아름답게 장식한 관(冠). ② 꽃부리.
花壇(화단) 화초를 심기 위하여 마련하여 놓은 단.
花甁(화병) 꽃을 꽂는 병(甁).

禾　〔벼 화〕
　　rice plant · カ(いね)
　　一 二 千 禾 禾
禾穀(화곡) 벼. 곡류.
禾苗(화묘) 벼의 모.
禾黍油油(화서유유) 벼나 기장이 번드르르하게 잘 자라는 모양.
禾穗(화수) 벼이삭.

禍　〔재화 화〕
　　calamity · カ(わざわい)
　　禾 禾 禍 禍 禍
禍根(화근) 재앙의 근원.
禍機(화기) 재앙이 일어나는 기틀.
禍難(화난) 재난.
禍心(화심) 남을 해치려고 하는 마음.
禍災(화재) 재앙. 재화.

貨　〔재화 화〕
　　goods · カ
　　イ 化 件 貨 貨
貨物(화물) ① 재물. ② 짐.
貨寶(화보) 보물. 귀중품.
貨財(화재) 재물. 재화.
貨車(화차) 화물 열차.
貨幣(화폐) 돈. 통화.

和　〔온화할 화〕
　　〔화목할 화〕
　　peacefull · ワ(やわらぐ)
　　二 千 禾 和 和
和氣靄靄(화기애애) 온화한 기색이 넘쳐 흐르는 모양.
和睦(화목) 서로 뜻이 맞고 정다움.
和平(화평) 평화로움.
和解(화해) 다툼질을 그치고 불화를 풂.

〔꽃·꽃필 **화**〕
〔빛 **화**〕
shine・カ (はな)
一 艹 芢 莝 華

華麗(화려) 빛나고 고움.
華奢(화사) 화려하고 사치스러움.
華顏(화안) 꽃 같은 얼굴. 화려한 얼굴.
華榮(화영) ① 꽃. ② 화려하고 번영함.
華燭(화촉) ① 화려한 촛불. ② 결혼식.

〔그림 **화**〕「움.
〔꾀할 **회**〕 계책을 세
picture・カク, ガ
フ 冖 聿 書 畫

畫家(화가) 그림을 그리는 것을 전문으로 하는 사람. 화인(畫人).
畫法(화법) 그림을 그리는 법.
畫像(화상) 초상화(肖像畫).
畫牆(화장) 눈썹을 그리고 단장을 함.

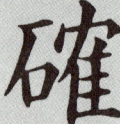
〔이야기 **화**〕
talk・ワ (けなす)
言 訁 訐 話 話

話談(화담) 이야기함. 또 이야기. 담화.
話頭(화두) 말의 첫머리. 이야기의 실마리.
話言(화언) ① 이야기. ② 유익한 말. 좋은 말.
話題(화제) 이야기의 제목.

〔벨 **확**〕
〔거둘 **확**〕
harvest・カク
禾 秄 秕 穫 穫

收穫(수확) 거두어 들임.

〔확신할 **확**〕
certain・カク(たしか)
石 矿 矿 碻 確

確固(확고) 확실하고 견고함.
確答(확답) 확실한 대답.
確信(확신) 굳게 믿음. 또 굳은 신념.
確實(확실) 틀림이 없음. 분명함.
確定(확정) 확실히 정함. 또 확실히 정하여짐.

〔넓힐 **확**〕
expand・カク(ひろめる)
扌 扩 搪 搪 擴

擴大(확대) 늘이어서 크게 함.
擴聲器(확성기) 음성을 크게 하여 먼곳까지 들리게 하는 기계.
擴張(확장) 늘이어서 넓게 함.
擴充(확충) 넓히어 충실하게 함.

〔빛날 **환**〕
brilliant・カン
火 炉 烜 烦 焕

煥爛(환란) 환함.
煥發(환발) 환히 빛남. 환히 나타남.
煥別(환별) 명백히 구별함.
煥曜(환요) 빛남.
煥乎(환호) 빛나는 모양. 환한 모양.

〔기뻐할 **환**〕「ぶ」
pleasure・カン(よろこ
艹 雚 歡 歡 歡

歡待(환대) 환영하여 대접함.
歡聲(환성) 기뻐하는 소리.
歡心(환심) 기뻐하는 마음. 즐거워하는 마음.
歡迎(환영) 기쁜 마음으로 맞음.
歡呼(환호) 기뻐서 고함을 지름.

〔변할 **환**〕
〔허깨비 **환**〕
illusion・ケン(まぼろし)
幻 幺 幻

幻想(환상) 실물이 없는 데도 있는 것 같이 보이는 허망한 생각.
幻像(환상) 환영(幻影).
幻影(환영) 허깨비와 그림자. 덧없는 물건의 비유.

〔알 **환**〕
bullet・ガン(まる)
九 九 丸

丸泥(환니) 진흙 덩어리.
丸藥(환약) 알약.
丸劑(환제) 환약(丸藥).

還　[돌아올·돌아갈 환]
　　　return·カン(かえる)
　　　罒 睪 晷 環 環
還納(환납) 도로 바침.
還滅(환멸) 번뇌를 끊고 깨달음의 세계로 돌아감.
還俗(환속) 중이 도로 속인(俗人)이 됨.
還元(환원) 근원(根源)으로 다시 돌아감.

環　[옥 환]
　　[고리 환]
　　　ring·カン(わ)
　　　王 琞 琞 環 環
環象(환상) 유기체의 밖에 있어 유기체에 영향을 미치는 모든 사정·사태 등.
環繞(환요) 주위를 둘러쌈. 빙 둘러쌈.
環中(환중) 공허하여 유통자재함을 이름.
環形(환형) 고리같이 둥근 형상.

患　[근심 환]
　　[앓을 환]
　　　anxiety·カン(うれえる)
　　　口 吕 串 患 患
患苦(환고) 고통.
患難(환난) 근심과 재난.
患部(환부) 병 또는 상처가 난 곳.
患憂(환우) 걱정. 근심.
患者(환자) 병을 앓는 사람.

換　[바꿀 환]
　　　exchange·カン(はかる)
　　　扌 扲 換 換 換
換氣(환기) 공기를 바꾸어 넣음.
換算(환산) 단위가 다른 수량으로 고치어 계산함.
換言(환언) 바꾸어 말함.
換用(환용) 바꾸어 씀..

圜　[두를 환]
　　[둥글 원]
　　　round·カン(めぐる)
　　　門 睘 睘 圜 圜
圜陣(원진) 원형(圓形)의 진(陣).
圜流(환류) 돌아서 흐름.
圜視(환시) 둘러싸고 봄.
圜繞(환요) 에워쌈. 위요(圍繞)함.

活　[살 활]
　　　생존함.
　　　live·カツ(いきる)
　　　氵 氵 汗 活 活
活氣(활기) 활발한 생기.
活路(활로) 살아날 길.
活潑(활발) 생기(生氣)가 있음. 원기(元氣).
活躍(활약) 기운차게 욈.
活版(활판) 식자(植字)하여 만든 인쇄판.

黃　[누를 황]
　　　yellow·コウ(き)
　　　一 芒 昔 黃 黃
黃金(황금) ① 금(金). ② 돈.
黃蕪(황무) 서리를 맞아 황량(荒涼)한 초원.
黃熟(황숙) 누렇게 익음.
黃泉(황천) ① 저승. ② 땅 밑의 샘.
黃昏(황혼) 해가 지고 어둑어둑 할 때.

皇　[임금 황]
　　　emperor·コウ
　　　宀 白 皇 皁 皇
皇妃(황비) 황후(皇后).
皇業(황업) 천자(天子)가 천하를 다스리는 사업.
皇恩(황은) 천자(天子)의 은덕. 황제의 은택.
皇族(황족) 황제의 친족.

荒　[거칠 황] 거친 땅.
　　[흉년들 황]
　　　wild·コウ(あれる)
　　　艹 芒 芹 荒 荒
荒漠(황막) 거칠고 한없이 넓음.
荒野(황야) ① 황폐한 들. ② 벽촌.
荒廢(황폐) 거칠게 버려 두어 못 쓰게 됨.
荒墟(황허) 황폐한 성지(城址).
荒忽(황홀) 마음이 팔려 정신이 멍한 모양.

況　[하물며 황]
　　[더욱 황]　　「んや」
　　　moreover·キョウ(いわ)
　　　氵 氵 汎 汎 況
況味(황미) 있는 곳의 형편.
況且(황차) 하물며.
況厚(황후) 더욱 후하게 함.

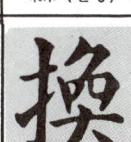

회

會 [모일 회]
meet・カイ(あう)
人 公 合 會 會 會
- 會見(회견) 서로 만나 봄.
- 會談(회담) 한 곳에 모이어 이야기함.
- 會長(회장) 회를 대표하는 사람.
- 會合(회합) 여러 사람이 모임.
- 會話(회화) 마주 대하여 이야기함.

回 [돌 회] [돌아올 회]
return・カイ, エ(めぐる)
丨 冂 冋 回 回
- 回顧(회고) 지난 일을 생각하여 봄.
- 回答(회답) 물음을 받고 대답함.
- 回復(회복) 이전의 상태와 같이 됨.
- 回避(회피) 피함. 꺼려 피함.
- 回想(회상) 지나간 일을 돌이켜 생각함.

灰 [재 회]
타고 남은 분말
ashes・カイ(はい)
厂 厂 厂 灰 灰
- 灰色(회색) 옅게 거무스름한 빛.
- 灰汁(회즙) 재를 넣어서 우려낸 물. 잿물.
- 灰心(회심) 외부의 유혹을 받지 아니하고 고요한 마음.
- 灰土(회토) 재와 흙.

悔 [뉘우칠 회]
beat・カイ(くやむ)
忄 忙 悔 悔 悔
- 悔改(회개) 잘못을 뉘우치고 고침.
- 悔心(회심) 잘못을 뉘우치는 마음.
- 悔悟(회오) 이전의 잘못을 뉘우치어 깨달음.
- 悔恨(회한) 뉘우치고 한탄함.

懷 [품을 회]
생각을 품음
cherish・カイ(いだく)
忄 忄 忄 悰 懷 懷
- 懷古(회고) 지나간 옛 일을 돌이켜 생각함.
- 懷柔(회유) 어루만지어 달램.
- 懷中(회중) 품 속.
- 懷抱(회포) ① 품에 안음. ② 부모의 품. ③ 마음 속에 품은 생각.

획

獲 [얻을 획]
hunt・カク(える)
犭 犷 狺 獲 獲
- 獲得(획득) ① 손에 넣음. 얻어서 가짐. ② 잡음. 포착함.
- 獲利(획리) 이익을 얻음. 득리(得利).

劃 [쪼갤 획]
rive・カク(くぎる)
聿 聿 書 畫 劃
- 劃給(획급) 갈라 줌. 나누어 줌.
- 劃然(획연) ① 물건을 쪼개는 소리의 형용. ② 명확히 구별된 모양. 분명히.
- 劃一(획일) 모두 한결같이 함.

횡

橫 [가로 횡]
crosswise・オウ(よこ)
木 栏 楷 橫 橫
- 橫道(횡도) ① 길에 누워 있음. ② 옳지 아니한 도. 그른 길.
- 橫書(횡서) 가로 글씨.
- 橫財(횡재) 뜻밖에 얻은 재물.
- 橫暴(횡포) 제멋대로 굴며 몹시 난포함.

효

孝 [효도 효]
filial piety・コウ
土 耂 夬 孝 孝
- 孝道(효도) 부모를 잘 섬기는 도리.
- 孝誠(효성) 부모를 섬기는 정성.
- 孝友(효우) 효성이 있고 우애가 있음.
- 孝子(효자) 부모를 잘 섬기는 아들.
- 孝行(효행) 부모를 정성으로 섬기는 행실.

曉 [새벽 효] [깨달을 효]
dawn・ギョウ(あかつき)
日 旷 睦 曉 曉
- 曉暇(효가) 아침의 한가한 때.
- 曉宣(효선) 선명(宣明)함.
- 曉習(효습) 깨달아 익음. 익혀 환히 앎.
- 曉示(효시) 타이름. 유시(諭示).
- 曉諭(효유) 알아듣게 타이름.

效 [본받을 효]
　　 [힘쓸 효]
　　 imitate・コウ(ききめ)
　　 亠亥产效效
效果(효과) ① 보람. ② 좋은 결과. 성과.
效能(효능) ① 보람. 효험(效驗). ② 능률.
效力(효력) ① 보람. 효험(效驗). ② 힘을 씀.
效用(효용) ① 보람. 효험. ② 힘써 일을 함.
效驗(효험) 보람.

後 [뒤 후]
　　 after・ゴ(のち)
　　 彳社社後後
後輩(후배) 자기보다 나중에 나온 사람.
後援(후원) ① 뒤에 있는 원병(援兵). ② 뒤에서 도와 줌.
後退(후퇴) 뒤로 물러감.
後悔(후회) 이전의 잘못을 뉘우침.

厚 [두터울 후]
　　 thick・コウ(あつい)
　　 厂厚厚厚厚
厚待(후대) 두터운 대우.
厚德(후덕) 두터운 덕행.
厚賜(후사) 물건 같은 것을 후하게 내려 줌.
厚顏(후안) 두꺼운 낯가죽. 뻔뻔스러운 얼굴.
厚意(후의) 두터운 마음. 정성스러운 마음.

侯 [후작 후]
　　 feudal lords・コウ(きみ)
　　 亻伫侯侯侯
侯公(후공) 제후(諸侯). 공후(公侯).
侯禳(후양) 행복은 맞이하고 재앙은 물리침. 또 그 제사.
侯鯖(후정) 대단한 진미(珍味).

候 [물을 후]
　　 [기다릴 후]
　　 コウ(うかがう)
　　 亻伫伫侯候
候問(후문) 방문하여 안부를 물음.
候補(후보) 어떠한 벼슬・직무・지위・운동선수 등에 결원(缺員)이 있을 때에 그 자리에 나아갈 만한 자격이 있는 사람.

訓 [가르칠 훈]
　　 instruct・クン
　　 言言訂訓訓
訓戒(훈계) 타이름. 경계함.
訓告(훈고) 가르쳐 알림. 훈계하여 알림.
訓鍊(훈련) 가르쳐 익히게 함.
訓示(훈시) 가르쳐 보임.
訓話(훈화) 교훈하는 말. 훈시하는 말.

毁 [헐 훼]
　　 [무너질 훼]
　　 ruin・キ(やぶれる)
　　 亻ド臼毁毁
毁壞(훼괴) 부숨. 무너뜨림.
毁謗(훼방) 헐어 말함. 헐뜯음. 비방함.
毁損(훼손) ① 헐어서 못쓰게 함. ② 체면을 손상함.

輝 [빛 휘]
　　 [빛날 휘]
　　 shine・キ(かがやく)
　　 光炉焊煇輝
輝光(휘광) 빛남. 또 찬란한 빛.
輝映(휘영) 뻔쩍뻔쩍 비침.
輝煌(휘황) 광채가 눈부시게 빛남.
輝煌燦爛(휘황찬란) 휘황(輝煌).

揮 [휘두를 휘]
　　 [지휘할 휘]
　　 shake・キ(ふるう)
　　 扌扩捐揎揮
揮却(휘각) 물리치고 돌아보지 않음.
揮劍(휘검) 칼을 휘두름.
揮掃(휘소) 휘둘러 씀. 힘 있게 운필하는 형용.
揮揚(휘양) 휘둘러 일으킴. 발양.
揮帳(휘장) 둘러치는 장막.

携 [끌 휴]
　　 carry・ケイ(たずさえ「る)
　　 扌扩推携携
携家(휴가) 가족을 데리고 감.
携帶(휴대) 몸에 가짐. 몸에 지니고 다님.
携引(휴인) 끌고 감. 함께 감.
携持(휴지) 휴대(携帶).

休 〔쉴 휴〕
rest・キュウ(やすむ)
亻 亻 什 休 休
休暇 (휴가) 근무를 일정한 기간 쉬는 일.
休憩 (휴게) 잠깐 쉼. 휴식.
休息 (휴식) 쉼. 또 쉬게 함. 휴게
休日 (휴일) 쉬는 날. 노는 날.
休學 (휴학) 학업을 한동안 쉼.

胸 〔가슴 흉〕
breast・キョウ(むね)
月 肑 肑 胸 胸
胸腔 (흉공) 가슴의 내부.
胸廓 (흉곽) 가슴의 넓이.
胸襟 (흉금) 가슴속. 심중.
胸算 (흉산) 속셈.
胸中 (흉중) 가슴속. 심중.

凶 〔흉할 흉〕
wicked・キョウ

凶惡 (흉악) 음흉하고 나쁨.
凶家 (흉가) 재액을 받은 집.

黑 〔검은빛 흑〕
black・コク(くろい)
口 甲 里 里 黑
黑髮 (흑발) 검은 머리털.
黑白 (흑백) 검은 빛과 흰 빛.
黑夜 (흑야) 깜깜한 밤. 매우 어두운 밤.
黑炭 (흑탄) 석탄의 한 가지. 무연탄과 갈탄의 중간치.

吸 〔숨들이쉴 흡〕
breath・キュウ(すう)
口 口 叨 叨 吸
吸墨紙 (흡묵지) 압지 (壓紙).
吸收 (흡수) 빨아 들임.
吸煙 (흡연) 빨아 들임.
吸血 (흡혈) 피를 빨아 들임.
吸入 (흡입) 담배를 빨아 들임.

興 〔일 흥〕
〔기뻐할 흥〕 좋아함.
give・ヨ(あたえる)

興味 (흥미) 재미. 흥취.
興奮 (흥분) 마음이 일어나 동함.
興旺 (흥왕) 매우 번창함.
興趣 (흥취) 흥치와 취미.
興行 (흥행) 일으키어 행함.

戲 〔놀 희〕
〔희롱할 희〕
ギ(たわむれる)
广 虍 虛 戲 戲
戲曲 (희곡) 연극의 각본.
戲具 (희구) 장난감.
戲劇 (희극) 익살을 부려 웃기는 장면이 많은 연극.
戲弄 (희롱) 실없이 놀리는 짓.

熙 〔빛날 희〕
〔넓을・넓어질 희〕
bright・キ
F F 臣 肥 熙
熙隆 (희륭) 넓고 성함.
熙笑 (희소) 기뻐하여 웃음.
熙載 (희재) 일을 일으켜 넓힘.
熙朝 (희조) 잘 다스려진 왕조(王朝). 성대(盛代).

希 〔드물 희〕
〔바랄 희〕
hope・キ(ねがう)

希求 (희구) 바라고 구함.
希覯 (희구) 드물게 보임. 귀함.
希望 (희망) 바람. 소원.
希微 (희미) 극히 적음.
希少 (희소) 드뭄. 또 성김.

稀 〔드물 희〕
rare・キ(まれ)
禾 秒 秒 秤 稀
稀覯 (희구) 드물게 보임. 어쩌다가 보임.
稀微 (희미) 똑똑하지 못함. 어렴풋함.
稀薄 (희박) 조밀하지 아니함.
稀少 (희소) 드뭄. 적음.

乞 빌 걸
beg
キツ(こう)
ノ ト 乞

乞食(걸식) 빌어먹음. ㉴ 문전 걸식.
哀乞(애걸) 애처롭게 사정하여 빎.

隔 사이 뜰·막힐 격
separate
カク
へだたる
阝 阝 阡 阡 隔 隔 隔

隔年(격년) ① 한 해를 거름. 일 년 이상이 지남.
隔遠(격원) 동 떨어져 멂.

牽 끌·이을 견
draw
ケン
ひく

牽引(견인) 끌어 당김. ㉴ 견인력
牽强附會(견강부회) 가당치않은 말을 억지로 끌어 붙이어 조건에 맞춤

繫 맬·얽을 계
tie
bind
ケイ(つなぐ)

繫累(계루) ① 부모 형제 등의 헤어지기 어려움. ② 자기 몸에 얽매인 번거로운 일. 함.
繫留(계류) 붙잡아 묶음. 붙들어 머물게

狂 미칠·사나울 광
mad
キョウ
くるう
ノ ノ 犭 狂 狂

狂症(광증) 정신에 이상이 생기는 병. 미친 증세.
狂風(광풍) 휘몰아치는 사나운 바람.

軌 바퀴굴대·법 궤
axle, road
キ
わだち
一 一 一 巨 車 車 軌 軌

軌範(궤범) 본보기. 법도.
軌跡(궤적) ① 수레바퀴가 지나간 자국. ② 철로를 깐 기차나 전동차 따위의 길

糾 규명할·모을 규
entangled
キュウ
あざなう·ただす

糾明(규명) 철저히 조사하여 그릇된 사실을 밝힘.
紛糾(분규) 일이 뒤얽혀 말썽이 많고 시끄러움.

塗 바를·길 도
paint
ト(ぬる)
ノ 氵 氵 沙 沙 涂 涂 塗

塗炭(도탄) 진흙물에 빠지고 숯불에 타는 괴로움.
道聽塗說(도청도설) 길에서 얻어들은 것을 곧잘 아는 것처럼 남에게 말함.

屯 진칠 둔, 어려울 준
camp, difficult
トン
(たむろする)
一 厂 口 屯

屯險(둔험) 지세가 험악하여 가기가 힘듦.
屯聚(둔취) 여러 사람이 한 곳에 모여 있음.

騰 오를 등
ascend, rise
ascend
トウ(あがる)
月 月 肸 朕 腾 腾 騰

騰貴(등귀) 물건값이 오름.
騰落(등락) 값의 오름과 내림.

 사냥할 렵
hunting
リョウ(かる)

獵官(엽관) 관직을 얻으려고 운동하는 일.
狩獵(수렵) 사냥.

 동료·관리 료
comrade
リョウ / ともがら

同僚(동료) 같은 기관이나 부문에서 함께 일하는 사람.
官僚(관료) 관리.

 범할·가릴 모
risk
ボウ(おかす)

冒瀆(모독) 침범하여 욕되게 함. 무례한 짓을 함. 봄.
冒險(모험) ① 위험을 무릅씀. ② 되고 안 되고를 돌보지 않고 덮어놓고 해

 업신여길·조롱할 모
insult
ブ(あなどる)

侮辱(모욕) 깔보아서 욕 보임.
侮蔑(모멸) 업신여기어 깔 봄.

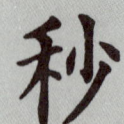 [까끄라기 초] 미세.
[세미할 묘] 극소
ビョウ

秒忽(묘홀) 극히 미소(微少)함.
秒速(초속) 운동하는 것의 1초동안의 속도.
秒針(초침) 시계의 초를 가리키는 바늘.

 짝·모실 반
companion
ハン、バン (とも)

伴奏(반주) 노래나 기악을 연주할 때 이를 돕기 위해 다른 악기로 보조하는 연주.
伴侶(반려) 짝이 되는 친구.

 뒤집힐 복, 덮을 부
over turn
フク(くつがえす)

反覆(반복) 생각이나 언행을 이랬다 저랬다 하며 자주 바꿈.
覆面(복면) 얼굴을 보이지 않게 가림.

맹세할 서
swear
oath
セイ(ちかう)

誓約(서약) 맹세. 굳은 약속.
盟誓(맹세) 장래를 두고 다짐하여 맹세함.

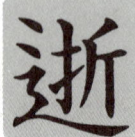 갈·죽을 서
pass away
die
セイ(ゆく)

逝去(서거) 상대방을 높여서 그의 죽음을 정중하게 이르는 말.
急逝(급서) 갑자기 죽음.

당길·대신할·겸할 섭
hold up
セツ·ショウ / とる·かねる

攝取(섭취) ① 영양분을 빨아들임. ② 부처가 자비로써 중생을 제도함.
攝政(섭정) 임금을 대신하여 정치를 함.

 거의·드리울 **수**
hang down
スイ(たれる)
一二三チ乓垂垂

垂直(수직) ① 똑바로 드리움. 또는 그 상태. ② 하나의 평면 또는 직선에 대하여 90도의 각도를 이루는 일.
垂成(수성) 어떤 일이 거의 이루어 짐.

 찾을 **수** 어지러울 **소**
search
ソウ(さがす)
扌扣押押搜搜

搜査(수사) 찾아 다니며 조사함.
搜索(수색) 범죄와 관련된 물건이나 범죄인 등을 찾아내기 위해 뒤져서 찾음.

 누를·도장찍을 **압**
stamp
オウ
おす·おさえる
一十扌扫押押

押收(압수) 관리가 직권으로 증거물이나 혹은 국민의 재산을 강제로 빼앗는 행위.
押印(압인) 도장 따위를 찍음.

 뛸 **약**
leap
ヤク
(おどる)
足 卽 趵 躍 躍 躍 躍

躍進(약진) 뛰어서 전진함. 힘차게 전진함.
躍動(약동) ① 뛰어 움직임. ② 생기가 있고 활발하게 움직임.

 볼·검열할 **열**
inspect
エツ
けみする
厂門門門門閱閱

檢閱(검열) 검사함.
閱兵(열병) 정렬한 군대의 앞뒤를 돌면서 그 위용(威容)과 사기 상태를 검열하는 일.

 종·죄인·붙을 **예**
slave
servant
レイ(しもべ)
士 丰 圭 卦 隶 隷 隷

奴隷(노예) ① 종 ② 자유를 구속당하고 남에게 부림을 받는 사람.
隷書(예서) 한자 서체의 한 가지.
隷屬(예속) 지배 아래 있음.

 안을·낄·가릴 **옹**
embrace
ヨウ
(かかえる)
扌扩扩挤挤擁擁

擁護(옹호) 지지하여 유리하도록 보호함. ㉠ 인권 옹호.
擁立(옹립) 임금자리에 모시어 세움.

 엉길·얼·막힐 **응**
congeal
ギョウ(こる)
冫 汀 疑 凝 凝 凝

凝視(응시) 시선을 모아 한 곳을 똑바로 눈여겨 봄.
凝結(응결) ① 한 데 엉키어 뭉침. ② 기체가 액체로 되는 일.

 재상·다스릴 **재**
minister
ruler
サイ(つかさ)
宀宀宁宰宰宰

宰相(재상) 임금을 도와 모든 관원을 지휘하는 일품 이상의 벼슬 자리에 있는 사람을 두루 이르는 말.
主宰(주재) 책임지고 맡아 처리함.

대궐·큰집·후군 **전**
palace
テン(との)
尸 尸 屛 殿 殿 殿

殿軍(전군) 군대가 행진할 때 뒤에 서는 군대.
殿閣(전각) ① 임금이 거처하는 궁전. ② 궁전과 누각.

홈칠·도둑·몰래 **절**
steal
キ
うかがう

竊盜(절도) 남의 물건을 몰래 훔침. 또는 그런 사람.
竊取(절취) 남의 물건을 몰래 훔쳐 가짐.

구슬·진주 **주**
pearl
シュ・ジュ
たま

眞珠(진주) 진주 조개·대합·전복 따위의 몸 안에서 형성되는 구슬 모양으로 된 덩어리.
珠玉(주옥) ① 구슬과 옥돌.

부어 만들 **주**
cast
チュウ・シュウ
いる

鑄造(주조) 쇠를 녹여 부어서 물건을 만듦.
鑄貨(주화) 쇠붙이를 녹여서 만듦. 또는 그 돈.

아뢸·연주할 **주**
play
music
ソウ すすめる·かなでる

奏樂(주악) 음악을 연주함. 연주하는 음악.
演奏(연주) 여러 사람 앞에서 악기로 음악을 들려 줌.

흔들릴·진동 **진**
shake
シン(ふるえる)

震天動地(진천동지) 하늘을 떨리게 하고 땅을 움직임. 위엄이나 큰 소리가 천지를 뒤 흔듦을 비유하는 말.
地震(지진) 땅이 진동함.

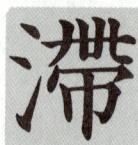
쌓일·막힐 **체**
blocked
タイ(と
こおる)

滯在(체재) 외국이나 타향에 머물러 있음.
停滯(정체) 사물의 발전이나 진화하는 상태가 정지되어 침체됨.

갈마들·역말 **체**
alternate
transmit
テイ(かわる)

遞信(체신) 순차로 여러 곳을 거쳐서 소식이나 편지 따위를 전하는 일.
遞減(체감) 등수를 따라서 차례로 감함.
遞減(체감) 등수를 따라서 차례로 감함.

높을·책상 **탁**
high
desk
タク(つくえ)

卓論(탁론) 뛰어난 의론(議論). 탁월한 논지.
卓然(탁연) 높이 뛰어나서 의젓한 모양.
卓越(탁월) 월등하게 뛰어남.

태어날·속일 **탄**
born
be born
タン(うまれる)

誕生(탄생). 남. 태어남. 出生(출생).
誕辰(탄신) 출생한 날. 생일. 생신.
聖誕(성탄) 임금·성인의 탄생. 성탄절.

쫓을 체, 미칠 **태**
follow arrest
タイ(とら
える)

逮捕(체포) 죄를 범했거나 그 혐의가 있는 사람을 잡음.
逮夜(체야) 밤이 됨. 기일의 전날 밤.

잡을·쥘·자루 파
catch
とる 4
ーナ扌扌扌扌把
把守(파수) 경계하여 지킴. 또는 그 사람.
把握(파악) ① 꽉 잡아 쥠. ② 어떠한 일을 잘 이해하여 확실하게 바로 앎.

치우칠·곁 편
incline
ヘン
かたよる
ノイ仁仴佀佪偏
偏重(편중) 한 쪽으로 치우침.
偏見(편견) 공평하지 못하고 한 쪽으로 치우친 의견.

싫어할·혐의할 혐
dislike
ケン·ゲン
きらう
女女女女妒娟嫌嫌
嫌疑(혐의) ① 의심쩍음. ② 범죄를 저지른 사실이 있으리라는 의심. ③ 꺼리고 미워함.
嫌惡(혐오) 싫어하고 미워함.

저울대 형. 가로 횡
scale
コウ はかり
彳徣徣衡衡
均衡(균형) 치우침이 없이 쪽 고름.
度量衡(도량형) 길이, 분량, 무게 또는 이것을 재고 다니는 자.되·저울 따위.

필순의 일반적인 원칙과 응용

1.   : 한 자의 한자(漢字)를 쓸 때의 바른 순서를 필순 또는 획순이라 한다. 한자는 바른 순서에 따라 쓸 때, 가장 쓰기 쉬울 뿐 아니라, 쓴 글자의 모양도 아름다와진다.

2.
  (1) 위에서 아래로 : 위에 있는 부분부터 쓰기 시작하여 차츰 아랫부분으로 써 내려간다.
       (말씀 언)‥‥‥‥

  (2) 왼쪽에서 오른쪽으로 : 왼쪽 부분부터 쓰기 시작하여 차츰 오른쪽 부분으로 써 나간다.
       (어질 인)‥‥‥‥

       (측량할 측)‥‥‥

3.
  (1) 가로 획을 먼저 쓰는 경우 : 가로획과 세로획이 서로 엇걸릴 때에는 보통 가로획을 먼저 긋는다.
   ① 가로획→세로획의 순서.
       (열 십)‥‥‥   (흙 토)‥‥‥

   ② 가로획→세로획→세로획의 순서.
       (한가지 공)‥‥‥

   ③ 가로획→가로획→세로획의 순서.
       (봄 춘)‥‥‥‥

       (아닐 미)‥‥‥‥

  (2) 세로 획을 먼저 쓰는 경우 : 가로획과 세로획이 서로 엇걸릴 때, 다음의 경우에 한하여 세로획을 먼저 긋는다.
       (밭 전)‥‥‥‥

  (3) 가운데 부분은 먼저 쓴다 : 글자의 모양이 좌·중·우와 같이 구성되어 있을 때는 한가운데 부분을 먼저 쓴다.
       (작을 소)‥‥‥‥

水 (물 수)········ 亅 亅 水 水

赤 (붉을 적)······· 一 土 キ 赤 赤 赤

주의 다음의 경우는 예외가 된다.

火 (불 화)········ 丶 丷 少 火

門 (물을 문)······· ㅋ 閂 閂 門 門 問

(4) 몸은 먼저 쓴다: 안을 에워싸고 있는 바깥 둘레를 "몸"이라고 하는데, 몸은 안보다 먼저 쓴다.

國 (나라 국)········ 丨 冂 冂 同 囯 國 國 國

同 (한가지 동)······ 丨 冂 冂 冋 同 同

司 (맡을 사) ······ 丁 丁 司 司

주의 다음의 경우는 예외가 된다.

匹 (짝 필)·········· 一 丆 兀 匹

凶 (흉할 흉)········ 丿 乂 㐅 凶

(5) 삐침(丿)과 파임(乀)이 어울린 글자는 삐침을 먼저 쓴다.

文 (글월 문)········ 丶 一 ナ 文

父 (아비 부)········ 丿 丷 父 父

(6) 글자 전체를 꿰뚫는 세로획은 최후에 쓴다.

中 (가운데 중)····· 丨 冂 口 中

주의 아래나 위, 또는 전체를 꿰뚫지 않는 세로획은 예외가 된다.

里 (마을 리)····· 丨 冂 日 日 甲 甲 里

(7) 글자 전체를 꿰뚫는 가로획은 최후에 쓴다.

女 (계집 녀)········ ㄑ ㄑ 女

母 (어미 모)········ ㄴ ㄐ 呂 毋 母

주의 다음 글자는 예외가 된다.

世 (인간 세)········ 一 十 卅 丗 世

(8) 삐침과 가로획을 동시에 쓸 경우: 다음과 같은 것은 틀리게 쓰는 일이 많으니 특히 유의해서 쓰도록 해야 한다.

207

모양이 비슷한 한자

干(간)	干城(간성)	玉(옥)	玉石(옥석)	氷(빙)	氷雪(빙설)
于(우)	于今(우금)	王(왕)	王家(왕가)	水(수)	食水(식수)
千(천)	千里(천리)	壬(임)	壬午(임오)	永(영)	永久(영구)

犬(견) 忠犬(충견)
大(대) 大小(대소)
太(태) 太初(태초)

拘(구) 拘束(구속)
狗(구) 走狗(주구)

夫(부) 夫君(부군)
矢(시) 弓矢(궁시)
失(실) 失物(실물)

刀(도) 短刀(단도)
刃(인) 刃創(인창)

分(분) 分數(분수)
兮(혜) 耶兮(야혜)

困(곤) 疲困(피곤)
囚(수) 囚人(수인)
因(인) 因習(인습)

曰(왈) 曰可(왈가)
日(일) 日課(일과)

末(말) 末日(말일)
未(미) 未着(미착)

功(공) 功勞(공로)
巧(교) 巧妙(교묘)
切(절) 切斷(절단)

午(오) 午前(오전)
牛(우) 牛馬(우마)

旦(단) 元旦(원단)
且(차) 苟且(구차)

代(대) 代身(대신)
伐(벌) 征伐(정벌)

旬(구) 旬節(구절)
旬(순) 下旬(하순)

各(각) 各種(각종)
名(명) 姓名(성명)

亦(역) 亦時(역시)
赤(적) 赤色(적색)

己(기) 自己(자기)
巳(사) 乙巳(을사)
已(이) 已往(이왕)

瓦(와) 瓦解(와해)
互(호) 相互(상호)

島(도) 島民(도민)
烏(오) 烏口(오구)
鳥(조) 鳥獸(조수)

士(사) 士林(사림)
土(토) 土木(토목)

戊(무) 戊種(무종)
戌(술) 戌時(술시)
成(성) 成功(성공)

何(하) 如何(여하)
河(하) 河川(하천)

甲(갑) 甲兵(갑병)
申(신) 申告(신고)

巨(거) 巨大(거대)
臣(신) 臣下(신하)

券(권) 福券(복권)
卷(권) 卷數(권수)

今(금) 今年(금년)
令(령) 命令(명령)

具(구) 具備(구비)
貝(패) 貝物(패물)

北(북) 北方(북방)
比(비) 比例(비례)
此(차) 此後(차후)

由(유) 理由(이유)
田(전) 田畓(전답)

九(구) 九拾(구십)
丸(환) 丸藥(환약)

人(인) 人口(인구)
入(입) 入口(입구)
八(팔) 八道(팔도)

明(명) 光明(광명)
朋(붕) 朋友(붕우)

矛(모) 矛戟(모극)
予(여) 予奪(여탈)

兩(량) 兩立(양립)
雨(우) 風雨(풍우)

宣(선) 宣布(선포)
宜(의) 便宜(편의)

壞(괴)	破壞(파괴)	侯(후)	諸侯(제후)	起(기)	起床(기상)
壤(양)	土壤(토양)	候(후)	氣候(기후)	赴(부)	赴任(부임)
懷(회)	懷疑(회의)				
		佛(불)	佛敎(불교)	雪(설)	白雪(백설)
墳(분)	墳墓(분묘)	拂(불)	拂子(불자)	雲(운)	雲集(운집)
憤(분)	憤怒(분노)				
		綠(록)	綠色(녹색)	技(기)	技術(기술)
粉(분)	粉末(분말)	緣(연)	緣分(연분)	枝(지)	枝葉(지엽)
紛(분)	紛爭(분쟁)				
		墨(묵)	墨畫(묵화)	客(객)	主客(주객)
弦(현)	弦月(현월)	黑(흑)	黑幕(흑막)	容(용)	容貌(용모)
絃(현)	絃樂(현악)				
		栽(재)	栽培(재배)	設(설)	建設(건설)
與(여)	授與(수여)	裁(재)	裁斷(재단)	說(설)	說敎(설교)
興(흥)	興亡(흥망)				
		恨(한)	恨歎(한탄)	暑(서)	避暑(피서)
漸(점)	漸次(점차)	限(한)	限定(한정)	署(서)	官署(관서)
慚(참)	無慚(무참)				
		刑(형)	刑罰(형벌)	享(향)	享樂(향락)
衰(쇠)	盛衰(성쇠)	形(형)	形象(형상)	亨(형)	亨通(형통)
哀(애)	哀歡(애환)				
		毫(호)	秋毫(추호)	辛(신)	辛苦(신고)
浩(호)	浩茫(호망)	豪(호)	豪傑(호걸)	幸(행)	幸福(행복)
活(활)	生活(생활)				
		壇(단)	祭壇(제단)	閉(폐)	閉門(폐문)
遣(견)	派遣(파견)	檀(단)	檀君(단군)	閑(한)	閑暇(한가)
遺(유)	遺産(유산)				
		堂(당)	堂號(당호)	間(간)	間接(간접)
幣(폐)	幣物(폐물)	當(당)	當否(당부)	問(문)	質問(질문)
弊(폐)	弊端(폐단)				
		密(밀)	密度(밀도)	開(개)	開拓(개척)
頃(경)	頃刻(경각)	蜜(밀)	蜜語(밀어)	聞(문)	見聞(견문)
項(항)	項鎖(항쇄)				
		漫(만)	漫評(만평)	陣(진)	陣營(진영)
遂(수)	完遂(완수)	慢(만)	慢心(만심)	陳(진)	陳列(진열)
逐(축)	驅逐(구축)				
		側(측)	側近(측근)	幕(막)	天幕(천막)
揚(양)	揚名(양명)	測(측)	測量(측량)	慕(모)	追慕(추모)
楊(양)	楊柳(양류)			募(모)	募集(모집)
場(장)	場所(장소)	官(관)	官民(관민)	暮(모)	暮雪(모설)
		宮(궁)	宮女(궁녀)	墓(묘)	墓地(묘지)
堤(제)	堤防(제방)				
提(제)	提携(제휴)	早(조)	早朝(조조)	析(석)	分析(분석)
		旱(한)	旱害(한해)	折(절)	屈折(굴절)
師(사)	師弟(사제)	斤(근)	斤量(근량)	微(미)	微力(미력)
帥(수)	將帥(장수)	斥(척)	排斥(배척)	徵(징)	徵集(징집)

두 가지 이상의 음을 가진 한자

降	내릴 항복할	강 항	昇降(승강) 降服(항복)
更	다시 시각	갱 경	更生(갱생) 三更(삼경)
見	볼 드러날	견 현	見聞(견문) 見齒(현치)
契	맺을 나라이름	계 글	契約(계약) 契丹(글안)
句	글귀 귀절	구 귀	句讀(구두) 句節(귀절)
龜	땅이름 거북 터질	구 귀 균	龜浦(구포) 龜船(귀선) 龜裂(균열)
金	쇠 성	금 김	金銀(금은) 金氏(김씨)
豈	어찌 승전악	기 개	豈敢(기감) 豈樂(개락)
內	안 여관	내 나	內外(내외) 內人(나인)
奈	어찌 어찌	내 나	奈何(내하) 奈落(나락)
茶	차 차	다 차	茶房(다방) 茶禮(차례)
糖	엿 엿	당 탕	糖分(당분) 砂糖(사탕)
度	법도 헤아릴	도 탁	制度(제도) 度地(탁지)
讀	읽을 귀절	독 두	讀書(독서) 吏讀(이두)

洞	골 통할	동 통	洞穴(동혈) 洞察(통찰)
樂	즐길 풍류 좋아할	락 악 요	苦樂(고락) 音樂(음악) 樂山(요산)
率	비율 거느릴	률 솔	能率(능률) 統率(통솔)
反	돌이킬 뒤칠	반 번	反擊(반격) 反畓(번답)
復	회복할 다시	복 부	回復(회복) 復活(부활)
否	아닐 막힐	부 비	否定(부정) 否塞(비색)
北	북녘 달아날	북 배	南北(남북) 敗北(패배)
射	쏠 벼슬이름	사 야	射擊(사격) 僕射(복야)
邪	간사할 어조사	사 야	正邪(정사) 怨邪(원야)
殺	죽일 감할	살 쇄	殺生(살생) 相殺(상쇄)
狀	형상 문서	상 장	狀態(상태) 賞狀(상장)
塞	변방 막힐	새 색	要塞(요새) 語塞(어색)
索	찾을 쓸쓸할	색 삭	思索(사색) 索莫(삭막)
說	말씀 달랠	설 세	說明(설명) 遊說(유세)

省 { 살필 / 덜	성 / 생	反省(반성) / 省略(생략)	辰 { 별 / 날	진 / 신	辰宿(진수) / 生辰(생신)
衰 { 쇠할 / 상복	쇠 / 최	衰弱(쇠약) / 齊衰(재최)	車 { 수레 / 수레	차 / 거	車庫(차고) / 車馬(거마)
數 { 셀 / 자주	수 / 삭	數式(수식) / 數數(삭삭)	參 { 참여할 / 석	참 / 삼	參席(참석) / 參等(삼등)
宿 { 잘 / 별	숙 / 수	投宿(투숙) / 星宿(성수)	拓 { 열 / 밀칠	척 / 탁	開拓(개척) / 拓本(탁본)
拾 { 주울 / 열	습 / 십	拾得(습득) / 五拾(오십)	則 { 법 / 곧	칙 / 즉	規則(규칙) / 然則(연즉)
氏 { 성씨 / 나라이름	씨 / 지	姓氏(성씨) / 月氏(월지)	沈 { 잠길 / 성	침 / 심	沈沒(침몰) / 沈氏(심씨)
食 { 먹을 / 밥	식 / 사	飮食(음식) / 疏食(소사)	宅 { 집 / 댁	택 / 댁	住宅(주택) / 宅內(댁내)
識 { 알 / 기록할	식 / 지	知識(지식) / 標識(표지)	便 { 편할 / 오줌	편 / 변	便利(편리) / 便所(변소)
惡 { 악할 / 미워할	악 / 오	惡人(악인) / 憎惡(증오)	暴 { 사나울 / 드러날	포 / 폭	暴惡(포악) / 暴露(폭로)
易 { 바꿀 / 쉬울	역 / 이	交易(교역) / 容易(용이)	幅 { 폭 / 폭	폭 / 복	大幅(대폭) / 幅巾(복건)
刺 { 찌를 / 찌를	자 / 척	刺客(자객) / 刺殺(척살)	合 { 합할 / 홉	합 / 홉	合邦(합방) / 五合(오홉)
著 { 나타낼 / 붙을	저 / 착	著述(저술) / 著色(착색)	行 { 다닐 / 항렬	행 / 항	行路(행로) / 行列(항렬)
切 { 끊을 / 모두	절 / 체	切斷(절단) / 一切(일체)	畫 { 그림 / 꾀할	화 / 획	圖畫(도화) / 計畫(계획)
齊 { 가지런할 / 재계할	제 / 재	整齊(정제) / 齊戒(재계)	活 { 살 / 물소리	활 / 괄	生活(생활) / 活活(괄괄)

＊음은 같으나 뜻이 다른 한자

- **가무**(歌舞) 노래와 춤
- (家務) 집안 일
- **가보**(家譜) 집안 보첩
- (家寶) 집안 보물
- **가설**(加設) 더 설치
- (架設) 건너 지름
- **가장**(假裝) 거짓 꾸밈
- (家長) 집안 어른
- **간부**(姦夫) 간통한 남자
- (姦婦) 간통한 여자
- (間夫) 샛서방
- **감상**(感想) 느끼는 생각
- (感傷) 느끼어 슬픔
- **개정**(改定) 다시 고침
- (改正) 바로 고침
- (開廷) 법정을 엶
- **고시**(考試) 시험
- (告示) 국민에게 알림
- (古詩) 옛날의 시
- **관례**(慣例) 예전 버릇
- (冠禮) 어른이 되는 예식
- **관리**(官吏) 벼슬아치, 공무원
- (管理) 맡아서 다스림
- **국정**(國政) 나라의 정치
- (國情) 나라의 형편
- (國定) 나라에서 정함
- **기술**(技術) 기예의 재주
- (奇術) 기묘한 요술
- (記述) 기록하여 진술
- **기호**(記號) 기록하는 표
- (嗜好) 즐겨하고 좋아함
- (畿湖) 경기도와 충청도
- **내정**(內定) 속으로 작정
- (內情) 형편 속
- (內政) 집안 살림
- **단정**(斷定) 판단하여 작정

◆ 漢字熟語 ◆

家和萬事成 (가화만사성) 집안이 화목하면 만사가 잘 되어 감.

刻骨難忘 (각골난망) 은혜에 대한 고마운 마음.

艱難辛苦 (간난신고) 어려움을 견디며 몹시 애씀.

肝膽相照 (간담상조) 서로 생각하는 바가 통하여 마음을 터놓고 사귐.

敢不生心 (감불생심) 힘에 겨워 감히 엄두도 내지 못함.

甘言利說 (감언이설) 남의 비위에 맞도록 꾸민 달콤한 말과 이로운 조건을 내세워서 꾀는 말.

感之德之 (감지덕지) 매우 고맙게 여김.

甘呑苦吐 (감탄고토) 달면 삼키고 쓰면 뱉는다는 뜻.

康衢煙月 (강구연월) 태평한 세상의 평화로운 풍경.

改過遷善 (개과천선) 잘못을 고치고 옳은 길에 들어 섬.

去頭截尾 (거두절미) 사실의 줄거리만 말하고 부수적인 것은 빼어 버린다는 뜻.

擧世皆濁 (거세개탁) 지위의 고하를 막론하고 모든 사람이 다 바르지 않다는 뜻.

居安思危 (거안사위) 편안할 때에 있어서는 앞으로 닥칠 위태로움을 생각함.

去者日疎 (거자일소) 죽은 사람에 대해서는 날이 가면 갈수록 점점 잊어버리게 된다는 뜻.

乾坤一擲 (건곤일척) 운명과 흥망을 걸고 승부나 성패를 겨룬다는 뜻.

乞兒得錦 (걸아득금) 거지 아이가 비단을 얻는다는 말로 곧 분수 밖에 생긴 일을 지나치게 자랑한다는 뜻.

乞人憐天 (걸인연천) 불행한 처지에 있는 사람이 행복한 사람을 동정한다는 뜻.

犬馬之勞 (견마지로) 자신의 노력을 낮추어 일컫는 말.

見物生心 (견물생심) 실물을 보면 욕심이 생기게 마련이라는 뜻.

堅忍不拔 (견인불발) 굳게 참고 견디어 뜻을 옮기지 않는다는 뜻.

結草報恩 (결초보은) 죽은 후에라도 은혜를 잊지 않는다는 뜻.

兼人之勇 (겸인지용) 혼자서 몇 사람을 당해낼 만한 용기.

輕擧妄動 (경거망동) 경솔하고 망령된 행동.

傾國之色 (경국지색) 나라 안에 으뜸가는 미인.

驚天動地 (경천동지) 세상을 매우 놀라게 한다는 뜻.

經天緯地 (경천위지) 온 천하를 경륜하여 다스림.

鷄鳴狗盜 (계명구도) 잔 꾀를 잘 부리거나 비열한 행동을 하는 사람을 이르는 말.

呱呱之聲 (고고지성) 아기가 세상에 태어나면서 처음 우는 소리.

孤軍奮鬪 (고군분투) 약한 힘으로 남의 도움도 없이 힘에 겨운 일을 함.

膏粱珍味 (고량진미) 기름지고 매우 맛있는 음식을 일컫는 말.

鼓腹擊壤 (고복격양) 의식(衣食)이 풍부하여 태평 세월을 즐기는 일.

高峯峻嶺 (고봉준령) 높이 솟은 산봉우리와 험한 고개라는 뜻.

孤城落日 (고성낙일) 남의 도움을 받지 못하는 외로운 사정이나 형편.

姑息之計 (고식지계) 임시 변통이나 또는 한 때의 미봉으로 일시적인 안정을 얻기 위한 꾀.

孤掌難鳴 (고장난명) 혼자로는 일이 이루어지지 않음. 또는 혼자서는 싸움이 되지 않는다는 비유.

苦盡甘來 (고진감래) 쓴 것이 다하면 단 것이 옴. 고생 끝에 영화.

曲學阿世(곡학아세) 왜곡(歪曲)된 학문으로 세상에 아첨한다는 뜻.

骨肉相爭(골육상쟁) 동족끼리 서로 싸운다는 뜻.

公卿大夫(공경대부) 삼공(三公)과 구경(九卿)등 벼슬이 높은 사람들을 일컫는 말.

空中樓閣(공중누각) 사물의 기초가 견고하지 못함의 비유.

誇大妄想(과대망상) 사실보다 과장하여 지나치게 상상하는 생각.

過猶不及(과유불급) 너무 지나침은 미치지 못함보다 못하다는 뜻.

瓜田不納履(과전불납리) 외밭에 신을 들여 놓지 않음. 곧 남에게 의심을 살만한 일은 아예 하지 않음의 비유.

官鮑之交(관포지교) 친구 사이의 다정하고 친밀한 우정을 일컫는다.

巧言令色(교언영색) 교묘하게 꾸며 대는 말과 아첨하는 얼굴빛으로 남의 환심을 사려한다는 뜻.

膠柱鼓瑟(교주고슬) 융통성이 전혀 없음을 비유한 말.

狡獪(교회) 간사하고 능갈침.

九曲肝腸(구곡간장) 굽이굽이 깊은 마음속.

狗尾續貂(구미속초) 훌륭한 것의 뒤를 보잘것 없는 것이 잇는다는 뜻.

口蜜腹劍(구밀복검) 입으로는 꿀같이 달콤한 말을 하면서 속에는 칼 같은 마음을 품어 해칠 생각을 가지고 있다는 뜻.

口尚乳臭(구상유취) 입에서 아직 젖내가 남. 곧 말이나 행동이 유치하다는 뜻.

九死一生(구사일생) 여러 번 죽을 고비를 넘기고 간신히 살아난다는 말로 위험한 고비를 넘김을 뜻한다.

九牛一毛(구우일모) 매우 많은 가운데의 극히 적은 것.

求田問舍(구전문사) 국가 대사에는 뜻이 없고 일신상 이익에만 마음을 쓴다는 뜻.

九折羊腸(구절양장) 수많이 구비 꺾인 꼬불꼬불한 험한 산길.

九重深處(구중심처) 크나큰 대궐안 깊숙한 곳. 은밀한 장소를 일컬음.

群鷄一鶴(군계일학) 뭇 닭 가운데의 한 마리 학이라는 뜻으로 많은 사람 중의 뛰어난 인물을 가 킴.

窮餘之策(궁여지책) 궁한 끝에 생각나는 한 가지 꾀.

權謀術數(권모술수) 그 때 그 때의 형편에 따라 변통성 있게 둘러 맞추는 모략이나 수단.

權不十年(권불십년) 권세는 십년을 넘지 못한다는 뜻으로 부당하게 잡은 권세는 오래 가지 않음을 이르는 말.

勸善懲惡(권선징악) 착한 행실을 권장하고 악한 행실을 징계한다는 뜻.

捲土重來(권토중래) 한 번 실패하였다가 세력을 회복하여 전력을 다하여 쳐들어 옴.

貴鵠賤鷄(귀곡천계) 따오기를 귀히 여기고 닭을 천하게 여긴다는 뜻.

克己復禮(극기복례) 자신의 사욕을 누르고 예의 범절을 좇음.

近墨者黑(근묵자흑) 나쁜 사람과 가까이 있으면 그 버릇에 젖기 쉽다는 뜻.

金科玉條(금과옥조) 금이나 옥과 같이 아주 귀중한 법칙이나 규범.

錦上添花(금상첨화) 비단 위에 꽃을 더한다는 뜻으로 더 좋고 아름다운 것을 더한다는 말.

金城鐵壁(금성철벽) 아주 튼튼한 성지.

琴瑟(금슬) 부부간의 애정(금실).

錦衣夜行(금의야행) 비단 옷 입고 밤길 걷는다는 뜻으로 아무 보람 없는 행동을 일컫는 말.

索引

〈1획〉	也 106	分 74	太 177	矛 59	由 124	交 22	安 104	此 159
乙 128	于 120	不 75	巴 180	卯 60	幼 126	企 32	仰 105	尖 165
一 132	已 130	少 89	片 181	戊 60	以 130	吉 32	羊 107	充 171
〈2획〉	刃 132	手 93	必 185	末 62	引 131	年 34	如 110	托 176
九 23	子 133	水 93	匹 185	民 63	田 141	多 35	汝 110	宅 178
刀 39	丈 136	收 93	兮 192	半 64	占 142	同 41	亦 110	吐 178
力 46	才 138	升 98	戶 193	白 67	正 144	列 47	污 115	汗 187
了 50	之 156	氏 100	互 193	犯 68	左 151	劣 47	宇 119	合 187
卜 71	千 163	心 102	火 195	丙 69	主 151	老 49	羽 120	亥 188
十 103	川 163	牙 103	化 195	本 71	只 155	吏 53	危 123	行 189
又 120	寸 169	厄 106	幻 196	付 73	且 159	忙 55	有 125	向 190
二 130	土 178	予 109	凶 200	北 74	札 161	妄 55	肉 126	血 191
人 131	下 185	五 115	屯 201	弗 75	冊 163	每 55	衣 129	刑 192
入 133	丸 196	午 115	〈5획〉	比 75	斥 163	名 57	而 130	好 193
丁 143	乞 201	曰 117	可 5	氷 77	出 171	米 62	耳 130	回 198
七 174	〈4획〉	王 117	加 5	四 77	打 175	朴 63	夷 131	灰 198
八 180	介 9	牛 119	刊 7	仕 77	他 175	防 65	因 131	休 200
〈3획〉	犬 12	友 119	甘 7	史 78	平 182	邦 66	印 132	〈7획〉
干 6	公 19	尤 120	甲 8	生 84	布 182	百 67	任 133	却 6
工 19	孔 19	云 121	去 10	石 85	包 183	伐 68	字 133	角 6
口 23	戈 20	元 122	巨 10	仙 86	皮 184	汎 68	自 133	改 9
久 24	斤 29	月 123	古 17	世 89	玄 191	伏 71	在 138	更 10
弓 26	今 29	允 127	功 19	召 90	穴 191	妃 76	再 138	坑 10
己 30	及 29	尹 127	瓜 20	囚 94	兄 192	寺 78	全 141	車 10
乃 33	內 33	仁 131	巧 23	市 99	乎 193	死 78	兆 148	見 12
女 34	丹 36	日 132	句 24	示 99	弘 195	司 78	早 148	決 13
大 38	斗 42	壬 133	丘 25	矢 99	禾 195	邪 79	存 150	系 15
亡 55	六 51	切 142	叫 27	申 101	〈6획〉	色 84	朱 152	戒 16
凡 68	毛 58	井 144	奴 34	失 102	各 6	西 84	舟 152	告 17
巳 77	木 59	弔 148	旦 36	央 105	肝 7	先 86	州 152	谷 18
士 77	文 61	中 154	代 38	永 113	江 8	舌 87	竹 153	困 18
山 81	勿 62	支 156	冬 42	玉 116	件 11	成 88	仲 154	攻 20
三 81	反 64	止 156	令 48	瓦 116	考 17	守 93	池 155	求 23
上 82	方 65	尺 163	立 53	外 117	曲 18	旬 96	至 155	究 24
夕 85	夫 72	天 164	末 55	用 119	共 19	成 97	地 156	局 26
小 89	父 72	丑 176	母 58	右 119	光 22	式 100	次 159	狂 201

215

▶ 索引

君26	床83	足149	肩12	盲57	析86	侑125	妾166	姦7
均28	序84	佐151	京13	免57	姓88	乳126	帖166	降8
克28	束91	坐151	庚14	命57	性88	育127	青166	客10
技31	宋92	住152	季15	明57	所90	泣128	招167	建11
忌31	巡97	走153	固17	牧59	松92	依129	抽170	係15
那33	身101	即154	姑17	武60	刷92	宜130	忠171	癸15
男33	臣101	志155	孤18	門61	受93	姉133	取172	計16
努34	辛101	辰157	坤19	物62	秀94	刺134	炊172	界16
但35	迅101	初167	空19	味62	叔95	長136	治173	契16
豆42	伸101	肖168	供19	泊63	承98	狀136	枕174	故17
卵43	我103	抄168	果20	拍63	昇98	爭139	卓176	苦17
冷45	阿103	村169	官21	返64	始99	狙139	波179	枯18
良45	抑109	沖171	怪22	拔65	侍100	底139	板180	科20
弄49	言109	吹172	郊23	房65	兒103	沮139	版180	冠21
里52	余109	沈174	具24	放65	芽103	抵140	坪182	俱24
李52	役110	快175	拘25	芳65	亞103	的140	抱183	苟25
利52	吾115	妥175	狗25	杯66	岳104	典141	表184	郡26
忘55	沃116	投179	券27	法68	岸104	店143	彼185	軍26
沐59	完117	把180	近28	步70	岩105	征144	河186	卷26
沒59	位123	判180	金29	服71	押105	定145	限186	急30
妙60	酉125	貝180	肯30	奉71	夜106	制146	幸189	紀31
汶62	吟128	何186	其30	府73	於108	卒150	享190	祈32
尾62	邑128	旱187	奇31	奔74	易110	拙150	弦191	南33
伴65	矣129	含187	奈34	拂75	沿111	宗150	協191	耐34
妨66	忍132	抗188	念34	朋75	延111	注151	呼193	怒34
伯67	作134	杏189	泥35	非75	炎112	周152	虎193	段36
別69	壯136	形192	到39	批76	迎113	宙153	或194	奮37
兵69	災138	亨192	東42	卑76	泳114	枝156	昏194	待38
扶72	材138	孝198	郎44	肥76	芮114	知157	忽194	度39
否72	邸139	吸200	來45	使78	臥116	直157	花195	挑39
附73	低139	希200	兩45	舍78	玩117	利161	和195	毒41
佛75	赤140	〈8획〉	例48	事79	往117	昌161	沉197	突41
私79	折143	佳5	林53	社80	旺117	采162	垂203	洞41
沙80	廷144	刻6	罔55	尚82	雨120	妻163	〈9획〉	洛43
似80	弟146	居10	妹56	狀83	委124	拓164	架5	柳51
祀80	助149	拒10	孟56	昔85	油125	朶166	看7	律51

216

索引

面 57	屍 99	姿 134	便 181	桂 16	旅 46	桑 83	郵 121	哺 168
某 58	施 99	昨 135	肺 182	庫 17	烈 47	索 84	原 122	追 170
苗 60	食 100	哉 139	胞 183	高 17	料 50	書 84	員 122	祝 170
茂 60	信 101	前 141	品 184	哭 18	留 51	恕 85	恩 128	畜 170
美 62	室 102	訂 144	風 184	骨 19	流 51	徐 85	殷 128	致 173
眉 62	甚 102	政 144	恨 186	恭 19	陸 51	席 86	陰 128	値 173
追 63	殃 105	貞 145	威 187	恐 20	倫 51	消 90	益 131	恥 173
叛 64	哀 105	亭 145	恒 188	貢 20	栗 52	素 90	恣 134	浸 174
拜 66	耶 106	淨 145	巷 188	郭 21	陵 52	笑 90	酌 135	針 174
背 67	若 107	帝 147	海 188	校 23	馬 53	孫 91	財 138	託 175
柏 67	約 107	除 147	香 189	宮 26	茫 55	送 92	宰 138	泰 177
屏 69	洋 107	柱 152	革 190	拳 27	梅 56	悚 92	栽 138	討 178
保 70	彦 109	洲 152	型 192	鬼 27	埋 56	衰 93	展 142	退 178
封 72	疫 111	俊 153	紅 194	根 28	脈 56	搜 94	庭 145	特 179
負 73	研 111	重 154	洪 195	級 30	勉 57	修 94	悌 146	破 179
赴 74	衍 112	拯 155	活 197	記 30	眠 57	殊 95	租 148	悖 181
飛 75	染 113	持 156	皇 197	起 30	冥 58	純 96	祖 149	狼 181
祕 76	英 113	指 156	悔 198	氣 30	迷 62	殉 96	座 151	浦 183
思 79	映 114	珍 157	後 199	豈 32	敏 63	乘 98	挫 151	砲 183
査 80	屋 116	陣 158	厚 199	飢 32	班 64	時 99	株 152	捕 183
削 80	畏 117	津 158	侯 199	納 33	般 64	息 100	酒 153	疲 184
相 82	要 117	姪 159	軌 201	娘 33	倣 66	神 101	准 153	被 185
宣 87	勇 119	陛 164	侮 202	能 35	配 66	症 155	夏 185
星 88	祐 120	泉 164	冒 202	茶 35	倍 66	娠 102	案 104	紙 156	陷 187
省 88	怨 122	秒 168	奏 204	唐 37	俳 66	眞 157	航 188
城 88	苑 122	促 168	〈10획〉	島 39	病 69	逆 110	振 158	害 188
洗 89	院 123	秋 170	家 5	徒 39	立 69	宴 112	陳 158	奚 189
昭 90	胃 124	春 171	剛 8	倒 39	峯 71	悦 112	秩 158	核 189
俗 91	威 124	臭 172	皆 9	桃 40	峰 71	盈 113	疾 158	郷 189
首 93	柔 125	則 173	個 9	逃 40	部 72	悟 115	借 160	軒 190
帥 95	幽 126	侵 174	格 12	陶 40	浮 73	烏 115	差 160	脅 192
洵 96	音 128	炭 176	缺 13	凍 42	紛 74	娛 115	捉 160	浩 193
盾 96	姻 132	殆 177	兼 13	桐 42	粉 74	翁 116	倉 162	荒 197
述 97	姿 133	忽 177	耕 14	浪 44	師 78	浴 118	隻 164	效 199
拾 98	者 133	胎 177	卿 15	朗 45	射 78	辱 118	哲 165	候 199
是 99	咨 134	派 179	徑 15	涼 45	朔 80	容 119	草 167	訓 199

217

索引

胸200	廊44	常82	軟112	終150	虛190	棄32	斯80	越122
珠204	略45	商82	梧116	從150	許190	惱35	散81	爲122
〈11획〉	掠45	祥83	欲118	書153	現190	單35	傘81	偉122
假5	梁45	紋84	庸119	窒158	絃191	短35	森81	猶125
脚6	連46	庶85	偶121	執159	毫193	答37	插81	閏127
渴7	鹿49	惜85	唯125	參161	婚194	貸38	喪82	飮128
强8	累50	船87	悠126	斬161	貨195	渡40	象83	椅129
康9	淚50	旋87	惟126	唱161	患197	敦41	舒85	貳130
乾11	率51	雪87	裕127	娼161	黃197	童41	善86	壹132
健11	隆52	設87	淫128	窓162	黑200	鈍42	貫89	逸132
揭12	理52	涉88	異131	彩162	牽201	等43	稅89	紫134
竟14	梨52	盛88	移131	採163	逝202	登43	訴90	雀135
頃15	笠53	細89	翌131	責163	〈12획〉	絡43	燒90	殘135
械16	麻53	掃91	寅132	悽163	街5	量45	疎91	場136
啓16	莫54	速91	章136	處163	訶6	裂47	粟91	粧137
貫21	望55	訟92	將136	戚164	間6	勞49	須95	掌137
掛22	麥56	授93	張136	淺165	減7	晚54	順96	裁139
教23	猛56	淑95	帳137	添165	敢8	買55	循97	著139
教24	務60	宿96	莊137	清166	開9	媒56	勝98	貯139
區24	問61	孰96	寂140	崔169	慨10	無61	視100	詛140
球24	密63	脣97	笛141	推170	距11	貿61	植100	絶143
國25	訪65	淳97	專142	逐170	傑11	博64	殖100	程144
規27	培66	術97	接143	側172	堅12	飯64	尋102	晶145
基30	排67	崇97	頂144	墮175	結13	發65	雅103	提147
旣31	逢71	習98	停144	景13	傍66	惡103	堤147
寄32	婦72	晨101	偵145	探176	硬15	番67	雁104	朝148
淡37	符73	深102	情146	貪177	階17	報70	揚107	尊150
堂37	副73	眼104	第146	通178	菊25	普70	楊108	註152
帶38	崩75	涯105	祭147	婆180	厥27	補70	然111	週153
隊38	婢76	液106	造148	販180	貴27	復71	硯111	衆154
邮39	貧77	野106	鳥148	敗180	南28	富72	詠114	會154
途40	蛇79	陽107	紹148	閉182	琴29	悲75	溫116	智156
盜40	捨79	魚108	彫148	崇184	給29	備76	寓120	進157
豚41	斜79	御108	描149	避185	期30	費76	雲121	診157
動42	產81	焉109	條149	畢185	幾31	絲79	雄121	集159
得43	殺81	域111	族150	荷186	欺31	許79	援122	創162

218

菜163	逮204	零48	新101	電142	歌 5	貌59	榮113	遜167
策163	〈13획〉	路48	愼102	殿142	閣 6	夢59	誤115	銃169
貼166	暇 5	雷49	暗104	傳142	監 8	蒙60	獄116	蓄171
晴166	幹 7	裏53	愛105	節143	綱 9	墓60	遙118	層173
替167	感 8	萬54	捨106	艇145	蓋 9	墨61	踊119	漆174
逮167	槪 9	盟56	業109	鼎146	遣13	聞61	熊122	寢174
超168	絹12	滅57	煙111	際147	輕14	蜜63	遠122	稱175
最169	經13	募58	鉛112	照149	境14	罰68	違124	嘆176
就172	敬14	睦59	葉113	罪151	毁18	碧68	僞124	奪176
測173	傾15	微63	瑛113	準153	寡21	輔70	維126	態177
琢175	溪16	煩67	鳴115	著160	管21	福70	銀127	頗179
湯177	鼓18	腹71	傲115	滄162	慣21	複70	疑130	漂184
統178	過20	蜂72	腰118	債162	構24	鳳72	認132	漢187
痛178	誇20	碑76	搖118	牒166	閨28	腐73	磁134	豪194
透179	寬22	聘77	溶119	楚168	旗31	鼻76	雌134	魂194
彭181	塊22	詞78	遇120	催170	緊32	寫80	獎137	禍195
評182	愧22	想82	愚121	椿171	寧34	算81	摘140	劃198
敝182	較23	傷83	運121	置173	端36	酸81	滴140	携199
幅184	群26	詳83	園122	稚173	團36	裳83	銓142	誓202
筆185	窟26	塞84	圓122	塔177	對38	嘗83	漸143	滯204
弼185	極28	暑84	源123	遍181	臺38	像83	鄭145	〈15획〉
賀185	勤28	聖88	園123	飽183	圖39	署85	精146	價 5
寒186	僅29	誠88	遊125	楓184	銅42	碩86	製146	儉11
閑186	禁29	歲89	愈126	逼185	領48	說87	齊147	劍11
割188	禽29	勢89	義129	解188	綠49	誦92	漕149	潔13
港188	暖33	損92	意130	該189	祿49	壽94	種150	慶14
項188	農34	頌92	賃133	鉉192	膠50	需95	蒸155	稿18
惠192	腦35	碎93	慈134	號193	漏50	僧98	誌155	課20
湖193	達36	愁94	資134	嵩196	幕54	實102	盡157	廣22
惑194	當37	遂95	蓋135	話196	漠54	養107	徵159	窮26
混194	道39	睡95	裝137	煥196	滿54	樣108	察161	劇28
華196	跳40	肅96	葬137	會198	慢54	漁108	慘161	畿32
換197	督41	舜97	障137	毁199	漫54	語108	暢162	談36
揮199	落43	詩99	腸138	熙200	綿57	與110	彰162	潭37
稀200	亂44	試99	賊141	塗201	鳴58	演112	蒼162	踏37
闊201	廉48	飾100	跡141	〈14획〉	銘58	厭113	綴165	德38

▶ 索引

稻40	審102	徹165	總25	謠118	隷203	蕭136	糧46	霧61
樂43	餓103	撤165	錦29	謂124	擁203	牆136	禮48	邊69
諒46	謁104	請167	機31	緯124	〈17획〉	績140	雙84	譜70
廬46	億108	醋168	器31	衛124	懇7	點143	鎖92	簿73
練47	緣112	撮169	諸33	險125	講8	濟147	瞬97	辭80
憐47	熱112	衝172	濃35	諭125	檢11	燥149	顔104	獸95
蓮47	閱112	醉172	壇36	遺126	擊12	鍾151	額106	識100
論49	影114	趣172	擔37	儒126	謙13	縱151	曜118	藥107
樓50	銳114	齒173	糖37	融127	矯23	駿154	醫129	藝114
輪51	緩117	彈176	導40	隱127	檀36	燦160	雜135	穗116
履52	窯118	歎176	獨41	凝129	濫44	薦164	藏137	韻121
隣53	慾118	註176	篤41	積141	勵46	燭168	蹟141	願122
賓56	憂120	撐178	頭42	戰142	鍊47	總169	轉142	證154
暮58	蔚121	龍179	燈43	錢142	聯47	聽169	題147	贈155
模58	慰124	播179	歷46	整144	嶺48	醜170	職157	贊160
蒸59	誘126	篇181	曆46	錠145	療50	縮171	織157	蹴171
廟60	潤127	編181	錄49	靜146	龍50	摯174	鎭158	爆183
舞61	誼129	廢182	賴50	劑147	臨53	濯175	懲159	響190
憫63	儀130	幣182	磨53	操149	薄64	學186	礎168	穫196
盤64	暫135	暴183	謀58	遵154	嬪77	翰187	叢169	壞198
髮65	潛135	標183	默61	遲156	謝78	螢192	蟲172	繫201
輩67	適140	陝190	繁67	輒159	箱82	鴻195	鞭181	〈20획〉
範68	敵140	賢191	壁68	錯160	償83	還197	豐184	覺6
膚73	蝶143	慧192	辨69	遷164	鮮86	環197	韓187	競14
賦74	諸146	確196	驚74	謀166	禪87	獲198	擴196	警15
塡74	調148	閱197	頻77	築171	聲89	戱200	獵202	繼16
愼74	潮149	橫198	錫86	親174	雖94	聲205	覆202	勸27
賓77	駐152	輝199	選87	濁175	濕98	〈18획〉	〈19획〉	黨38
賜79	增154	僚202	疎91	擇177	癌105	簡7	鏡14	欄44
賞82	憎155	〈16획〉	樹94	澤178	壓105	擧11	關21	爛44
緖85	震158	鋼9	輪95	膨181	輿110	售24	壞22	爐49
線86	質158	據10	憶109	蔽182	營114	歸27	難33	寶70
隨93	緝159	憩12	餘109	憲190	優120	謹28	羅43	釋86
數94	憩161	激12	燃111	縣191	應129	騎32	麗46	蘇90
誰94	賤165	館21	燕111	曉198	翼131	斷36	類51	騷90
熟96	踐165	橋23	豫114	興200	蔚135	藍44	離52	壤108

220

▶ 索引

孃108	鬪179	驅25	鶯106	鑑 8	鑄204	籤166	〈25획〉	讚160
嚴109	獻190	蘭44	躍107	鷗25	〈23획〉	體167	觀21	〈29획〉
譯110	懸191	覽44	譽114	權27	驚14	〈24획〉	變54	鬱121
議129	騰201	露48	鐵165	讀40	鑛22	鑒24	灣54	
籍141	〈21획〉	龢68	鶴186	變69	戀47	讓107	欌160	
鐘150	鷄16	辭69	護194	臟137	變98	鹽113	聽167	
纂160	顧18	續91	鑄204	聽167	嚴104	鹽135	顯191	
觸169	權25	屬91	〈22획〉	歡196	驛110	竊204	〈26획〉	

221

漢字 속달법

2007년 월 10
2015년

편저자:
발행:
발행:

1800漢子
2007년 일 6쇄 발행
2024년
편저자 희
발행
발행 성서관
등록 18-71호
공 : 가나북스
(기도 파주시 율곡로 1406)
전화: 031-959-8833
팩스: 031-959-8834
정가: 10,000원
*잘못된 책은 교환하여 드립니다.